28. - 30.5.

069lo Foto: hs

Hans-Günter Semsek
London und Umgebung

London:
A Nation, not a City
Benjamin Disraeli

066lo Foto: hs

Impressum

Hans-Günter Semsek
London und Umgebung

erschienen im
Reise Know-How Verlag Peter Rump GmbH
Osnabrücker Str. 79
33649 Bielefeld

8., komplett aktualisierte Auflage 2005

Gestaltung
Umschlag: M. Schömann, P. Rump (Layout);
Günter Pawlak (Realisierung)
Inhalt: Günter Pawlak (Layout und Realisierung)
Fotos: der Autor, Katharina Knull (hintere Umschlagklappe),
Simon Brighton (sb, S. 283), Dean and Chapter of Westminster (S. 286)
Titelfoto: der Autor
Karten: der Verlag, Bernhard Spachmüller

Lektorat (Aktualisierung): Andrea Hesse

Druck: Wilhelm und Adam, Heusenstamm
Bindung: Buchbinderei Keller, Fulda

ISBN 3-8317-1344-8
Printed in Germany

Dieses Buch ist erhältlich in jeder Buchhandlung Deutschlands, der Schweiz, Österreichs, Belgiens und der Niederlande.
Bitte informieren Sie Ihren Buchhändler über folgende Bezugsadressen:

Deutschland
Prolit GmbH, Postfach 9,
D-35461 Fernwald (Annerod)
sowie alle Barsortimente
Schweiz
AVA-buch 2000
Postfach, CH-8910 Affoltern
Österreich
Mohr Morawa Buchvertrieb GmbH
Sulzengasse 2, A-1230 Wien
Niederlande, Belgien
Willems Adventure
Postbus 403, NL-3140 AK Maassluis

Wer im Buchhandel trotzdem kein Glück hat, bekommt unsere Bücher auch über unseren **Büchershop im Internet:**
www.reise-know-how.de

Wir freuen uns über Kritik, Kommentare und Verbesserungsvorschläge.

Alle Informationen in diesem Buch sind vom Autor mit größter Sorgfalt gesammelt und vom Lektorat des Verlages gewissenhaft bearbeitet und überprüft worden.

Da inhaltliche und sachliche Fehler nicht ausgeschlossen werden können, erklärt der Verlag, dass alle Angaben im Sinne der Produkthaftung ohne Garantie erfolgen und dass Verlag wie Autor keinerlei Verantwortung und Haftung für inhaltliche und sachliche Fehler übernehmen.

Die Nennung von Firmen und ihren Produkten und ihre Reihenfolge sind als Beispiel ohne Wertung gegenüber anderen anzusehen.

Qualitäts- und Quantitätsangaben sind rein subjektive Einschätzungen des Autors und dienen keinesfalls der Bewerbung von Firmen oder Produkten.

Hans-Günter Semsek

London und Umgebung

Hinweise zur Benutzung

Die **einleitenden Kapitel** geben einen Überblick über die Stadt, ihre Bewohner, über Verkehr, Wirtschaft, Kultur und Geschichte.

Daran schließen sich eine Vielzahl von praktischen Reiseinformationen an („London von A bis Z"); alle Stichworte – wie etwa Ankunft, Banken, Restaurants, Unterkunft etc. – sind in alphabetischer Ordnung aufgelistet.

Im **Sightseeing-Teil** dann werden in Form von Rundgängen die Sehenswürdigkeiten eines bestimmten Stadtteils vorgestellt; ein kurzer Abriss erläutert vorab die Entstehung und Bedeutung des Viertels. Am Ende einer jeden Routenbeschreibung findet der Leser eine Vielzahl von Adressen von Pubs, Restaurants, Museen, Geschäften, Märkten etc., die in diesem Viertel liegen. Wer also bei seinem Rundgang – sagen wir durch Soho – einen empfehlenswerten Pub aufsuchen möchte, findet eine Auswahl mit detaillierter Spezifikation am Ende der Routenbeschreibung zu Soho.

Wer ein Restaurant sucht, hat zwei Möglichkeiten, fündig zu werden: Zum einen gibt es unter der Rubrik „London von A bis Z" das in alphabetischer Reihenfolge eingereihte Stichwort „Restaurant". Unter der jeweils nationalen Küche (französisch, italienisch, britisch etc.) sind viele Lokale mit ihren Besonderheiten aufgelistet. Zum anderen werden die Restaurants auch wieder am Ende eines Stadtviertelkapitels genannt. Es kann ja sein, dass der Besucher ganz gezielt am Abend in Soho oder Kensington speisen möchte und daher wissen will, welche Restaurants es dort gibt.

Auf die gleiche Art und Weise sind auch die Märkte und Museen aufgeführt; also jeweils einmal unter dem Stichwort „Museen" oder „Märkte" im Kapitel „London von A bis Z" und einmal am Ende einer jeden Stadtteilbeschreibung. Bei Vierteln, die aufgrund ihrer vielen Geschäfte zum Einkaufen einladen, ist am Ende der Routenführung natürlich eine breite Auswahl von Läden und Kaufhäusern aufgelistet.

Ein Wort zu den **Adressenangaben** und den zu Anfang unverständlichen Buchstaben und Ziffern. Jede Adresse trägt ein Kürzel wie etwa W 1, WC 2, SW 5, E 2, N 19. Jedes Londoner Viertel wird durch eine solche Buchstaben-Ziffernfolge kenntlich gemacht. W bedeutet West, WC heißt West Centre, SW = Southwest, E = East, N = North. So ist W 1 das Viertel Piccadilly, WC 2 Covent Garden, SW 5 Earl's Court, E 2 Bethnal Green, N 19 Upper Holloway. Weitere Nummern und Ziffern bei den Adressenangaben sind zusätzliche Postcodes.

Die **Karte** auf Seite 14 macht deutlich, wo im Stadtgebiet von Groß-London die Viertel liegen. Die grau dargestellten Stadtteile werden in diesem Band beschrieben.

Zur besseren Orientierung befindet sich nach Seite 336 ein **farbiger Stadtatlas.**

Inhalt

Anhang

Exkurse

001lo Foto: hs

London – die Stadt und ihre Bewohner

002lo Foto: hs

Einwohner, Größe und Verwaltung

London ist die **Hauptstadt** des Vereinigten Königreiches von Großbritannien und Nordirland sowie des Commonwealth, Sitz der englischen Königin (Buckingham Palace), der Regierung und des Parlaments (Houses of Parliament). In der Kapitale befinden sich alle großen Gerichtshöfe, und der anglikanische Erzbischof von Canterbury (Lambeth Palace), der anglikanische Bischof von London (St. Paul's) und der katholische Erzbischof (Westminster Abbey) residieren in der Metropole. Der ursprüngliche Gründungskern der Hauptstadt, die heutige **City of London,** ist nur ca. 2,6 km² groß und wird derzeit von nicht mehr als 8000 Menschen bewohnt; Tag für Tag strömen jedoch fast 750.000 Arbeitnehmer in dieses Zentrum Britanniens. **County London,** das eigentliche Stadtgebiet, umfasst mehr als 300 km² und hat über 3,2 Mio. Einwohner. **Groß-London** *(Metropolitan County Greater London),* als Verwaltungseinheit 1965 gebildet (jedoch 21 Jahre später wieder aufgelöst), erstreckt sich über eine Fläche von ungefähr 1600 km² und hat über 8 Mio. Einwohner.

Nachdem *Margaret Thatcher* 1986 das *Metropolitan County Greater London* unter dem linken Bürgermeister *Ken Livingston* aufgelöst hatte, gab es keine kommunale Selbstverwaltung mehr. Die Hauptstadt wurde quasi „nebenbei" von der Regierung mitverwaltet. Derlei Vernachlässigung rächte sich über die Zeit, und die Infrastruktur der Metropole verfiel immer mehr. Anfang 2000 dann wurde eine lokale Administration wieder eingeführt, und die **Wahl eines Oberbürgermeisters** stand an. Das Labour-Mitglied *Ken Livingston,* genannt „der rote Ken", stellte sich wieder zur Wahl, doch der Kandidat passte *Tony Blair* überhaupt nicht ins Weltbild, und der Premierminister versuchte, den ihm zu linkslastigen *Livingston* mit vielen schmutzigen Tricks aus dem Rennen zu schicken. *Ken Livingston* stellte sich schließlich als unabhängiger Kandidat zur Wahl, und die Londoner Bevölkerung hob ihn mit einem überzeugenden Votum ins Amt. *Blair* hatte eine schwere Schlappe erlitten!

Letztendlich versteht man unter London einen urbanen Ballungsraum von rund 200 km Durchmesser, in dem über 12 Mio. Menschen leben und arbeiten.

Englands Hauptstadt gliedert sich verwaltungsmäßig in die selbstständige City of London sowie in 32 Bezirke *(Boroughs).* Die City of London verwaltet der *Common Council,* dem der Bürgermeister *(Lord Mayor)* vorsteht. 159 jährlich gewählte *Common Council Men* sowie 26 auf Lebenszeit gewählte *Aldermen,* die den 26 *Wards,* aus denen die City besteht, vorstehen, sitzen im Stadtrat. Zwei ebenfalls alljährlich gewählte *Sheriffs* fungieren als Aufsichtsorgane. Das *Common Council* hat seinen Sitz in der Guildhall, der *Lord Mayor* residiert im Mansion House. Die Wahl des **City-Bürgermeisters** geht auf Traditionen des 12. Jh. zurück. 1191 wurde erstmals in der Geschichte der Stadt ein Lord Mayor von den Mitgliedern der Zünfte gewählt. Der Oberbürgermeister ist immer ein Geschäftsmann aus der City; für ein Jahr wählen ihn die so genannten *City Companies,* die heutigen wirtschaftlichen Repräsentanten des einstigen historischen Stadtkerns. Die *Companies* haben ihren Ursprung in den alten mittelalterlichen Zünften und Gilden der Seidenhändler, Tuchmacher etc. Bildeten diese Handels- und Handwerksvereinigungen früher Lehrlinge aus und setzten die Qualitätsnormen ihrer Waren fest, so sind es heute sozialfürsorgliche Einrichtungen, die wichtige Beiträge für die Erhaltung der City erbringen. Die Goldschmiede, übrigens ebenso wie die Fisch- und Weinhändler, sind noch immer in Gilden organisiert, und die Zunft der Apotheker fungiert bis heute als eine Prüfungsinstitution für den Nachwuchs.

Bevölkerung und Kultur

Mit rund 40.000 **Einwohnern** galt London Ende des 14. Jh. als eine der größten Städte Europas. 200 Jahre später lebten eine halbe Million Menschen in der Kapitale. Trotz der verheerenden Pestepidemie von 1665 mit 68.500 Toten und dem Großen Brand ein Jahr später, in dem fast 14.000 Häuser ein Raub der Flammen wurden, entwickelte sich die Metropole stetig weiter und hatte um 1800 den Rang einer Millionenstadt inne. Während ab Mitte des 19. Jh. die City of London, das historische Kernstück der Stadt, einen rasanten Einwohnerschwund verzeichnete (1851: 130.000; 1881: 31.000; 1921: 14.000; 1931: 11.000; heute nur noch ca. 8000 Einwohner), stieg die Bevölkerung in den umliegenden Bezirken und Vororten explosionsartig an; lebten 1841 ca. 2,2 Mio. Menschen in der Stadt, so wuchs die Einwohnerzahl von Groß-London bis heute auf gut 12 Mio. Die Metropole wucherte in alle Himmelsrichtungen, zudem entstanden ab 1946 rund um die Kapitale acht **neue** (Millionen-) **Städte,** die ca. 30–50 km vom Zentrum entfernt liegen und eigenständige wirtschaftliche, soziale und kulturelle Gemeinwesen bilden: Brackwell, Crawley, Harlow, Hatfield, Hemel Hampstead, Stevenage, Welwyn Garden City und Milton Keynes.

Die seit jeher große wirtschaftliche Bedeutung Londons und die erfolgreichen ökonomischen Aktivitäten seiner geschäftstüchtigen Bewohner bildeten schon immer einen Anreiz für **Einwanderer** aus aller Herren Länder: Im 17. Jh. zogen französische Hugenotten in die Stadt, 100 Jahre später folgte eine Migrationswelle von Iren, im 19. Jh. strömten vor allem Afrikaner und Chinesen in Britanniens Metropole, ab 1880 dann Abertausende von Juden. Nach dem Zweiten Weltkrieg entließ England – auf Druck der erstarkenden nationalen Befreiungsbewegungen –

Stadtteile und Postbezirke

E1 Whitechapel, Stepney, Mile End
E2 Bethnal Green
E3 Bow
E4 Chingford
E5 Clapton
E6 East Ham
E7 Forest Gate
E8 Hackney
E9 Homerton
E10 Leyton
E11 Leytonstone
E12 Manor Park
E13 Plaistow
E14 Poplar
E15 Stratford
E16 Victoria Docks
E17 Walthamstow
E18 South Woodford
EC1 Farringdon, Smithfield, Holborn Circus, Hatton Garden
EC2 Barbican, Finsbury
EC3 Fenchurch Street, Tower Hill
EC4 Blackfriars, Fleet Street, Ludgate Hill, Temple, St. Pauls
N1 Islington
N2 East Finchley
N3 Finchley Church End
N4 Finsbury Park
N5 Highbury
N6 Highgate
N7 Holloway
N8 Hornsey
N10 Muswell Hill
N11 New Southgate
N12 North Finchley
N13 Palmers Green
N15 South Tottenham
N16 Stoke Newington
N17 Tottenham
N18 Upper Edmonton
N19 Upper Holloway
N22 Wood Green
NW1 Camden Town
NW2 Cricklewood
NW3 Hampstead
NW4 Hendon
NW5 Kentish Town
NW6 Kilburn
NW7 Mill Hill
NW8 St. John's Wood
NW10 Willesden
NW11 Golders Green
SE1 Bermondsey, Elephant and Castle, Southwark, Borough
SE2 Abbey Wood
SE3 Blackheath
SE4 Brockley
SE5 Camberwell
SE6 Catford
SE7 Charlton
SE8 Deptford
SE9 Leyton
SE10 Greenwich
SE11 Kennington
SE12 Lee
SE13 Lewisham
SE14 New Cross
SE15 Peckham
SE16 Rotherhithe
SE17 Walworth
SE18 Woolwich
SE19 Norwood
SE20 Anerley
SE21 Dulwich
SE22 East Dulwich
SE23 Forest Hill
SE24 Herne Hill
SE25 South Norwood
SE26 Sydenham
SE27 West Norwood
SW1 Victoria, Westminster
SW2 Brixton
SW3 Chelsea
SW4 Clapham
SW5 Earl's Court
SW6 Fulham
SW7 South Kensington
SW8 South Lambeth
SW9 Stockwell
SW10 West Brompton
SW11 Battersea
SW12 Balham
SW13 Barnes
SW14 Mortlake
SW15 Putney

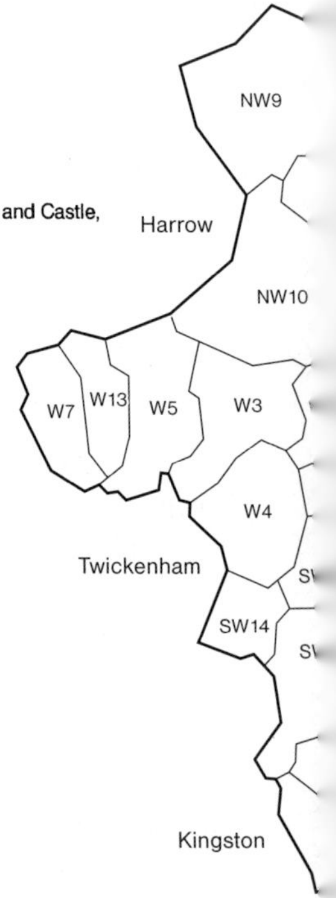

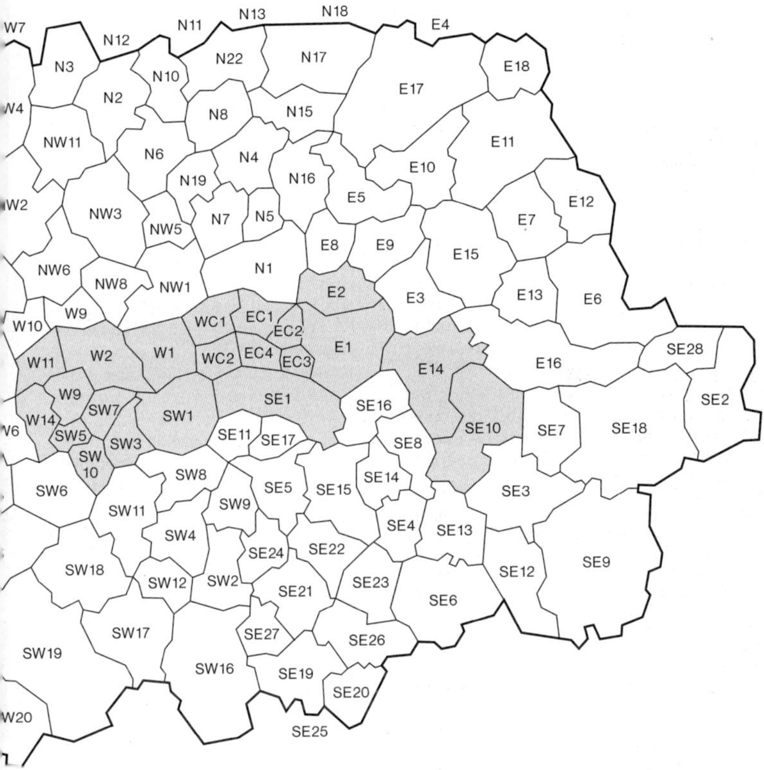

SW16 Streatham
SW17 Tooting
SW18 Wandsworth
SW19 Wimbledon
SW20 West Wimbledon
W1 Mayfair, Piccadilly, Regent Street, Soho, Bond Street, Oxford Street
W2 Paddington
W3 Acton
W4 Chiswick
W5 Ealing
W6 Hammersmith
W7 Hanwell
W8 Kensington
W9 Maida Vale
W10 North Kensington
W11 Notting Hill
W12 Shepherd's Bush
W13 West Ealing
W14 West Kensington
WC1 Bloombury, Holborn, Gray's Inn Road
WC2 Strand, Aldwych, Covent Garden, Chancery Lane, Charing Cross Road

Alltagskultur und Mentalität – die Londoner in London

„Und morgen ist schon wieder **Sonntag“**, ächzt der Familienvater, und Frau und Kinder nicken mit bedrückter Miene. Bewohner wie Besucher leiden unter dem siebten Tag der Woche. Denn zuallererst einmal ist alles geschlossen, dem öffentlichen Leben fehlen die Institutionen. Also schläft man am Sonntag lange und macht sich schon beim Frühstück zunächst über die dicke Sonntagszeitung mit der farbigen Beilage her. Und alsbald bricht der Streit aus, welchem Familienmitglied welcher Teil der *Newspaper* zukommt. Solch ein Gezetere kann durchaus bis um 12 Uhr anhalten; dann nämlich öffnen die Pubs, und das Familienoberhaupt schreitet gemessenen Schrittes in sein *Local* um die Ecke, bereits sehnsüchtig erwartet von den anderen Männern. Möglich ist auch – aber nur bei schönem Wetter –, dass Vater, Mutter und Anhang (inklusive des bei den Kleinen heiß geliebten Haushundes) einen Pub im Grünen oder am Themseufer aufsuchen, der über einen Garten verfügt (denn Kinder unter 14 Jahren dürfen ja nicht in Pubs).

Kaum jedoch hat man sich mit anderen Gästen, Freunden und Bekannten so richtig ins Gespräch vertieft, die Weltlage von allen Seiten beleuchtet und zugleich die wohlige und wärmende Wirkung der drei oder vier getrunkenen Biere gespürt, da erklingen die Thekenglocken: *Last Order!* Hastig stürzt man das letzte Getränk herunter; um 15 Uhr steht man vor dem Pub. Vier lange Stunden gilt es nun zu verbringen.

Doch jetzt schlägt die Uhr für die Museen, die zwischen 14 und 14.30 Uhr ihre Pforten öffnen. Einen klaren Kopf bekommt man auch bei Spaziergängen in den vielen Parks, oder man könnte mit den Kleinen ja auch wieder einmal in den Zoo gehen, eine Themsefahrt nach Greenwich machen, vielleicht aber steht auch ein Besuch bei den Schwiegereltern an. Im schlimmsten Fall kann die Familie die Sonntagszeitung zu Ende lesen, und schließlich gibt es ja auch noch das auf vier Kanälen sendende Fernsehen.

Um 19 Uhr – Gott sei's gedankt – machen die Pubs wieder auf; über einem ruhig getrunkenen Bier lässt sich bereden, wie die Abendgestaltung aussehen soll – doch schon weiß man: Die Möglichkeiten sind beschränkt! Ins Kino kann man gehen, in ein Konzert auch, doch ein Theaterbesuch ist nicht möglich. Kann es sein, dass sonntägliche Bühnenaufführungen frevelhaft sind, Sünde gar? Niemand beantwortet dem Besucher, der auf einem Wochenendtrip eigens die Metropole besucht hat, um – sagen wir – „Das Phantom der Oper“ zu sehen, diese Frage. So bleibt man im Pub; jedoch ist dieses Vergnügen um 22.30 Uhr schon wieder beendet. Gott sei Dank ist morgen Montag!

Nach einem langen, feuchtkalten Winter, nach Monaten eines ergiebigen Dauerregens von „Katzen und Hunden“, brechen die ersten wärmenden Sonnenstrahlen im **Frühjahr** über die Metropole herein. Auf den Straßen wogt nicht mehr das Meer der Regenschirme auf und ab, und das öffentliche Leben verlangt nach Frischluft und Sonne. Eine Veränderung geht vor auf den vielen Plätzen im Stadtgebiet. Kaum, dass es klimatisch aushaltbar ist, bevölkern die Londoner die überall verstreuten kleinen Squares und schaffen sich ein mediterranes Ambiente. In den Mittagspausen strömen die Angestellten aus ihren Büros auf die begrünten Plätze, erfreuen sich an den zarten Knospen der langsam zu blühen beginnenden Bäume und Sträucher und beißen herzhaft in die Sandwiches. Das Gesicht – mehr nicht, denn noch muss der Mantel wärmen – ist der Sonne zugewandt in der Hoffnung, dass gesunde Bräune den fahlen Teint bald verdrängt.

In den großen Londoner Parks stellt die Gartenverwaltung nun die Liegestühle auf, die man gegen einen geringen Obolus stundenweise im eigenen Besitz halten darf. An Sonn- und Feiertagen nutzen die Londoner gerne dieses Angebot, und mollig eingepackt begrüßt man die Strahlen des nahenden Sommers. Ist der dann endlich gekommen, werden auf Bürgersteigen die Tische vor die Pubs gestellt, jeder steht draußen, hält sein Bier in der Hand, und überall im Grünen wird gepicknickt. Ein vorübergehender Regenschauer stört da beileibe nicht; entweder das rettende Dach ist nahe, oder aber der erfahrene Freilufttrinker und -esser zieht die in Sekunden zu montierende Regenplane hervor – und der Spaß geht alsbald weiter!

Sommertags strömen die Familien aus der Metropole ins Umland, vor allem aber fahren sie an die **See,** die eine magische Anziehungskraft auszuüben scheint. Der Engländer wird von einer unstillbaren Meeressehnsucht vorangetrieben! Und so sitzt man am Strand oder auch hoch über dem Wasser auf den Klippen der Steilküste im Campingstuhl, lässt den Blick weit über die Wellentäler schweifen, seufzt zufrieden und blättert ab und an in der Zeitung.

Es ist später Abend, die U-Bahn ist nicht mehr sehr voll, drei Frauen sitzen in einem fast leeren Waggon und unterhalten sich. Wahrscheinlich haben sie gerade ihre Spätschicht in irgendeinem Betrieb beendet und sind froh, endlich Feierabend zu haben. Während des Gesprächs greift eine von ihnen in ihre große Handtasche und beginnt, etwas zu suchen, die beiden anderen Frauen schließen sich alsbald an, und alle drei wühlen nun in ihren *Handbags.* Doch bei allen dreien tritt das Gesuchte nicht so schnell zutage, zu viele Utensilien scheint eine solche Tasche zu verbergen. Unnützes scheint allen als Erstes in die Hände zu fallen, schon fliegt eine leere Zigarettenschachtel achtlos auf den Boden, eine andere Frau knüllt Einkaufszettel und Supermarktrechnungen zusammen und wirft sie unter den Sitz. Ein schmales Plastikröhrchen für Vitamintabletten und eine zerdrückte Aspirinschachtel folgen; als dann endlich das Gesuchte gefunden ist, nämlich Fotos – wohl der Enkelkinder –, ist der Boden übersät von **Abfällen.** Und niemand kümmert sich weiter darum (vgl. auch das Kapitel „Fight the Litter Problem – Kampf dem Müll").

Drei Momentaufnahmen, die – man hüte sich vor Verallgemeinerungen – Einzelbilder aus der englischen Gesellschaft schlaglichtartig deutlich machen. Natürlich ist es nicht möglich, ein differenziertes Bild des Londoners oder des Briten zu zeichnen, Klischeebildung – wie sie hier fast schon anklingt – wäre die Folge. Die Gesellschaften, vor allem der Industrienationen, sind zu komplex, als dass sie sich einem einfachen Zugang erschließen könnten. Schauen wir dennoch, was es an halbwegs sicheren Daten noch zu gewinnen gibt!

Viel **Tee** trinken die Engländer, unterschiedliche Statistiken sprechen von zwei bis fünf Litern täglich. Dabei sind Teebeutel der Renner, und nicht etwa – wie man vermuten könnte – der edel verpackte, lose Tee. Kaffeetrinker haben es schwer in Großbritannien.

Patriotisch sollen sie auch sein; geht es um die Nation, so gibt es nur einen Begriff, der Britannien treffend charakterisiert: *The Empire!* Wie sehr die Insel bei einigen der Nabel der Welt ist, konnte man unlängst in der dicken Überschrift eines Massenblattes lesen: „Nebel über dem Kanal – Kontinent abgeschnitten!"

Einerseits gelten die Briten als höflich, korrekt, distanziert und geübt im **Fair Play,** andererseits erzittern die Organisatoren bei internationalen Fußballbegegnungen vor den gefürchteten Hooligans, deren Gewaltpotenzial nicht zu bremsen ist.

Sicherlich ist dies ein Ausdruck einer Zweiklassengesellschaft; nicht alle Bewohner der Insel – wohl noch weniger als bei uns – haben die Möglichkeit zu sozialem Aufstieg.

immer mehr seiner Kolonien in die Unabhängigkeit; Pakistanis, Inder, Zyprioten, Ägypter wanderten in London ein. In vielen Stadtbezirken dominiert eine Bevölkerungsgruppe das Straßenbild: Im Süden der Kapitale, in Brixton, konzentrieren sich die Jamaikaner, in Notting Hill leben Einwandererfamilien aus Trinidad, in Camden Town die Zyprioten, im East End wohnen Bengalen und in Southall Inder.

Viele dieser Einwanderer gehören zu den Ärmsten der Armen, sind arbeitslos, von der staatlichen Sozialfürsorge nur unzureichend betreut und ohne jede Zukunftsperspektive. Hinzu kommen **Rassenkonflikte,** die sich in spontanen Demonstrationen entladen, wobei die Polizei solche Artikulationen der Hoffnungslosigkeit erbarmungslos unterbindet. Im Schmelztiegel der Nationen gärt es heftig!

Sorgen machen sich britische Soziologen seit einiger Zeit über einen neuen **Rechtsruck** und den damit verbundenen Rassismus im Inselreich. Maßgeblich verantwortlich dafür ist die frühere Regierungschefin *Margaret Thatcher,* die propagierte, dass nicht mehr die Gesellschaft, sondern nur noch das Individuum etwas gelte. Dieser Thatcherismus, dessen ökonomische Rezepte am Monetarismus ausgerichtet waren, hat in den letzten Jahren wenige reicher, aber sehr viele wesentlich ärmer gemacht. Die seit Jahren grassierende Rezession, deren Ende bei einem leichten ökonomischen Aufwärtstrend und minimaler Inflation nun abzusehen ist, hat dazu geführt, dass die Existenzangst der *Working and Lower Middle Class* in Form von Rechtsradikalität und rassistischer Gewalttätigkeit ungehemmt ethnische Minderheiten ins Visier nimmt.

„Der Rassismus ist auf dem Vormarsch", musste das Londoner Magazin *New Statesman and Society* entsetzt konstatieren. Dabei waren die Briten - durch den Kolonialismus geschult - immer stolz darauf, als Schmelztiegel der Nationen zu gelten. Damit ist es lange vorbei. Farbige Briten verlassen derzeit zuhauf das Land und kehren in ihre Heimat zurück.

Untersuchungen haben ergeben, dass 10 % aller Briten keine Juden als Nachbarn haben möchten, 25 % gar wollen nicht neben einer farbigen Familie wohnen.

Von den regierenden *Tories* ist keine Hilfe zu erwarten, schreiten die Konservativen wie die unsrigen doch auch immer stärker in die rechte Ecke. Schon 1968 krähte der konservative Unterhausabgeordnete *Enoch Powell* danach, dass „Ströme von Blut" die Farbigen von einer Einwanderung abhalten sollten. Es war dann natürlich *Margaret Thatcher,* die die **Migrationsgesetze** erheblich verschärfte.

So verwundert es nicht zu hören, dass die *Tories* nicht einen einzigen farbigen Parlamentsabgeordneten haben. Labour ist aber auch nicht viel besser dran; *Bernie Grant,* der bekannteste farbige Labour-Politiker, klagte darüber, dass ausgerechnet seine Partei den Ausschuss für rassistische Übergriffe schlicht abgeschafft hat. *Grant* kann seinen farbigen Leidensgenossen nicht abraten, wenn diese darüber nachdenken, das Land zu verlassen, denn: „Britanniens Politiker sind immer weniger bereit, unsere Menschenrechte zu schützen."

Dabei waren es die Briten selbst, die zu Beginn der 1960er Jahre die Bewohner ihrer ehemaligen Kolonien drängten, ins „Gelobte Land" zu kommen. Die expandierende Nachkriegswirtschaft verlangte nach zusätzlichen Arbeitskräften, kein Engländer war bereit, die schlecht bezahlten Jobs im Dienstleistungsgewerbe anzunehmen. Innerhalb weniger Jahre waren in der Hotel- und Gastronomiebranche, bei der Müllabfuhr, in den Krankenhäusern und vor allem in den Bussen und der U-Bahn nur noch farbige Angestellte zu finden.

London ist das **kulturelle Zentrum** Großbritanniens, die Fernseh- und Rundfunkanstalten konzentrieren sich in der Metropole, und alle überregionalen Zeitungen und Zeitschriften erscheinen hier. Sechs weltberühmte **Orchester** haben ihren Sitz in der Stadt (*Royal Philharmonic Orchestra, London Philharmonic Orchestra, BBC Orchestra, Orchestra of the Royal Opera House, Philharmonic Orchestra, London Symphony Orchestra*); von weltweiter Bedeutung und Ausstrahlung ist seit den 1960er Jahren die zeitgenössische Musikszene.

Über 100 **Theater** bringen täglich ihre Aufführungen – viele werden jahrelang gespielt – auf die Bühne, berühmt sind etwa das *National Theatre*, das Ensemble der *Royal Shakespeare Company*, das *Royal Opera House* in Covent Garden sowie die Ballettgruppen des *Royal Ballet* und das *London Festival Ballet*.

Natürlich ist London auch die Stadt der **Museen;** weit über die Grenzen Englands hinaus bekannt sind das *British Museum* mit der größten Bibliothek des Landes, das *Victoria and Albert Museum*, die *National Gallery* und *Tate Gallery* sowie das *Natural History Museum*.

Die 1836 gegründete **Universität** umfasst neun Fakultäten und besteht weiterhin aus einer ganzen Anzahl von autonomen Colleges und Schools. (Bereits 1878 erlangte die erste Frau einen akademischen Grad an der Londoner Hochschule.) Berühmte **Colleges** sind u. a. die *London School of Economics*, die nicht minder berühmte *London School of Oriental and African Studies*, das *Birkbeck College* und das *Imperial College of Science and Technology*. In den 1960er Jahren öffneten die *City University* und die *Brunel University* ihre Pforten; hinzu kamen weitere technische Bildungseinrichtungen sowie Kunsthochschulen (*Chelsea School of Arts, Royal College of Arts*) und viele Forschungseinrichtungen.

Verkehr und Wirtschaft

Seit dem Ende des Zweiten Weltkriegs hat die Bedeutung des Londoner **Hafens** als internationaler Warenumschlagplatz rapide nachgelassen. Die alten aus dem 18 Jh. stammenden Dockanlagen verfielen und wurden im Rahmen des *Dockland Project* einer aufwendigen Sanierung zu Hochpreiswohngebieten und High-Tech-Parks unterzogen (vgl. Kap. „Durch die Docklands nach Greenwich").

Das heute genutzte **Hafengebiet** befindet sich ca. 30 km themseabwärts bei den Containerterminals von Tilbury; hier liegt auch der Passagierhafen Londons. Noch weiter flussabwärts hat man die Ölverladestellen von Shellhaven, Thameshaven, Canvey Island und Coryton angesiedelt; Tanker mit einem Fassungsvermögen bis zu 90.000 t können hier anlanden.

London besitzt mehrere **Flughäfen,** wobei Heathrow, 24 km vom Stadtzentrum entfernt, mit stolzen über 40 Mio. Passagieren pro Jahr Englands bedeutendste Luftverkehrsdrehscheibe ist. In Gatwick (42 km südlich vom Zentrum gelegen) landen vor allem die Charterflieger und bringen pro Jahr 25 Mio. Fluggäste ins Land. Rund 50 km nördlich der Metropole liegt der Flughafen London Stansted; das Passagieraufkommen beträgt 3 Mio. Reisende, die vor allem mit den Billig-Airlines *Germanwings* oder *Easyjet* ins Land gelangen. Ende 1987 wurde in den Docklands der London City Airport eröffnet, der mit seiner sehr kurzen Landebahn allerdings nur von kleinen Turboprop- oder Düsenmaschinen angeflogen werden kann; immerhin bestehen Direktverbindungen zu einigen europäischen Hauptstädten.

Jeden Tag fahren weit über 1 Mio. Menschen zur Arbeit in die Hauptstadt. Londons Einzugsbereich erstreckt sich mittlerweile im Süden bis zum Seebad Brighton; **Pendler** *(Commuters),* die von dort anreisen, sind bis zu vier Stunden pro Tag „auf Achse". Allein aus der im Südosten Englands gelegenen Grafschaft Kent reisen jeden Morgen 120.000 Menschen nach London, das sind 15 Prozent der Einwohner dieser Grafschaft; und nur die wenigsten sind so genannte *Gin and Tonic Commuters,* Pendler mit sehr guten Jobs, die in der Metropole hohe Gehälter beziehen; die meisten dieser Tagesfahrer kommen aus infrastrukturell unterentwickelten Gebieten, in denen die Arbeitslosenquote hoch ist; sie müssen auch schlechte Stellen in der Hauptstadt akzeptieren.

Die mit der täglichen „Völkerwanderung" verbundenen immensen organisatorischen Probleme löst seit 1933 das **London Transport Board.**

Auf 15 Großbahnhöfen im Stadtgebiet sowie auf einer Vielzahl kleinerer Stationen sorgt die Behörde alltäglich für eine nicht immer geregelte, zügige und pünktliche An- und Abfahrt der Pendler.

Schenkt man den Umfragen Glauben, so ist die staatliche **Eisenbahngesellschaft** das meistgehasste Unternehmen im Lande. Unzählige Klagen über Verspätungen, überfüllte und vor Schmutz starrende Waggons sowie über die hohen Fahrpreise gehen Tag für Tag in der Zentralverwaltung ein. Die Regierung ist da ganz anderer Ansicht. Ex-Verkehrsminister *Cecil Parkinson* verteufelte „hochfliegende strategische Pläne, die von staatlichen Stellen ausgearbeitet werden": „Dieser Dirigismus führt zu vielen Fehlern; wir verbessern alle Verkehrseinrichtungen und lassen dann dem Kunden die Wahl." Die Situation hat sich auch nicht gebessert, seit die britische Eisenbahn privatisiert ist. Nach wie vor häufen sich Verspätungen und Totalausfälle aufgrund von Personalmangel oder defekten Signalsystemen.

Das schnellste Verkehrsmittel der Stadt ist die **U-Bahn,** *Tube* („Röhre") genannt.

Daneben verkehren rund 9000 zumeist doppelstöckige rote **Busse** auf einem Streckennetz von 6670 km Länge; sie befördern alljährlich über 240 Mio. Menschen. Die Buslinie mit der höchsten Fahrfrequenz ist übrigens die Linie 109 *(Purley - Westminster)* mit 36 Bussen pro Stunde; der Platz, über den pro Stunde die meisten „Doppeldecker" rollen, ist der Trafalgar Square mit 516 Bussen.

Neu und noch im Ausbau begriffen ist die Linie der **Docklands Light Railway** (DLR), die oberirdisch das Sanierungsgebiet der ehemaligen Hafenanlagen durchquert; die Züge sind computergesteuert, ein „Fahrer" greift nicht mehr aktiv ins Geschehen ein, sondern hat lediglich Überwachungsfunktion.

003lo Foto: hs

Auch beim innerstädtischen öffentlichen Nahverkehr häufen sich die **Klagen;** „overcrowded, overpriced and over-the-hill" (überfüllt, überteuert und in die Jahre gekommen) befand das Stadtmagazin *Time Out.* Londons Public Transport ist der schlechteste in ganz Europa. Pro Jahr verliert die Wirtschaft der Metropole 10 Mrd. Pfund aufgrund von Verkehrsstauungen und defekten U-Bahn-Zügen und Bussen.

Klassische Londoner Verkehrsmittel: Roter Doppeldeckerbus, schwarzes Taxi

The Tube – die Londoner U-Bahn

Das Londoner **U-Bahn-Netz** ist rund 440 km lang und besitzt 280 Bahnhöfe, auf denen allwöchentlich über 15 Mio. Menschen ein- und aussteigen. Die Linie mit der höchsten Zugfrequenz ist mit 33 Zügen pro Stunde die Linie Bakerloo – Northern, die meistbenutzte Station mit über 73 Mio. Passagieren pro Jahr ist *King's Cross* (das 1987 bei einem Großbrand in Schutt und Asche fiel). Über 750 Mio. Menschen fährt die U-Bahn pro Jahr durch das Stadtgebiet, an einem einzigen Wochentag benutzen 2,5 Mio. Fahrgäste dieses schnelle Verkehrsmittel.

Die Londoner U-Bahn ist die **älteste der Welt;** 1863 fuhr der erste dampfbetriebene Zug von Bishop's Road nach Farringdon (was den heutigen Stationen *King's Cross* und *Farringdon* entspricht), 1890 kamen erstmals elektrobetriebene Waggons zum Einsatz. Ab 1906 wurde das heute bestehende Röhrensystem mit den ersten beiden Linien *Bakerloo* und *Central* in Betrieb genommen. Im Zweiten Weltkrieg dienten die Tubes der Londoner Bevölkerung als Luftschutzbunker vor den Angriffen der reichsdeutschen Luftwaffe und der V2-Raketen.

Als in den ersten drei Jahrzehnten des 20. Jahrhunderts die Strecken eingerichtet und stetig erweitert wurden, hatte England den Höhepunkt seines kolonialen Expansionsdrangs erreicht und war eine reiche Nation. Viel Geld konnte in den Ausbau eines öffentlichen Nahverkehrsnetzes gesteckt werden, und so entstanden **die ersten Bahnhöfe** im so genannten *Arts & Craft*-Stil (vergleichbar dem Bauhaus- und dem Jugendstil). Die Stationen wurden mit repräsentativen Fliesen gekachelt, deren feine Farbnuancierungen schön aufeinander abgestimmt waren. *Leslie Green* und *Charles Holden* schufen die dekorativsten dieser Bahnhöfe.

Ein **zweiter großer Erweiterungsschub** setzte Anfang der 1960er Jahre ein; Englands ökonomischer Verfall und die leeren Staatskassen ließen eine repräsentative Ausstattung der *Tube* nun nicht mehr zu. Ohnehin bemerkt der Besucher die unterschiedlichen künstlerischen Ausstattungen kaum mehr, ist doch heutzutage jeder Quadratzentimeter mit Werbeplakaten zugekleistert – was allerdings gar nichts macht angesichts der Tatsache, dass englische Werbung wesentlich witziger und intelligenter daherkommt als die unsrige und dem wartenden Reisenden kurzweilig die Zeit vertreibt.

Bedauerlicher ist es da schon, dass die *Buskers,* die **U-Bahn-Musikanten,** aus dem Röhrensystem vertrieben werden. *London Transport* plant, die Stationen mit den seichten Klängen von Endloskassetten beschallen zu lassen. Noch immer aber nehmen einige *Buskers* das Risiko auf sich und spielen in den Schächten der U-Bahn-Stationen; wie eh und je erklingen die alten Melodien von *Bob Dylan, Simon & Garfunkel,* den *Beatles* und den *Stones.* Mit den Einnahmen finanzierten die „Troubadoure" einst ihre eigenen avantgardistischen Musikproduktionen. Um einen guten Standplatz zu bekommen, hatte man früher richtig zu kämpfen, die Territorien waren in mafiaähnlicher Manier „verwaltet". Als beliebt galten die stark von Touristen frequentierten Stationen *Oxford Circus, Leicester Square* und *Tottenham Court Road* – Londons Besuchern saß das Geld lockerer in der Tasche als den täglichen Pendlern! Wer jedoch heutzutage von den Ordnungshütern erwischt wird, der hat eine Geldstrafe von 50 Pfund zu zahlen.

Ex-Verkehrsminister *Cecil Parkinson* hatte die folgenden langfristigen Vorhaben in **Planung:** Zwei neue U-Bahn-Linien, eine Chelsea – Hackney-Verbindung und ein neuer Tunnel zwischen *Paddington* und *Liverpool Street Station* (der auch von *British Rail* benutzt werden soll). Die Kosten dafür würden nach bisherigen Berechnungen allerdings 1,5 Mrd. Pfund betragen, die Bauarbeiten zehn Jahre dauern. Es fehlen mindestens 2000 Busse; diese anzuschaffen hat jedoch nur dann Sinn, wenn man den Individualverkehr aus der Innenstadt heraushalten kann – ansonsten stehen die roten „Doppeldecker" im Stau. Mittlerweile gibt es allerdings viele Busspuren, und wer mit seinem Privatwagen in die Innenstadt fahren will, hat eine *Congestion Fee*, eine „Verstopfungssteuer", zu entrichten.

Es gibt eine Reihe **weiterer Forderungen,** die von verschiedenen Interessengruppen lautstark angemahnt werden: Der öffentliche Nahverkehr ist nicht behindertengerecht, die geschätzten 500.000 Rollstuhlfahrer der britischen Hauptstadt kommen nicht in die *Tube;* die Preise müssen dringend gesenkt werden; 1000 Meilen an Fahrradwegen fordert die *London Cycling Campaign,* damit sich die Zahl der Radfahrer von jetzt 300.000 auf 600.000 verdoppelt; mehr Angestellte auf den U-Bahn-Stationen sind notwendig, damit vor allem Frauen auch spätabends dieses Verkehrsmittel ohne Angst nutzen können.

London ist der wichtigste **Straßenknotenpunkt** der britischen Insel; große Ausfallstraßen und Autobahnen gehen von hier aus in alle Richtungen des Landes. 1986 wurde das letzte Teilstück einer 185 km langen Ringautobahn für den Verkehr der Metropole fertiggestellt.

London – heute zwar nicht mehr Hauptstadt eines Weltreiches – ist noch immer ein **Finanz- und Wirtschaftszentrum** ersten Ranges. In der City mit ihren Banken und Börsen werden Tag für Tag schier unermessliche Summen an Geld umgesetzt. Auch die großen Versicherungsgesellschaften, deren bekannteste und größte *Lloyd's* ist, haben hier ihren Sitz, und die beiden großen Auktionshäuser *Sotheby's* und *Christie's* bringen bei den täglichen Versteigerungen Kunstschätze von ungeahnten Werten unter den Hammer.

30 % aller Arbeitnehmer in der britischen Verwaltung und rund 25 % aller Beschäftigten in der englischen Industrie arbeiten im Gebiet von Groß-London. Die Metropole hat mehrere Handelskammern, alle bedeutenden national und international tätigen Unternehmen unterhalten Büros, und alljährlich finden bedeutende Messen und Ausstellungen in London statt.

Die in immer größere Höhen steigenden **Bodenpreise** und **Lebenshaltungskosten** führen jedoch seit einigen Jahren zur wirtschaftlichen Stagnation. Auch erfolgreiche Firmen sind nicht mehr bereit, die exorbitant hohen Mieten für ihre Verwaltungszentralen zu bezahlen, und weichen auf andere Standorte in England aus;

selbst gut bezahlte Manager stöhnen über die hohen Wohnungs-, Anfahrts- und Lebenshaltungskosten, die ihre Gehälter wegschmelzen lassen.

Auch der Besucher sollte sich darauf einstellen, dass er sich in **einer der teuersten Städte** überhaupt befindet. Das Londoner Magazin *Business Traveller* hat 50 Großstädte der Welt ausgewählt und nach den Lebenshaltungskosten in eine Rangfolge gebracht. London rangiert hinter New York, Paris, Stockholm, Kopenhagen und Tokio an sechster Stelle: *Business Traveller* hat errechnet, dass ein Geschäftsmann, der in einem First Class Hotel absteigt, zwei Mahlzeiten zu sich nimmt und des Abends noch ausgeht, um das ein oder andere Bier zu trinken, mit durchschnittlich 267 € pro Tag rechnen muss.

Natürlich kommt der Tourist billiger weg, aber ein Einzelzimmer mit eigenem Bad ist nicht unter 80 € pro Nacht zu bekommen, und selbst für *Bed & Breakfast*-Pensionen der untersten Kategorie sind noch immer rund 25 € pro Übernachtung zu zahlen.

Zu Londons traditionellen **Industriezweigen** gehören die Druck-, Bekleidungs- und Möbelindustrie, eine lange Tradition hat auch die Diamantschleiferei. Durch den Hafen als internationaler Warenumschlagplatz entwickelte sich ab dem 19. Jh. die Holz-, Nahrungs-, Genussmittel- (Zuckerfabriken, Brauereien) und die chemische Industrie. In diesem Jahrhundert entstanden große Zement- und Papierfabriken, und die Autoindustrie etablierte sich im Hafengebiet. Nach dem Zweiten Weltkrieg expandierte die petrochemische Industrie durch den Bau großer Raffinerieanlagen.

Parlament, Regierung

Beim **Parlament** – dem Oberhaus *(House of Lords)* und dem Unterhaus *(House of Commons)* – liegt in Abstimmung mit dem **König** die souveräne Gewalt des Vereinigten Königreiches – ausgedrückt durch die verfassungsrechtlichen Begriffe *The King in Parlament*, womit der *Ort* der höchsten Gewalt veranschaulicht wird, und *His Majesty's Government* als Bezeichnung für die Regierung. Bereits in angelsächsischer Zeit gab es die **Gewaltenteilung** zwischen dem König und einer freien, alle Teile des Landes vertretenden Versammlung (der so genannte *Witenagenot*). Dieser Rat konnte den Herrscher wählen, aber auch absetzen. Nur in enger Zusammenarbeit mit ihm durfte der Monarch neue Gesetze erlassen, königliche Beamte und geistliche Würdenträger ernennen, Steuern verkünden und Lehen vergeben sowie Gerichte einberufen.

Die normannischen Könige hatten sich während ihrer Herrschaft mit den **Great Councils** auseinanderzusetzen – Versammlungen, die aus den Lehnsträgern bestanden und den Herrscher in allen wichtigen Fragen berieten. Im Laufe der Zeit entwickelten sich daraus recht machtvolle Institutionen; so zwangen im Jahre **1215** 25 Adlige *König Johann Ohneland (John Lackland)*, die *Magna Charta* anzuerkennen; darin wurde der Monarch verpflichtet, Steuererhebungen mit dem *Common Council* abzusprechen. Der Rat bestand aus geistlichen Würdenträgern und Mitgliedern adliger Familien sowie königlichen Lehnsträgern. 1254 entsandte jede Grafschaft vier gewählte Ritter in diese Versammlung, und 1265 konnten auch die Städte Repräsentanten *(Commons)* in den *Great Council* schicken.

1295 kam es mit dem **Model Parliament** von *Eduard I.* zu einer weiteren Entwicklung der demokratischen Tradition in England. Dieser Rat setzte sich aus Bischöfen und hohen Adligen zusammen; die geistlichen Würdenträger wurden angewiesen, Mitglieder des niederen Klerus mitzubringen, des Weiteren sollten „zwei Bürger aus jeder Stadt, zwei Ritter aus jeder Grafschaft und zwei Bürger aus jeder Gemeinde" gewählt und in die Versammlung geschickt werden. Dieses Parlament fungierte als höchster Gerichtshof *(The High Court of Parliament)*, bestimmte die Steuern und hatte den Gesetzesvorlagen zuzustimmen.

In der **Mitte des 14. Jh.** trennte sich diese Versammlung dann in **zwei Häuser;** die Ritter tagten zusammen mit den Bürgern und die weltlichen zusammen mit den geistlichen Würdenträgern. Während der Regierungszeit von *Heinrich VIII.* (1509–1547) trug das Parlament Petitionen an den König heran, die dieser ablehnen oder annehmen konnte. Bei den Auseinandersetzungen in der Zeit von *Karl I.* (1625–1649), die zur Hinrichtung des Herrschers führten, ging es um die Frage, wem die Souveränität gebührte: dem König allein oder dem König im Parlament. Die letztere Auffassung setzte sich durch; der Monarch musste nun bei allen wichtigen Entscheidungen das Parlament konsultieren. In den **Bill of Rights** wurden **1689** die Rechte und Pflichten des *King in Parliament* formuliert und festgeschrieben: Der König benötigte die Zustimmung der Versammlung, wenn er Gesetze erlassen, suspendieren oder ein stehendes Heer in Friedenszeiten aufstellen wollte. Damit war in England die **konstitutionelle Monarchie** eingeführt!

1701 wurden durch den *Act of Settlement* die **Thronfolge** und die Erbmonarchie geregelt: Stirbt der Herrscher, geht die Krone an seine Söhne bzw. auf die Töchter über. Der König muss der anglikanischen Kirche angehören und darf nicht katholisch verheiratet sein, ein Thronverzicht ist möglich. Seit **Mitte des 19. Jh.** hat der Monarch nur noch Repräsentationspflichten. Seine politischen Statements müssen die Regierungspolitik widerspiegeln: Die Regierung hat gegenüber dem König nur noch eine Informationspflicht, er wird bei Entscheidungen vorher nicht mehr konsultiert. Seine Haltung muss parteipolitisch neutral sein.

Das **Oberhaus,** das *House of Lords*, ist aus dem *Great Council* hervorgegangen. Im 14. Jh. trennten sich die Adligen und der hohe Klerus *(Lords)*

Das britische Parlament im Jahre 1586

von den bürgerlichen Repräsentanten *(Commons)*. Mit der Auflösung der Klöster durch *Heinrich VIII.* nahm der Einfluss der Geistlichkeit zugunsten der Mitglieder des Adels *(Peers)* ab. Die *Reform Bill* von 1832 beschnitt dem Oberhaus das Recht, die Mitglieder des Unterhauses zu bestimmen, und mit dem *Parliament Act* aus dem Jahre 1911 wurde dem *House of Lords* die Beteiligung an der Gesetzgebung weitestgehend genommen. Das Kabinettsystem der Regierung hat die Einflussnahme des Oberhauses weiter beeinträchtigt. Wenngleich einzelne Minister durchaus im Oberhaus sitzen und dort die Politik der Regierung vertreten, gehören der Premier und die wichtigsten Ressortchefs doch dem Unterhaus an. Alle Mitglieder des *House of Lords* sind dort aufgrund ihrer adligen Herkunft *(Peers)* mit Sitz und Stimme vertreten. Seit dem *Life Peerage Act* von 1958 kann die Peers-Würde auf Lebenszeit vergeben werden, auch an Frauen *(Peeresses)*. Der *Peerage Act* aus dem Jahre 1963 gibt Politikern, die wichtige Ministerposten innehaben, aufgrund ihrer adligen Herkunft aber nicht im Unterhaus sitzen dürfen, die Möglichkeit, ihre Peers-Würde abzulegen.

Das *House of Lords* ist das **oberste britische Gericht,** es würdigt kritisch die Gesetzesvorlagen des Unterhauses, unterbreitet Änderungsvorschläge und diskutiert wichtige außen- und innenpolitische Fragen.

Seit dem Jahr 1377 wählt das *House of Commons,* das **Unterhaus,** aus seiner Mitte einen Sprecher *(Speaker),* der allein berechtigt ist, die politischen Ansichten des Hauses gegenüber dem Monarchen darzulegen. Urkundlich erwähnt ist die Funktion des Speakers erst ab 1547; in diesem Jahr begann man, Sitzungsprotokolle zu führen.

Während des 15. Jh. erlangte das Unterhaus die Rechte über die Finanzgesetzgebung, 200 Jahre später begann es, die steuerlichen Maßnahmen festzulegen. Seit den vier Wahlrechts-

004lo Foto: hs

reformen im 19. Jh. repräsentiert das *House of Commons* die britische Bevölkerung, 1918 wurde das allgemeine Wahlrecht (auch für Frauen) eingeführt.

Der **Regierung** gehören über 100 Mitglieder an. Es obliegt dem Premierminister, die Ressortchefs der einzelnen Ministerien in sein **Kabinett** zu berufen (der Außen- und der Innenminister, der Finanz- und der Verteidigungsminister sowie der Lordkanzler *(Lord High Chancelor)* sitzen jedoch grundsätzlich im Kabinett).

Der Führer der Mehrheitsfraktion im Unterhaus wird vom König zum **Premierminister** ernannt, auf Vorschlag des Regierungschefs beruft der Herrscher die Mitglieder der Regierung. Der Premierminister bestimmt die Richtlinien der Politik, kann das Unterhaus auflösen und Neuwahlen anberaumen.

Die jährliche **Parlamentseröffnung** nimmt der König vor, ausgerichtet werden die Feierlichkeiten vom Großzeremonienmeister des Hofes. Bekleidet mit einem historischen Kostüm, fährt der Monarch in der Irischen Staatskarosse zum Parlamentsgebäu-

Houses of Parliament mit Big Ben

de, wo die Festrobe angelegt und die Krone aufgesetzt wird. Begleitet vom Hofstaat betritt der Herrscher das Oberhaus; ihm vorangetragen werden das Reichsschwert sowie die *Cap of Maintenance,* eine Samthaube, deren Bedeutung nicht mehr bekannt ist. Nachdem der Monarch im House of Lords Platz genommen hat, schreitet der *Black Rod,* der oberste Beamte des Parlaments, zum Unterhaus, um die dort versammelten Parlamentarier ins House of Lords zu bitten. Dreimal klopft er mit seinem Stab an die Tür des Sitzungssaales (so wird demonstriert, dass die Mitglieder des Unterhauses nicht auf Abruf bereitstehen), dann wird ihm Einlass gewährt, und er führt die Abgeordneten ins Oberhaus, wo der König die Thronrede verliest.

Geschichte Londons in Daten

Römische Zeit (55 v. Chr.–410 n. Chr.)

43 n. Chr.
Mit vier Legionen lässt *Kaiser Claudius* Britannien erobern und gliedert das Land ins Römische Reich ein. Am Nordufer der Themse gründen die Römer die Stadt Londinium.

ab 240
Unter *Kaiser Diokletian* wird Londinium Verwaltungskapitale einer der vier römischen Provinzen Britanniens.

286/87
Carausius, Befehlshaber der britischen Flotte, rebelliert gegen *Kaiser Diokletian* und lässt sich zum Herrscher Britanniens ausrufen; Londinium wird seine Hauptstadt.

um 314
Erste Erwähnung Londons unter dem Namen Londinium als Bischofssitz.

449
Angeln, Sachsen und Jüten drängen die Römer aus Britannien heraus.

Angelsächsische Zeit (450–1066)

604
Unter dem Namen Lundenevic wird London erstmals als Hauptstadt des angelsächsischen Königreiches *Essex* erwähnt.

796
London avanciert zur Königsresidenz der Angelsachsen.

827
Egbert, König von Essex, vereinigt die angelsächsischen Königreiche.

839–1035
London wird mehrfach von den Dänen belagert, erobert und zerstört.

1016–1066
Die Herrscher des Landes residieren in Westminster.

1065
Der erste Bauabschnitt der Westminster Abbey wird geweiht.

Normannische Zeit (1066–1145)

1066
Der Normanne *William the Conqueror (Wilhelm der Eroberer)* wird nach der

Schlacht bei Hastings in der *Westminster Abbey* zum englischen König gekrönt.

1078
Zur Überwachung der Stadt lässt *William* den *Tower* erbauen.

1100–1135
Während der Regierungszeit von *Heinrich I.* erlangt London endgültig der Rang einer Hauptstadt; die unabhängige und selbstverwaltete Stadtrepublik untersteht nur dem König.

1130
Ein königliches Dekret *(Charta)* gewährt London Stadtfreiheiten und Ämter der Selbstverwaltung (Bürgermeister = *Lord Mayor,* Stadtrat).

Haus Anjou-Plantagenet (1154–1399)

1176–1209
Errichtung der Old London Bridge, der ersten Steinbrücke über die Themse (bestand bis 1832).

1189
Richard I. (Richard Löwenherz) sichert gegen eine Summe von 1500 Pfund den Bürgern Londons Rechte auf die Themse zu.

1192
Der erste Bürgermeister Londons, *Fitz Aylwin,* wird von den Zünften gewählt.

1215
König John Lackland (Johann Ohneland) beugt sich dem Druck des englischen Adels und erlässt die *Magna Charta Libertatum,* in der die Stadtprivilegien, der Handel, das Steuerwesen und das Procedere der Bischofswahl geregelt werden.

1245–1269
Neubau der Westminster Abbey im gotischen Stil.

1272–1307
Unter der Herrschaft von *Eduard I.* entstehen die *Inns of Court* (Rechtsschulen); die Macht des Klerus in der Rechtsprechung wird abgeschafft.

1290
Juden werden aus London vertrieben.

1312
Auflösung des Tempelritterordens, seine Besitztümer gehen an eine Rechtsgelehrtenschule über.

1332
Das Gemeindeparlament *(Common Council)* teilt sich in zwei Kammern auf; im einen Haus sitzen die weltlichen und geistlichen Lords, im anderen die Ritter und Bürger.

Haus Lancaster (1399–1461)

1450
Jack Cade, Anführer einer Rebellion gegen *König Heinrich VI.,* regiert zwei Tage als Herrscher über London und wird wenig später hingerichtet.

1455–1485
Zeit der Rosenkriege. Das *Haus York* (Weiße Rose) kämpft gegen das *Haus Lancaster* (Rote Rose) um die englische Krone.

Haus York (1461–1485)

1473
Hansekaufleute aus Köln (Stalhof) lassen sich in London nieder (bis 1598).

1476
William Caxton eröffnet die erste Buchdruckerei in England.
1483
Richard III. lässt im Tower seine Neffen *Eduard* und *Richard* ermorden und reißt die Krone an sich.

Haus Tudor (1485–1603)

1485
Heinrich VII. begründet die Tudor-Dynastie.
1509–1545
Unter der Herrschaft von *Heinrich VIII.* kommt es zur Gründung der anglikanischen Kirche.
1532
Der Augsburger Maler *Hans Holbein d. J.* wird Hofmaler *Heinrichs VIII.*
1535
Der Humanist *Thomas More (Thomas Morus),* 1529–1532 Lordkanzler, wird wegen Auseinandersetzungen mit *Heinrich VIII.* als Hochverräter hingerichtet.
1558–1603
Herrschaft von *Königin Elisabeth I.,* Mäzenin der Wissenschaften und Künste.
1563
Einführung der ersten gesetzlich geregelten Sozialhilfe für die Armen Londons.
1588
Der spanische König *Felipe II.* schickt aufgrund der englischen Unterstützung der Freibeuterei (Kaperfahrten von *Sir Francis Drake* gegen spanische Gold- und Silbertransporte) und der Handelsbeziehungen Englands mit spanischen Kolonien die Armada gen Norden, um England militärisch in die Knie zu zwingen; die als unbesiegbar geltende Flotte wird vernichtend geschlagen.
1592
Erste Erwähnung *William Shakespeares* (1564–1616), der als Schauspieler in London agiert.
1597
Shakespeare und seine Schauspielertruppe spielen in London im *Globe Theatre.*

Haus Stuart (1603–1714)

1603
Mit *Jakob I.* beginnt die Herrschaft der Stuarts.
1605
Katholiken unter der Führung von *Guy Fawkes* versuchen, das Parlament in die Luft zu sprengen *(Gunpowder Plot);* die Verschwörer werden verraten und hingerichtet.
1637
Der Hyde Park, ursprünglich im Besitz der Westminster Abbey, danach königliches Jagdrevier von *Heinrich VIII.,* wird erstes öffentliches Gartenareal von London.
1642–1649
Auseinandersetzung zwischen Parlament und König. London unterstützt im Bürgerkrieg die Anhänger des Parlaments (Rundköpfe) gegen die Unterstützer des Königs. *Oliver Cromwell* lässt *Karl I.* hinrichten und übernimmt als *Lord Protector* (1653–1658) die Regierungsgeschäfte.

Leben und Regierungszeit von Heinrich VIII.

005lo Foto: hs

Jeder kennt ihn, jeder hat von ihm gehört, und zumindest zwei Episoden aus seinem Leben weiß jeder zu berichten: dass er sechs Frauen geheiratet hat, von denen er drei hinrichten ließ, und dass er die katholische Kirche Englands von Rom loslöste und die Anglikanische Staatskirche begründete. Wer war und was tat *Heinrich VIII.* sonst noch?

Im Jahre 1509, im Alter von 18 Jahren, bestieg *Heinrich* nach dem Tod seines Vaters den Thron. Kurz zuvor hatte er die sechs Jahre ältere **Katharina von Aragon,** die Tochter des spanischen Königs, geheiratet; diese Eheverbindung war natürlich politischer Natur, da damit Spaniens und Englands Allianz gestärkt wurde.

Heinrich, kaum gekrönt, setzte gleich zu **Beginn seiner Regierungszeit** ein deutliches Zeichen seiner Macht: Er ließ die beiden im Volk wie beim Adel äußerst unbeliebten Finanzkommissare seines Vaters vor Gericht stellen; obwohl sich sehr schnell zeigte, dass die beiden nur auf direkte Anweisung des Monarchen gehandelt hatten und damit völlig schuldlos an den exorbitant hohen Ausgaben von *Heinrichs* Vorgänger waren, verurteilte das Gericht die beiden auf Druck des Königs als Hochverräter zum Tode. Diese Maßnahme fand in der Bevölkerung breite Zustimmung, man hoffte auf neue und bessere Zeiten; zudem hatte *Heinrich* seinen Untertanen unmissverständlich klar gemacht, mit welchen Mitteln er seine Politik durchzusetzen gedachte.

So blutrünstig wie die Historie den Herrscher zeichnet, nahmen ihn seine Zeitgenossen nicht wahr; *Heinrich* war zuallererst der **Prototyp eines Renaissance-Fürsten,** dem die Staatsräson über alles ging – und darauf war seine Politik ausgerichtet! *Pasqualino,* ein venezianischer Diplomat, beschrieb ihn kurz nach der Thronbesteigung als den bestaussehenden Fürsten, den er je zu Gesicht bekommen habe, hochgewachsen, wohlgestalt, von Gesicht schön wie eine Frau. Er sei ein Gebildeter von exzellenten Fähigkeiten, spräche Französisch, Englisch, Latein und ein wenig Italienisch, spiele recht gut auf der Laute und dem Virginal, könne vom Blatt singen. Er sei ein begeisterter Jäger, der acht oder zehn Pferde müde ritte, ehe er heimkehrte. Er sei ein guter Tennisspieler und Bogenschütze. Sehr fromm sei er auch, höre drei Messen an Jagdtagen und manchmal fünf, wenn er zu Hause bliebe. Äußerst friedliebend sei er, ansprechbar und gnädig.

Im Gegensatz zu seinem Vater, der bis ins Detail die Regierungsgeschäfte mitentschieden hatte, war *Heinrich* der alltägliche „Kleinkram" zuwider. Er genoss es, als Herrscher dazustehen und damit vor allem Macht zu demonstrieren. Da während der Tudor-Ära jedoch eine Vielzahl von autonomen Institutionen am Hofe agierten, verlangte dies eine zentrale Entscheidungs- und Integrationsfigur, welche die divergierenden Ansichten und Interessen der verschiedenen Gremien zu einer gemeinsamen politischen Aktion bündeln konnte. Wenn der König diese Aufgabe nicht wahrnahm, so bedurfte er eines Vertrauten, der für ihn das Amt zufriedenstellend ausfüllte.

Eine solche Zentralfigur konnte nur der *Lord Chancellor,* der **Lordkanzler,** praktisch der oberste Minister des Königs, sein. Während der ersten Regierungsjahre bekleidete **Kardinal Wolsey** dieses wichtige Amt. *Wolsey,* aus armen Verhältnissen stammend, war von brennendem Ehrgeiz und ähnlicher Machtbesessenheit ergriffen wie sein König. Zudem aber galt er als ungeheuer fleißiger Arbeiter, als intelligenter administrativer Stratege und als ideenreicher politischer Lenker. *Heinrich* vertraute ihm fast blind, und *Wolsey* stand loyal zu seinem Monarchen. Innerhalb weniger Jahre nur hatte der Lordkanzler alle einflussreichen Persönlichkeiten am Hof entmachtet, eine ganze Reihe weiterer Ämter übernommen und habgierig einen immensen Besitz zusammengerafft: *Wolsey* ließ sich *Hampton Court,* den größten Palast der Tudor-Zeit, erbauen und residierte dort wie ein zweiter König (*Heinrich* zwang ihn später, das Anwesen an ihn abzutreten). Ein Mann mit einem derart exzentrischen Charakter konnte jedoch auf Dauer keine kluge Politik machen. Wie erwähnt, beruhte das Regierungssystem der *Tudors* auf einer Vielzahl von weitgehend autonom agierenden Gremien; erfolgreiche politische Entscheidungen kamen nur dann zustande, wenn es gelang, diese Einrichtungen zu einer kooperativen Zusammenarbeit zu bringen. *Wolsey* wurde jedoch durchgängig abgelehnt, ausnahmslos alle opponierten gegen ihn. 1529 setzte *Heinrich* ihn ab und entschloss sich nach kurzer Bedenkzeit, den Kardinal als Hochverräter anzuklagen. *Wolsey* starb auf dem Weg zu seinem Prozess und entging so der Schmach, auf dem Schafott hingerichtet zu werden. Seine Ablösung hatte neben dem von ihm verursachten innenpolitischen Fiasko noch einen weiteren Grund: Es war ihm nicht gelungen, die Scheidung zwischen *Heinrich* und *Katharina von Aragon* beim Papst in Rom durchzusetzen.

Heinrich benötigte, um das Haus Tudor ungefährdet auf dem Thron zu halten, unbedingt einen männlichen **Nachkommen.** Zwar war *Katharina* während der Ehejahre fast unentwegt schwanger gewesen, hatte jedoch nur ein Kind zur Welt gebracht: *Maria* (die spätere *Bloody Mary*). *Heinrich* setzte die Tochter zwar als Thronerbin ein, hielt jedoch die Nachfolgefrage für nicht zufriedenstellend gelöst; der Thronanspruch weiblicher Nachkommen konnte leicht torpediert werden, insbesondere dann, wenn bereits eine Ehe mit einem ausländischen Fürsten eingegangen worden war. Als *Katharina* aufgrund ihres Alters keine Kinder mehr bekommen konnte, wollte *Heinrich* die Vernunftehe mit der kränkelnden, älteren und bigotten Frau auflösen lassen. Zudem hatte sich Heinrich unsterblich in die junge Adlige *Anne Boleyn* verliebt (seine erhaltenen Liebesbriefe sprechen eine deutliche Sprache). Mit Duldung der Königin hatte *Heinrich* schon immer Liebesbeziehungen unterhalten, u. a. mit der älteren Schwester von *Anne Boleyn;* auch besaß er bereits einen (unehelichen) Sohn, den er zwar zum Duke of Richmond erhob, für den eine Thronanwartschaft jedoch von vornherein unmöglich war: Die Anerkennung eines unehelichen Kindes war noch problematischer als die weiblicher Nachkommen.

Heinrich und *Wolsey* reichten also einen Antrag auf **Annullierung der Ehe** beim Papst in Rom ein. Dies war kein ungewöhnlicher Vorgang in jenen Tagen, und normalerweise machte die päpstliche Kurie – vor allem bei einer so hochrangigen Persönlichkeit – keine Schwierigkeiten. *Heinrich* galt zudem als frommer Katholik und hatte von Rom den Ehrentitel *Fidei Defensor,* Verteidiger des Glaubens, bekommen. Der König und sein Lordkanzler waren sicher, dass die Formsache nach wenigen Monaten positiv entschieden sein würde – doch beide hatten die Machtverhältnisse im Europa des 16. Jh. außer Acht gelassen.

Papst Clemens VII konnte nicht uneingeschränkt entscheiden, denn nach der Eroberung Roms durch die Truppen des Habsburger Kaisers **Karl V** im Jahre 1527 war der Heilige Vater praktisch ein Gefangener, abhängig von Karls Gnaden. Und *Karl* wiederum war der Neffe von *Katharina* und dachte gar nicht daran, seine Tante einer ungewissen Zukunft auszusetzen.

Gegen Ende des Jahres 1532 war *Anne* schwanger, *Heinrich* musste nun schleunigst handeln, zumal die Astrologen einen Jungen prophezeiten. Im Januar **1533 heiratete Heinrich Anne,** im März passierte das Gesetz, das ausländischen Institutionen Eingriffe in englische Rechtsfälle verbot, das Parlament, im Mai annullierte eine Kommission unter dem Vorsitz des Erzbischofes von Canterbury die Ehe mit *Katharina*, im Juni krönte man *Anne* zur Königin, und am 7. September 1533 wurde *Elisabeth* (die spätere *Elisabeth I.*) geboren. *Heinrich* war seinem Ziel, einen männlichen Thronfolger zu bekommen, kein Stück näher gerückt.

Der päpstliche Stuhl konnte eine solche Demütigung natürlich nicht unwidersprochen hinnehmen: *Clemens* erklärte die neue Ehe für nichtig und *Elisabeth* als unehelich. *Heinrich* tobte und machte in einem Rundumschlag tabula rasa: Die Abgaben an Rom wurden sofort eingestellt, dem Papst entzog er das Recht, bei Bischofswahl und -weihe zu entscheiden, die gesamte kirchliche Verwaltung kam unter königliche Order, und sich selbst ernannte er zum *Supreme Head of the Church of England,* zum **Oberhaupt der englischen Kirche.** Proteste in der Bevölkerung gegen diese einschneidenden Maßnahmen gab es kaum. England galt schon immer als ein sehr weltlich orientiertes Land, und im Übrigen ging bei der nun folgenden Auflösung des kirchlichen Grundbesitzes viel Land im Rahmen von Verpachtungen und gar Schenkungen an den Adel und die *Gentry* (Kleinadel und Stände) über. 45 Oppositionelle ließ der König hinrichten, darunter auch den berühmten Humanisten *Thomas Morus,* der nach *Wolseys* Sturz knapp drei Jahre im Amt des Lordkanzler gestanden hatte. *Morus* verweigerte dem Monarchen den Suprematseid und somit die Anerkennung als kirchliches Oberhaupt.

Nachdem *Anne Boleyn* eine Totgeburt gehabt hatte, der König nicht mehr auf einen männlichen Erben von ihr hoffte, ließ er *Anne* den **Prozess** machen. 22 Peers fanden sie des Ehebruchs mit fünf Männern und damit des Hochverrats für schuldig; die Beweislage war äußerst dürftig, trotzdem wurde die junge Frau im Mai 1536, gut drei Jahre nach ihrer Krönung, hingerichtet. Am Tag der Exekution **ehelichte** Heinrich **Jane Seymour,** die 1537 nun den lange ersehnten Sohn *Eduard* gebar (der kränkelnde und schwache Knabe sollte nur sechs Jahre regieren). *Jane* starb an den Folgen der Geburt.

1540 **heiratete** Heinrich **Anna von Kleve,** die Schwester des amtierenden Herzogs von Kleve, ohne die Dame je gesehen zu haben. Der Hofmaler *Hans Holbein* hatte – wie bei solchen Angelegenheiten üblich – zuvor ein Gemälde angefertigt, und der nun im Amt befindliche Lordkanzler *Thomas Cromwell* zeichnete für die Brautauswahl verantwortlich und beschrieb *Anna* als schön. *Heinrich* war entsetzt, als er seine zukünftige Ehefrau sah. „Mein Gott, eine flandrische Stute", soll er bei ihrem Anblick ausgerufen haben. *Cromwell* wurde vom König wegen dieses Patzers (und anderer) als Hochverräter und Ketzer aufs Schafott geschickt. Gegen Zahlung einer beachtlichen Summe an *Anna* holte man ihre sofortige Zustimmung zur Annullierung der Ehe ein.

Im gleichen Jahr noch gab **Katharina Howard** dem Monarchen das Jawort. 1542 endete auch sie als Hochverräterin und Ehebrecherin auf dem Richtscheit. Ab 1543 pflegte dann **Katharina Parr,** die sechste Ehefrau des Königs, den kränkelnden *Heinrich* bis zu seinem Tod im Jahre 1547.

1652
Das erste Kaffeehaus öffnet in London seine Pforten.

1660
Restauration des Herrscherhauses Stuart unter *Karl II.* London hat mehr als 500.000 Einwohner, d. h. etwa 10 % aller Engländer leben in der Hauptstadt.

1665
Die Pest wütet in der Metropole (68.500 Todesopfer).

1666
Beim Großen Brand von London fallen vier Fünftel der Stadt in Schutt und Asche. Der Architekt *Sir Christopher Wren* (1632–1723) wird zum Leiter des Wiederaufbauprogramms ernannt, kann sich mit seinen städtebaulichen Plänen jedoch nicht durchsetzen; neben weiteren rund 50 Kirchen lässt er auch die St. Paul's Cathedral errichten (1675–1711).

1683
Karl II. tauscht die Londoner Stadträte gegen königliche Beamte aus und versucht, die Selbstverwaltungsrechte der Metropole zu beschneiden.

1688/89
Glorious Revolution gegen *Karl II.;* die *Declaration of Rights* und die *Bill of Rights* werden formuliert; London erhält seine Stadtrechte zurück; *Wilhelm von Oranien* wird als *Wilhelm III.* Nachfolger des geflohenen *Karl.*

1694
Gründung der Bank von England mit dem Ziel, einen Krieg gegen Frankreich zu finanzieren.

1710
Der deutsche Komponist *Georg Friedrich Händel* siedelt nach London über, wo ihm vorerst größerer Erfolg versagt bleibt.

s036

Haus Hannover (1714–1901)

1714
Georg I. begründet die Herrschaft des Hauses Hannover. *Händel* wird Leiter der neuen Oper von London.
1744
Das heute älteste und größte Auktionshaus der Welt, die Firma *Sotheby*, wird in London gegründet.
1750
Bau der Westminster Bridge.
1757
Der Maler und Grafiker *William Hogarth* (1697–1764) wird Hofmaler in London.
1759
Eröffnung des Britischen Museums, das aus einer 1753 erfolgten Stiftung hervorgeht.
1763–1766
Der österreichische Komponist *Wolfgang Amadeus Mozart* (1756–1791) besucht während seiner dreijährigen Konzertreise London und komponiert seine erste Symphonie sowie sechs Violinsonaten, die er der englischen Königin widmet.
1760
Alle noch vorhandenen Stadtmauern und Tore werden geschleift, damit sich die Stadt weiter ausbreiten kann.
1775
William Turner, Maler und Wegbereiter des englischen Impressionismus, wird in London geboren (gest. 1851).
1791–1795
Der österreichische Komponist *Franz Joseph Haydn* (1732–1809) schreibt während seiner Konzertreisen in England seine zwölf „Londoner Symphonien".
1801
Die erste offizielle Volkszählung ergibt für London 860.035 Einwohner.
1802–1828
Der Londoner Hafen wird ausgebaut, erhält eine Anzahl neuer Docks und avanciert zum größten Hafen des Landes.
1806
Napoleons Kontinentalsperre gegen England schädigt den Warenumschlag im Londoner Hafen erheblich.
1807–1814
Die Straßen Londons erhalten eine Gasbeleuchtung.
1824
Gründung der *National Gallery* aus dem Vermächtnis des Kaufmanns und Sammlers *John Julius Angerstein*.
1825–1831
Bau der neuen London Bridge.
1828
Gründung der Universität von London.

Samuel Pepys – Londons Chronist im 17. Jahrhundert

Im Jahre **1660 begann** der damals 27-jährige *Samuel Pepys* (sprich: Pieps) ein **Tagebuch** zu führen, das uns einen tiefen Einblick in das Londoner Alltagleben des 17. Jh. ermöglicht (auf unseren Stadtteilbesichtigungen werden wir häufig *Samuel Pepys* und seinen Beschreibungen wiederbegegnen). *Pepys*, ein pedantischer und akribisch genauer Beamter im Flottenministerium, beschrieb mit „gesalbten Worten" die großen politischen Ereignisse jener Zeit ebenso wie seine (vielfältigen) amourösen Abenteuer, listete penibel Ein- und Ausgaben auf, kommentierte das öffentliche Leben in Britanniens Metropole und hinterließ uns vergnügliche Anekdoten. Wenngleich von Haus aus weder mit Reichtum noch allzu großer Bildung ausgestattet, besuchte *Pepys* in London die St. Paul's School und studierte danach in Cambridge klassische Sprachen und Mathematik; darüber hinaus befasste er sich mit Stenografie (sein Tagebuch war in einer gängigen Kurzschrift der damaligen Zeit verfasst), spielte verschiedene Instrumente und versuchte sich gar im Komponieren.

Nach dem Examen trat er als Sekretär in die Dienste von *Lord Edward Montagu,* mit dem er verwandt war. Im Alter von 22 Jahren **heiratete** *Pepys* die erst 15-jährige **Elisabeth St. Michel,** die er (nach eigenen Angaben) ein Leben lang heftig liebte (15.5.1663; „Als ich (...) spät nach Hause kam, fand ich meine Frau alleine mit dem Tanzmeister in einem Zimmer, nicht tanzend, sondern auf und ab gehend. Jetzt bin ich so voll tödlicher Eifersucht, dass mir Herz und Kopf rasen und ich nicht mehr arbeiten kann. Schimpfte über alles, ging dann plötzlich ins Bett, konnte aber nicht schlafen und traute mich nicht, etwas zu sagen. Schämte mich auch, wie ich auf alles mögliche achtete, ob meine Frau z. B. heute Unterhosen getragen hat wie immer oder nicht, um meinen Verdacht bestätigt zu sehen; einen richtigen Beweis fand ich aber nicht"), was ihn jedoch nie daran gehindert hat, sie bei jeder sich bietenden Gelegenheit zu „betrügen" (sein Tagebuch gibt darüber erschöpfend Auskunft: 12.8.1660: „Nach der Predigt in den Whitehall-Kapelle Mrs. Lane getroffen. Nahm sie zu Mylord mit, wo wir im Garten eine Flasche Wein tranken. Anschließend mit ihr in mein Haus in der Axe Street, sehr frei geschäkert").

1657, zwei Jahre nach der Hochzeit, trennte sich *Pepys* vorübergehend von seiner Frau; ein Jahr später musste er sich einer für die damalige Zeit gefährlichen **Blasensteinoperation** unterziehen. Der glückliche Ausgang dieses chirurgischen

Eingriffs wurde fortan jährlich mit einem großen Festessen begangen (26.3.1661: „Heute ist der große Tag, an dem ich vor drei Jahren meine Blasensteine losgeworden bin, und, Gott sei gesegnet, ich bin seitdem völlig ohne Schmerzen. Sehr lustiges Mittagessen, weil Mrs. Turner und ihre Familie wegen der Fastenzeit kein Fleisch aßen, ich aber große Mengen verzehrte, was ihnen das Wasser im Mund zusammenlaufen ließ". 26.3.1665: „Heute vor sieben Jahren habe ich mit Gottes Hilfe meine Blasenstein-Operation überstanden. Erfreue mich der allerbesten Gesundheit und möchte nun wissen, ob es an der neuen Hasenpfote liegt, die ich als Talisman gegen Darmwinde trage ...").

Im April 1660, nach Beendigung des Bürgerkrieges und nachdem das Parlament eine Restauration der Monarchie beschlossen hatte, nahm *Pepys* an der Expedition teil, die *König Karl II.* von Holland zurück nach England führte. Sein Protegé, *Lord Montagu,* wurde vom König mit einflussreichen Ämtern bedacht, und verschaffte *Pepys* einen **lukrativen Posten im Flottenamt.** Dort stieg er rasch zum leitenden Beamten auf, hatte ein Jahreseinkommen von 350 Pfund sowie ansehnliche Nebeneinkünfte durch Bestechungsgelder (7.7.1660: „Heute meldete sich jemand bei mir, der sich eine Schreiberstelle bei mir erkaufen wollte, ich forderte 100 Pfund"). In den folgenden Jahren baute *Pepys* seinen beruflichen Erfolg weiter aus und stieg zu einem geachteten und wohlhabenden Mann auf.

1665 wurde er zum *Fellow der Royal Society* gewählt; nun plagte ihn die tägliche Sorge, ob er denn überhaupt genug von Philosophie verstünde.

Im Oktober 1668 entdeckte *Pepys'* Frau, dass dieser ein Verhältnis mit dem Dienstmädchen *Deborah Willet* hatte (25.10.1668: „Nach dem Abendessen ließ ich mich von Deb kämmen, und daraus entstand der größte Kummer, der mir je auf dieser Welt zugestoßen ist. Denn plötzlich kam meine Frau herein, als ich gerade das Mädchen in den Armen hielt und eine Hand unter ihrem Rock hatte; tatsächlich war ich gerade an einer zentralen Stelle. Wir waren beide mächtig verlegen und meine Frau zuerst ganz sprachlos. Sobald sie aber wieder zu sich kam, geriet sie völlig außer Rand und Band"), und das häusliche Eheleben war eine Zeitlang heftig getrübt. Zu diesen emotionalen Kümmernissen gesellten sich nun auch **gesundheitliche Probleme,** der Zustand seines Augenlichts verschlechterte sich stetig; alle Medikamente und Kuren brachten nicht den gewünschten Erfolg – notgedrungen musste *Pepys* seine täglichen Aufzeichnungen im Mai 1669 einstellen, mit einem Gefühl, „dass ich mich meinem eigenen Grabe entgegengehen sehe".

Nach einer Urlaubsreise im Jahre 1670 erkrankte seine Frau und starb im gleichen Jahr. 1673 wurde *Pepys* ins Marineministerium versetzt und ins Parlament gewählt, wo er die Angelegenheiten der *Navy* vertrat. 1678 jedoch nahm seine **Karriere** ein **abruptes Ende,** man verdächtigte ihn des Geheimnisverrats – er sollte Marine-Akten nach Frankreich geschmuggelt haben. Sechs Wochen verbrachte er im Gefängnis, die folgenden fünf Jahre nahm er kein öffentliches Amt wahr. 1664 ernannte ihn der König zum *Secretary for Admirality Affairs,* 1690 publizierte *Pepys* seine „Memoirs Relating to the State of the Royal Navy". 1688, im Jahr der *Glorious Revolution* und des Sturzes von *Jakob II.,* war seine Karriere nun endgültig beendet; ein Jahr später saß er wegen des Verdachts jakobinischer Umtriebe noch einmal kurz im Gefängnis. *Pepys* zog sich vollständig ins Privatleben zurück und wurde zum **Mäzen der schönen Künste.** 1699 erhielt er den Ehrenbürgerbrief der City of London. Seine große Bibliothek war weit über die Stadtgrenzen hinaus bekannt, *Pepys* korrespondierte mit den großen Gelehrten seiner Zeit und war zweimal Präsident der *Royal Society.* Am 26.5.1703 starb er im Alter von 70 Jahren.

Auszüge aus Samuel Pepys' Tagebuch:

25.3.1661

„Begegnete auf dem Heimweg einem Jungen mit einer Laterne, der Lumpen aufspießte, brachte ihn dazu, mich mit seiner Laterne nach Hause zu bringen. Unterhielt mich mit ihm, erfuhr, dass er beim Lumpensammeln ganz gut verdient, und welche Möglichkeiten es für arme Kinder gibt, auf ehrliche Weise zu Geld zu kommen."

11.4.1661

„Traf zwei Schuljungen, die mit Krügen voll Bier zu ihren Lehrern gingen, gerade fangen die Osterferien an. Ich trank etwas aus einem Krug und gab dem Jungen zwei Pennies. Wir ritten unter dem Mann hindurch, der auf Shooten's Hill hängt, ein ekliger Anblick, das Fleisch ganz verschrumpelt."

18.4.1661

„Mit den beiden Sir Williams nach Walthamstone geritten, wo Lady Batten mit ihren Töchtern war. Ein schöner Tag, aber sie war schlecht gelaunt, was ziemlich störte. Wäre sie wirklich vornehm, würde sie nicht so mit ihren Dienstboten umgehen. Sir W. Penn merkte das ebenso wie ich. Als wir nach Hause ritten, trafen wir zwei Bauernburschen auf einem Pferd, denen ich ohne viel Aufhebens auswich. Sir W. Penn dachte aber gar nicht daran, Platz zu machen, sondern schlug auf sie ein, woraufhin sie zurückschlugen. Als sie ihm dann noch eine Menge Schimpfworte nachriefen, kehrte er um und schlug sie, blind vor Wut, vom Pferd herunter, was mir wenig ehrenhaft vorkam."

1.3.1662

„Mit meiner Frau in „Romeo und Julia". Das schlechteste Stück, das ich je gesehen habe, dazu schauderhaft gespielt. Habe beschlossen, nie wieder in eine Premiere zu gehen, weil die Schauspieler dauernd ihren Text vergessen."

22.5.1662

„Kapitän Teddiman hat uns aus dem Indischen Ozean Anchovis, Oliven und Muskat geschickt. Was das ist, weiß ich nicht, schäme mich aber zu fragen."

6.1.1663

„Sehr verärgert, weil meine Frau ihren Schal, ihre Weste und ihr Nachthemd in der Kutsche liegen ließ, die uns von Westminster zurückbrachte. Muss allerdings zugeben, dass ich auf die Sachen aufpassen sollte."

20.2.1665

„Bagwells Frau erschien in meinem Büro. Ich schickte sie weg, besuchte sie dann aber in ihrem Haus und vergnügte mich unter erheblichen Schwierigkeiten mit ihr. Als ich nach Hause kam, erzählte mir meine Frau, dass sie eine neue Kammerzofe angestellt hat, eine besonders hübsche, ich müsste sehr vorsichtig sein."

27.2.1665

„Schmerzen im Zeigefinger der linken Hand, von den Kämpfen avec la femme que je erwähnte gestern. Die Zofen am Hof treiben es immer verrückter. Eine soll sich gestern als Orangenmädchen verkleidet haben und auf die Straße gegangen sein; an ihren vornehmen Schuhen hat man sie erkannt und der Lächerlichkeit preisgegeben. Meine Frau ging heute ins Badehaus, nachdem sie lange hier im Haus im Schmutz gesessen hat."

22.2.1665

„Gestern Nacht sehr gefroren, weil meine Frau nach ihrem Bad in ein anderes Bett ging."

3.9.1665

„Zog meinen neuen farbigen Seidenanzug an und meine neue Perücke. Was wohl für eine Mode in Perücken kommt, wenn die Pest vorüber ist? Jetzt wagt niemand Haar zu kaufen, aus Angst, es könnte von einer Pestleiche stammen."

7.9.1665

„Ließ mir die wöchentliche Totenliste geben, darin allein 6978 Pesttote – eine schreckliche Zahl. Zu Sir R. Viner, er zeigte uns sein Haus und Grundstück, auch einen Negerjungen, der in seinen Diensten stand und an der Schwindsucht starb; er trocknete ihn im Backofen und bewahrt ihn jetzt in einer Kiste auf."

1829

London bekommt die städtische Polizei *Metropolitan Police Force*. Für den öffentlichen Nahverkehr werden erstmals Pferdeomnibusse eingesetzt.

1836

Zwischen der London Bridge und Greenwich verkehrt der erste Londoner Eisenbahnzug.

1837–1901

Regierungszeit von *Königin Victoria,* die den Buckingham Palace zu ihrer Hauptresidenz macht. London erlebt eine rasante städtebauliche Entwicklung, geprägt vom *Victorian Style;* in den Außenbezirken entstehen Vororte, die mit der City durch neu angelegte Eisenbahnlinien verbunden sind.

1840–1852

Die Parlamentsgebäude mit dem Uhrturm Big Ben werden errichtet.

1843

Die Nelson-Säule am Trafalgar Square wird zu Ehren von *Admiral Nelson* eingeweiht, der 1805 in der Schlacht von Trafalgar ums Leben kam.

1847/48

Karl Marx und *Friedrich Engels* gründen den Bund der Kommunisten und publizieren das Kommunistische Manifest.

1851

Erste Weltausstellung in London; der Architekt *Joseph Paxton* (1801–1865) baut den architektonisch bedeutenden Crystal Palace.

1851/52

Bau von King's Cross Station, dem ersten Londoner Bahnhof in Stahlbauweise.

1862

Zweite Weltausstellung in London.

s48lo Foto: fb

1863
Eröffnung des ersten U-Bahn-Abschnittes zwischen Bishop's Road und Farringdon.
1864
Karl Marx gründet die Internationale Arbeiterassoziation (Erste Internationale), die bis zum Jahr 1872 besteht.
1886–1894
Horace Jones und *John Wolfe-Barry* erbauen die Tower Bridge.
1888/89
Gründung des *London City Council,* der zentralen Verwaltung von London.
1908
Vierte Olympische Spiele in London.

Unterirdische Bahnstation Bakerstreet von Fowler und Baker, 1863

Haus Windsor (seit 1910)

1910
König Georg V. aus dem Hause Windsor besteigt den Thron.
1911
Eine Volkszählung für London ergibt 7 Mio. Einwohner.
1914–1918
Erster Weltkrieg; durch deutsche Luftangriffe, u. a. mit Zeppelinen, kommen 2000 Bewohner der Hauptstadt ums Leben.
1939–1945
Zweiter Weltkrieg; ab 1940 zahlreiche Luftangriffe auf London, bei denen ca. 30.000 Menschen getötet werden. In der Stadt lassen sich viele vor dem faschistischen Regime geflohene Exilregierungen nieder.
Ab 1945
Wiederaufbau der Stadt mit Sanierung einzelner Viertel und Vororte.
1948
Die 14. Olympischen Spiele finden in London statt.
1952
In der Westminster Abbey wird *Elisabeth II.* zur Königin gekrönt.
1968
Großer Streik von London; das wirtschaftliche Leben der Stadt kommt nahezu zum Erliegen.
1982
Abertausende demonstrieren in London gegen den zwischen Großbritannien und Argentinien entbrannten Falkland-Krieg. Rassenunruhen und Konflikte aufgrund steigender Arbeitslosigkeit erschüttern das öffentliche Leben in der Hauptstadt.
1984
Gipfeltreffen der sieben wichtigsten westlichen Industrienationen.
1986
Eine weitere Verwaltungsreform führt zur Auflösung des *Greater London Council.*
1987
Ein Brand in der Londoner U-Bahn-Station *King's Cross* fordert mehr als 80 Verletzte.
1990
Steuererhöhungen führen zu großen Demonstrationen und Protesten in der Bevölkerung. Nach parteiinternen Machtkämpfen tritt *Margaret Thatcher* als Premierministerin zurück. Neuer Regierungschef wird *John Major.*
1992
Erneut gewinnen die Konservativen die Wahl. Das britische Königshaus steckt aufgrund der amourösen Eskapaden von *Charles* und *Diana, Edward* und *Fergie* in einer tiefen Krise. *Königin Elisabeth* spricht von einem Horrorjahr. Ein Brand zerstört weite Teile von *Windsor Castle.*
1994
Aufgrund des sinkenden Ansehens der britischen Monarchie erklärt sich *Königin Elisabeth* bereit, auf ihre Einkünfte Steuern zu zahlen.
1995
Nach Umfragen ist Premierminister *John Major* der seit langem unbeliebteste Regierungschef im Inselreich. Zahllose Affären erschüttern die Glaubwürdigkeit der konservativen Partei.
1996
Während der Fußball-Europameisterschaft in England zündet die IRA,

die katholische Untergrundbewegung Nordirlands, die größte Bombe, die je im Mutterland gelegt wurde. Das Stadtzentrum von Manchester liegt in Schutt und Asche.

Die oppositionelle *Labour Party* ist an die Spitze der Beliebtheitsskala gerückt. Unter dem Stichwort *New Labour* hat sich die Partei von den Gewerkschaften abgewandt und den Begriff des Sozialismus aus ihrem Programm gestrichen.

1997

Im Mai gewinnt nach fast zwei Jahrzehnten in der Opposition die *Labour Party* wieder die Macht und stellt die Regierung. Premierminister wird *Tony Blair.* Zügig werden Reformen umgesetzt; die Bank von England wird nach deutschem Vorbild unabhängig, Schottland und Wales bekommen ein eigenes Parlament.

1998

In Nordirland wird ein Friedensvertrag beschlossen und ein Parlament für die nordirische Provinz gewählt, das im Herbst zu seiner ersten Sitzung zusammentritt.

2000

Mit überwältigender Mehrheit wählen die Londoner seit 14 Jahren wieder einen Oberbürgermeister. Gegen den erbitterten Widerstand von Premier *Tony Blair* gewinnt *Ken Livingston,* der bereits 14 Jahre zuvor das Amt des Oberbürgermeister inne hatte, das Votum der Bevölkerung.

2001

Anfang des Jahres bricht in Großbritannien die Maul- und Klauenseuche aus. Die Tierkrankheit verbreitet sich auch in einigen Ländern des Kontinents. Mit großer Mehrheit wird die *Labour Party* unter Premierminister *Tony Blair* wiedergewählt.

2002

Am 30. März, nur sieben Wochen nach dem Tod von *Prinzessin Margaret,* stirbt *Queen Mum* im Alter von 101 Jahren.

2003

Seit Mitte Februar bewachen 450 Soldaten die Londoner Flughäfen, die festungsartig umgebaut wurden. In Großbritannien hat man Angst, dass es zu einem Terroranschlag wie am 11. September 2001 in New York kommen könnte. Ein islamistischer Aktivist hatte angekündigt, dass *Al Qaida*-Mitglieder zu Selbstmordanschlägen auf Regierungsgebäude und Finanzinstitute bereit seien.

Das Britische Museum feiert sein 250-jähriges Bestehen mit verschiedenen Ausstellungen.

2004

Die marode Londoner U-Bahn hat Probleme, Ersatzteile für ihre Uralt-Züge zu bekommen und ersteigert mehr als 20 Jahre alte Teile bei E-Bay.

Königshäuser

Angelsächsische Könige

Edwin	955–959
Edgar	959–975
Eduard der Märtyrer	959–975
Ethelred II.	978/79–1013
Gabelbart von Dänemark	1013–1014
Knut I., der Große	1016–1035
Edmund Ironside	1016
Harold I. Harefoot	1035/36–1040
Hardknut	1040–1042
Eduard der Bekenner	1042–1066
Harold II. Goodwison	1066
Edgar II. Atheling	1066

Normannische Könige

Wilhelm I., der Eroberer	1066–1087
Wilhelm II. Rufus	1087–1100
Heinrich I. Beauclerc	1000–1135
Stephan I. von Blois	1135–1154

Haus Plantagenet

Heinrich II. Kurzmantel	1154–1189
Richard I. Löwenherz	1189–1199
Johann I. Ohneland	1199–1216
Heinrich III.	1215–1272
Eduard I.	1272–1307
Eduard II.	1307–1327
Eduard III.	1327–1377
Eduard IV.	1377–1399

Haus Lancaster

Heinrich IV.	1399–1413
Heinrich V.	1413–1422
Heinrich VI.	1422–1461

Haus York

Eduard IV.	1461–1483
Eduard V.	1483
Richard III.	1483–1485

Haus Tudor

Heinrich VII.	1485–1509
Heinrich VIII.	1509–1547
Eduard VI.	1547–1553
Maria I.	1553–1558
Elisabeth I.	1558–1603

Haus Stuart

Jakob I.	1603–1625
Karl I.	1625–1649

Protektorat

Oliver Cromwell	1653–1658
Richard Cromwell	1658–1659

Haus Stuart

Karl II.	1660–1685
Jakob II.	1685–1688
Wilhelm III. (von Oranien)	1689–1702
Anna	1702–1714

Haus Hannover

Georg I.	1714–1727
Georg II.	1727–1760
Georg III.	1760–1820
Georg IV.	1820–1830
Wilhelm IV.	1830–1837
Viktoria	1837–1901

Haus Sachsen-Coburg

Eduard VII.	1901–1910

Haus Windsor

Georg V.	1910–1936
Eduard VIII.	1936
Georg VI.	1936–1952
Elisabeth II.	seit 1952

014lo Foto: sh

London von A bis Z

009lo Foto: sh

007lo Foto: hs

Vor der Reise

Für Deutsche, Österreicher, Schweizer und andere EFTA-Staatsbürgerschaften ist kein Visum erforderlich. Vertreter einiger Nationalitäten brauchen dennoch ein Visum für die Einreise in das Vereinigte Königreich, obwohl sie eine gültige Aufenthaltserlaubnis für Deutschland haben (siehe im Internet unter www.ukvisas.gov.uk). Auf keinen Fall sollte man ohne Vorbereitung nach London fahren; der Gang ins Reisebüro bzw. das Vorausbuchen einer Unterkunft ersparen viel Ärger.

Empfehlenswert ist auch der Abschluss einer Reisekrankenversicherung (vgl. „Ärztliche Versorgung").

Man ist gut beraten, schon vor Reiseantritt seine **Geldbörse** mit einigen englischen Pfund zu bestücken, so vermeidet man die ungünstigen Kurse an den Flughäfen (vgl. „Banken"). Unbedingt ins Gepäck gehört regenfeste **Bekleidung.**

Die **Hauptreisezeit** für London geht von Ostern bis Anfang Oktober; in den Wintermonaten sieht man nur sehr wenige Touristen, denn in diesem Zeitraum präsentiert sich die Metropole nasskalt und grau. Während der Oster-, Sommer- und Herbstferien strömen 2 Mio. deutsche Besucher in die britische Hauptstadt. Wer es einrichten kann, sollte diese Ferienzeiten als Reisetermin meiden.

Direkt nach der Ankunft sollte man sich ein **Stadtmagazin** und einen Stadtplan zulegen, um aktuelle Veranstaltungshinweise und die Lokalität zu finden.

Anreise

Mit dem Flugzeug

Londons fünf Flughäfen sind **Heathrow** (im Westen der Metropole), **Gatwick** (im Süden), **Stansted** (im Norden) **Luton** (im Nordwesten) und der **London City Airport** in den ehemaligen Docklands. In Heathrow landen die Linienmaschinen von *Lufthansa, Swiss, Austrian Airlines* und *British Airways,* auf den anderen drei Airports gehen die Charter- und Billigflieger nieder. Auf dem City Airport landen kleinere Maschinen; sie verbinden London direkt mit vielen europäischen Metropolen.

Wer mit einem Linienflug der *Lufthansa* (www.lufthansa.de), *British Airways* (www.britishairways.com), *Swiss* (www.swiss.com) oder *Austrian Airlines* (www.aua.com) anreisen möchte, sollte schon einige Wochen im Voraus buchen und aufmerksam die Online-Angebote studieren; **Tickets** können dann fast um die Hälfte billiger sein.

Es gibt aber auch **Last-Minute-Angebote** der Airlines, die z. B. bei den unten empfohlenen Reisebüros angeboten werden und auch direkt auf ihren Internetseiten buchbar sind; hierbei sollte man auf die Ausstellung eines Papiertickets verzichten, weil dafür neuerdings bis zu 10 Euro Zuschlag verlangt werden.

Lufthansa bietet solche **preisgünstigen Angebote** von Zeit zu Zeit unter der Bezeichnung „Ready to fly" an, und zwar freitags für Flüge in der darauf folgenden Woche zum Preis von

111 € für Hin- und Rückflug inklusive Steuern und Gebühren. Bei *Austrian* gibt es Ähnliches in der Sparte „redticket“, und auch bei *Swiss* wird regelmäßig mit Angeboten geködert: Im Sommer 2004 gab es Retourflüge ab Genf für 174 SFr, ein zweiter Mitreisender zahlte nur 87 SFr.

Wer auf die Dienste eines **zuverlässigen Reisebüros** nicht verzichten möchte, das sich auf die zeitraubende Suche nach dem besten und günstigsten Flug macht, erhält Informationen unter:

- **Jet-Travel,** Buchholzstr. 35, D-53127 Bonn, Tel. 0228-284315, Fax 284086, www.jet-travel.de. Sonderangebote auf der Website unter „Schnäppchenflüge“.
- **Globetrotter Travel Service,** Löwenstraße 61, CH-8023 Zürich, Tel. 01-2286666, www.globetrotter.ch. Weitere Filialen gibt es in Baden, Basel, Bern, Biel, Chur, Freiburg, Luzern, Olten, St. Gallen, Thun, Winterthur und Zug.

Billigairlines

Diese stellen **keine Tickets** aus, sondern arbeiten nur mit einer Online-Bestätigung, mit einer Buchungsnummer auf der Website oder per E-Mail. In wenigen Fällen sind auch telefonische Buchungen möglich, für die eine Zusatzgebühr kassiert wird. Zur Bezahlung wird in der Regel eine Kreditkarte verlangt. Bei einigen Billigfliegern ist aber auch Lastschriftabbuchung vom eigenen Girokonto möglich.

- **Air Berlin,** www.airberlin.com. Die ehemalige Chartergesellschaft fliegt von Münster/Osnabrück, Hannover, Berlin, Düsseldorf, Paderborn, Nürnberg und Wien ab 29 € sowie von Zürich ab 48 € inkl. Steuern/Gebühren nach Stansted.
- **EasyJet,** www.easyjet.com. Billigairline ab 10,99 € bzw. 17,45 SFr. inkl. Flughafensteuer/Gebühren. Nach Stansted von München, Basel und Amsterdam; nach Gatwick von Köln/Bonn, Genf, Amsterdam; nach Luton von Berlin-Schönefeld, Dortmund, Basel, Genf und Amsterdam.
- **Germanwings,** www.germanwings.com. Ab 19 € inkl. Steuern/Gebühren nach Stansted von Köln und Stuttgart, nach Gatwick nur von Köln aus.
- **Helvetic,** www.helvetic.com. Mit der kleinen Airline ab Zürich nach Gatwick für 99 € zuzügl. 33 € Gebühren; registriert man sich als Vielflieger, bekommt man jeden elften Flug umsonst.
- **Ryan Air,** www.ryanair.com. Nach Stansted von Hahn/Hunsrück, Friedrichshafen, Karlsruhe/Baden, Erfurt, Leipzig/Altenburg, Berlin-Schönefeld, Hamburg/Lübeck, Niederrhein, Eindhoven, Klagenfurt, Graz, Linz, Salzburg im seltenen Glückfall ab 1 £.
- **V Bird,** www.vbird.com. Billigairline ab Niederrhein (fast an der Grenze zu Nijmegen in NL) ab 49 € inkl. Flughafensteuer/Gebühren.
- **VLM,** www.vlm-airlines.com. Nach London City von Antwerpen (ab 30 €) und Luxemburg (ab 49 €).

Diese **Mindestflugpreise** gelten für einen einfachen Flug zuzüglich Flughafensteuer/Gebühren, wenn nicht anders angegeben. Man erhält diese Preise nur bei langer Vorausbuchung für Flüge in der Nebensaison. Bei den Billigairlines gibt es jedoch auch regelmäßig **Sonderaktionen,** bei denen man mit etwas Glück auch in der Hochsaison zu vergünstigten Tarifen buchen kann. Auf Sonderaktionen wird per E-Mail-Newsletter aufmerksam gemacht, den man auf der Internetseite der Airline abonnieren kann.

Die **Preise** können in den Oster-, Sommer-, Herbst- und Weihnachtsferien auf über 400 € für den Hin- und Rückflug steigen.

Der Eurotunnel

Nach 65 Millionen Jahren insularer Abgeschiedenheit ist Großbritannien seit Mai 1994 durch den Ärmelkanal wieder auf dem Landweg zu erreichen. Gleichzeitig startete mit *Le Shuttle* ein neues Verbundverkehrssystem, das Pkws, Busse und Motorräder schnell von einer Seite des Kanals auf die andere bringt.

An 365 Tagen im Jahr fahren heute die **Pendelzüge** von *Eurotunnel* (ehemals *Le Shuttle*) rund um die Uhr zwischen Calais und Folkestone. Jeder Zug transportiert 180 Pkws bzw. 120 Pkws und 12 Busse. In Spitzenzeiten verkehrt *Eurotunnel* im 15-Minuten-Takt, und selbst in Nächten mit schwachem Verkehrsaufkommen sind stündliche Abfahrten garantiert.

Reservierungen sind dank des kundenfreundlichen Fahrplans nicht erforderlich – man fährt einfach hin und nimmt den nächsten Pendelzug. Die Tickets löst man direkt an praktischen Autoschaltern oder vor Antritt der Reise im Reisebüro.

Die Reise unter dem Kanal dauert nur 35 Minuten von Bahnsteig zu Bahnsteig, bzw. knapp 60 Minuten von Autobahnabfahrt bis Autobahnauffahrt. Zum Einsatz kommen eigens für den Pendelverkehr konstruierte Doppeldeckerzüge mit spezieller Schallisolierung und Klimaanlage. Die Passagiere bleiben während der kurzen Fahrt bei ihren Fahrzeugen oder können sich die Beine vertreten. Für Unterhaltung sorgt das eigene Radioprogramm von *Eurotunnel*, und elektronische Anzeigetafeln halten die Reisenden über den Fahrtverlauf auf dem Laufenden.

Motorradfahrer stellen ihre Fahrzeuge in einem speziellen Zugabschnitt ab und reisen in Abteilen mit Sitzgelegenheiten. Die Waggons für Busse sowie Fahrzeuge über 1,85 m Höhe sind einstöckig ausgelegt.

Der Kanaltunnel ist auf beiden Seiten des Kanals an das jeweilige **Autobahnnetz** angebunden. Über die A 16 kommend, nimmt man bei Calais die Ausfahrt 13 bzw. auf der Rückreise über die M 20 die Ausfahrt 11 a bei Folkestone.

Gut ausgebaute **Zufahrtsstraßen** führen direkt zu den modern ausgestatteten Terminals. Die französischen und britischen Grenzkontrollen finden bereits bei der Abfahrt statt. Man hat also nach Ankunft auf der anderen Kanalseite sofort freie Fahrt.

Vor dem Verladen des Fahrzeugs steht den Passagieren in der Einkaufs- und Aufenthaltszone ein reichhaltiges **Serviceangebot** zur Verfügung. Es gibt Restaurants, Cafés, Informationsstände, Sanitärräume, Wechselstuben und Duty-Free-Shops.

Informativ nicht nur für Technikinteressierte ist ein Besuch des **Eurotunnel-Ausstellungszentrums** in Calais oder Folkestone. Der Bau des Tunnels und der Betrieb von *Eurotunnel* werden hier mit audiovisuellen Medien anschaulich dargestellt.

Mit dem Bau des Kanaltunnels besteht zwischen dem europäischen Festland und Großbritannien eine Landverbindung. Genau genommen kann man eigentlich nicht von „dem" Kanaltunnel sprechen, denn es handelt sich um drei Tunnelröhren, die durch den wasserundurchdringlichen Kreidefelsen gebohrt wurden: zwei Schienentunnel und ein etwas kleinerer Wartungstunnel in der Mitte. Die beiden Schienentunnel werden jeweils nur einspurig und in einer Richtung befahren. Neben den Pendelzügen von *Eurotunnel* nutzen inzwischen auch die nationalen Eisenbahngesellschaften *SNCF* (Frankreich), *SNCB* (Belgien) und *British Rail* den Tunnel für ihre europäischen Verbindungen. Diese *Eurostar* genannten Züge befördern nur Passagiere und verkehren zwischen Paris über Brüssel nach London.

Last Minute

Wer sich erst im letzten Augenblick für eine Reise nach London entscheidet oder gern pokert, kann Ausschau nach Last-Minute-Flügen halten, die von einigen Airlines mit deutlicher Ermäßigung **ab etwa 14 Tage vor Abflug** angeboten werden, wenn noch Plätze zu besetzen sind. Diese Flüge lassen sich nur bei Spezialisten buchen (bei den Rufnummern fallen 0,12–0,20 € bzw. 0,12 SFr pro Minute an):

- **L'Tur,** www.ltur.com; D: Tel. 01805-212121; A: Tel. 0820-600800, CH: Tel. 0848-808088, NL: 0900-2023008, sowie 140 Niederlassungen europaweit. Unter „Super Last Minute" gibt es Angebote für den Abflug innerhalb der nächsten 72 Stunden.
- **Lastminute.com,** www.de.lastminute.com; D: Tel. 01805-777257, NL/B: Tel. 0900-4050607.

Von den Flughäfen in die Stadt

Von Heathrow aus fährt die U-Bahn *(Piccadilly Line)* bis ins Stadtzentrum, während der Hauptverkehrszeiten sogar alle fünf Minuten. Die Fahrt bis Piccadilly Circus dauert ca. 45 Min. Morgens verlässt gegen 5 Uhr (So 5.50 Uhr) die erste *Tube* den Flughafen, der letzte Zug geht um 23.41 Uhr (So 23.53 Uhr). Kosten für diese Strecke: 3,80 £ (www.thetube.com).

Die schnellste Verbindung ins Zentrum bietet der 1998 in Dienst gestellte *Heathrow Express,* der alle 15 Minuten fährt und bis *Paddington Station* auch nur 15 Minuten Fahrtzeit benötigt. Kosten: 13 £ oder 25 £ hin und zurück. Von dort aus erreicht der Besucher mit der U-Bahn sein weiteres Ziel (www.heathrowexpress.com).

Von Heathrow verkehren außerdem die Airbusse A1 und A2 in die Stadt; Fahrtzeit je nach Verkehrsaufkommen bis zu 80 Min. A1 fährt (zwischen 6 und 22.20 Uhr) nach *Victoria Station,* A2 (zwischen 6.40 und 21 Uhr) nach *Euston Station.* Kosten für A2: 10 £ oder 15 £ hin und zurück. Infos unter www.nationalexpress.com.

Vom Flughafen Gatwick aus geht der *Gatwick Express* bis *Victoria Station;* die Züge fahren zwischen 6 Uhr und Mitternacht alle 15 Minuten und zwischen Mitternacht und 6 Uhr einmal pro Stunde. Wenn man die Fahrkarten bei Buchung des *EasyJet*-Fluges kauft, bekommt man 10 % Ermäßigung. Ein Retourticket kostet dann nur noch 21,50 £. Die Fahrt dauert 30 Minuten.

Von London-Stansted aus verkehrt alle 30 Minuten der *Stansted Express* zum Bahnhof *Liverpool Street Station.* Das Flughafengebäude von Stansted ist übrigens mehrfach preisgekrönt worden. Wer mit *EasyJet* fliegt, kann den *Terravision Express* zur *Victoria Station* nutzen. Die Fahrt dauert 75 Minuten. Kosten: 19,50 € retour (www.terravision4easyjet.com).

Vom Flughafen *London-Luton* geht alle paar Minuten ein kostenloser Shuttle-Bus zum Bahnhof von Luton, und von dort verkehrt 24 Stunden ein *Thameslink*-Zug in die Innenstadt, der für die Fahrt 25 Minuten benötigt. Wer mit *EasyJet* gebucht hat, erhält das Zugticket bei Flugbuchung verbilligt (8–9 £ einfache Fahrkarte); es wird schon vorab per Post zugeschickt.

Vom City Airport fährt der *Green Bus* nach *Canning Town Station,* von wo die *Docklands Light Railway* (DLR) den Besucher zu den U-Bahnhöfen *Tower Hill* oder *Bank* bringt; von dort geht es dann mit der *Tube* ans gewünschte Ziel. Ebenfalls vom Airport aus verkehrt der *Blue Bus* zur Station *Canary Wharf,* von wo aus die *Docklands Light Railway* (DLR) sowie die U-Bahn der *Jubilee Line* den Besucher in die Innenstadt bringen.

Mit dem Zug

Von allen deutschen, österreichischen und schweizerischen Bahnhöfen nimmt man einen Zug entweder nach Paris *(Gare du Nord)* oder nach Brüssel *(Bruxelles Midi).* Von dort verkehrt der *Eurostar* genannte Zug durch den Kanaltunnel zur Londoner *Waterloo Station.* Angesichts des Ticketpreises (ab 223,50 € allein für die Teilstrecke Paris – London oder Brüssel – London) und einer Reisezeit, die im ungünstigen Fall (z. B. ab Berlin) stolze elf Stunden beträgt, kann man besser ins Flugzeug steigen! Eine pauschale Städtereise für ein langes Wochenende kann man inklusive Flug und Hotel locker für diesen Preis buchen! In der Ankunftshalle von Waterloo befindet sich das Londoner *Tourist Information Office.*

Buchen kann man die Bahntickets heute in Deutschland, Österreich und der Schweiz online. Die Tickets für diese Auslandsstrecken werden einem dann per Post zugeschickt:

- **Deutschland:** www.bahn.de
- **Österreich:** www.oebb.at
- **Schweiz:** www.sbb.ch

Mit dem Auto

Wer London mit dem eigenen Wagen besuchen will, sollte die Fähre vom französischen Hafen Calais (bis Dover ca. 50 Min.) nehmen (siehe auch Fährverbindungen im Anhang. Es gibt Angebote ab 116 € für das Auto und bis zu fünf Insassen, aber sonst muss man eher mit dem Doppelten rechnen). Autofähren aus Calais legen in der Regel an den Eastern Docks in Dover an, direkt hinter dem Zollbereich geht es links ab, Hinweisschilder zeigen an: „London – Canterbury A 2" (sollte die Fähre an den Western Docks anlegen, folgt man zunächst den Wegweisern „All Routes" (Alle Richtungen) und achtet dann auf die Hinweisschilder „London – Canterbury A 2").

Die A 2 mündet nach etlichen Kilometern in die Autobahn M 2, die dann kurz vor London wieder zur A 2 wird. Im Londoner Vorort Bexley zeigt ein Schild „Central London 13,5 Meilen" an. Man folgt den Wegweisern „Central London A 2" weiter. In Deptford orientiert man sich an den Schildern „A 2 City/Westminster" (und nicht „A 22 Westend"). Einige Meilen weiter erreicht man Elephant and Castle, einen zentralen Verkehrsknotenpunkt; hier achtet man auf die Schilder „Waterloo/Westminster" und folgt kurz darauf der Ausschilderung „Waterloo Bridge". Auf dieser Brücke überquert man die Themse und biegt sofort danach links in die Straße Strand ein, die zum Trafalgar Square und damit ins Herz der Metropole führt. Fahrtzeit ohne Staus ca. 2 Stunden.

- **P&O Ferries:** www.poferries.com
- **Hoverspeed:** www.hoverspeed.de
- **Seafrance:** www.seafrance.co.uk

Wer den Ärmelkanal mit *Eurotunnel* (ehemals *Le Shuttle*) unterquert hat und in Folkestone angekommen ist, fährt auf der Autobahn M 20 in die Metropole ein. Auch hier ist man recht schnell am Verkehrsknotenpunkt Elephant and Castle angekommen, von wo aus man der oben geschilderten Fahrtroute weiter folgt. Buchen kann man die Fahrt schon vorab auf der Website www.eurotunnel.com. Die günstigste Online-Buchung lag im Sommer 2004 bei 275 € für einen PKW mit bis zu fünf Insassen.

Die Zeiten, in denen eine Anreise mit dem Fahrzeug generell am preisgünstigen war, sind vorbei. Nebst den stetig steigenden Kraftstoffpreisen muss man je nach Anfahrtsweg die **Mautpreise** mit einkalkulieren. Denn für Österreicher, Schweizer sowie Reisende aus Bayern, Baden-Württemberg, dem Saarland und auch dem Süden von Rheinland-Pfalz ist eine **Anfahrt über Frankreich** am kürzesten. Dort sind jedoch alle Autobahnen mautpflichtig. Die Preise sind nach fünf Fahrzeugklassen gestaffelt. Für einfache Pkws muss man durchschnittlich 5 € pro 100 km kalkulieren; für Fahrzeuge mit Wohnwagen 30–60 % mehr, weitere 30–60 % für Wohnmobile, aber für Motorräder nur ca. 3 € pro 100 km.

In London selbst zahlt man seit dem 17. Februar 2003 für die über 20 km² der Londoner Innenstadt eine besondere **Gebühr;** die Grenze bilden Inner Ring Road, die Commercial Street, Mansell Street, Tower Bridge, Elephant and Castle, Vauxhall Bridge Road, Park Lane und Marylebone Road. Von Montag bis Freitag zwischen 7 und 18.30 Uhr muss in der Zone, die mit einem weiß auf rot markierten „C" gekennzeichnet ist, die so genannte *congestion charge* (Staugebühr) in Höhe von 5 £ pro Tag entrichtet werden. Nur Motorräder, Busse und Minibusse sind von dieser Regelung ausgenommen.

Zahlen kann man die Gebühr **täglich oder wöchentlich** in bestimmten Geschäften, Tankstellen, an Automaten größerer Parkplätze in London, die das Congestion-Charge-Symbol zeigen. Es geht auch bis zu 90 Tage vor Ankunft über die Website **www.cclondon.com.** Telefonisch kann man auch mit *Mastercard* und *Visa* unter 020-76499122 zahlen und sich die Belegnummer als Zahlungsbeweis notieren.

Wer nicht vor 22 Uhr, aber bis 24 Uhr eines Tages zahlt, riskiert ein **Bußgeld** in Höhe von 5 £ (insgesamt also 10 £). Wer auch bis 24 Uhr nicht gezahlt hat, muss saftige 80 £ hinblättern, was sich allerdings auf 40 £ reduziert, wenn man die Schuld binnen 14 Tagen begleicht, oder sich auf satte 120 £ erhöht, wenn man nach 28 Tagen noch immer nicht seinen Obolus geleistet hat. Wer sein Fahrzeug in der Congestion-Charge-Zone drei oder mehr Tage stehen lässt, ohne die Gebühr zu entrichten, riskiert eine **Kralle** für zusätzliche 45 £ oder gar das **Abschleppen des Fahrzeuges** für 125 £ zuzüglich von Unterstellkosten à 15 £ pro Tag.

Alles in allem kein Kavaliersdelikt, und überprüft wird das Ganze durch **Kameras,** die in Congestion-Charge-Zonen Aufnahmen aller (!) Nummernschilder machen.

Ärztliche Versorgung

Erkrankte Besucher werden vom **Staatlichen Gesundheitsdienst** *(National Health Service)* kostenlos behandelt; diese Art der Gesundheitsversorgung genießt aber einen sehr schlechten Ruf. In **Privatkliniken** hat der Patient die Kosten selbst zu tragen und ist daher gut beraten, wenn er vor der Reise eine Auslandskrankenversicherung abschließt.

Krankenhäuser

Unter der **Notfalltelefonnummer 999** kann man einen Krankenwagen *(Ambulance)* anfordern. Einen **24-stündigen Notdienst** haben die folgenden Krankenhäuser:

- **Guy's Hospital,** St. Thomas Street SE 1, Tel. 020-79555000
- **Royal Free Hospital,** Pond Street NW 3, Tel. 020-77940500
- **St. Mary's Hospital,** Praed Street W 2, Paddington, Tel. 020-77256666
- **St. Thomas' Hospital,** Lambeth Palace Road SE 1, Tel. 020-79289292
- **University College Hospital,** Gower Street WC 1, Tel. 020-73879300
- **Whittington Hospital,** Highgate Hill N 19, Tel. 020-72723070

Als *ADAC*-Mitglied kann man schon vor Urlaubsantritt unter Tel. 0049-89767676 eine **Liste deutschsprachiger Ärzte** in London anfordern oder im Web unter www.adac.de nachsehen (Reiseservice/Reisemedizin).

Zahnkliniken

Der **Dental Emergency Care Service** vermittelt bei akuten Zahnschmerzen unter der Telefonnummer 020-79552186 sowohl privat niedergelassene Zahnärzte als auch die Dentisten des *National Health Service.*

Im Notfall kann man auch einfach in die **Guy's Hospital Dental School** (Guy's Tower, St. Thomas Street) gehen und sich dort behandeln lassen; ein vorheriger Anruf kann aber nicht schaden: 020-79555000.

Apotheken mit generell verlängerten Öffnungszeiten

- **Bliss Chemist,** 5 Marble Arch W 1, Mo–So 9–24 Uhr
- **Bliss Chemist,** 50 Willesden Lane NW 6, Mo–So 9–2 Uhr
- **Boots,** 44 Piccadilly Circus W 1, in der U-Bahn-Station, Mo–Fr 8–20.30 Uhr, Sa 9–20 Uhr, mit Zugang für Rollstuhlfahrer
- **Underwoods,** 62 Shaftesbury Avenue W 1, Mo–Sa 9–23 Uhr, So 11–22 Uhr
- **Warman Freed,** 45 Golders Green Road NW 11, Mo–So 8–24 Uhr

Auskunftsstellen

Allgemein im Internet unter www.visitbritain.com. Persönliche Beratung hier:

- **Visit Britain,** Hackescher Markt 1, D-10178 Berlin, persönliche Beratung: Mo–Fr 11–19, Sa 10–16 Uhr, telefonische Beratung: Mo–Do 10–17 Uhr, Fr 10–13 Uhr unter Tel.

01801-468642 (zum Ortstarif), Fax 030-31571910, E-Mail: gb-info@visitbritain.org
●**Visit Britain,** Badenerstr. 21, CH-8004 Zürich, Tel. 0844-007007 (zum Ortstarif), Fax 043-3222001, E-Mail: ch-info@visitbritain.org, Mo–Fr 9–16 Uhr
●**Britain Visitor Centre,** c/o British Council, Schenkenstr. 4, A-1010 Wien, für Besucher Mo–Do 10–18, Fr 10–13 Uhr, Tel. 0800-150170 (gebührenfrei), Fax 01-533261685, E-Mail: a-info@visitbritain.org

In London

●Das **London Tourist Board Information Centre** befindet sich in der Ankunftshalle der *Waterloo Station* (Tube *Waterloo Station).*
●Das **Britain and London Visitor Centre**, 1 Regent Street SW 1 (Tube *Piccadilly Circus)* mit seinem vielsprachigen Personal vermittelt Unterkünfte, Theaterkarten, Stadtrundfahrten und vieles andere mehr. Mo 9.30–18.30, Di–Fr 9–18.30, Sa–So 10–16 Uhr.
●Im **London Information Centre** am Leicester Square (Tube *Leicester Square),* Tel. 020-72922333, kümmern sich 20 mehrsprachige Mitarbeiter/innen täglich von 8 bis 23 Uhr darum, dem Besucher ein möglichst preiswertes Quartier zu besorgen.
●**Telefonische Auskünfte** über wirklich jeden Aspekt des Londoner Lebens erhält man von der *Capital Radio Helpline* unter der Nummer 020-74844000 Mo–Fr 10–22 Uhr, Sa/So 10–16 Uhr. Sollte eine Frage vom Personal nicht beantwortet werden, so wird man zu anderen Auskunftsstellen durchgeschaltet.

Autofahren

Automobil-Clubs

●**Automobile Association (AA),** 119–121 Cannon Street EC 4, Tel. 0990500600;
●**Royal Automobile Club (RAC),** RAC House, 1 Forest Road, Feltham TW 13 TRR, Tel. 0990722722.

Beide Clubs haben natürlich einen 24-stündigen telefonischen **Pannenhilfsdienst:** AA: 0800-887766; RAC: 0800-828282. Inhaber eines Europaschutzbriefes bei einem Automobilclub sollten besser die Notrufzentrale ihres Clubs im Heimatland anrufen: *ADAC* 0049-89-222222, *AvD* 0049-69-6606600, *Auxilia/KS* 0049-89-53981249, *ACE* 0049-1802-343536, *ÖAMTC* 0043-1-2512000, *TCS* 0041-22-4172220, *ACS* 0041-31-3283111.

Verkehrsbestimmungen

Trotz des Linksverkehrs gilt auch in Großbritannien die **Vorfahrtsregelung** rechts vor links (soweit nicht anders angegeben). Bei der Einfahrt von Nebenstraßen in Hauptstraßen weist zumeist ein Schild mit der Aufschrift „Give Way" darauf hin, dass man hier die Vorfahrt des anderen achten muss. In den Städten zeigt die Vorfahrtsregelung eine doppelte weiße, unterbrochene Linie an. Autos im Kreisverkehr haben Vorfahrt; in den so genannten *Mini-Roundabouts* hat jedoch derjenige Vorfahrt, der von rechts kommt. In geschlossenen Ortschaften gelten 30 m/h (45 km/h) als **Höchstgeschwindigkeit,** auf Land- (mit einem „B" vor der Bezeichnung) und Fernstraßen 60 m/h (90 km/h) und auf Autobahnen 70 m/h (115 km/h).

In London einen **Parkplatz** zu finden ist nachgerade eine Unmöglichkeit. Lassen Sie Ihren Wagen zu Hause; Falschparkern drohen empfindliche Bußgelder. Es gelten die folgenden Regeln: Grundsätzlich ist das Parken auf Bürgersteigen verboten. Eine gelbe Linie entlang des Straßenrandes besagt, dass man hier kurz halten darf, um Sachen aus- oder einzuladen, zwei gelbe Linien bedeuten absolutes Halteverbot. Parkbuchten ohne Parkuhren sind für die Anwohner reserviert (so genannte *Permit Holders)*. Kontinuierlich reduziert man in der britischen Metropole die Parkuhren, um die Innenstadt vom Individualverkehr freizuhalten. Durch das ganze Stadtgebiet streifen die *Traffic Wardens,* die die Parkuhren kontrollieren und **Falschparker** melden; falsch parkende ausländische Fahrzeuge werden grundsätzlich abgeschleppt, da in der Regel das Bußgeld von den Besuchern ja nicht bezahlt wird. Immer mehr setzen sich die *Clamps* durch; dies sind Radkrallen, die an falsch geparkten Fahrzeugen angebracht werden und die Weiterfahrt verhindern. Ziert eine solche *Clamp* Ihren Wagen, so haben Sie zuerst die Strafe zu bezahlen (Adresse auf dem Bußbescheid), gehen dann zu ihrem Wagen zurück und warten, bis das *Clamp Removal Unit* kommt und die Kralle abmontiert. Unter Umständen müssen Sie bis zu fünf Stunden ausharren, bis die Einheit erscheint und den Wagen freigibt. Sollte der Bußgeldbescheid durch Wind oder Regen fort sein oder fehlt Ihr Auto, und Sie haben den Verdacht, dass es abgeschleppt worden sein könnte, so wählen Sie die Nummer der Organisation *TRACE (Tow Away Removal & Clamping Enquiries):* 020-77474747. Siehe auch „Anreise per Auto".

Autoverleih

Der Fahrer eines Leihwagens muss mindestens 23 Jahre alt sein und seit einem Jahr einen Führerschein besitzen. Im Folgenden eine kleine Auswahl von Verleihfirmen:

- **Avis,** zentrale Reservierung für ganz London Tel. 0990900500
- **Europcar,** 30 Woburn Place WC 1, Tel. 020-72552339

Bahnhöfe

London hat 15 Kopfbahnhöfe, die unterschiedliche Regionen des Inselreiches bedienen. Da die Eisenbahngesellschaften in den Gründerjahren alle private Unternehmen waren, hatte jede Institution ihren eigenen Bahnhof.

Adressen

- **Blackfriars Station,** Queen Victoria Street EC 4, für Reisen in den Süden und Südosten Englands
- **Cannon Street Station,** Cannon Street EC 4, bedient ebenfalls den Südosten.
- **Charing Cross Station,** Strand WC 2, für den Südosten des Landes, z. B. Folkstone
- **Euston Station,** Euston Road NW 1, in den Norden und Nordwesten des Inselreiches, z. B. Coventry, Birmingham, Liverpool, Manchester, Glasgow, Inverness
- **Fenchurch Street Station,** Railway Place, Fenchurch Street EC 3, Züge an die Ostküste, z. B. Tilbury und Southend
- **Holhorn Viaduct Station,** Holborn Viaduct EC 1, in den Süden und Südosten des Inselreiches
- **King's Cross Station,** Euston Road N 1, Züge in den Norden und Nordosten, z. B. nach Leeds, York, Newcastle, Edinburgh, Aberdeen
- **Liverpool Street Station,** Liverpool Street EC 2, in den Osten und Nordosten, z. B. nach Harwich, Cambridge, Colchester, Norwich
- **London Bridge Station,** Borough High Street SE 1, in den Süden und Südosten

- **Marylebone Station,** Boston Place NW 1, in Londoner Vororte, z. B. Amersham, High Wycombe, Aylesbury
- **Moorgate Station,** Moorgate EC 2, in die Londoner Vororte
- **Paddington Station,** Praed Street WC 2, in den Westen, Südwesten und Nordwesten Großbritanniens, z. B. nach Bath, Bristol, Cardiff und nach Cornwall
- **St. Pancras Station,** Euston Road NW 1, in den Norden, z. B. Nottingham, Leicester, Sheffield, Derby
- **Victoria Station,** Terminus Place, Victoria Street, Züge zum Kontinent und in den Südosten, z.B. nach Brighton
- **Waterloo Station,** York Road SE 1, Züge an die Südküste, z. B. Portsmouth, Southampton, Bournemouth

Behinderte

Auch wer körperlich behindert ist, sollte auf einen London-Besuch nicht verzichten. Die folgenden **Publikationen und Informationsstellen** geben erschöpfend Auskunft, wie man Britanniens Metropole auch im Rollstuhl kennen lernen kann.

London Regional Transport vertreibt das Büchlein „Access to the Underground" (Zugang zur Untergrundbahn), das Aufzüge und Rampen des Londoner **U-Bahn-Netzes** auflistet; erhältlich bei *London Regional Transport, Access & Mobility,* Windsor House, 42–50 Victoria Road, London SW1 0TL, Tel. 020-79414600 und am Informationsbüro von *London Transport* in *Victoria Station.* Die **Züge** der *Docklands Light Railway* können an allen Stationen mit einem Rollstuhl benutzt werden.

Unter der Nummer 020-73882227 gibt die Organisation *Artsline* Auskünfte über **Kinos und Theater,** die auch von Rollstuhlfahrern besucht werden können und die über behindertengerechte Toiletten verfügen.

Das *London Tourist Board* gibt für Behinderte die Broschüre „London Made Easy" heraus, erhältlich im Touristeninformationsbüro von *Waterloo Station.* Bei jedem guten Zeitschriftenhändler ist das Büchlein „Access to London" zu erstehen; hier sind behindertengerechte Pubs, Theater, Kinos, Geschäfte etc. aufgelistet; „Access to London" ist kostenfrei (eine Spende wird gerne gesehen) postalisch bereits vor der Reise bei folgender Adresse zu beziehen: *Access Project,* 39 Bradley Gardens, West Ealing, London W 13 8 HE. Auch die *Royal Association for Disability and Rehabilitation* (RADAR), 12 City Forum, 250 City Road, London EC 1, Tel. 020-72503222, gibt Behinderten umfangreiche Informationen zu allen Aspekten des Lebens und Reisens.

Beim *Holiday Care Service,* 7th Floor, Sunley House, 4 Bedford Park, Croydon, Surrey CR0 2AP, Tel. 0845-1249974, erhält man eine Auflistung von behindertengerechten Hotels und kann Buchungen vornehmen.

Bootsfahrten

Unter Tel. 020-79302062 erhält man **Auskünfte** bei der *Westminster Passenger Service Association.*

Von den folgenden **Piers** im Innenstadtgebiet kann man Bootsfahrten zu einigen herausragenden Sehenswürdigkeiten antreten:

- **Westminster Pier,** unterhalb der Houses of Parliament gelegen: nach Greenwich, nach Hampton Court (nur im Sommer, nach Kew Gardens (nur im Sommer), nach Richmond (nur im Sommer), zur Thames Barrier, zum Tower of London. Außerdem legen hier die Boote für die *Disco Cruise* (Mo–Fr 19 Uhr, Sa 20 Uhr, 4 Stunden Dauer), die *Evening River Boat Disco Cruise* (Mo–Sa 19/20 Uhr, 4 Stunden Dauer), die *Floodlit and Supper Cruise* (Mo–Fr/So 21 Uhr, 90 Minuten) ab; einige der Boote haben Zugänge für Rollstuhlfahrer.
- **Charing Cross Pier,** gegenüber *Embankment* U-Bahn-Station: nach Greenwich und zum Tower. Außerdem Boote für die *Late Evening Cruise* (Mo–So 19.30 und 20.30 Uhr)
- **Tower Pier,** direkt unterhalb des Tower gelegen: nach Butler's Wharf, Greenwich und Westminster
- **Greenwich Pier,** unterhalb der *Cutty Sark:* nach Charing Cross, zur Thames Barrier, nach Westminster

Botschaften

Diplomatische Vertretungen in London

- **German Embassy,** 23 Belgrave Square, London SW 1, Tel. 020-78241300, Fax 020-78241435, www.german-embassy.org.uk
- **Austrian Embassy,** 18 Belgrave Mews, London SW 1, Tel. 020-72353731, Fax 020-73440292, www.austria.org.uk
- **Swiss Embassy,** 16–18 Montagu Place, London W 1, 020-76166000, Fax 020-77247001, www.eda.admin.ch/london
- Beim britischen Auswärtigen Amt kann man unter **www.fco.gov.uk** (in der Sparte „Foreign Embassies in the UK“) Botschaftsadressen anderer Länder in London nachschlagen.

Britische Botschaften in D/A/CH

- **Deutschland:** Wilhelmstr. 70, 10117 Berlin, Tel. 030-204570, www.britischebotschaft.de, Mo–Fr 9–17 Uhr
- **Österreich:** Jauresgasse 12, A-1030 Wien, Tel. 01-716130, Fax 01-716132999, www.britishembassy.at, Mo–Fr 9–13 und 14–17 Uhr
- **Schweiz:** Thunstr. 50, 3005 Bern, Tel. 031-3597700, Fax 3597701, www.britain-in-switzerland.ch, Mo–Fr 8.30–12.30 und 13.30–17 Uhr

Busse

Im innerstädtischen Bereich verkehren die berühmten roten Doppeldeckerbusse Mo–Sa ca. 6–24 Uhr, So von 7.30–23.30 Uhr; die exakten Zeiten sind an jeder Bushaltestelle *(Bus Stop)* angeschlagen. Je nach Verkehrsaufkommen kann es zu oft erheblichen **Verspätungen** kommen; die U-Bahn ist auf alle Fälle schneller, allerdings sieht man auf einer Busfahrt mehr von der Stadt (die Linien 6, 88 und 159 führen vorbei an allen Sehenswürdigkeiten; eine preiswerte Art der Stadtrundfahrt). **Stationsschilder** mit dem Zusatz „Request“ weisen den Fahrgast darauf hin, dass er beim Nahen eines Busses heftig zu winken hat, ansonsten hält der Fahrer nicht an. Man **zahlt** beim Fahrer. Bereits in einem deutschen Reisebüro sollte man sich die verbilligte *Visitor's Travelcard* besorgen (vgl. „U-Bahn“); der öffentliche Nahverkehr in London ist teuer.

Nachtbusse fahren im Schnitt alle 60 Minuten von folgenden Stationen im Zentrum zu den städtischen Randgebieten (grundsätzlich alle Busse kreuzen dabei Trafalgar Square): *Aldwych, Barbican, Elephant and Castle, Hammersmith, Islington, King's Cross, Liverpool Street, Marble Arch, Notting Hill*

Gate, Piccadilly Circus, Tottenham Court Road, Victoria Station, Waterloo.

Nachtbusse haben ein „N" vor der Routennummer; die Haltestellen kennzeichnen blaue und gelbe Ziffern. *Travelcards* gelten nicht für Nachtbusse.

Überlandbusse fahren in alle Richtungen des Inselreiches von der *Victoria Coach Station,* 164 Buckingham Palace Road SW 1 (im Rücken von *Victoria Station)* ab. Unbedingt vorausbuchen; Busse sind billiger als der Zug.

Clubs, Diskotheken

Ausnahmsweise werden die **Adressen** von Clubs und Diskotheken hier an zentraler Stelle angegeben (während z. B. die Angaben zu Pubs und Geschäften immer im Anschluss an die einzelnen Viertelbeschreibungen erfolgen). Clubs und Discos wechseln nämlich in London rapide ihren Standort; wo man gestern noch getanzt hat, findet man morgen mit Brettern vernagelte Türen. Selbst das Stadtmagazin *What's On,* das jeden Mittwoch erscheint, weist seine Leser in fett gedruckten Zeilen auf diese Tatsache hin, übernimmt keine Garantie für Veranstaltungshinweise in diesen Institutionen und bittet die Geschäftsführer dieser Einrichtungen inständig, rechtzeitig Schließungen und Neueröffnungen mitzuteilen.

Nicht nur die Adressen ändern sich äußerst schnell, auch die **Musik** in den Etablissements ist extremen Schwankungen unterworfen. In vielen Häusern wechselt täglich der DJ, jeder bringt seine eigene Musiknacht in Gang. Grundsätzlich zahlt man zwischen vier und zehn Pfund **Eintritt,** auch die Preise sind keineswegs stabil; je nachdem, welche Disco „in" ist, hat man mehr oder weniger zu zahlen, allerdings sind dafür – im Vergleich zu deutschen Diskotheken, die Londoner Teuerungsrate allerdings eingerechnet – die Getränkepreise sehr moderat.

Wer sich sicher ist, dass er aufgrund seiner Hautfarbe nicht in eine Diskothek oder einen Club eingelassen worden ist, sollte die Stadtmagazine *Time Out* und *What's On* benachrichtigen (die Blätter bitten um diese Hinweise).

Im Folgenden einige **Adressen** (Öffnungszeit in der Regel gegen 22 Uhr):

- **Bar Rumba,** 26 Shaftesbury Avenue W 1, Westend
- **The Borderline,** 5 Orange Yard/Manette Street W 1
- **Camden Palace,** 1 a Camden High Street NW 1
- **Cargo,** 83 Rivington Street, Shoreditch EC 2
- **The Clinic,** 13 Gerrard Street, Soho, Chinatown W 1
- **The Emporium,** 62 Kingly Street W 1
- **Electric Ballroom,** 184 Camden High Street NW 1
- **Equinox,** Leicester Square WC 2
- **Fabric,** 77 A Chaterhouse Street EC 1
- **93 Feet East,** 150 Brick Lane, Spitalfields E 2
- **Hanover Grand,** 6 Hanover Street W 1, Westend
- **The Hippodrome,** Leicester Square WC 2
- **Madame Jo Jo's,** 8 Brewer Street, Soho W 1
- **Ministry of Sound,** 103 Gaunt Street SE 1
- **Plastic People,** 147 Curtain Road, Shoreditch EC 2
- **Roof Gardens,** 99 Kensington High Street (Eingang in Derry Street) W 8
- **333,** 333 Old Street EC 1
- **Velvet Underground,** 143 Charing Cross Road WC 2, Westend
- **Wag,** 35 Wardour Street, Soho W 1

0571o Foto: hs

Einkaufen

Im Anschluss an die Beschreibungen der einzelnen Stadtviertel findet der Leser Adressangaben und Spezifizierungen. **Shopping-Areale** erstrecken sich entlang der Oxford Street, Tottenham Court Road, Carnaby Street, Charing Cross Road, Regent Street, Bond Street, Piccadilly, Jermyn Street, Kensington High Street, Kensington Church Street, Knightsbridge und King's Road. Der Besucher sollte allerdings beachten, dass so gut wie alle Waren in England **teurer** sind als in Deutschland; wer zudem an exklusiven Orten wie etwa der *Burlington Arcade* kauft, darf sich nicht wundern, wenn der Cashmere Pullover mit 505 Euro zu Buche schlägt. **Geschäftszeiten:** In der Regel Mo–Sa 9–17.30 Uhr; nicht alle Geschäfte haben am Samstagnachmittag geöffnet, so etwa *Fortnum & Mason* (Picadilly) sowie die Läden in der Bond Street. Im Westend schließen die Geschäfte am Do erst um 19 Uhr, in Knightsbridge, am Sloane Square und entlang King's Road ist am Mi alles bis 19 Uhr geöffnet.

Buchhandlungen

- **Hatchard's,** Piccadilly, älteste Buchhandlung Londons
- **Waterstone's,** Trafalgar Square
- **Waterstone's,** Piccadilly, größte Buchhandlung Europas

Polizei auf zwei Rädern

Spezial- und Kuriositätengeschäfte

- **Ad hoc,** 153 King's Road, SW 3; 28 Kensington Church Street, W 8; 10–11 Moor Street, Soho, SW 3. Abgefahrene Klamotten, Schminke, Accessoires, schrill, erschwinglich.
- **Allans of Duke Street,** 56 Duke Street, Mayfair W 1. Exklusive, avantgardistische und höchst ausgefallene Kleidung.
- **Anything Left Handed,** 57 Brewer Street W 1, Soho. Wie der Name schon sagt, alles für den Linkshänder; einziger Laden dieser Art in London, sehr großes Angebot.
- **Arlington Workshop,** 177 Arlington Road NW 1. Ausgefallene Tonwaren aller Art, mit angeschlossenem Handwerksstudio.
- **Asia Collection,** 118 Shaftesbury Avenue W 1. Exotica aus Südostasien, von Buddha-Figuren bis Mandalas ist alles zu bekommen.
- **The Astrology Shop,** 78 Neal Street WC 2. Hier wird dem Besucher, wenn er wünscht bis ins Detail, sein Horoskop gestellt, Preisskala ab 12 £ aufwärts.
- **Boosey and Hawkes,** 295 Regent Street W 1. Größtes und ältestes (vor 170 Jahren gegründet) Londoner Geschäft für Noten, alles, was der Musikliebhaber wünscht.
- **Cabaret Mechanical Theatre,** 33 The Market, Covent Garden WC 2. Handgefertigte-Apparaturen und Automaten aller Art.
- **Chattel,** 53 Chalk Farm Road NW 1. Spezialisiert auf Trockenblumen.
- **The Dolls House,** 29 The Market, Covent Garden WC 2. Handgemachte Puppenhäuser in allen Ausführungen.
- **Ells & Farrier,** 20 Princess Street, Hanover Square W 1. Modeschmuck, u.a. Imitationen berühmter Schmuckstücke, großes Angebot.
- **Eoan of Merlin 8,** 18 Newport Court WC 2. Horoskope, Biorhythmen- und Psychoanalysen etc., Esoterik in Reinkultur.
- **Mysteries,** 9 Monmouth Street WC 2. New Age Centre, ebenfalls alles für den Esoteriker.
- **New World Aurora,** 16 a Neals Yard WC 2. Spezialgeschäft für New-Age-Musik.
- **The Old Curiosity Shop,** 13 Portsmouth Street WC 2. Benannt nach dem Buch von *Charles Dickens;* verkauft seit 150 Jahren Antiquitäten und Kuriositäten aller Art.

Konfektionsgrößen (BRD – GB)

Damenbekleidung

36	10
38	12
40	14
42	16
44	18
46	20
48	22
50	24

Herrenbekleidung

46	36
48	38
50	40
52	42
54	44
56	46

Schuhe

36	3–3,5
37	4–4,5
38	5–5,5
39	5,5–6
40	6,5–7
41	7–7,5
42	7,5–8
43	8,5–9
44	9,5

- **Ray's Jazz Shop,** 180 Shaftesbury Avenue WC 2. Hier gibt es ausnahmslos alles für den Jazz-Freund.
- **Russian Shop,** 99 The Strand WC 2. Ungewöhnliches aus Osteuropa.

Discount-Pässe

The London Pass: Der London Pass bietet freien Eintritt zu über 50 Sehenswürdigkeiten und Aktivitäten sowie zu Museen und Galerien. Man bekommt ein umfangreiches Verzeichnis aller

Sehenswürdigkeiten sowie eine so genannte *Swipe Card,* mit der man bei manchen Attraktionen das Schlangestehen vermeiden kann. Den Pass gibt es für 1, 2, 3, oder 6 aufeinander folgende Tage sowohl für Erwachsene als auch für Kinder bis zu 15 Jahren. Der sechs Tage gültige Pass kostet für Erwachsene 103 €, für Kinder 66 €. In Deutschland bekommt man den London Pass bei *Britain Direct GmbH,* Ruhbergstr. 8, 69242 Mühlhausen, Tel. 06222-67805-0, Fax 67805-19, E-Mail: info@britaindirect.com.

Fahrradfahren

Nicht in allen Stadtteilen ist der Besucher mit einem Fahrrad bestens ausgerüstet; rund um Piccadilly Circus und Trafalgar Square ist es gar lebensgefährlich, durch den dichten Verkehr zu strampeln. Stadtteile wie das Eastend, Southwark, Greenwich, Chelsea und Kensington kann man aber gut mit dem Drahtesel besuchen; häufig gibt es sogar Fahrradwege. Vor allem in Chelsea und Belgravia sollte man radeln, denn hier gibt es keine U-Bahn, und die Fußwege sind lang. Zu kämpfen hat man allerdings – vor allem im Sommer bei starker Sonneneinstrahlung und Windstille – immer mit den Autoabgasen; viele Radler tragen einen Mund- oder Atemschutz (sogar Fahrer eines Cabrios schützen ihre Atemwege bei heruntergelassenem Verdeck mit einer Mund und Nase bedeckenden Maske).

Generelle **Informationen** sowie weitere Adressen von **Fahrradverleihstellen** kann man bei der *London Cycling Campaign* unter der Nummer 020-79287220 einholen. Vorbuchungen sind ratsam.

- **Byke Park,** 11 Macklin Street WC 2, Tel. 020-74300083, U-Bahn *Covent Garden* oder *Holborn*
- **London Bicycle Tour Company,** 1A Gabriel's Wharf, 56 Upper Ground SE 1, Tel. 020-79286838, U-Bahn *Blackfriars* oder *Southwark;* die Firma vermietet nicht nur Fahrräder, sondern bietet auch geführte Tagestouren zu den Highlights der Umgebung an.

Feiertage

Gesetzliche Feiertage, an denen das öffentliche Leben ruht, sind die so genannten *Bank Holidays* und Tage des christlichen Kalenders: Neujahr, Karfreitag, Ostermontag, erster Montag im Mai (anstelle des Arbeitertages 1. Mai), letzter Montag im Mai *(Bank Holiday),* letzter Montag im August (ebenfalls ein *Bank Holiday),* erster und zweiter Weihnachtsfeiertag.

Feste und wiederkehrende Ereignisse

Natürlich kann hier nur eine kleine Auswahl der regelmäßig wiederkehrenden Festivitäten genannt werden; die Stadtmagazine, z. B. *What's On,* geben erschöpfend Auskunft. Dort informiert man sich auch über die genauen Daten, denn der exakte Beginn vieler Veranstaltungen wird Jahr für Jahr neu festgelegt. Wo Uhrzeit und Tag bereits im Voraus feststehen, werden sie bei der folgenden Auflistung genannt.

Januar

•**Chinese New Year.** Mit Papierdrachen und viel Spektakel begehen Londons Chinesen ihr Neujahrsfest in der Gerrad Street, Soho W 1.

•**Royal Epiphany Gifts,** 6. Januar, Chapel Royal, St. James's Place, Marlborough Road SW 1. So etwas wie Hl. Drei Könige; in einer pittoresken Zeremonie bringen zwei so genannte *Gentleman Usher* Gold und Myrrhe im Auftrag der Königin dar.

•**January Sales,** Anfang Januar, entspricht unserem Winterschlussverkauf; die Londoner Geschäfte wollen die Regale von den restlichen Weihnachtswaren befreien.

Februar

•**Psychic and Mystics Fayre,** Hammersmith Town Hall, King Street W 6, Ende Februar großes Treffen der Esoteriker und Mystiker.

März

•**Chelsea Spring Antiques Fair,** Chelsea Old Town Hall, King's Road SW 3. Antiquitätenmesse Mitte März.

•**John Stow Memorial Service,** St. Andrew Undershaft, St. Mary Axe EC 3. An einem Sonntag um 11.30 Uhr ehrt der *Lord Mayor* vor der Statue *John Stow,* Londons ersten Historiker.

•**Oranges and Lemons Service,** St. Clement Danes, Strand WC 2. In dieser Kirche bekommen alle anwesenden Kinder während des Gottesdienstes eine Zitrone und eine Orange geschenkt. Der Brauch geht auf eine uralte Wohltätigkeitsgeste zurück.

•**Oxford and Cambridge Boat Race.** An einem Samstagnachmittag treten die berühmten Achter der Oxford- und Cambridge-Universität auf der Themse zwischen Putney und Mortlake zur Wettfahrt an.

•**St. David's Day.** In Windsor ehrt am 1. März der *Duke of Edinburgh* die *Welsh Guards.*

•**St. Patrick's Day.** In Purbright, Surrey, ehrte *Queen Mum* bislang die Soldaten der *Irish Guards.*

April

•**Annual Spital Sermon, St. Lawrence Jewry,** Gresham Street EC 2. Die Verwaltungsbeamten zweier großer Krankenhäuser, der *Lord Mayor,* die *Sheriffs* und die *Aldermen* kommen zu einer großen historischen Zeremonie zusammen.

•**Easter Sunday Parade,** Battersea Park SW 11. Eine Paradefahrt alter Autos am Ostersonntag 15 Uhr.

•**London Harness Horse Parade,** Regent's Park. Alte Pferdefuhrwerke drehen ihre Runden ab 9.45 Uhr am Ostermontag.

•**The London Marathon.** Marathonlauf mit mehreren Tausend Teilnehmern Ende April ab Greenwich Park SE 10 bis Westminster Bridge SW 1, Start 9.30 Uhr.

• **Tower of London Church Parade,** Tower of London, Tower Hill EC 3. Ostersonntag 11 Uhr werden die Wachtruppen des Towers inspiziert, farbenprächtiges Spektakel.

Mai

• **Chelsea Flower Show,** Royal Hospital Ground, Chelsea SW 3. Große Blumenschau drei Tage Ende Mai.

• **FA Cup Final,** Wembley Stadium, *das* Ereignis der englischen Fußballsaison.

• **Festival of Mind, Body and Spirit,** The New Hall, Royal Horticultural Halls, Greycoat Street SW 1. Treffen der Esoteriker, Mystiker und Naturheilmediziner, Ende Mai.

• **Putney and Hammersmith Amateur Regatta.** Ruderregatten auf der gesamten Themse, Ende Mai.

• **Rugby Legue Challenge Cup Final,** Wembley Stadium. Der Höhepunkt der Rugby-Saison, Ende Mai.

• **Samuel Pepys Commemoration Service,** St. Olave's, Hart Street EC 3, Messe zu Ehren des Chronisten, Ende Mai.

• **Summer Art Exhibition,** Royal Academy, Burlington House, Piccadilly W 1. Große Kunstaustellung, Mai bis Mitte August.

Juni

• **All English Lawn Tennis Championship,** *Tennis and Croquet Club,* Church Road, Wimbledon SW 19. Das berühmte Tennisspektakel von Wimbledon, Ende Juni/Anfang Juli, Matches Mo–Sa ab 14 Uhr.

• **Antiquarian Book Fair,** *Park Lane Hotel,* Piccadilly W 1. Internationale Antiquariatenmesse Ende Juni.

• **Election of Sheriffs of the City of London,** Guildhall EC 2. Wahl der Aufsichtsbeamten der City, prachtvolle historische Parade des *Lord Mayor* und der *Aldermen;* man gedenkt der Großen Pest von 1665, jeweils am Mittsommertag (soweit kein Sa oder So).

• **Founder's Day,** Royal Hospital, Chelsea SW 3. Parade der im *Chelsea Hospital* lebenden Armee-Veteranen vor Mitgliedern der *Royal Family,* Anf. Juni.

• **The Garter Ceremony,** Schloss Windsor. Prächtige Parade der *Queen's Guard,* Mo der dritten Juniwoche.

• **Royal Ascot Races,** Ascot, die berühmten Pferderennen.

• **Trooping the Colour.** Berühmte Parade der königlichen Truppen anlässlich des offiziellen Geburtstages der Königin, vom Buckingham Palace die Mall aufwärts bis zur *Horseguard Parade,* nächster Sa zum 11. Juni, 11 Uhr.

Juli

• **London City Festival.** Drei Wochen lang Konzerte, Ausstellungen, Happenings etc. in der City of London, besonders im Tower, im Barbican Centre, Mansion House, in den Straßen etc.

• **Doggets Coat and Badge Race,** auch *Watermen's Derby* genannt, vom Tower Pier bis Chelsea. Ruderregatten auf der Themse im Gedenken an die Fährmänner früherer Tage, wird seit 1715 durchgeführt; Mitte Juli.

- **Royal Tournament,** *Earls Court Exhibition Centre,* Warwick Road SW 5. Militärische Spektakel und Aufmärsche, zwei Wochen lang; Mitte Juli.
- **Royal Tournament March Post,** Horse Guards, Whitehall SW 1. Farbenprächtige Parade der Königlichen Truppen, So, Mitte Juli.

August

- **Greater London Horse Show,** Clapham Common SW 4. Pferdeparade, letzter So/Mo im August.
- **Notting Hill Carnival,** Ladbroke Grove, Notting Hill W 11. Karneval der karibischen Bevölkerung, Samba, Steel Bands; letzter So/Mo im August.

September

- **Autumn Antiques Fair,** Chelsea Old Townhall, King's Road. Antiquitätenmesse, zehn Tage, Mitte September.
- **Election of Lord Mayor of London,** mit Prozession von der Kirche **St. Lawrence Jewry,** Gresham Street EC 2, bis zur Guildhall, 29. September.

Oktober

- **Trafalgar Day Service and Parade,** Trafalgar Square WC 2. Man gedenkt *Lord Nelson* und der siegreichen Schlacht von Trafalgar, Marineparade; nächster So zum 21. Oktober.

November

- **Admission of the Lord Mayor Election,** Guildhall EC 2. Einführung des Oberbürgermeisters der City in sein Amt, farbenprächtiges Spektakel in historischen Kostümen; zweiter Fr im November.
- **Lord Mayor's Procession and Show.** Der frisch gewählte Oberbürgermeister fährt in prachtvoller Kutsche, gefolgt von seinem in historische Kostüme gewandeten Anhang, von der Guildhall zu den Law Courts; zweiter Sa im November.
- **Guy Fawkes' Day.** Am Abend des 5. November überall Strohpuppenverbrennungen.
- **London to Brighton Veteran Car Run.** Am ersten So im November starten am Hyde Park, *Speaker's Corner,* ab 8 Uhr morgens die ersten Uralt-Limousinen Richtung Brighton.
- **Remembrance Sunday,** Volkstrauertag. Die Queen legt am *Kenotaph,* Whitehall SW 1, Blumen nieder, überall ertönen Salutschüsse.
- **State Opening of Parliament,** die Queen fährt in der Irischen Staatskarosse vom Buckingham Palace zum House of Lords, wo sie anschließend eine Rede zur Parlamentseröffnung hält, Salutschüsse donnern aus dem St. James's Park; Anfang November.

Dezember

- **New Year's Eve,** in der Silvesternacht strömen Abertausende von Londonern auf den Trafalgar Square.
- **Tower of London Church Parades,** Tower of London, Tower Hill EC 3. Inspektion und Parade der Wachsoldaten im Tower, So vor Weihnachten, 11 Uhr.

Fundbüros

- **Lost Property Office von London Transport,** 200 Baker Street W 1, keine telefonischen Auskünfte; Fundbüro von *British Rail* im jeweiligen Kopfbahnhof (s. „Bahnhöfe")
- **Lost Property Office der British Airport Authority,** London Airport, Heathrow
- **Lost Property Office der Taxigesellschaften,** 15 Penton Street E 1

Führungen und Stadtrundfahrten

Rundgänge

Ganz ausgezeichnet sind die *Guided Walks* der Firma *The Original London Walks,* PO Box 1708, London NW6 4LW, Tel. 020-76243978. Buchungen sind nicht notwendig, man trifft sich zu einer bestimmten Zeit vor einer bestimmten U-Bahn-Station, zahlt seinen Obolus (in der Regel 4 £) und wird von wirklich kompetenten Führern durch bestimmte Bereiche der Stadt geleitet (allerdings nur in englischer Sprache). Im Angebot sind u. a.:

- **Shakespeare's London,**
Mo, Sa 10 Uhr, Tube *Westminster,* Exit 4
- **The Westminster Nobody Knows,**
Mo, Fr 10.55 Uhr, Tube *Green Park,* Exit Ritz
- **The Old Jewish Quarter,**
Mo, Mi, Fr 11.30 Uhr, Tube *Tower Hill*
- **The Along the Thames Pub Walk,**
Mo, Mi, Fr 19 Uhr, Tube *Blackfriars,* Exit 3
- **Ghost of the Westends,**
Mo 19.30, Tube *Embankment*
- **Shakespeare's and Dickens' London,**
Mi 11 Uhr, So 14 Uhr, *St. Paul's,* Exit 2
- **Little Venice,**
Mi 11, Sa/So 14, Tube *Warwick Avenue*
- **Chelsea,** Mi 13.45 Uhr, Tube *Sloane Square*
- **The Beatles Magical Mystery Tour,**
Mi 14 Uhr, Do 11 Uhr, So 10.55 Uhr, Tube *Tottenham Court Road*
- **Old Bloomsbury – The Literary London Pub Walk,** Mi 19 Uhr, Tube *Holborn*
- **Jack the Ripper Haunts,**
Tgl. 19.30 Uhr, Tube *Tower Hill*
- **Historic Greenwich,**
Di, Do, So 11 Uhr, *Tower Hill*
- **The Undiscovered London Pub Walk,**
Do 19 Uhr, Tube *Monument*
- **Soho in the Morning,**
Fr 10.15 Uhr, Tube *Leicester Square*
- **Hidden London,**
Fr 11 Uhr, Tube *Monument,* Exit Fish Hill Street
- **Charles Dickens' London,**
Fr 14.30 Uhr, Tube *Temple*
- **The London of Oscar Wilde,**
Sa 11 Uhr, Tube *Green Park,* North Exit

Rundfahrten

Hier gibt es ein kaum überschaubares Angebot. In der Zeit von 10 bis 17 Uhr fahren an folgenden Straßen und Plätzen Sightseeing-Busse im regelmäßigen Turnus ab: Trafalgar Square, Piccadilly Circus, Westminster Abbey, Russel Square, Whitehall; man bekommt einen Kopfhörer, den man neben seinem Sitz einstöpseln kann, und wählt an einem Drehschalter die gewünschte Sprache; auch auf Deutsch.

Geld

Das **Englische Pfund** (abgekürzt £, derzeit 1,43 €/2,16 SFr, Stand: Nov. 2004) hat 100 Pence, und es gibt eine ganze Anzahl von Münzen gleichen Werts, aber unterschiedlicher Größe oder Form. „Pence" wird kurz als „p" bezeichnet. Alle Münzen und Scheine tragen das Bild der Queen.

Die preiswerteste Art der Geldbeschaffung ist eine Barabhebung mit der **EC- bzw. Maestro-Karte.** Das ist auch in London problemlos an Geldautomaten (ATM) mit dem Maestro-Logo möglich. Je nach Hausbank in Europa wird dafür pro Abhebung eine Gebühr von ca. 3–4 Euro bzw. 5–6 SFr berechnet. Von Barabhebungen per Kreditkarte ist abzuraten, weil dabei bis zu 5,5 % an Gebühr fällig werden.

Das **bargeldlose Zahlen** ist in England weiter verbreitet als bei uns. Weite Akzeptanz genießen *Access* (entspricht unserer *Eurocard/Mastercard), American Express, Diners Club* und *VISA. American Express* hat Bargeldautomaten am Flughafen und auf allen wichtigen Bahnhöfen. Achtung: Einige alteingesessene Geschäfte und auch Restaurants sowie Pubs akzeptieren die Plastikwährung nicht. Ohne Kreditkarte zur Kautionshinterlegung kann man übrigens bei den meisten internationalen **Autovermietung** kein Fahrzeug bekommen. Der Kreditkartenaussteller berechnet bei bargeldloser Zahlung eine Gebühr für den Auslandseinsatz (ca. 1–2 %).

Wer dennoch lieber **Reiseschecks** verwendet, kann sie ohne Probleme in allen Banken eintauschen, Gleiches gilt für das Wechseln von Bargeld. Auch im kleinsten Örtchen findet man eine Filiale von *Barclay's* oder *Lloyd's*.

Die **Öffnungszeiten der Banken** liegen werktags zwischen 9.30 und 15.30 Uhr; nur wenige Geldinstitute haben auch am Samstag geöffnet. An touristisch interessanten Punkten sowie in Gegenden, in denen es viele Hotels gibt, findet man auch eine Reihe von 24 Stunden geöffneten **Wechselstuben;** hier sind die Kurse schlechter, außerdem hat man eine Gebühr (bis zu 5 %) zu zahlen.

Die *Bank of Scotland* und die *Royal Bank of Scotland* geben **schottische Banknoten** heraus, die den gleichen Wert wie die englischen haben. Theoretisch sind alle Noten überall gültig, es gibt aber durchaus eigensinnige Engländer, die schottisches Geld nicht akzeptieren.

Verlust oder Diebstahl

Bei Verlust oder Diebstahl der Geldkarte oder Reiseschecks sollte man diese umgehend sperren lassen:

- **EC-/Maestro-Karte:** D: Tel. 0049-1805-021021; A: Tel. 0043-1-2048800; CH: Tel. 0041-1-2712230
- **Euro-/MasterCard und VISA:** D: Tel. 0049-69-79331910; A: Tel. 0043-1-717014500 (Euro/MasterCard) bzw. Tel. 0043-1-71111770 (VISA); CH: Tel. 0041-44-2008383 für alle Banken außer *Credit Suisse, Corner Bank Lugano* und *UBS*
- **American Express:** D/A: Tel. 0049-69-97971000; CH: Tel. 0041-1-6596666
- **Diners Club:** D: Tel. 0049-69-66166-123; A: Tel. 0043-1-501350; CH: Tel. 0041-1-8354545
- **American Express Reiseschecks:** D: Tel. 0049-69-97971850; A: Tel. 0043-1-5450120; CH: Tel. 0041-17454020
- **Travelex/Thomas Cook:** mehrsprachiger Computer für alle Länder 0044-1733318949

Wer dringend eine größere Summe ins Ausland überweisen lassen muss, kann sich weltweit über *Western Union* Geld schicken lassen. Die nächstgelegene Repräsentanz findet man im Telefonbuch oder unter www.westernunion.com.

Mit Kindern in London

Kinder und Erwachsene haben naturgemäß unterschiedliche Vorstellungen von einer Besichtigungstour; vielleicht hilft die folgende Auflistung, Familienzwist zu vermeiden.

Informationen über aktuelle Veranstaltungen, die vor allem Kinder interessieren dürften, erfahren die pädagogisch bemühten Eltern von **Kidsline,** Tel. 020-72228070.

- **Brass Rubbing Centre,** All-Hallows-by-the-Tower, Byward Street EC 3, und *London Brass Rubbing Centre,* St.-Martin-in-the-Fields WC 2; ausgestattet mit Pauspapier und bunten Stiften kann man unter Anleitung die Gedenkplatten in Londoner Kirchen abpausen.

Kindertheater und -kinos

Stücke und Filme entnehme man den Stadtmagazinen, z. B. *What's On.*

- **Little Angel Marionette Theatre,** 14 Dagmar Passage, off Cross Street N 1. Puppentheater
- **Mermaid Molecule Theatre,** *Bloomsbury Theatre,* 15 Gordon Street WC 1. Ein „Wissenschaftstheater"
- **Polka Children's Theatre,** 240 The Broadway, Wimbledon SW 19. Theatervorführungen aller Art für Kinder
- **Puppet Theatre Barge,** Buchungen in 78 Middleton Road E 8. Puppentheater in einem alten Kanalschiff nahe Little Venice
- **Unicorn Theatre for Children,** *Arts Theatre,* Great Newport Street WC 2. Vorführungen für die 4- bis 12-jährigen
- **Young Vic Theatre,** 66 The Cut SE 1. U. a. für Kinder umgemodelte Shakespeare-Stücke
- **Kinderkino im Institute of Contemporary Art** (ICA), *Nash House,* The Mall
- **National Film Theatre,** South Bank SE 1

Museen und Zoo

- **Bethnal Green Museum of Childhood,** Cambridge Heath Road E 2. Eine große Sammlung von Puppen, Spielzeug und Puppenstuben aus allen Epochen
- **Cutty Sark und Gipsy Moth,** Greenwich Pier SE 10. Der berühmte Tee-Klipper besitzt noch originalgetreu eingerichtete Schiffskajüten und eine Sammlung von Galionsfiguren, mit der *Gipsy Moth* umsegelte *Francis Chichester* die Welt; am besten, man verbindet die Anfahrt mit einer Bootstour vom Westminster, Charing Cross oder Tower Pier (denn Boote und Schiffe interessieren die Kleinen immer).
- **Guinness World of Records,** *Trocadero Centre,* Coventry Street W 1. Hier werden die skurrilen Rekorde aus dem Guinness-Buch der Rekorde anschaulich gemacht.
- **London Toy and Model Museum,** 23 Craven Hill W 2. Ein Puppen- und Spielzeugmuseum.
- **London Transport Museum,** Covent Garden W 1. Alte Pferdefuhrwerke, Straßenbahnen, Busse
- **Madame Tussaud's,** Marylebone Road W 1. Das weltberühmte Wachsfigurenkabinett; angeschlossen ist ein Planetarium.
- **Science Museum,** Exhibition Road SW 7. Viele Modelle und Apparate erklären physikalische Phänomene; Modelle von Schiffen, Raumsonden und Flugzeugen.
- **London Zoo,** Regent's Park NW1

Vergnügungsparks

- **Legoland Windsor,** drei Kilometer von Windsor entfernt, lockt mit Legomodellen und Fahrvergnügen.

Babysitter vermitteln die Hotelrezeptionen oder auch die folgenden Institutionen:

- **Universal Aunts,** 304 Clapham SW 4, Tel. 020-77388937
- **Chelsea Baby Hire,** 51 Lamberhurst Road SE 27, Tel. 020-86707304

Kriminalität

Natürlich hat eine Acht-Millionen-Metropole eine höhere Kriminalitätsrate als ein Dorf auf dem Lande. Für eine allzu große Besorgnis gibt es aber keinen Anlass. **Diebstähle** sind die häufigsten Delikte. Tragen Sie Taschen immer dicht am Körper und hüten Sie sich - vor allem in U-Bahnen, Bussen und bei Massenveranstaltungen wie etwa auf Märkten - vor Taschendieben. Steigen Sie spätabends auch nie in einen völlig leeren U-Bahn-Waggon ein, und scheuen Sie in menschenleerer Gegend tief in der Nacht nicht die Ausgaben für ein Taxi. Achten Sie auf Bahnhöfen und Flughäfen sowie in der U-Bahn und in Bussen auf Ihr Gepäck und halten Sie sich von herrenlosen Gepäckstücken fern; schon die eine oder andere Bombe der IRA ist in solchen Gepäckstücken hochgegangen.

In U-Bahn-Stationen sowie auch auf den Straßen finden sich vereinzelt **Notrufsäulen.** Die zentrale **Notfalltelefonnummer** für Krankenwagen, Polizei und Feuerwehr ist **999.**

Märkte

Wochenmärkte

Jedes Londoner Stadtviertel hat seinen ganz normalen Wochenmarkt, auf dem Obst, Gemüse, manchmal auch Kleidung, Milchprodukte etc. verkauft werden. In den Stadtteilen, in denen sich die Einwanderer konzentrieren, so etwa im Eastend, in Brixton oder in Notting Hill Gate, kommen über das normale Angebot auch exotische Waren zum Verkauf. Vor allem Märkte, die noch nicht von Touristen entdeckt worden sind und die dementsprechend noch kein verändertes, auf den vermeintlichen Besuchergeschmack zugeschnittenes Angebot haben, bieten gerade für den Hobbyfotografen eine Menge an Motiven. Man sollte allerdings stets daran denken, dass auf den immer überfüllten Arealen Taschendiebe ihr Unwesen treiben.

- **Berwick Street Market,** Berwick Street W 1, Soho, täglich (außer So) Obst- und Gemüsemarkt, gut besucht
- **Bethnal Green Road** E 1, Mo–Sa 8.30–17 Uhr. Fisch- und auch allgemeiner Markt
- **Billingsgate,** North Quay, West India Dock Road E 14, Di–Sa 5.30–12 Uhr, Großhandelsmarkt für Fisch
- **Borough Market,** 8 Southwark Street SE 1, Mo–Sa 2–9 Uhr, Großhandelsmarkt für Obst und Gemüse
- **Brixton Market,** Atlantic Road SW 9, Mo–Sa 8–18 Uhr, hauptsächlich genutzt von den afrikanischen und karibischen Einwanderern
- **Camden Town,** Inverness Street NW 1, Mo–Sa 9–13 Uhr, Obst und Gemüse, viele Flohmarktstände
- **Chapel Market,** White Conduit Street, off Liverpool Road N 1, Di–So ganztägig
- **Columbia Road** E 2, So 8–13 Uhr, Pflanzen
- **The Cut,** Lower March Road, off Waterloo Road SE 1, Mo–Sa ganztägig, Obst, Gemüse und Haushaltsartikel
- **East Street** SE 17, Di–So 7–14 Uhr, wochentags normaler Wochenmarkt, So Blumen und Pflanzen
- **Gabriel's Wharf,** 56 Upper Ground SE 1, Sa/So 9.30–18 Uhr, Kunsthandwerk
- **Lambeth Walk** SE 11, Mo–Sa 10–18 Uhr, Do bis 13.30 Uhr
- **Leadenhall Market,** Gracechurch Street EC 3, Mo–Fr 7–17 Uhr
- **New Covent Garden,** Nine Elms SW 8, Mo–Fr 4–11 Uhr, Großmarkt f. Obst und Gemüse

0081o Foto: sh

- **Northcote Road** SW 11, Mo–Sa 9–17 Uhr
- **Portobello Road** W 11, Obst und Gemüse Mo–Mi 9–18 Uhr, Do bis 13 Uhr, Fr–So 8–17 Uhr, Flohmarkt und Antiquitäten
- **Ridley Road** E 8, Di–Sa ganztägig, jüdische und westindische Spezialitäten
- **Roman Road** E 3, Mo–Sa 8.30–18 Uhr, normaler Markt mit großem Angebot
- **Shepherd's Bush** W 12, Mo–Sa 9.30–17 Uhr
- **Smithfield,** Charterhouse Street EC 1, Mo–Fr 5–12 Uhr, der Welt größter Fleischmarkt
- **Whitechapel Market,** Whitechapel Road E 1, Mo–Sa 8.30–17 Uhr, Wochenmarkt

Antiquitätenmärkte

Eine besondere Attraktion sind Antiquitätenmärkte; wer hier kauft, sollte jedoch Kenner sein, die Händler sind es auf jeden Fall und hauen den unbedarften Kunden schnell übers Ohr.

- **Bermondsey and New Caledonian Market,** zw. Tower Bridge Road und Bermondsey Street SE 1, Fr 7–13 Uhr, Antiquitäten, Kurioses, Markthalle mit Cafés und Pubs
- **Brick Lane,** Bethnal Green E 2, So 9–13 Uhr, alles Mögliche kommt hier zum Verkauf, wird vor allem von Migranten aus Bangladesh betrieben.
- **Camden Lock,** Chalk Farm Road NW 1, Sa/So 10–18 Uhr, populärer Edelkitschmarkt mit angrenzenden Werkstätten, Restaurants, Geschäften
- **Camden Town,** Inverness Street NW 1, So 9–18 Uhr, Kleidungsmekka für Streetwear, Gothic und junge Designer, daneben alte Möbel und Bücher
- **Chelsea Antiques Market,** 245 King's Road SW 3, Mo–Sa 10–18 Uhr
- **Greenwich Market,** Greenwich High Road SE 10, Mo–Fr Obst und Gemüse, Sa/So Second-Hand-Kleidung, Kunsthandwerk
- **High Street,** Walthampstone E 17, Do–Sa, Bücher
- **Kensington Market,** Kensington High Street W 8, Mo–Sa 10–18 Uhr, Antiquitäten, Schallplatten, Kleidung
- **Petticoat Lane,** Middlesex Street E 1, So 9–14 Uhr, Touristenmarkt mit breitem Angebot an Waren, Souvenirs und Trödel

Maße und Gewichte

Offiziell misst man in Großbritannien wie auch bei uns im metrischen und im dezimalen System; das hindert konservative Briten allerdings nicht, weiter die so genannten **Imperial Standards** anzuwenden, die einstigen imperialen Maßeinheiten des Weltreiches vergangener Tage.

Längenmaße

1 Inch	2,54 cm
1 Foot	30,48 cm
1 Yard	91,44 cm
1 Mile	1,609 km

Hohlmaße

1 Fluid Ounce	0,0284 l
1 Pint	0,5683 l
1 Quart	1,136 l
1 Gallon	4,5459 l
1 Barrel	163,656 l

Gewichte

1 Grain	0,0648 g
1 Ounce	28,35 g
1 Pound	453,59 g
1 Stone	6,35 kg

Museen

Fast alle hier aufgeführten Museen finden sich natürlich auch mit detaillierter Beschreibung in den einzelnen Kapiteln. Wer ein spezielles Museum besuchen möchte, sollte hier nachschauen, man erspart sich das Suchen in den Stadtteilbeschreibungen oder im Register. Die meisten Museen erheben einen – moderaten – Eintrittspreis.

Auf dem Straßenmarkt

Allgemeines

- **Bethnal Green Museum of Childhood,** Cambridge Heath Road E 2 (U-Bahn: *Bethnal Green),* Mo–Do, Sa 10–18 Uhr, So 14.30–18 Uhr. Ein Spielzeug- und Puppenmuseum
- **The Clink,** 1 Clink Street SE 1 (U-Bahn: *London Bridge),* Mo–So 10–18 Uhr. Eindrücke zur Gefängnissituation im 16. und 17. Jh.
- **Commonwealth Institute,** Kensington High Street W 8 (U-Bahn: *High Street Kensington),* Mo–Sa 10–17.30 Uhr, So 14–17 Uhr. Permanente Ausstellungen verschiedener Mitgliedsstaaten
- **Florence Nightingale Museum,** 2 Lambeth Palace Road SE 1 (U-Bahn: *Waterloo* o. *Westminster),* Di–So 10–16 Uhr. Ausstellungsgebäude auf dem Gelände des *St. Thomas Hospitals,* das die berühmte Krankenschwester aus dem Krim-Krieg ehrt.
- **Geffrye Museum,** Kingsland Road E 2 (U-Bahn: *Bethnal Green),* Di–Sa 14–17 Uhr. Sozialer Wohnungsbau des 17. und 18. Jh.
- **Madame Tussaud's Planetarium,** Marylebone Road W 1 (U-Bahn: *Baker Street),* Mo–So 10–17.30 Uhr. Das berühmte Wachsfigurenkabinett
- **Museum of London,** London Wall EC 2 (U-Bahn: *Barbican),* Di–Sa 10–18 Uhr, So 14–18 Uhr. Ausstellung zur Stadtgeschichte
- **Museum of Mankind,** Burlington Gardens W 1 (U-Bahn: *Piccadilly Circus),* Mo–Sa 10–17 Uhr, So 14.30–18 Uhr. Ethnologisches Museum, Exponate zu allen Völkern der Erde
- **Natural History Museum,** Cromwell Road SW 7 (U-Bahn: *South Kensington),* Mo–Sa 10–18 Uhr, So 13–18 Uhr. Naturgeschichtliches Museum; Flora und Fauna aus aller Welt

Kunst und Literatur

- **Bear Gardens/Shakespeare's Globe Museum,** 1 Bear Gardens/Bankside SE 1 (U-Bahn: *London Bridge),* Mo–Sa 10–17.30 Uhr, So 14–16 Uhr; würdigt Wirken und Werk von

Shakespeare und vermittelt einen Eindruck der elisabethanischen Epoche.

- **British Museum and British Library,** Great Russel Street WC 1 (U-Bahn: *Tottenham Court Road),* Mo–Sa 10–17 Uhr, So 14.30–18 Uhr. Kulturelle Schätze aus aller Welt
- **Design Museum,** Butler's Wharf, Shad Thames SE 1 (U-Bahn: *Tower Hill),* Di–So 11.30–18.30 Uhr. Produktdesign aus aller Welt
- **Dickens' House,** 48 Doughty Street WC 1 (U-Bahn: *Chancery Lane),* Mo–Sa 10–17 Uhr. Möbel und weitere Habseligkeiten von *Charles Dickens*
- **Museum of the Moving Image (MOMI),** South Bank SE 1 (U-Bahn: *Waterloo),* Di–So 10–18 Uhr. Filmmuseum; Exponate zur Geschichte der bewegten Bilder
- **National Gallery,** Trafalgar Square WC 2 (U-Bahn: *Charing Cross),* Mo–Sa 10–18 Uhr, So 14–18 Uhr; eine der weltgrößten Gemäldegalerien alter Meister
- **National Portrait Gallery,** 2 St. Martin's Place WC 2 (U-Bahn: *Charing Cross),* Mo–Fr 10–18, Sa 14–18 Uhr; Portraits großer Briten
- **Tate Gallery,** Millbank SW 1 (U-Bahn: *Pimlico),* Mo–Sa 10–17.50, So 14–17.50 Uhr. Weltberühmte Sammlung moderner Kunst
- **Theatre Museum,** Russel Street WC 2 (U-Bahn: *Covent Garden),* Di–So 11–19 Uhr. Exponate aus der reichen Theatergeschichte Londons
- **Victoria and Albert Museum,** Cromwell Road SW 7 (U-Bahn: *South Kensington),* Mo–Sa 10–18 Uhr, So 14.30–18 Uhr. Kunst und Kultur aus aller Welt
- **Whitechapel Art Gallery,** 80 Whitechapel High Street EC 1 (U-Bahn: *Aldgate East),* Di, Do, So 11–20 Uhr. Eine der besten Londoner Galerien; wechselnde Ausstellungen

Militärwesen und -geschichte

- **Cabinet War Rooms,** Clive Steps, King Charles Street SW 1 (U-Bahn *Westminster),* Mo–So 10–17.15. *Churchills* unterirdische Regierungszentrale im Zweiten Weltkrieg
- **Imperial War Museum,** Lambeth Road SE 1 (U-Bahn: *Lambeth North),* Mo–So 10–18 Uhr. Britische Kriegstechnik aus allen Jahrhunderten
- **National Army Museum,** Royal Hospital Road, SW 3 (U-Bahn: *Sloane Square),* Mo–Sa 10–17.30 Uhr, So 14–17.30 Uhr. Alles rund um das britische Heer
- **Royal Air Force Museum,** Graham Park Way NW 9 (U-Bahn: *Colindale),* Mo–So 10–18 Uhr. Große Anzahl an Flugzeugen in Originalgröße

Naturkunde, Wissenschaft, Technik

- **Geological Museum,** Exhibition Road SW 7 (U-Bahn: *South Kensington),* Mo–Sa 10–18 Uhr, So 14–18 Uhr. Exponate zur Erdgeschichte und Geologie
- **London Transport Museum,** Covent Garden Market WC 2 (U-Bahn: *Covent Garden),* Mo–So 10–18 Uhr. Alte Busse, U-Bahnen, Transportmittel und Zubehör aller Art
- **Museum of Garden History,** Lambeth Palace Road (U-Bahn: *Westminster* oder *Lambeth North),* Mo–Fr 11–15 Uhr, So 10.30–17 Uhr. Schautafeln und Ausstellungsstücke zur Geschichte der britischen Gartenbaukunst
- **National Maritime Museum,** Romney Road SE 10 (Greenwich), Mo–Sa 10–18 Uhr, So 12–18 Uhr. Seefahrtsmuseum
- **National Postal Museum,** King Edward Street EC 1 (U-Bahn: *St. Paul's),* Mo–Do 10–16.30 Uhr, Fr 10–16 Uhr. Briefmarken und alles rund um die Geschichte der Post
- **Science Museum,** Exhibition Road SW 7 (U-Bahn: *South Kensington),* Mo–Sa 10–18 Uhr, So 11–18 Uhr. Wissenschaftsmuseum, originalgetreu große Exponate zum Komplex „Wie funktioniert was?"

Notfälle und Nachtdienste

- Zentrale **Notfalltelefonnummer** (Krankenwagen, Feuerwehr, Polizei): 999
- **24-Stunden-Pannenhilfsdienst:**
Automobile Association (AA), Tel. 0800-887766; *Royal Automobile Club* (RAC), Tel. 0800-828282 (siehe auch „Autofahren")

- **Krankenhäuser** mit 24-stündigem Notdienst sowie **Apotheken** mit verlängerten Öffnungszeiten s. „Ärztliche Versorgung".
- **Polizeistationen** s. u.
- Bei Verhaftungen im Zusammenhang mit **Drogen** kann man sich an die Organisation *Release* wenden, die einen Anwalt stellt; Tel. 020-76038654 (24-stündiger Notdienst), Adresse: 169 Commercial Street E 1, Telefonnummer während der Geschäftszeiten 020-72891123.
- Bei **Vergewaltigungen** leistet das *Rape Crisis Centre* unter der Telefonnummer 020-78371600 sofortige Hilfe (24-stündiger Notdienst). Die Organisation *London Women's Aid,* 52 Featherstone Street EC 1, Tel. 020-72516537, hilft **Frauen,** die von ihrem Partner angegriffen wurden.

Plagt einen der **Hunger** gegen 3 Uhr **nachts,** so kann man folgende Restaurants aufsuchen:

- **Canton,** 11 Newport Place WC 2, chinesisch, 24 Stunden geöffnet
- **Centre Point Snack Bar,** 279 Tottenham Court Road, 24 Stunden geöffnet
- **Maroush II.,** 38 Beauchamp Place SW 3, bei *Harrod's* um die Ecke, libanesische Gerichte bis 4.30 Uhr
- **Harry's,** 19 Kingly Street W 1, Mo–Sa 22–10 Uhr
- **Lido,** 41 Gerrard Street W 1, Soho, freundliches chinesisches Restaurant, Küche bis 4 Uhr morgens geöffnet
- **Kentucky Fried Chicken,** 95 Westbourne Grove W 2, täglich 24 Stunden
- **Up all Night,** 325 Fulham Road SW 10, täglich 11.30–6 Uhr

Polizeistationen

Polizeistationen im inneren Stadtgebiet mit Schalter für Publikumsverkehr:

- **New Scotland Yard,** Broadway SW 1, Tel. 020-72301212
- **Belgravia,** 202 Buckingham Palace Road SW 1, Tel. 020-77301212
- **Bethnal Green,** 12 Victoria Park Square, Tower Hamlets EC 2, Tel. 020-75151212
- **Charing Cross,** Agar Street WC 2, Tel. 020-72401212
- **Chelsea,** 2 Lucan Place SW 3, Tel. 020-73761212
- **Greenwich,** 31 Royal Hill SE 10, Tel. 020-88551212
- **Holborn,** 70 Theobald's Road WC 1, Tel. 020-73881212
- **Kensington,** 72 Earl's Court W 8, Tel. 020-73761212
- **Notting Hill,** 99 Ladbroke Road W 11, Tel. 020-73761212
- **Southwark,** 323 Borough High Street SE 1, Tel. 020-73781212

Zentrale Notrufnummer für Krankenwagen, Polizei und Feuerwehr: **999.** Vereinzelt gibt es in U-Bahn-Stationen und auf Bürgersteigen Notrufsäulen.

Post und Adressen

Unter postalischen Gesichtspunkten ist London in eine ganze Anzahl von Distrikten unterteilt, die mittels Buchstaben lokalisierbar sind. Die Karte auf Seite 14 gibt die Ziffern- und Nummerfolgen wieder, erklärt in der Legende, um welches Stadtviertel es sich handelt, und zeigt die Lage an.

Postämter sind über das ganze Stadtgebiet verstreut. Öffnungszeiten: Mo–Fr 9–17.30 Uhr, Sa 9–12 Uhr. Die Metropole leistet sich – man glaubt es kaum – keinen Nachtpostschalter. Lediglich das Postamt in 24 William IV. Street, Trafalgar Square, hat Mo–Sa 8–20 Uhr und So 10–17 Uhr geöffnet.

Normale **Briefe** und **Postkarten** von Großbritannien in EU-Länder kosten 40 Pence (siehe auch „Telefon").

010lo Foto: sh

Pubs

Der Leser findet in diesem Band die Pubs im Anschluss an die Stadtviertelbeschreibungen aufgelistet; kurze Spezifizierungen erläutern Besonderheiten.

Den Pub-Neuling können die **Schilder an den Kneipentüren** irritieren, die aus einer Zeit datieren, als das Standesbewusstsein in England hoch war; heute haben sie kaum noch Bedeutung, man sollte aber wissen, was es damit einst auf sich hatte:

Public Bar, für die untersten gesellschaftlichen Schichten; einfache, rustikale Einrichtung, harte Stühle.

Der Pub an der Ecke

Saloon Bar, für den Bürger; schon gemütlicher eingerichtet, daher auch ein wenig teurer.

Lounge Bar, für den gut betuchten Bürger oder den kleinen Landadligen; elegante Ausstattung, manchmal bedient gar ein Kellner.

Private Bar, für den Aristokraten und alleinstehende Damen.

Alle Pubs sind in der **Mittagszeit** hoffnungslos überfüllt, da in der Regel ein guter Lunch serviert wird.

Man holt sich sein **Bier** an der Theke ab, da man am Tisch nicht bedient wird, zahlt sogleich und verzichtet auf's Trinkgeld; *Tips* sind in Pubs verpönt. Auch ordert man nicht wie in deutschen Kneipen etwa nur „Ein Bier" (gilt als sehr unhöflich), sondern man gibt die Menge und die Sorte an: *Half a Pint of Bitter* (ca. 0,25 l) oder *A Pint of Lager*, grundsätzlich beendet man die Bestellung mit einem „Please". An Sorten gibt es *Bitter* und *Lager*. Einige Sorten werden nur in Flaschen abgegeben, die allerdings sollte man meiden und stattdessen *Draught* (vom Fass) verlangen.

Rund 90 % aller Pubs sind in den Händen einiger weniger **Großbrauereien,** der Wirt ist angestellt und keineswegs ein selbstständiger Unternehmer. Natürlich werden auch nur die Biere dieser Brauereien ausgeschenkt. Ein größeres Angebot an *Bitter* oder *Lager*, vor allem auch von kleineren und besseren Brauereien, haben die so genannten *Free Houses* im Angebot, die keinem Konzern angeschlossen sind. Bei den in diesem Führer aufgelisteten Pubs ist ein Free House immer gesondert gekennzeichnet. Ein erfahrener Free-House-Besucher ordert gezielt seine Lieblingsmarke, also nicht „A Pint of Bitter", sondern gezielt ein *Ruddless County* oder ein *Yorkshire Bitter*. Viele Free Houses sind in der CAMRA *(Campaign for Real Ale)* zusammengeschlossen.

Achtung: Der Wirt darf **Kindern** unter 14 Jahren (auch in Begleitung der Eltern) den Zutritt nicht gestatten; manche Pubs haben daher bestimmte Familienräume, im Garten - so vorhanden - darf man aber sommertags mit den Kleinen sitzen.

Besucher, die mehr über die britische Kneipenkultur erfahren möchten, sollten sich den Pub-Knigge zulegen. Dieser „Passport to the Pubs - The Tourist Guide to Pub Etiquette" informiert über alles Wissenswerte rund um einen Gaststättenbesuch und gibt Hinweise, wie man sich in den rund 65.000 britischen Kneipen richtig verhält. Das lesenswerte Buch macht mit einer fremden Kneipenkultur bekannt; es basiert auf einer sozialwissenschaftlichen Studie der Universität Oxford.

Ausschankzeiten

Mo-Sa 11-23 Uhr (auf freiwilliger Basis, viele Pubs sind zwischen 15 und 17/17.30 Uhr geschlossen), So 12-22.30 Uhr, auch an Sonntagen haben einige Pubs zwischen 15 und 19 Uhr geschlossen. Bald sollen die britischen Pubs bis 1 Uhr nachts geöffnet haben, Londoner Kneipen können auch eine Lizenz bis 3 Uhr nachts bekommen.

Radio und Fernsehen

Am 14. November 1922 ging erstmals ein Beitrag der *BBC (British Broadcasting Corporation)* über den Äther. 14 Jahre später strahlte die *BBC* ein erstes Fernsehprogramm aus, das allerdings erst nach dem Krieg richtig in Serie ging. 1954 begann der erste britische Kommerzsender *ITV* mit seinem Programm, 1968 strahlte *BBC 2* seine Fernsehsendungen aus, und 1982 kam als vorerst letzter Privatsender *Channel Four* auf die Mattscheiben.

Bis 1974 wurde der Hörfunk einzig von der *BBC* bestritten, dann kamen *Capital Radio* und *London Broadcasting Company* hinzu.

Hörfunk

- **BBC Radio 1** (UKW 97, 99 MHz), Popmusik, wird nachts mit Radio 2 zusammengelegt
- **BBC Radio 2** (MW 693 kHz - 433 m und 909 kHz - 330 m), 24 Stunden täglich Pop- und seichte Unterhaltungsmusik, Sportnachrichten
- **BBC Radio 3** (UKW 90,92 MHz, MW 1215 kHz - 247 m), E-Musik, Kulturprogramm, Hörspiele
- **BBC Radio 4** (UKW 92,95 MHz, MW 720 kHz - 417 m), Politik, Schulfunk, Erwachsenenbildung, Nachrichten aus aller Welt, wenig Musik
- **BBC Greater London Radio** (UKW 94,9 MHz, MW 1458 kHz - 206 m), Sender speziell für London, viel Popmusik.
- **Capital Radio** (UKW 95,8 MHz, MW 1548 kHz - 194 m), kommerzieller Popmusik-Sender, Nachrichten jede halbe Stunde
- **LBC-London Broadcasting Company** (UKW 97,3 MHz, MW 1152 kHz - 261 m), Musik und Nachrichten aus aller Welt

Fernsehen

- **BBC 1** und **BBC 2,** der letztere Kanal gilt als ein wenig anspruchsvoll, keine Werbung.
- **ITV** und **Channel Four** unterbrechen Nachrichten und Spielfilme mit Werbespots, im Gegensatz zu den Praktiken in den USA allerdings noch sehr moderat.
- **Hauptnachrichtensendungen** auf BBC 1 um 21 Uhr

Restaurants

Ein abendlicher Restaurantbesuch ist in England wesentlich **teurer als in Deutschland,** dies gilt umso mehr für London, das - man kann den Besucher nicht oft genug darauf hinweisen - eine der teuersten Städte der Welt ist. Selbst die „Abfütterungsstationen" amerikanischer Fast-Food-Ketten machen da keine Ausnahme; eine (schlechte) Pizza in einem wenig gemütlichen Lokal der Kette *Pizza Hut* kostete Ende 2004 über 7 £, also fast 11 €. Essen gehen ist in England und mehr noch in London für den normal verdienenden Bürger eine Ausnahme.

Wer zum **abendlichen Dinner** ein besseres Restaurant aufsucht, sollte daran denken, dass sich die Briten chic machen, wenn sie ausgehen. Erwartet wird bei Herren zumindest ein Jackett, eine Krawatte, selbst wenn nicht eng gebunden, wird gerne gesehen. Damen sollten ein Kleid oder Kostüm tragen. In allen Restaurantführern heißt es ausdrücklich bei den besseren Lokalen: *Formal suit required.* Des Weiteren gilt es zu wissen, dass rund 90 % aller guten Lokale **Nichtraucherrestaurants** sind. Bevor man zur Zigarette greift, sollte man sich umschauen, damit es nicht zu einer peinlichen Warnung durch das Personal kommt.

Achtung: Obwohl **Kreditkarten** in England wesentlich weiter verbreitet sind als bei uns und viele Einkäufe mit der Karte getätigt werden können, verweigern sich vor allem alteingesessene Restaurants diesem „neumodischen" Zahlungsmittel.

Öffnungszeiten der Restaurants: Mo–Fr 12/12.30–14.30/15 Uhr u. 19/19.30–23/24 Uhr; Sa/So 18/18.30/19–23/24 Uhr.

Die **Preisangaben** beziehen sich auf das teuerste abendliche Dinner - entweder à la carte oder Mehr-Gänge-Menu - des beschriebenen Restaurants; es gibt also unter diesen Spitzenpreisen auch preiswertere Gerichte:

077lo Foto: sh

£	£ 10–15
££	bis oder über £ 20
£££	bis oder über £ 30
££££	bis oder über £ 40
£££££	bis oder über £ 50
££££££	bis oder über £ 60

Der **mittägliche Lunch** ist mindestens ein Drittel, in der Regel 50 % billiger als das abendliche Dinner.

Da ein Restaurantbesuch in London in der Regel ein teures Vergnügen ist, sei an dieser Stelle auf einige **Restaurantketten** hingewiesen, die sich bemühen, ein für britische Verhältnisse **ausgewogenes Preis-Leistungsverhältnis** zu bieten. Dazu zählen die Restaurants **Café Rouge, Pierre Victoire, Garfunkel's** und **Bella Pasta,** die alle zwischen 20 und 40 Niederlassungen im Stadtzentrum haben. Die ersten drei servieren essbare Gerichte zwischen 4 und 12 £, und die Hausweine sind trinkbar. *Bella Pasta* bietet für englische Verhältnisse gute Pizzen und Pasta zwischen 6 und 8 £.

Auch die Lokale der Kette **Café Rouge** sind empfehlenswert. Die Einrichtung ist gemütlich, und die beiden Hausweine sind für britische Verhältnisse ausgezeichnet. Das teuerste Gericht liegt unter 12 £, eine Suppe gibt es für 3,50 £, mittags wird ein Zwei-Gänge-Lunch-Menu für 6,95 £ serviert. Ein Viertelliter Hauswein kostet 3,40 £, ein kleines Glas mit 175 ml

Pancakes auf dem Petticoat Lane Market

2,40 £. Mittags sind ausnahmslos alle Tische von den Angestellten der umliegenden Büros besetzt, von denen viele reserviert haben.

Ein englischer Gastro-Kritiker, der in seinem Restaurantführer Lokale mit Hauptgerichten ab 20 £ und Drei-Gänge-Menus ab 35 £ aufwärts empfahl, schrieb in der typisch arroganten Manier des Gourmets über *Café Rouge:* „Horrendous food and service". Das mag die Meinung eines begüterten Feinschmeckers sein, der normale Brite (und der vom hohen Pfundkurs geplagte Besucher) ist da ganz anderer Ansicht. Das Essen ist für den Preis gut, der Service ist freundlich und effizient. Auch während der mittäglichen Stoßzeiten sind die Gerichte spätestens nach fünf Minuten auf dem Tisch, eine ausgedrückte Zigarette im Aschenbecher führt zur sofortigen Auswechslung desselben.

Ebenfalls erwähnenswert ist die **Weinbar All Bar One,** von der es mittlerweile 36 Dependancen im Stadtgebiet gibt. Die Expansion dieser Weinbar ging in nur zwei, drei Jahren vonstatten; auf so eine gastronomische Einrichtung hatten die Briten offensichtlich lange gewartet. Der weiße und der rote Hauswein sind für britische Verhältnisse schon exzellent, für kontinentaleuropäische Gaumen gut. Ein kleines Glas Hauswein (175 ml) kostet 2,70 £, ein großes (250 ml) 3,70 £. Oliven oder Pinienkerne gibt es auf Nachfrage umsonst. Es wird auch gezapftes Bier der Marke **Bass** ausgeschenkt. Alle Lokale sind einheitlich ausgestattet und rustikal-freundlich eingerichtet. Durch große Scheiben fällt viel Licht hinein, Bar, Tische und Stühle sind aus klar lackiertem Holz. Die Gerichte stehen in einem sehr guten Preis-Leistungsverhältnis zwischen 4 und 11 £. Die Portionen sind riesig. Ein Beispiel: Ein Käseteller mit Brie, Stilton (ein englischer Weichkäse) und Ziegenkäse, Butter, sechs großen warmen Roggenbrotscheiben und Oliven kostet 7,50 £. Von einer Portion werden zwei Leute bequem satt. Die Bedienung ist freundlich. In der Anfangszeit saßen fast nur Frauen in den Weinbars, trafen sich dort mit ihren Freundinnen, hatten auf dem Tisch eine Flasche Weißwein im Kühler und plauderten. Es dauerte einige Zeit, bis auch die Männer sich an diese für britische Verhältnisse grandiose Neuerung gewöhnt hatten.

Eine ganze Reihe der *Café-Rouge-* und *All-Bar-One-*Dependancen sind in den Stadtteilkarten eingezeichnet.

- **Café Rouge**£, 15 Frith Street W 1, Soho; 34 Wellington Street W 1, Covent Garden; 140 Fetter Lane EC 4, Fleet Street; Hay's Galleria, Tooley Street, SE 1, Southwark; 390 King's Road, Chelsea; Greenwich High Road SE 10, Greenwich
- **All Bar One**£, 36 Dean Street W 1, Soho, 19 Henrietta Street WC 2, Covent Garden; 48 Leicester Square, Westend; 44 Ludgate Hill EC 4, St. Paul's; 84 Cambridge Circus W 1, Soho; Butler's Wharf, 36 Shad Thames SE 1, Southwark

Haute Cuisine

- **Gordon Ramsay**££££££, 68–69 Royal Hospital Road SW 3, Chelsea, Tel. 020-73524441/3334, Tube *Sloane Square,* Sa/So geschl. Dies ist derzeit Londons allererste kulinarische Adresse; *Gordon Ramsay* gilt als einer der besten Köche des Inselreiches, Gastro-Kritiker bezeichnen sein Können als „perfect and masterful".

- **La Gavroche**££££££, 43 Upper Brook Street W 1, Mayfair, Tel. 020-74080881, Tube *Piccadilly* oder *Hyde Park Corner,* Sa/So geschl. Für Traditionalisten „the best French food in town" sowie die beste und längste Weinkarte der Metropole, seit Jahrzehnten das bekannteste französische Restaurant Londons, für Gourmets „a true corner of paradise"; allerdings betonen selbst abgehärtete Gastro-Kritiker die hohen Preise („outrageous prices irritate some").
- **Chez Nico at Ninety Park Lane**££££££, 90 Park Lane W 1, Mayfair, Tel. 020-74091290, Tube *Hyde Park Corner,* Sa/So geschl. *Nico Ladenis* beherrscht viele Spielarten am Herd, von klassisch französischer Küche bis hin zu mediterranen Gerichten mit asiatischem oder arabischem Einschlag.
- **Stefano Cavallini Restaurant at the Halkin**££££££, Halkin Hotel, 5–6 Halkin Street SW 1, Westminster, Tel. 020-73331234/1000, Tube *Hyde Park Corner.* Eines der besten, wenn nicht *das* beste Hotelrestaurant in London; exzellente mediterrane Küche in unauffällig elegantem Ambiente. Den mittäglichen Lunch, ein Drei-Gänge-Menu für 23 £, übertrifft im Preis-Leistungsverhältnis wohl kaum ein anderes Restaurant der Kapitale.

Britisch

- **Alistair Little**££££, 49 Frith Street W 1, Soho, Tel. 020-77345183, Tube *Tottenham Court Road,* Sa/So geschl., und **Alistair Little**£££, 136 A Lancaster Road W 11, Notting Hill, Tel. 020-72432220, Tube *Ladbroke Grove* oder *Westbourne Park,* Sa/So geschl.

Kaum ein englischer Koch hat soviel Einfluss auf die neue britische Küche genommen wie *Alistair Little,* der eine ganze Generation von verkochtem Gemüse und lieblos zubereiteten Fisch- und Fleischgerichten fortgelockt und gezeigt hat, was man aus der englischen Küche alles machen kann.

- **Foxtrott Oscar**££–£££, 79 Royal Hospital Road SW 3, Chelsea, Tel. 020-73527179, Tube *Sloane Square.* Klassische britische Küche auf mittlerem Niveau, mittags sehr beliebt bei den Angestellten der umliegenden Büros, abends mehr familiär.
- **Porter's**££, 17 Henrietta Street W 2, Covent Garden, Tel. 020-78366466, Tube *Covent Garden.* Alteingesessenes, klassisch britisches Restaurant mit englischen Gerichten auf mittlerem Niveau.
- **Rowley's**£££–££££, 113 Jermyn Street SW 1, St. James, Tel. 020-87880907, Tube *Piccadilly Circus.* Alteingesessenes, klassisch britisches Steakhouse im Viertel St. James, dort, wo die exklusiven Clubs der Metropole liegen; hier trifft man beim Tafeln noch den echten britischen Gentleman.
- **Rules**£££–££££, 35 Maiden Lane WC 2, Covent Garden, Tel. 020-78365314, Tube *Covent Garden.* Londons ältestes Restaurant, gegründet 1798, Stammlokal von *Charles Dickens* und all jener Gentlemen, die am Aufbau des Empire mitarbeiteten; bis heute eine Institution in London.
- **Wilton's**££££–£££££, 55 Jermyn Street SW 1, St. James, Tel. 020-76299955, Tube *Piccadilly,* So nur Lunch. Gute britische Küche mit besonderem Akzent auf Fisch und Meeresfrüchten. Für manche Leute ist das *Wilton's* „too much like a gentlemen's club"; für kontinentaleuropäische Besucher vielleicht ein Grund, einmal hier zu tafeln.
- **Wheeler's in Appletree Yard**££–£££, Duke of York Street SW 1, St. James, Tube *Piccadilly.* Britische Küche mit besonderem Akzent auf Fisch und Meeresfrüchte, Spezialität ist z. B. schottischer Wildlachs.

Chinesisch

- **Gallery Rendezvous**£–££, 53 Beak Street W 1, Soho, Tel. 020-77340445, Tube *Piccadilly Circus.* Seit rund 40 Jahren im Dienst am hungrigen Kunden tätig, alteingessesene Institution in Sohos Chinatown.
- **Paper Tiger**£–££, 10 Exhibition Road SW 7, Kensington, Tube *South Kensington.* Londons erstes Sechuan-Restaurant, authentische chinesische Küche.
- **Mr. Chow**£–££, 151 Knightsbridge, Tube *Knightsbridge.* Feinste chinesische Küche in italienischem Ambiente.

Fisch, Meeresfrüchte

• **Loch Fyne Restaurant**££, 2–4 Catherine Street, Covent Garden, Tel. 020-72404999, Tube *Covent Garden*. Ein hervorragendes Meeresfrüchte-Lokal einer Restaurantkette mit sehr gutem Preis-Leistungsverhältnis und guten Weinen; Krabbe (Taschenkrebs) 14 £.

• **Fish!**££, Cathedral Street, auf dem Gelände des Borough Market, direkt neben dem Kirchhof der Southwark Cathedral, Tel. 020-74073803, Tube *London Bridge*. Hervorragendes Fisch-Restaurant in angenehmem Ambiente, sommertags speist man auch draußen; gute Weine

Französisch

• **Bibendum**££££-£££££, Michelin House, 81 Fulham Road SW 3, Chelsea, Tel. 020-75815817, Tube *Sloane Square*. Alteingesessenes Spitzenrestaurant in dem wunderschönen Art-Déco-Michelin-Gebäude. Klassische Küche ohne Zeitgeist-Schnickschnack auf höchstem Niveau. In der angeschlossenen *Oyster Bar* geht es um 25 £ preiswerter zu, die Atmosphäre ist die gleiche (keine Tischreservierung für die *Oyster Bar)*.

• **La Pont de la Tour**££££, Butler's Wharf, 36 D Shad Thames SE 1, Southwark, Tel. 020-740 38403, Tube *Tower Hill* oder *London Bridge*. Exzellentes Restaurant direkt an der Themse mit Blick auf die Tower Bridge, vor allem sommertags speist es sich kurzweilig auf der Terrasse; gute Gerichte bei gutem Ausblick, neben à la carte gibt es ein abendliches Dinner Menu zu einem festen Preis, nach dem man (ärgerlicherweise) manchmal extra fragen muss. Rund 25 £ preiswerter geht es in der *La Pont de Tour Bar & Grill* zu, die sich im gleichen Gebäude befindet und Steak und Seafood bei gleich gutem Ausblick serviert (keine Tischreservierungen für *Bar & Grill)*.

• **Café du Jardin**£££, 28 Wellington Street WC 2, Covent Garden, Tel. 020-78368769, Tube Covent Garden. Für Opern- und Theaterbesucher werden *Pre-* and *Post-Theatre-Menus* serviert; gute Mischung aus britisch-französischer Küche in ansprechendem Ambiente.

• **French House Dining Room**££-£££, 49 Dean Street W 1, Soho, Tel. 020-74372477, Tube *Tottenham Court Road*. Über dem Pub *French House* befindet sich ein „cosy and romantic dining room", der britische Küche in exzellenter französischer Verfeinerung bietet.

• **L'Escargot**££££, 48 Greek Street W 1, Soho, Tel. 020-74372679, Tube *Tottenham Court Road*, Sa/So geschl. Alteingesessenes gutes französisches Lokal in Soho, eine Institution im Viertel, „excellent cooking, friendly service and a charming atmosphere", preist ein Gastrokritiker das Restaurant.

• **Café des Amis du Vin**£££, 11 Hanover Place WC 2, off Lang Acre, Covent Garden, Tel. 020-73793444, Tube *Covent Garden*. Um die Ecke vom Opernhaus, kleines kürzlich umfassend renoviertes gemütliches Restaurant mit sehr guter Küche, angeschlossene Weinbar.

• **Soho, Soho**££-£££, 11 Frith Street W 1, Soho, Tel. 020-74943491, Tube *Tottenham Court Road*. Alteingesessenes französisches Restaurant, unten eine gute Brasserie, oben ein teureres Lokal.

• **Le Palais du Jardin**££££, 136 Long Acre WC 2, Covent Garden, Tel. 020-73795353, Tube *Covent Garden*. Eine der populärsten französischen Brasserien der Metropole, seit Jahren gleichbleibende Qualität, für Romantiker ist das Restaurant aber wohl zu groß.

• **Brasserie San Quentin**££££, 243 Brompton Road SW 3, Knightsbridge, Tel. 020-75898005, Tube *South Kensington*. Gute französische Küche, einen Steinwurf entfernt von *Harrod's*.

Indisch

• **Star of India**£££,154 Old Brompton Road SW 5, Earl's Court, Tel. 020-7373290, Tube *Gloucester Road*. Gutes indische Restaurant, „not your typical curry house", mit Gerichten „above average standard".

• **Delhi Brasserie**£-££, 44 Frith Street W 1, Soho, Tube *Tottenham Court Road*. Alteingesessenes indisches Lokal mitten in Soho mit gutem Preis-Leistungsverhältnis.

• **Shezan**£-££, 22 Cheval Place, Knightsbridge, Tube *South Kensington*. Originäre Küche aus dem Punjab zu akzeptablen Preisen.

Indonesisch

●**Nusa Dua**££, 11 Dean Street W 1, Soho, Tel. 020-74373559, Tube *Tottenham Court Road.* Alteingesessenes indonesisches Restaurant über zwei Stockwerke, Stammlokal der Angestellten der indonesischen Botschaft, originäre indonesische Küche, z. B. Fisch in Bananenblättern.

Italienisch

●**Cantina del Ponte**£££-££££, Butler's Wharf, 36 C Shad Thames SE 1, Southwark, Tel. 020-74035403, Tube *London Bridge.* Gute mediterrane Küche direkt am Themse-Ufer mit Blick auf die Tower Bridge, vor allem sommertags speist es sich recht kurzweilig auf der Terrasse.
●**The River Café**£££££, Thames Wharf, Rainville Road W 6, Hammersmith, Tel. 020-73818824, Tube *Hammersmith,* So geschl. „Great, simple cooking using fantastic ingredients"; für viele Londons bestes italienisches Restaurant, gelegen direkt am Flussufer mit gutem Ausblick. Auch in Deutschland bekannt durch das eigene Kochbuch; allerdings merkt ein Gastro-Kritiker an, dass man es sich wegen der hohen Preise und des wenig zuvorkommenden Service' wohl besser zu Hause mit dem Kochbuch in der eigenen Küche gemütlich macht.
●**Amalfi**££, 29 Old Compton Road W 1, Soho, Tube *Tottenham Court Road.* Alteingesessenes italienisches Restaurant.
●**Quo Vadis**££££, 26 Dean Street, Soho, Tel. 020-74374809, Tube *Tottenham Court Road.* Eine Institution in Soho, gute mediterrane Küche in dem Haus, in dem *Karl Marx* während seiner Londoner Zeit lebte.
●**Signor Zilli**££, 40 Dean Street, Soho, Tel. 020-77343924, Tube *Tottenham Court Road,* So geschlossen. Meeresfrüchte sowie Fisch- und Fleischgerichte in einem fairen Preis-Leistungsverhältnis.
●**Il Vicolo**£££, 3 Crown Passage SW 1, off Pall Mall, St James, Tel. 020-78393960, Tube *Piccadilly Circus,* Sa/So geschl. „Authentic and consistently good cooking", lautet die Kritikermeinung; zum Lunch immer voll mit den Angestellten der Umgebung, mehrfach lobende Artikel in Londoner Tageszeitungen.
●**Al Duca**£££, 4 Duke of York Street SW 1, St. James's, Tel. 020-78393090, Tube *Piccadilly Circus,* Sa/So geschl. Moderne italienische und mediterrane Küche, Fisch und Meeresfrüchte in gutem Preis-Leistungsverhältnis.
●**Italian Graffiti**£-££, 163 Wardour Street W 1, Soho, Tel. 020-74394668, Tube *Tottenham Court Road.* Bodenständige italienische Küche ohne Schnörkel mit einem guten Preis-Leistungsverhältnis.
●**Luigi's**£££, 15 Tavistock Street WC 2, Covent Garden, Tel. 020-72401789, Tube *Covent Garden,* So geschl. Eine Institution in Covent Garden; „it may be a bit passé, but they still do the basics pretty well", ist keine so schlechte Kritikermeinung.
●**San Lorenzo**££££, 22 Beauchamp Place SW 3, Kensington, Tel. 020-75841074, Tube *South Kensington,* So geschl. Einen Steinwurf nur entfernt vom Kaufhaus *Harrod's;* hier tafelt gerne der coole Geldadel, der vorher einen Großeinkauf getätigt hat.
●**Ristorante Ask**£, Butler's Wharf, 36 Shad Thames SE 1, Southwark, Tube *London Bridge.* Verhältnismäßig preiswerte Pizzen und Pasta mit wunderbarem Ausblick, sommertags sitzt man auf der Terrasse direkt am Themseufer und blickt auf die Tower Bridge.
●**Il Siciliano**££, 33 Dean Street W 1, Soho, Tube *Tottenham Court Road.* Sizilianische Küche mit akzeptablen Preis-Leistungsverhältnis.
●**Monza**£££, 6 Yeoman's Row SW 3, Knightsbridge, Tel. 020-75910210, Tube *South Kensington, Mo* geschl. „London needs more Italians like this compact Knightsbridge back street yarling with its great specials, friendly service and sensible prices", so ein Gastro-Kritiker über das sympathische kleine Lokal mit seinen leckeren Gerichten.
●**Montpeliano**££££, 13 Montpelier Street SW 3, Knightsbridge, Tel. 020-75890032, Tube *South Kensington.* Beliebt für einen Lunch oder ein abendliches Dinner nach der ausgedehnten Shopping-Tour bei *Harrod's.*

Japanisch

●**Suntory**£££££, 72 St. James's Steet, St. James, Tel. 020-74090201, Tube *Piccadilly,* So geschlossen. „The best high quality japanese food", wie sich ein Kritiker ausdrückte.

Portugiesisch

•**O Fado**££, 49 Beauchamp Place, SW 3, Kensington, Tel. 020-75893002, Tube *South Kensington.* Gute portugiesische Küche in einem akzeptablen Preis-Leistungsverhältnis; regelmäßig greift ein Fado-Sänger in die Saiten seiner Gitarre.

Thailändisch

•**Chiang Mai**£££, 48 Frith Street W 1, Soho, Tel. 020-74377444, Tube *Tottenham Court Road,* So geschl. Die „most authentic, imaginative and subtle Thai Cuisine" im gesamten Westend der Metropole.

Osteuropäisch

•**Gay Hussar**£££, 2 Greek Street W 1, Soho, Tel. 020-74370973,Tube *Tottenham Court Road,* So geschl. Ein in Soho alteingesessenes Lokal mit guter ungarischer Küche.

•**The Daquise**££, 20 Thurloe Street SW 7, Kensington, Tel. 020-75896117, Tube *South Kensington.* Alteingesessenes polnisches Lokal, „an old favourite in South Kensington".

Vegetarisch

•**Food for Thought**£, 31 Neal Street, WC 2, Tel. 020-78369072, und **World Food Café**£, 14 Neal's Yard, WC 2, First Floor, Tel. 020-73790298; gute, preiswerte vegetarische Lokale in Covent Garden, Tube *Covent Garden.*

Vietnamesisch

•**Saigon**££, 45 Frith Street W 1, Soho, Tel. 020-74377109, Tube *Tottenham Court Road.* Während in Soho immer mehr Designer-Bars öffnen, ist das *Saigon* geblieben, was es war: ein vietnamesisches Restaurant mit guten Gerichten zu moderaten Preisen.

Schwulenszene

London hat eine sehr aktive Schwulen- und Lesbenszene in vielen Nachtclubs, Pubs, sozialen Organisationen etc. Bedauerlicherweise sind die Vorurteile gegen diese Gruppen auch in Britanniens Metropole wieder auf dem Vormarsch, und es häufen sich – wie das Stadtmagazin *Time Out* meldet – **gewalttätige Übergriffe** gegen Lesben und Schwule. *Time Out* warnt sogar davor, alleine einen *Gay* oder *Lesbian Club* spätabends oder tief in der Nacht zu verlassen und rät, ein Taxi zu bestellen. **Veranstaltungshinweise** können Homosexuelle den folgenden Zeitschriften entnehmen: *Boyz, QX, Fluid* und *The Pink Paper.*

Folgende **Beratungs- und Anlaufstellen** geben Hilfe in vielen Lebenslagen und vermitteln Kontakte:

•**London Friend,** Tel. 020-78373337; Schwulen- und Lesbenberatung, vermittelt Hilfe aller Art und gibt Veranstaltungshinweise.

•**London Lesbian Line,** Tel. 020-72516911; Hilfe aller Art für Lesben

•**London Lesbian & Gay Switchboard,** Tel. 020-78377324; alles über das Schwulen- und Lesbenleben in der Metropole.

Pubs/Nachtclubs für Schwule

•**BarCode,** 3 Archer Street W 1

•**The Box,** 32 Monmouth Street WC 2

•**Brief Encounter,** 42 St. Martin's Lane WC 1

•**Candy Bar,** 4 Carlisle Street W 1

•**First Out,** 52 St. Giles High Street WC 2

•**Freedom Café-Gallery-Bar,** 60–66 Wardour Street W 1

•**Exilio/Exilio Latino,** 229 Great Portland Street W 1

•**G.A.Y.,** The Astoria, 157 Charing Cross Road WC 2

- **Coco Latté,** 59 Berkeley Square W 1
- **Heaven,** The Arches, Villiers Street WC 2
- **Sundays at Home,** Home, 1 Leicester Square W 1

Stadtmagazine

Unbedingt sollte sich jeder interessierte Besucher, sobald er in London eingetroffen ist, mit einem Stadtmagazin ausrüsten. Für jeden Tag der Woche gibt es eine Fülle von Veranstaltungen jeglicher Art, dazu viele nützliche Adressen und, und, und ... Am verbreitetsten sind *What's On* und *Time Out;* beide erscheinen mittwochs.

Stadtpläne

Empfehlenswert ist der Erwerb eines so genannten Streetfinders; dies ist ein dickes Buch im handlichen Format, das den Großraum von London in Einzelkarten erschließt und natürlich im Anhang einen Index zu sämtlichen Straßen hat. Erhältlich in jeder Buchhandlung zu Preisen (je nach Ausstattung farbig oder schwarzweiß) zwischen 2,95 und 5,95 £.

Taxen

In London hält man Taxen per Handzeichen auf der Straße an; einen freien Mietwagen erkennt man an einem beleuchteten Schild mit der Aufschrift „For Hire". Kurze Strecken sind relativ **preiswert** (wenn man nicht stundenlang im Stau steht); geht die Fahrt über einen Sechs-Meilen-Radius (ca. 10 km) hinaus, so darf der Fahrer die Beförderung ablehnen, in der Regel jedoch versucht er, einen höheren Fahrpreis auszuhandeln (Londoner Taxichauffeure gelten als sehr ruppig). Obwohl per Gesetz dazu verpflichtet, weigern sich viele Fahrer, einen Gast in Gegenden zu bringen, in denen sie keinen Kunden für die Rückfahrt finden. Mittlerweile sind die meisten Mietwagen mit einem elektronischen Taxameter ausgerüstet; wenn noch eine alte Uhr in Gebrauch ist, so weist eine Tabelle an der Trennscheibe den richtigen Tarif aus. Es gibt **Zuschläge** für jeden weiteren Passagier sowie für große Gepäckstücke und für Fahrten zwischen 20 und 6 Uhr. **Trinkgeld** ist obligatorisch, es sollte ca. 10 % des Fahrpreises betragen. Alle Londoner Taxen sind mit Sprechfunk ausgerüstet und können daher auch **telefonisch** bei der Zentrale bestellt werden. *Radio Taxis* (020-72720272) oder *Dial a Cab* (020-7253500) haben einen 24-Stunden-Service.

Mini Cabs (Saloon Cars) sind billiger als die Black Cabs, vor allem nachts und an Wochenenden. **Aber:** Die Fahrer haben meist keine Lizenz, sie sind in der Regel nicht ordentlich ausgebildet, oft nicht versichert, nicht immer zuverlässig und manchmal sogar gefährlich. Eine der größten und seriöseren Firmen ist *Addison Lee,* Tel. 020-73878888, die Kunden in allen Stadtteilen Londons abholen.

Einen speziellen **Taxiservice für Frauen** bekommt man bei *Lady Cabs,* Tel. 020-72543501 und 79237599. Hier sind nur Fahrerinnen beschäftigt.

Telefon

• **Notruf: 999** (Krankenwagen, Polizei, Feuerwehr).

Innerhalb der letzten Jahre hat *British Telecom* die **Vorwahlnummern** von London mehrfach geändert. Seit 2000 nun gilt für das gesamte Stadtgebiet wieder eine einheitliche Vorwahlnummer, nämlich die **020.** Aus den siebenstelligen Individualnummern sind **achtstellige** geworden. Wenn man noch eine alte Telefonnummer sieht, so kann man sich recht einfach die neue Nummer zusammenstellen. Aus den alten Vorwahlnummern 0171 und 0181 wird einheitlich die 020. Die 7 aus 0171 und die 8 aus 0181 werden der siebenstelligen Individualnummer vorangestellt. Also wird 0171-1234567 zu 020-71234567, 0181-1234567 zu 020-81234567. Man kann auch bei den neuen Nummern erkennen, ob ein Teilnehmer im inneren oder im äußeren Stadtgebiet wohnt: 7 = innerstädtisch, 8 = in den Außenbezirken.

Innerhalb des Stadtgebietes muss man die 020 nicht mitwählen; wer allerdings mit dem Handy ins Londoner Festnetz telefonieren möchte, der muss, wie hierzulande auch, die Vorwahl voranstellen.

Übrigens: Ein Handy heißt im englischen **mobile phone** (oder **portable phone**), kurz nur *mobile* genannt. Im englischen ist ein *handy* entweder die Kurzform von *handkerchief* (Taschentuch) oder heißt soviel wie „praktisch im Umgang ..." oder „geschickt". „He is handy with his mobile" bedeutet „Er geht geschickt mit seinem Handy um".

Die berühmten roten **Telefonzellen** sind fast ganz verschwunden, stattdessen gibt es nun öffentliche Fernsprecher, die sich im Einheitsgrau präsentieren. Von allen neuen Apparaten kann man auch **Auslandsgespräche** führen und sich anrufen lassen; die Nummer des Fernsprechers ist gut sichtbar am Gerät angebracht. Wenn jemand untätig in einem öffentlichen Fernsprechhäuschen herumsteht, hat das also meist seinen Grund.

Cardphones (Kartentelefone) sind weit verbreitet; *Phonecards* bekommt man an vielen Verkaufsstellen im ganzen Stadtgebiet (es sind Karten zu 4, 10 und 20 £ erhältlich). Da noch längst nicht jeder Brite mit einer solchen Karte ausgerüstet ist, sind die Wartezeiten vor den *Cardphones* wesentlich kürzer als vor normalen Zellen.

Im Zuge der Privatisierungspolitik von *Margaret Thatcher* wurde neben *British Telecom* ein weiteres Telefonunternehmen auf der Insel zugelassen: **Mercury.** Apparate von *Mercury* kann man mit einer *Phonecard* dieses Unternehmens oder aber mit allen gängigen Kreditkarten *(Eurocard, American Express, Diners Club, VISA)* benutzen (Mindestgebühr 50 p).

Der **Telegrammdienst** ist längst abgeschafft; derzeit gibt es so genannte *Telemessages,* die am nächsten Tag mit der normalen Post ausgetragen werden. *Telemessages* in Großbritannien: 190; ins Ausland: 193.

Auskunft: Großbritannien 192; London 142; Europa (Deutschland und Österreich) 153; Frankreich, Spanien, Schweiz 152; **Vorwahlnummer** der

BRD 0049, danach die Vorwahl der Stadt ohne die Null, Österreich 0043, Schweiz 0041.

Samstag und Sonntag (0–24 Uhr) sowie Mo–Fr 20–8 Uhr gilt der **verbilligte „Mondscheintarif“.**

Theater

London ist eine der berühmtesten Theaterstädte der Welt, und große Aufführungshäuser konzentrieren sich in der Metropole. Auf keinen Fall sollte der Besucher ein Theaterereignis versäumen. Allerdings gilt es, sich rechtzeitig mit **Karten** auszurüsten, da ausnahmslos alle Theater schon Tage vorher ausgebucht sind – dies vor allem während der Touristensaison von April bis Oktober. In London bekommt man Theaterkarten beim *Britain and London Visitors Centre,* 1 Regent Street SW 1 (Tube *Piccadilly Circus).*

Schon vor Beginn der Reise kann man bei *West End Theatre Tickets* (Römerweg 6, 56626 Andernach, Tel. 02632-496745, Fax 496747, www.westendtickets.de) die aktuellen Spielpläne erhalten und Karten bestellen. Wer mit *British Airways* nach London fliegt, kann in jedem Büro dieser Fluglinie ebenfalls Theaterkarten vorbestellen. Am Leicester Square öffnet ab 14 Uhr täglich ein Kiosk, an dem man Karten für den gleichen Tag zum halben Preis bekommt. Empfehlenswert ist rechtzeitiges Erscheinen vor Öffnung, denn die Schlange der wartenden Käufer ist recht lang. Auch an den Kassen der einzelnen Theater kann man häufig mit Erfolg nach der Stand-by-Methode noch Karten bekommen.

Fast alle Londoner Theater finden sich im Westend, also entlang der Shaftesbury Avenue, in Soho, rund um den Leicester Square und in Covent Garden; Adressen in den Stadtviertelbeschreibungen.

Informationen zu **behindertengerechten Theatern** siehe unter „Behinderte“.

Neben den großen und bekannten Häusern gibt es Hunderte von so genannten **Fringe Theatres,** kleine Experimentierbühnen oder privat betriebene Theater, die avantgardistische Stücke auf dem Spielplan haben und im Schatten der großen kommerziellen Häuser ihr Überleben fristen *(Fringe* bedeutet soviel wie „Rand“). Da *Fringe Theatres* mangels Besucherzahl häufig mitten in der Saison schließen, genauso oft aber auch neue Bühnen ihre Pforten öffnen, können kaum aktuelle Hinweise gegeben werden; wer Interesse an diesen kleinen Bühnen hat, sollte die Stadtmagazine *What's On* und *Time Out* zu Rate ziehen, die eine Spezialrubrik „Fringe Theatres“ aufweisen.

U-Bahn

Das Londoner U-Bahn-Netz ist in fünf **Tarifzonen** eingeteilt; es gibt keine Einheitspreise, zwischen den einzelnen Stationen gelten unterschiedliche Fahrpreise, die man den Auflistungen an den Ticket-Automaten entnehmen kann. Bei vielen dieser Automaten muss man den exakten Fahrpreis einwerfen, da sie kein Wechselgeld herausgeben (Aufschrift: *No Change*). Die U-Bahn hat – wie auch die roten Doppeldeckerbusse – äußerst hohe Tarife, unbedingt sollte der Besucher bereits in Deutschland (in jedem Reisebüro möglich) die so genannte **Visitor Travelcard** erstehen; damit kann man das gesamte U-Bahn-, Bus- und auch das *Docklands-Light-Railway*-Netz befahren. Die Karten sind gültig für drei, vier, fünf, sechs oder sieben Tage, (allerdings enthalten diese Travelcards alle fünf Tarifzonen, die ein Besucher nie benötigt, zwei Zonen reichen für die in diesem Band beschriebenen Besichtigungen völlig aus). In London kann man im *London Transport Office, Victoria Station,* und in anderen großen U-Bahnhöfen nur noch die *One-Day-Travelcard* für rund 3,50 £ und eine 7-Tages-Karte zum Preis von rund 18 £ erstehen, beide für zwei Tarifzonen; für Letztere benötigt man ein Passfoto.

Wer also beispielsweise nur drei Tage in London ist, der kauft sich drei Ein-Tageskarten für drei aufeinander folgende Tage. Wer seine *Travelcard* in London ersteht, der sollte eine Karte nur für zwei Tarifzonen (*Two Zones*) nehmen, damit sind immerhin 90 Prozent der Londoner Sehenswürdigkeiten abgedeckt. Wenn man weiter hinausfahren möchte, etwa nach Wimbledon, dann kauft man am U-Bahn-Schalter eine so genannte *Extension,* ein Ticket, welches für eine einmalige Fahrt über drei, vier oder auch fünf Zonen gilt.

Ein- und Ausgänge der U-Bahn-Stationen sind durch automatische **Sperren** vor Schwarzfahrern geschützt; man steckt sein Ticket vorne in den Schlitz dieser Sperren, nimmt es oben wieder heraus, gleichzeitig öffnet sich die Sperre; auf die gleiche Weise verlässt man am Zielbahnhof die Station; Tickets also immer bis zum Verlassen des Bahnhofes aufbewahren!

Die ersten Züge fahren ab ca. 5 Uhr morgens, die letzten verlassen das Stadtgebiet zwischen 23.30 und 24 Uhr, sonntags fährt die U-Bahn erst ab 7.30 Uhr; an jeder U-Bahnstation hängt für die betreffende Linie ein exakter **Fahrplan** aus.

Ausnahmslos auf allen Bahnhöfen ist **Rauchen** streng **verboten,** seitdem vor einigen Jahren *King's Cross Station* abbrannte. Vor allem spät am Abend häufen sich **Raubüberfälle** in den Stationen und den Bahnen. Steigen Sie nie in einen leeren Waggon ein! In überfüllten Wagen sind Taschendiebe am Werk!

Unterkunft

Wie schon erwähnt, zählt London zu den teuersten Städten der Welt, was sich für den Besucher zuallererst an den **Preisen** für seine Unterkunft bemerkbar macht. Unbedingt sollte man bereits in Deutschland in einem Reisebüro ein Hotel oder eine Pension **vorbuchen,** man spart viel Geld: So kostet z. B. bei Reservierung durch ein deutsches Reisebüro ein Einzelzimmer in dem Drei-Sterne-Hotel *Charles Di-*

ckens in Bayswater rund 70 €; bucht man dagegen als Privatmann in dem gleichen Haus an der Rezeption ein Zimmer, so zahlt man knapp 100 €.

Vorbestellungen empfehlen sich auch während der Monate April bis Oktober, dann nämlich ist Touristensaison, und alle Hotels sind ausgebucht.

Besucht man die britische Metropole für längere Zeit, kann man versuchen, bei direkter Buchung von Deutschland aus einen **Preisnachlass** auszuhandeln. Am *London Tourist Information Centre* in der *Waterloo Station* kann man den offiziellen Londoner **Hotelführer** erstehen, dort findet auch eine Hotelvermittlung statt.

Vermittlungsbüros

- **London Tourist Board Hotel Booking Line,** Tel. 020-72237226/29.

Behinderten Personen gibt der *Holiday Care Service,* 7th Floor, Sunley House, 4 Bedford Park, Croydon, Surrey CRO 2 AP, Tel. 0845-124997, detailliert Auskunft über behindertengerechte Hotels; er übernimmt auch Buchungen.

Die Londoner Unterkünfte sind in sechs **Komfortkategorien** eingeteilt; *Listed,* die einfachste Klassifikation, dann von 1 bis 5 Sterne, wobei 5 Sterne ein Luxushotel bezeichnen. Im Folgenden eine Anzahl von Hotels, Pensionen und Bed & Breakfast-Unterkünften mit Preisangaben in Pfund (die man nur als ungefähre Durchschnittswerte anzusehen hat).

Hotels im Westend, Westminster, Whitehall, Elephant and Castle

Preiskategorien der Doppelzimmer:

£	bis 50 £
££	bis 70 £
£££	bis 90 £
££££	bis 110 £
£££££	bis 150 £
££££££	bis 200 £
£££££££	über 200 £
££££££££	250 bis über 300 £

- **The Dorchester*******/££££££££, Park Lane W 1, Mayfair, Tel. 020-76298888, Fax 74090114, www.dorchesterhotel.com, Tube *Hyde Park Corner.* Traditionelles Country House Hotel mit drei sehr guten Restaurants, einzig standesgemäße Unterkunft für den Gentleman, leider nicht erschwinglich.
- **Sheraton Park Lane Hotel*******/££££££, Piccadilly W 1, Tel. 020-74996321, Fax 74991965, E-Mail: parklane@hotelsdeluxe.com, Tube *Green Park.* Hotel am Piccadilly, Sicht über den Green Park bis hin zum Buckingham Palace.
- **Radisson Edwardian Mayfair*******/£££££££, Stratton Street W 1, Mayfair, Tel. 020-76297777, Fax 76291459, www.radisson.com, Tube *Green Park.* Nahe Green Park und Piccadilly, mit Fitness u. Business Centre.
- **London Hilton*******/££££££££, 22 Park Lane, Mayfair, Tel. 020-7493-8000, Fax 72084136, www.hilton.com, Tube *Hyde Park Corner.* Das Flaggschiff der *Hilton*-Hotelkette; von allen Zimmern aus hat man einen gute Ausblick über die Metropole; drei Restaurants, vier Bars und der größte Ballsaal Londons.
- **Brown's Hotel******/£££££££, Albermarle Street W 1, Mayfair, Tel. 020-74936020, Fax 74939381, www.brownshotel.com, Tube *Green Park.* Im Herzen von Mayfair, eines der feinsten Häuser der Stadt.
- **The Goring Hotel******/££££££, 15 Beeston Place SW 1, Victoria, Tel. 020-73969000, Fax 78344393, www.goringhotel.co.uk, Tube

Victoria. Familiengeführtes Hotel mit eigenem großen Garten nahe Buckingham Palace und Green Park.

● **Dolphin Square Hotel*****/£££££, Dolphin Square Chichester Street, Victoria, Tel. 020-78343800, Fax 77988735, www.dsqhotel.activehotels.com, Tube *Victoria.* Hotel in privatem Garten mit Sport-und Freizeiteinrichtungen in zentraler Lage.

● **Academy Hotel****/£££££, 17–25 Gower Street WC 1, Bloomsbury, Tel. 020-76314115, Fax 76363442, www.academy-hotel.activehotels.com, Tube *Goodge Street.* Freundliches Hotel in fünf ehemaligen georgianischen Stadthäusern, preisgekröntes Restaurant.

● **The Bonnington in Bloomsbury****/££££, 92 Southampton Row, Tel. 020-72422828, Fax 78319170, www.holidaycity.com/bonnington-london/enquiry.html, Tube *Holborn* oder *Russel Square.* Freundliches Mittelklassehotel zwischen City und Westend gelegen.

● **Central Park Hotel****/££££, 49 Queensborough Terrace, Bayswater, Tel. 020-72292424, Fax 72292904, www.centralparklondon.co.uk, Tube *Queensway/Bayswater.* Modernes Haus in zentraler, ruhiger Lage.

● **The Burns Hotel****/££££, 18 Barkton Garden SW 5, Earl's Court, Tel. 020-73733151, Fax 73704090, www.london.guide-to-hotels.com/best-western-burns-hotel.html. Tube *Earl's Court.* Hotel in einem attraktiven viktorianischen Gebäude in ruhiger Wohngegend.

● **The Jarvis Embassy House Hotel****/£££££, 31 Queen's Gate, SW 7, South Kensington, Tel. 020-75847222, Fax 75893910, www.interhotel.com/britain/en/hoteles/73948.html, Tube *Glouceser Road.* Gute Lage für die Museen in Kensington, die Royal Albert Hall und *Harrod's.*

● **London Lodge Hotel****/££££, 134 Lexham Gardens W 8, Kensington, Tel. 020-72448444, Fax 73736661, www.londonlodgehotel.com, Tube *Earl's Court.* Kürzlich umfassend renoviertes Stadthaus-Hotel.

● **Novotel London West****/£££££, 1 Shortlands W 6, Hammersmith, Tel. 020-87411555, Fax 87412120, www.novotel.co.uk, Tube *Hammersmith.* Modernes Haus einer internationalen Hotelkette.

● **Windmill on the Common****/££££, Southside SW 4, Clapham Common, Tel. 020-86734578, Fax 86751486, Tube *Clapham Common.*

● **Novotel London Waterloo****/££££, 113 Lambeth Road SE 1, Elephant and Castle, Tel. 020-77931010, Fax 77930202, www.novotel.co.uk, Tube *Westminster.* Gute Lage gegenüber den Houses of Parliament am südlichen Themse-Ufer.

● **Posthouse Bloomsbury****/££££, Coram Street WC 1, Bloomsbury, Tel. 020-78371200, Fax 78375374, www.interhotel.com/britain/en/hoteles/37262.html, Tube *Russel Square.* Modernes Haus in zentraler Lage zum Westend und zur City.

● **Bayswater Inn****/£££, 8 Princess Square W 2, Bayswater, Tel. 020-77278621, Fax 77273346, www.bayswaterinn.activehotels.com, Tube *Bayswater* oder *Queensway.* Touristenhotel in ruhiger Wohnlage nahe Kensington Gardens/Hyde Park.

● **Berjaya Eden Park Hotel****/££££, 35 Inverness Terrace W 2, Bayswater, Tel. 020-72212220, Fax 72212286, www.berjayaresort.com.my/berjaya-eden-park/info.html, Tube *Bayswater.* Hotel in einem viktorianischen Stadthaus aus dem Jahr 1860.

● **Commodore Hotel****/££££, 50 Lancaster Gate W 2, Bayswater, Tel. 020-74025291, Fax 72621088, www.commodore-hotel.com, Tube *Lancaster Gate.* Gelegen an einem ruhigen viktorianischen Platz am Hyde Park.

● **Cordova House Hotel****/££££, 14 Craven Hill W 2, Bayswater, Tel. 020-77231065, Fax 72627772, E-Mail: info@rimaweb.com, Tube *Lancaster Gate.*

● **Mornington Hotel****/££££, 12 Lancaster Gate W 2, Tel. 020-72627361, Fax 77061028, E-Mail: london@mornington.co.uk, Tube *Lancaster Gate.* Hotel in einer ruhigen Wohngegend direkt am Hyde Park.

● **Norfolk Plaza****/££££, 29 Norfolk Square W 2, Paddington, Tel. 020-77230792, Fax 72248770, www.norfolkplazahotel.co.uk, Tube *Paddington.* Gelegen an einem ruhigen Garten in einem edwardianischen Gebäude.

● **Phoenix Hotel****/££££, 1–8 Kensington Gardens W 2, Bayswater, Tel. 020-72292494, Fax 77271419, www.interhotel.com/britain/en/hoteles/38058.html, Tube *Bayswater.* Gelegen in Laufweite von Hyde Park und der Einkaufsstraße Oxford Street.

•Eden Plaza Hotel***/£££, 68 Queensgate SW 7, South Kensington, Tel. 020-73706111, Fax 73700932, www.london.hotelguide.net/data/h100371.htm, Tube *South Kensington*. Kurzer Fußweg zu den Museen von Kensington, Hyde Park und *Harrod's*.

•Hotel Europe***/£££, 131 Cromwell Road SW 7, Kensington, Tel. 020-75987979, Fax 75987981, http:/london.hotelguide.net/data/h101070.htm, Tube *Gloucester Road*. Nahe bei den Museen von Kensington, dem exklusiven Shopping-Viertel Knightsbridge und dem Hyde Park.

•Blandford Hotel**/£££, 80 Chiltern Street, W 1, Westend, Tel. 020-74863103, Fax 74872786, E-Mail: ukhotels@blueyonder.co.uk, Tube *Baker Street*. Kleines Haus um die Ecke von *Madame Tussaud's*.

•Bentinck House Hotel**/£££, 20 Bentinck Street W 1, Westend, Tel. 020-79359141, Fax 72245903, www.bentinckhousehotel.co.uk, Tube *Bond Street*. Familiengeführtes Hotel in zentraler Lage des Westend.

•Vegas Hotel**/££, 104 Warwick Way SW 1, Victoria, Tel. 020-78340082, Fax 78345623, http:/interhotel.com/britain/en/hoteles/88651.html, Tube *Victoria*. Zwischen *Victoria Station* und Buckingham Palace gelegen.

•Glynne Court Hotel**/££, 41 Great Cumberland Place W 1, Westend, 020-72624344, Fax 77242071, http:/interhotel.com/britain/en/hoteles/86832.html, Tube *Marble Arch*. Preiswertes Hotel in exzellenter Lage im Westend.

•Marble Arch Inn**/££, 49 Upper Berkeley Street W 1, Westend, Tel. 020-77237888, Fax 77236060, www.marble-arch-inn.co.uk, Tube *Marble Arch*. Freundliches kleines Haus in fußläufiger Entfernung zu Hyde Park, Oxford Street und Piccadilly.

•Royal Adelphi Hotel**/££, 21 Villier Street WC 2, Trafalgar Square, Tel. 020-79308764, Fax 79308735, www.royaladelphi.co.uk, Tube *Embankment*. Zwei Minuten vom Trafalgar Square, vier Minuten von Covent Garden und nahe dem Theaterland des Westend.

•Admiral Hotel**/££, 143 Sussex Gardens W 2, Bayswater, 020-77237309, Fax 77238731, www.admiral-hotel.com, Tube *Lancaster Gate*. Vernünftige Unterkunft zu ökonomischen Preisen nahe Hyde Park

•Classic Hotel**/££, 92 Sussex Gardens W 2, Bayswater, Tel. 020-77067776, Fax 77068136, www.holidaycity.com/classic-london, Tube *Paddington*. Kleines Haus mit freundlichem baumbestandenen Garten.

•Duke of Leinster**/££, 34 Queen's Garden W 2, Bayswater, Tel. 020-72580079, Fax 72620741, http:/interhotel.com/britain/en/hoteles/38052.html, Tube *Bayswater/Queensway*. Nahe Hyde Park und Einkaufsstraße Oxford Street.

•Dylan Hotel**/££, 14 Devonshire Terrace W 2, Bayswater, Tel. 020-77233280, Fax 74022443, www.dylanhotel.activehotels.com, Tube *Lancaster Gate*. Kleines Hotel in zentraler Lage nahe Hyde Park.

•Europa House Hotel**/££, 151 Sussex Gardens W 2, Bayswater, Tel. 020-77237343, Fax 72249331, www.europahousehotel.com, Tube *Lancaster Gate*. Kleines familiengeführtes Hotel nahe Hyde Park.

•Gower Hotel**/££, 129 Sussex Gardens W 2, Paddington, Tel. 020-72622262, Fax 72622006, www.stavrouhotels.co.uk/gower/index/html, Tube *Paddington*. Familiengeführtes Hotel nahe Hyde Park, *Madam Tussaud's* und Oxford Street.

•Lancaster Court Hotel**/££, 202 Sussex Gardens W 2, Bayswater, Tel. 020-74028438, Fax 77063794, www.lancaster-court-hotels.co.uk, Tube *Lancaster Gate*. Kleines Haus, zwei Minuten vom Hyde Park entfernt.

•Linden House Hotel**/££, 4 Sussex Place W 2, Paddington, Tel. 020-77239853, Fax 72620840, www.hotel-assist.com/lindenhouse.html, Tube *Paddington*. Kleines Hotel im schönen Regency Building nahe Hyde Park.

•Olympic House Hotel**/££, 138 Sussex Gardens W 2, Paddington, Tel. 020-77235935, Fax 72248144, http:/london.guide-to-hotels.com/oympic-house-hotel.html, Tube *Marble Arch*. Kleines zentral gelegenes familiengeführtes Haus.

•Manor Court Hotel*/£, 7 Clanricarde Gardens W 2, Paddington, Tel. 020-77275407, Fax 72292875, Tube *Notting Hill Gate*. Preiswertes familiengeführtes Haus.

•Gower House Hotel*/£, 57 Gower Street WC 1, Bloomsbury, Tel./Fax 020-76364685, Tube *Goodge Street*. Preiswertes familiengeführtes Hotel hinter dem Britischen Museum.

● **Oxford House Hotel***/£, 92 Cambridge Street SW 1, Victoria, Tel. 020-78346467, Fax 78340225, Tube *Victoria*

● **Brindle House Hotel,** 1 Warwick Place SW 1, Victoria, Tel. 020-78280057, Fax 79318805, www.brindlehousehotel.co.uk. Kleines Haus in ruhiger Lage zwischen *Victoria Station* und Buckingham Palace.

Preiswerte Unterkünfte für Jugendliche und Studenten

In London gibt es 18 **YMCA Hostels** (Unterkünfte des Christlichen Vereins Junger Männer) für Jugendliche und Studenten; exakte Informationen erhält man beim *YMCA Head Office,* 640 Forest Road, London E17 3DZ, www.ymca.org.uk, Tel. 020-85205599. Hier werden auch die **Buchungen** vorgenommen; es ist unbedingt ratsam, mindestens zwei Monate im Voraus zu buchen. Hier vier **Adressen:**

● **Barbican YMCA,** 2 Fann Street EC 2, Barbican, Tel. 020-76280697, Fax 76382420, E-Mail: Barbicanymca@aol.com, Tube *Barbican*

● **London City YMCA,** 8 Errol Street, EC 1, Holborn, Tel. 020-76288832, Fax 76284040, E-Mail: housing@lcity.co.uk, Tube *Barbican*

● **Wimbledon YMCA,** 200 The Broadway SW 19, Wimbledon, Tel. 020-85429055, Fax 85421086, www.lcos.org.uk/lcos/Wibledon YMCA2.htm, Tube *South Wimbledon*

● **German YMCA,** Lancaster Hall Hotel, 35 Craven Terrace, London W 2, Tel. 020-77239276, Fax 77062870, www.german-ymca.org.uk

London hat **sieben Jugendherbergen;** wenn man nicht Mitglied der *International Youth Hostel Federation* ist, so verteuert sich die Übernachtung um knappe 2 £. Alle Jugendherbergen können zentral gebucht werden: *YHA London Reservations Office,* 36 Carter Lane, London EC4V 5AB, Tel. 020-72486547, Fax 72481339.

● **City of London Youth Hostel,** 36 Carter Lane EC 4, St. Paul's, Tel. 020-72364965, Fax 72367681, E-Mail: city@yha.org.uk, Tube *St. Paul's*

● **Earl's Court Youth Hostel,** 38 Bolton Gardens SW 5, Earl's Court, Tel. 020-73737083, Fax 78352034, E-Mail: earlscourt@yha.org.uk, Tube *Earl's Court*

● **Hampstead Heath Youth Hostel,** 4 Wellgarth Road NW 11, Tube *Golders Green,* Tel. 020-84589054, Fax 82090546, E-Mail: hampstead@yha. org.uk

● **Holland House Youth Hostel,** Holland Walk W 8, Kensington, Tel. 020-79370748, Fax 73760667, E-Mail: hollandhouse@yha.org.uk, Tube *High Street Kensington*

● **Oxford Street Youth Hostel,** 14 Noel Street W 1, Soho, Tel. 020-77341618, Fax 77341657, E-Mail: oxford@yha.org.uk, Tube *Oxford Circus*

● **Rotherhithe Youth Hostel,** Island Yard, Salter Road SE 16, Rotherhithe, Tel. 020-72322114, Fax 72322919, E-Mail: rotherhithe @yha.org.uk, Tube *Rotherhithe*

● **St. Pancraz Youth Hostel,** 79 Euston Road, London NW 1, Tel. 020-73889998, Fax 73886766, E-Mail: stpancraz@yha.org.uk, Tube *King's Cross*

Eine der billigsten Möglichkeiten, in London sein müdes Haupt zu betten, bieten die so genannten **Halls of Residence** der University Colleges. Diese Studentenwohnheime – übrigens alle in zentraler Lage – nehmen über Weihnachten, Ostern und in den Sommersemesterferien von Juni bis September zahlende Gäste auf; die Preise variieren zwischen 20 und 28 £. Der Komfortstandard bewegt sich auf Jugendherbergsniveau. Manche Halls nehmen nur Gäste, die mindestens einige Tage buchen; für eine einzige Nacht wird man nur in Sonderfällen unterkommen. Manche Halls akzeptieren auch nur Studenten. Ebenso wie bei jeder anderen Unterkunft, sollte man unbedingt **so früh wie möglich vorbuchen.**

- **Arcade Halls,** The Arcade, 385–401 Holloway Road N 7, Holloway, Tel. 020-76075415, Fax 76090053, Tube *Holloway Road*
- **Butlers Wharf LSE Residence,** 11 Gainsford Street SE 1, Southwark, Tel. 020-74077164, Fax 74030847, Tube *Tower Hill*
- **Cartwright University Halls,** 36 Cartwright Gardens WC 1, Bloomsbury, Tel. 020-73883757, Fax 73882552, Tube *Russel Square*
- **Goldsmith House,** 36 North Row W 1, Westend, Tel. 020-74938911, Fax 74910586, Tube *Marble Arch*
- **High Holborne Residence,** 178 High Holborn WC 1, Holborn, Tel. 020-73795589, Fax 73795640, Tube *Holborn*
- **International Students House,** 229 Great Portland Street W 1, Westend, Tel. 020-76318300, Fax 76318315
- **King's Campus Vacation Bureau,** King's College Riddel House, St. Thomas Campus, Lambeth Palace Road SE 1, Elephant and Castle, Tel. 020-79283777, Fax 79285777, Tube *Waterloo Station*
- **Passfield Hall,** 1–7 Endsleigh Place WC 1, Bloomsbury, Tel. 020-73877743, Fax 73870419, Tube *Euston Station*
- **Walter Sickert Hall,** 29 Graham Street N 1, Islington, Tel. 020-74778822, Tube *Angel*

Bed & Breakfast

Der Leser wird hier vielleicht Adressen von **Bed & Breakfast-Pensionen** vermissen, doch hat dies seinen guten Grund; mehrere Zehntausend Obdachlose sind von der Stadtverwaltung in *Bed & Breakfast*-Pensionen untergebracht, die Eigner solcher Unterkünfte lassen sich die regelmäßigen Zahlungen der Administration nicht entgehen und vermieten lieber langfristig an die Stadtverwaltung, als dass sie die unsicheren Schwankungen des Touristengeschäftes mitmachen. Verlässliche Auskünfte über *Bed & Breakfast* bekommt man daher derzeit nur beim Touristeninformationsbüro in *Waterloo Station;* dort werden auch die Buchungen übernommen.

Campingplätze

- **Abbey Wood Caravan Club,** Federation Road SE 2, Stadtteil Abbey Wood, im Südosten von London gelegen; Tel. 020-83102233
- **Crystal Palace,** Crystal Palace Parade SE 19, Stadtteil Norwood, im Süden Londons; Tel. 020-87787155
- **Lee Valley Leisure Complex Campsite,** Meridian Way, Edmonton N 9, im Norden Londons, Campingplatz, Caravan Park und Ferienhäuschen (Chalets)

Private Hostels

- **Astors Hyde Park Hostel,** 2 Inverness Terrace, Bayswater, Tel. 020-7939511613, Tube *Bayswater*
- **Silver Fern Hostel,** 29 Collingham Place, Earl's Court, Tel. 020-73700943, Tube *Earl's Court*
- **O'Callaghan's Hostel,** 205 Earl's Court Road, Earl's Court, Tel. 020-73703000, Tube *Earl's Court*
- **The Lodge Hostel,** 14 Norfolk Square, Paddington, Tel. 020-72624408, Tube *Paddington Station*
- **Piccadilly Backpacker's Hostel,** 12 Sherwood Street, Soho, Tel. 020-74349009, Tube *Piccadilly Circus*
- **Ashlee House Hostel,** 261 Gray's Inn Road, King's Cross, Tel. 020-78379400, Tube *King's Cross Station*

108gu Foto: bh

Sightseeing – die interessantesten Stadtteile

lon090 Foto: hs

lon106 Foto: hs

Die City of London – die reichste Quadratmeile der Welt

Mit nur 2,6 km^2 Ausdehnung ist die City, das historische Kernstück der Stadt, der kleinste Bezirk der Metropole. Nur etwa 8000 Menschen wohnen, 750.000 dagegen arbeiten hier. Neben den Börsen von New York und Tokio befindet sich hier das **größte Finanz- und Handelszentrum der Welt;** Geschäfte ungeahnten Ausmaßes werden Tag für Tag getätigt. Aus allen Himmelsrichtungen strömen allmorgendlich Abertausende von Angestellten in ihre Büros; auf sieben Bahnhöfen laufen im Minutentakt die Vorortzüge ein und „spucken" die Pendler in die City; des Abends kehrt sich der Strom dann um, und statt hektischer Betriebsamkeit breitet sich nun Ruhe auf den Straßen aus.

Während der **Arbeitswoche** sieht man die Börsianer in ihren Nadelstreifenanzügen und den unvermeidlichen Attaché-Koffern durch die Straßenschluchten hasten, und Büroboten auf Mountainbikes oder Motorrädern jagen mit wichtigen Dokumenten zu ihren Adressaten – manchmal auch über Bürgersteige. Schaut man genau hin, so findet man viele Manager, die sich zwecks Lärmvermeidung in eine Hausecke gedrückt haben, ein **Handy** am Ohr halten und Verkaufsgespräche führen. Millionen von Briten nutzen ihr *Mobile Phone* – oft zum Ärger ihrer Mitmenschen – hemmungslos in der Öffentlichkeit. Mittlerweile setzt sich bei Großveranstaltungen ein Verbot dieser Telefone durch: Während der Rennwoche in Ascot und des Tennisturniers in Wimbledon sammeln die Platzanweiser solche Funktelefone ein.

Auch immer mehr Pubs und Restaurants erklären ihre Örtlichkeit zur Handy-freien Zone, und wer meint, in aller Öffentlichkeit nicht auf sein mobiles Telefon verzichten zu können, wird von den anderen Gästen nicht selten scharf attackiert. Viele in Kneipen und Lokalen auf ihrem Handy angerufene Briten eilen mittlerweile höflicherweise eiligst nach draußen, wenn es klingelt.

Neben der Tower Bridge ist die **London Bridge** sicherlich die berühmteste Brücke der Stadt (U-Bahn: *Monument* oder *London Bridge*). Denn schon die Römer haben an dieser Stelle eine Holzkonstruktion über den Fluss geschlagen; bis 1176 bestanden auch alle nachfolgenden Themseüberspannungen aus Holz. Nach 33-jähriger Bauzeit (1176–1209) konnte dann unter der Leitung des Mönchs *Peter von Cole Church* die erste Steinbrücke Londons fertiggestellt werden. Noch während der Arbeiten wurde die Brücke bereits mit Häusern überbaut – die höchsten hatten bis zu sieben Stockwerke. Im 14. Jh. sollen annähernd 200 Gebäude auf der Themse-Überspannung gestanden haben. Am südlichen Brückentor, das mit einer Zugbrücke gesichert war, ließ die Obrigkeit zur Abschreckung die Köpfe hingerichteter Verbrecher und Rebellen aufgespießt zur Schau stellen.

Wer sich über die bloße Vorstellungskraft hinaus einen Eindruck von den damaligen Hinrichtungs- und Folterpraktiken machen will, der überquere den Fluss auf der London Bridge zum südlichen Ufer; dort befindet sich in der Tooley Street Nr. 28 das „Kellerverlies" **London Dungeon** (U-Bahn: *London Bridge*); in dieser Ausstellung kann man die gewalttätige Atmosphäre des englischen Mittelalters besonders drastisch erleben.

Auf 20 Bogen überspannte die erste **London Bridge** den Fluss; aufgrund der engen Brückenbogen entwickelten sich gefährliche Strömungen, die Schiffer mussten sorgfältig manövrieren, und mehr als ein Kahn zerschellte in den Jahrhunderten an den Steinquadern. 1758–1762 ging die Brückenverwaltung dieses Übel gezielt an und ersetzte die beiden mittleren Bogen durch einen einzelnen. 1823 dann begann man mit dem Bau einer **neuen London Bridge,** die nach achtjähriger Bauzeit feierlich eingeweiht werden konnte. Baumeister dieser nun fünfbogigen Flussüberspannung war *Sir John Rennie*. In den Jahren 1967–1972 entstand die **dritte London Bridge.** Die Fundamente der Rennie-Brücke zeigten Risse, zudem konnte sie das Verkehrsaufkommen nicht mehr bewältigen. Die Stadtverwaltung bot die London Bridge weltweit zum Verkauf an, und eine amerikanische Gesellschaft erstand das Monument zum Preis von 2,5 Mio. US$. Hartnäckige Gerüchte behaupten, die Amerikaner hätten die Tower Bridge im Sinn gehabt, als sie ihre Gebote abgaben. Heute steht die alte Londoner Brücke in Lake Havasu City (Arizona); dort überspannt sie ein ausgetrocknetes (!) Flussbett, eine rote englische Telefonzelle und ein Londoner Doppeldeckerbus sorgen für britisches Ambiente.

s096 Foto: hs

Östlich der London Bridge liegt auf der linken Flussseite **Custom House** (U-Bahn: *Monument* oder *Tower Hill),* in dem die Zollbehörde des Hafens untergebracht war. Das Gebäude mit seiner neoklassizistischen Fassade entstand zwischen 1817 und 1823. Bereits im 14. Jh. hat es an dieser Stelle ein Zollamt gegeben.

Die erste London Bridge

Geoffrey Chaucer (um 1340–1400) war hier königlicher Beamter und zuständig für die Warengruppen Häute, Felle und Wolle, bevor er seine berühmten „Canterbury Tales" schrieb.

Neben Custom House befand sich bis vor wenigen Jahren das Areal des **Billingsgate Fish Market** (U-Bahn: *Monument);* 1982 verlegte man den Handelsplatz auf die Isle of Dogs. Aus dem Jahr 1016 stammt die erste urkundliche Erwähnung; ursprünglich lag das Verkaufsgelände weiter westlich zwischen Blackfriars und Southward Bridge; nachdem die London Bridge errichtet worden war, verlegte man den Markt neben die Zollabfertigungsstelle, da die Schiffer die gefährliche Navigation unter den Brückenbogen fürchteten (s. o.). Ab dem 17. Jh. wurden hier auch Salz und Getreide umgeschlagen, später dann kamen zusätzlich Obst- und Gemüsehändler hinzu. Um 1850 erbaute man eine Markthalle, die aber schon bald zu klein wurde; zwischen 1874 und

1877 entstand die heute unter Denkmalschutz stehende Halle des City-Architekten *Horace Jones.*

The Monument (U-Bahn: *Monument)* an der Fish Street erinnert an den Großen Brand von London (s. u.); ca. 60 m weiter westlich vom heutigen Standort der Säule (deshalb die Höhe des Denkmals) war im Jahr 1666 die Feuersbrunst ausgebrochen und hatte fast die gesamte Stadt in Schutt und Asche gelegt. 1671–1677 errichteten Handwerker unter der Bauleitung von *Christopher Wren* und *Robert Hooke* die 62 m hohe, im dorischen Stil gehaltene Säule, auf deren Spitze eine Urne steht, aus der Flammen schlagen. Eine Wendeltreppe führt auf die Plattform, von der aus man heutzutage leider keinen weiten Blick mehr über die Stadt hat – Hochhäuser versperren die Sicht. The Monument ist übrigens die höchste frei stehende Steinsäule der Welt.

Vom Monument erreicht man, in nördlicher Richtung gehend, nach wenigen Minuten den **City-Knotenpunkt Bank,** auf dem acht Straßen sternförmig zusammenlaufen.

Mansion House (U-Bahn: *Bank)* ist der Amtssitz des *Lord Mayor,* des Bürgermeisters der City. Zwischen 1739 und 1753 von *George Dance dem Älteren* erbaut, beeindruckt das Gebäude durch seine sechs gewaltigen korinthischen Säulen an der Vorderfront: Hier repräsentiert der Oberbürgermeister bei offiziellen Anlässen und nimmt das Defilee der Würdenträger ab; die Amtswohnung befindet sich im oberen Stockwerk. (Besichtigung der Innenräume nur dienstags und donnerstags nach vorheriger schriftlicher Anmeldung mit zwei Terminvorschlägen.) Der **Lord Mayor** ist der oberste Verwaltungschef der City, Friedensrichter und Admiral der Hafenadministration; seine Einwilligung ist vonnöten, will Militär durch das City-Gelände marschieren. Auch dem König ist es nicht gestattet, ohne Erlaubnis des Bürgermeisters die City zu betreten. Noch heute ist ein jahrhundertealtes Ritual in Kraft: Wann immer der Monarch die City besucht, kommt ihm der *Lord Mayor* entgegen und überreicht zum Zeichen seiner Ehrerbietung dem Herrscher das Stadtschwert.

Jährlich, am zweiten Samstag im November, findet mit einer großen öffentlichen Parade die **Lord Mayor's Show,** die Ernennung des Bürgermeisters, statt. Angetan mit historischen Kostümen, begibt sich der Stadtrepräsentant mit seiner Eskorte zu den *Law Courts* und lässt sich dort von den Obersten Richtern in seinem Amt bestätigen. Das farbenprächtige Spektakel geht auf das 13. Jh. zurück: Damals verlangte *König Johann Ohneland (John Lackland)* einen Antrittsbesuch des *Lord Mayor* in Westminster als Gegenleistung für die Anerkennung der City-Privilegien.

Sehenswürdigkeiten westlich vom City-Knotenpunkt Bank

Nordwestlich vom Mansion House ragt an der Gresham Street das Rathaus von London auf, die **Guildhall**

Der Große Brand von 1666

Die verheerende Feuersbrunst, die fast das gesamte mittelalterliche London auslöschen sollte, brach am **2. September 1666** nachts zwischen 1 und 2 Uhr in einer Bäckerei in der Pudding Lane aus. Die Flammen griffen rasch auf benachbarte Warenspeicher über, wo sie reiche Nahrung fanden; ein starker Wind fachte den Brand zusätzlich an, zudem hatte die anhaltende Trockenheit eines schönen Sommers die Holzhäuser ausgedörrt – alles brannte wie Zunder!

Brände waren in jener Zeit ein alltägliches Erlebnis – niemand regte sich sonderlich darüber auf, und koordinierte **Löschmaßnahmen** wurden nicht ergriffen. Mehr pflichtgemäß, als an einer Rettung der Stadt interessiert, informierte jemand den *Lord Mayor*, doch statt gezielt zur Tat zu schreiten, soll er, so berichten die Chronisten, lakonisch mit den Achseln gezuckt haben: „A woman might piss it out!" Wie vertraut die Bevölkerung mit solchen Katastrophen war, verrät uns auch ein Eintrag im Tagebuch von *Samuel Pepys*: „Ungefähr um 3 Uhr morgens weckte uns Jane und sagte, dass man in der Stadt ein großes Feuer sehen könne. Ich stand auf, schlüpfte in meinen Morgenrock und ging an Janes Fenster. Es sah so aus, als sei das Feuer hinten in der Mark Lane; (...) ich (...) legte mich wieder schlafen".

Der Brand griff mit erschreckender Geschwindigkeit um sich, Bewohnern wie Obrigkeit wurde nun klar, dass Rettung allein in der Flucht bestand. Panik brach aus! Hören wir den **Augenzeugen** *Pepys*, der ca. acht Stunden nach Ausbruch des Brandes von einem Boot aus die folgende Situationsschilderung gibt:

„Jeder versucht, sein Hab und Gut zu retten, es in den Fluss zu werfen oder in kleine Boote. Die Armen bleiben in ihren Häusern, bis das Feuer sie erreicht hat, dann rennen sie auf die Schiffe oder von einer Anlegebrücke auf die andere. Mir fiel auf, dass die armen Tauben ihre Schläge nicht verlassen wollten und vor den Fenstern der Häuser herumflatterten, bis einige mit den Flügeln ins Feuer kamen und tot herabstürzten. Beobachtete etwa eine Stunde lang, wie das Feuer sich nach allen Richtungen ausbreitete und niemand Anstalten zum Löschen machte – alle kümmerten sich nur um ihre Habseligkeiten und überließen das Feuer sich selbst. Der starke Wind treibt das Feuer in die City, und nach der langen Trockenheit ist jetzt alles leicht entzündlich, sogar die Steine in den Kirchenmauern. (...)

Ging dann nach Hause. Sah unterwegs niemand, der auch nur die geringsten Anstalten machte, dem Feuer zu Leibe zu rücken. In der Thames Street waren die Häuser voller leicht brennbarer Gegenstände wie Pech und Teer, dazu Vorratshäuser mit Öl, Wein, Brandy und anderem. (...) Ich (ging) zum Paul's-Kai, wohin ich ein Boot bestellt hatte. Vom Fluss aus sah man, dass das Feuer sich weiter ausgebreitet hatte, nach allen Richtungen, und es sieht nicht so aus, als ob man es dämmen könnte. Traf den König und den Herzog von York in der königlichen Barkasse. Ihr Befehl besteht darin, alle Häuser niederzureißen. Man kann im Augenblick aber nicht allzu viel machen, das Feuer hat eine riesige Geschwindigkeit erreicht. Es bestand die Hoffnung, es an den drei Kränen zum Stehen zu bringen, wenn man vorsichtig zu Werke ging, aber der Wind treibt es immer weiter in die City. (...)

Wir fuhren, so nahe es ging, an das Feuer heran. Wenn man das Gesicht gegen den Wind hielt, wurde man fast vom Funkenregen verbrannt, viele Häuser gerieten schon vom Funkenflug in Brand. Als wir es auf dem Wasser nicht mehr aushalten konnten, gingen wir in eine Kneipe gegenüber den drei Kränen und blieben dort, bis es dunkel wurde. Je dunkler es wurde, desto größer erschien das Feuer, in allen Winkeln, auf

Hügeln, zwischen Häusern und Kirchen, so weit man sehen konnte, bis hinaus zur City, leuchtete die schreckliche, böse, blutrote Flamme, nicht wie die Flamme eines gewöhnlichen Feuers. Wir blieben, bis man das Feuer als einen einzigen riesigen Bogen von dieser bis zur anderen Seite der Brücke sah, ein Bogen, der etwa eine Meile lang war. Der Anblick machte mich weinen. Die Kirchen, Häuser, alles in Flammen, ein schreckliches Getöse, wenn die Häuser zusammenstürzen. (...)

Ging nach dem Essen noch in die Tower Street, die das Feuer jetzt ganz zerstört hat mit außerordentlicher Wildheit. Man hat damit begonnen, in der Tower Street, unmittelbar am Tower, Häuser in die Luft zu sprengen, was zuerst die Menschen in Angst und Schrecken versetzt hat, aber das Feuer stellenweise zum Stillstand brachte. Die Häuser fallen dabei in sich zusammen, und man kann das Feuer in den Trümmern leicht löschen. St. Paul's ist verbrannt und die ganze Cheapside ebenfalls."

Vier Tage wütete der Brand in London und **zerstörte vier Fünftel der Stadt:** 400 Straßen und Plätze lagen in Schutt und Asche, 13.200 Häuser waren nur noch rauchende Ruinen, von 109 Kirchen standen noch 25, 44 Zunfthäuser, die Guildhall, die Royal Exchange, drei Stadttore, das Zollamt und Billingsgate Fish Market – alles wurde ein Raub der Flammen. 250.000 Menschen waren obdachlos; in aller Eile errichtete man Notlager und die noch bestehenden Kirchen öffnete man auf Anordnung des *Lord Mayor* für die Wohnungslosen. Aus allen Teilen des Landes trafen Hilfsgüter und Spenden ein.

Mit welcher Heftigkeit das Feuer in Britanniens Metropole gewütet hatte, kann man auch gut der beeindruckenden Tagebuchnotiz von *John Evelyn* über die **brennende Old St. Paul's Cathedral** entnehmen: „Zwei Tage und Nächte flogen die Steine von St. Paul's wie Granaten umher; die geschmolzenen Dachplatten aus Blei bildeten einen kochend heißen See aus flüssigem Metall, der die Straße bedeckt, und das Straßenpflaster glüht rot, so dass kein Reiter oder Fußgänger passieren kann und keinerlei Hilfsleistungen möglich sind."

Das Dach von St. Paul's war bis in die Krypta gestürzt. Zwei Monate nach dem Brand, am 12.11.1666, besichtigte *Samuel Pepys* die Ruinen der Kathedrale:

„Sah heute Nachmittag die Leiche von Robert Baybrock, Bischof von London, gestorben 1404. Während des Feuers stürzte er aus seinem Grab und lag als Gerippe da, mit etwas Fleisch an den Knochen, zäh und trocken wie schwammiges, trockenes Leder. Sein Kopf war zur Seite gewandt."

Unmittelbar nach dem Großen Brand wurden *Christopher Wren* und *John Evelyn* vom König beauftragt, Pläne zum **Wiederaufbau** der Stadt vorzulegen. Doch ihre visionären Entwürfe scheiterten an den alltäglichen Gegebenheiten; jeder wollte so schnell wie möglich wieder eine Wohnung, ein Haus beziehen, die Händler und Handwerker drängte es danach, ihre Geschäfte aufzunehmen – für einen geregelten städtebaulichen Neuanfang fehlten alle Voraussetzungen.

012lo Foto: hs

Christopher Wren

City und Tower

(U-Bahn: *Bank;* Mo–Sa 9–17.30 Uhr zu besichtigen). Von dem ursprünglichen, 1411 errichteten Gebäude sind nur noch das Hauptportal, die Große Halle sowie die Krypta erhalten – auch die Guildhall stand beim Brand 1666 in hellen Flammen. Die An- und Umbauten aus den folgenden Jahrhunderten zerbombten im Dezember 1940 deutsche Flugzeuge.

Durch eine Vorhalle, die das Stadtwappen Londons mit der Inschrift „Domine dirige nos" (Herr, führe uns!) beherbergt, erreicht man den **Großen Versammlungssaal** (50 m lang, 16 m breit, 29 m hoch). In den Fenstern (eins stammt noch aus dem 15. Jh.) sind die Namen aller Bürgermeister eingelassen, die Wände schmücken die Wappen und Banner der zwölf wichtigsten Zünfte *(Livery Companies):* Kürschner, Tuchmacher, Schneider, Goldschmiede, Krämer sowie die Kurzwaren-, Wein-, Eisen-, Salz-, Tuch-, Gewürz- und Fischhändler. An der Nordwand zeigen Statuen *Winston Churchill, Admiral Nelson* und den *Duke of Wellington.* An der Westwand drohen zwei mythische Riesen, Gog und Magog, die 1000 v. Chr., so sagt die Überlieferung, London gegründet haben sollen.

In der Großen Halle tagt der Stadtrat *(Court of Common Council)* und diskutiert öffentlich die Gemeindegeschäfte; auch Festbankette werden hier abgehalten. Unter dem Saal befindet sich die Krypta aus dem 15. Jh.

Im **Westflügel** der Guildhall ist die für jedermann zugängliche Bibliothek untergebracht; die mehr als 150.000 Bände dokumentieren die Stadtgeschichte Londons. Im Erdgeschoss gibt es eine sehenswerte Ausstellung alter Uhren.

Nicht weit entfernt vom Londoner Rathaus liegt in der Foster Lane die **Goldsmiths' Hall** (U-Bahn: St. *Paul's;* keine festen Öffnungszeiten), das Zunfthaus der Goldschmiede, erbaut um 1830.

Nördlich der Guildhall erstreckt sich der Komplex des **Barbican Centre** (U-Bahn: *Barbican* o. *Moorgate).* Nach zehnjähriger Bauzeit 1982 eröffnet, beherbergt die Anlage in drei 120 m hohen Türmen Wohnungen für 6000 Menschen (die weitaus meisten der geschätzten 8000 *City Residents* leben hier) sowie ein Kultur- und Kongresszentrum *(Barbican Centre for Arts and Conferences),* weiterhin die Guildhall-Hochschule für Musik und Schauspiel, die Fakultät für Wirtschaftswissenschaften der City-Universität, ein Mädchengymnasium, Grünanlagen und einen künstlichen See.

Das **Kulturzentrum** ist das größte seiner Art in Europa und hat dem Besucher viel zu bieten: *Barbican Hall,* die Konzert- und Konferenzhalle, fasst 2026 Personen; hier hat das *London Symphony Orchestra* seinen Sitz; das *Barbican Theatre* mit 1166 Plätzen ist die Heimat der *Royal Shakespeare Company,* ein kleines Studio-Theater bringt Experimentelles auf die Bühne und bietet Sitzplätze für 200 Personen; in einer Kunstgalerie gibt es ständig wechselnde Ausstellungen zu besichtigen, die Stadtbücherei verleiht ihre Bestände an einen weiten Leserkreis, ei-

013lo Foto: hs

ne Vielzahl an Seminarräumen, drei Kinos, zwei weitere Ausstellungshallen, viele Cafés und Restaurants runden die kulturelle Angebotspalette ab. Der Informationsschalter befindet sich am Eingang der Silk Street (Level 5).

Im Innenhof des Barbican Centre

Unweit südlich vom *Barbican Centre* lohnt das **Museum of London** (U-Bahn: *Barbican* oder *St. Paul's,* London Wall EC 2) einen Besuch (Di–Sa 10–18 Uhr, So 14–18 Uhr). Zu besichtigen sind Exponate aus römischer und angelsächsischer Zeit sowie aus der Stuart- und Tudor-Ära; aus der Viktorianischen Epoche datieren originalgetreu errichtete Läden und Büros; ein Prachtstück des Museums ist die Karosse des *Lord Mayor;* weitere Attraktionen sind eine audiovisuelle Vorführung über den Großen Brand von 1666 und eine originalgetreu hergestellte Zelle des Newgate-Gefängnisses (s. u.).

In der King Edward Street liegt das **General Post Office** (U-Bahn: *St.*

Paul's); von hier starteten einst die Postkutschen. Gegenüber liegt das von Philatelisten hoch geschätze **National Postal Museum** (King Edward Street, EC 1), das die berühmtesten Briefmarken der Welt sowie weitere Exponate aus der langen Geschichte der englischen Post zeigt (Mo–Do 10–16.30 Uhr, Fr 10–16 Uhr).

An der Newgate Street hat eine weitere berühmte britische Institution ihren Sitz: Der **Central Criminal Court,** weltweit bekannt unter dem Namen *Old Bailey* (nach der gleichnamigen Seitenstraße, U-Bahn: *St. Paul's).* Bis Anfang des 20. Jahrhunderts befand sich hier das berüchtigte Newgate-Gefängnis, und in der Zeit von 1738 bis 1868 konnte die Londoner Bevölkerung die öffentlichen Exekutionen vor dem Haftgebäude verfolgen. Von 1902 bis 1907 entstand der heutige Gerichtsbau, der eindrucksvoll von einer Kuppel überragt wird, die eine Figur der Justitia krönt.

Die Strafprozesse sind öffentlich; der interessierte Tourist darf – soweit er Kamera und Tonband im Hotel gelassen hat – **britische Rechtsprechung** beobachten; der Besuchereingang befindet sich in der Old Bailey Street. Unter Umständen erlebt der Besucher dabei eine Rechtsprechung, die ihm einen Schauer über den Rücken jagt. Jeder dritte Richter ist teilweise weit über 65 Jahre alt, entsprechend skurril bis beängstigend kann die Logik des Urteilsspruches sein. Aufruhr in der Öffentlichkeit erzeugte vor gar nicht so langer Zeit *Judge Sir Harold Cassel,* als er einen Mann freisprach, der sich an seiner minderjährigen Stieftochter vergangen hatte. *Sir Harold* zeigte Verständnis für die Tat: Die Ehefrau des Angeklagten sei zu der Zeit hochschwanger gewesen. Wenngleich dies natürlich ein Einzelfall war, besteht trotzdem die Notwendigkeit zu umfassenden Reformen im Rechtswesen.

St. Paul's Cathedral

Eines der vielen Wahrzeichen von London und sicherlich eine der bedeutendsten Sehenswürdigkeiten der Stadt ist die St. Paul's Cathedral (U-Bahn: *St. Paul's),* die Kathedrale des Bischofs von London und „Pfarrkirche" des Commonwealth. Der eindrucksvolle Kuppelbau steht auf geweihtem Boden, ein **erstes Gotteshaus** wurde an dieser Stelle bereits im Jahre 604 auf Initiative von *Mellitus,* dem legendären ersten Bischof von London, errichtet. Rund 200 Jahre später nahm man notwendige Renovierungsarbeiten vor; 1087 dann brannte die Kirche ab.

1175 konnte der Neubau fertiggestellt werden, doch noch bis ins 14. Jh. hinein beschäftigte man Handwerker mit zusätzlichen Erweiterungen und Umbauten. Old St. Paul's gehörte zu den beeindruckendsten Sakralbauten der damaligen Christenheit; 142 m hoch ragte der Glockenturm der Kathedrale in den Himmel. 1444 und 1561 schlug der Blitz in den hölzernen Kirchturm ein; alle Löschversuche scheiterten, und fortan präsentierte sich St. Paul's mit einem Turmstumpf.

014lo Foto: hs

Nicht nur frommen Gebeten, sondern in erster Linie höchst profanen Zwecken diente der Dom im **15. und 16. Jh.** So benutzten die Fußgänger das Mittelschiff als „Durchgangsstraße", das der Volksmund alsbald *St. Paul's Walk* nannte. Da der Publikumsverkehr immer mehr anschwoll, ließen sich nun Kaufleute und Krämer im Gotteshaus nieder, Überlieferungen berichten gar von stellungslosem Dienstpersonal, das sich auf der Suche nach Arbeit den vorbeihastenden Bürgern und Adligen präsentierte, und letztendlich trafen sich hier die Advokaten mit ihren Klienten, führten vertrauliche Gespräche in Seitennischen – dies alles, während die Messe zelebriert wurde!

1628 – die Kirche befand sich in einem erbärmlichen Zustand – beauftragte *Karl I.* den berühmten Architekten *Inigo Jones* mit einer **umfassenden Renovierung.** In den Bürgerkriegswirren vollendete *Jones* jedoch nur einen Portalvorbau an der Westfassade. Nachdem in England die

Beherrschend im Stadtbild von London – die Kuppel von St. Paul's

s102 Foto: hs

Old St. Paul's – die alte Kathedrale

Monarchie wieder eingeführt war, erhielt der junge *Christopher Wren,* Astronom und Mathematiker in Oxford, den Auftrag, umfassende Entwürfe für eine Restaurierung vorzulegen. Ende August 1666 hatte er seine Arbeit abgeschlossen, da brach am 2. September das Große Feuer aus, und die Kathedrale brannte bis auf die Grundmauern nieder. Ab 1668 reichte *Wren* mehrmals Entwürfe für eine **neue St. Paul's Cathedral** ein, konnte jedoch Klerus wie König erst 1675 für seine Ideen begeistern (*Wrens* unterschiedliche Entwürfe sind in der Krypta (s. u.) ausgestellt. Interessant ist vor allem ein Holzmodell, das die ursprüngliche architektonische Konzeption zeigt; der Preis für das aus Eichenholz gefertigte Modell war so hoch, dass man in der damaligen Zeit für das gleiche Geld ein Wohnhaus hätte bauen können). 1675 erfolgte die Grundsteinlegung für das Gotteshaus, jeden Samstag inspizierte *Wren* den Fortgang der Arbeiten – und das 35 Jahre lang; an seinem 78. Geburtstag erlebte er die Fertigstellung seines größten Werkes und die Vollendung seines Lebenstraumes – sein Sohn setzte den Schlussstein in die Kuppel! Neben der Bauüberwachung an St. Paul's leitete *Sir Christopher* zudem 20 Jahre lang die Arbeiten an insgesamt 51 weiteren Kirchen.

Rundgang

Begeben wir uns nun auf einen Rundgang durch die Kathedrale: Nicht zu besichtigen und daher nur von unten einzusehen ist die elegante Konstruktion der Wendeltreppe des Dekans (4). Das von einem wertvollen Goldrahmen umgebene Gemälde „The Light of the World" (8) von *W. H. Hunt* ist eine vom Künstler selbst geschaffene Kopie; das Original hängt im *Keble College* von Oxford. Das Bild zeigt Jesus, wie er an eine Tür klopft, die die menschliche Seele symbolisiert. Der Treppenaufgang (9) führt hoch zur Bibliothek und weiter zur Kuppel der *Golden Gallery,* dann zur äußeren Steingalerie, von der man einen weiten Blick über die Stadt und den Fluss hat, sowie zur „Flüstergalerie"; in diesem Echogewölbe ist ein leise gehauchtes Wort noch über eine Distanz von 30 m zu hören. Vom **Kuppelraum** kann man sehr gut die so genannten *Thornhill Cartoons* in der Kuppel (10) erkennen. Der Hofmaler Sir *John Thornhill* schuf von 1716 bis 1719 diese acht Szenen aus dem Leben des heiligen Paulus. Unter der Kuppel ist im Boden des Hauptschiffes eine Platte mit einer Inschrift zu Ehren von *Christopher Wren* eingelassen: „Si monumentum requiris, circumspice" (Wenn du ein Denkmal suchst, blicke Dich um!). In seinen letzten Jahren hat der geniale Architekt oft an dieser Stelle gesessen und sein Lebenswerk betrachtet. 1727 stellte *F. Bird* den Marmortaufstein (11) fertig. Im **Süd-Querschiff** (12) finden sich eine Anzahl von Denkmälern, u. a. für *Lord Nelson* und *General Abercrombie.* Die Holzkanzel (15) mit dem von Engeln geschmückten Schalldeckel stammt aus dem 20. Jahrhundert. Im **Chorraum** (16) sind die Deckenbilder ebenfalls im letzten Jahrhundert nach den Originalvorlagen neu geschaffen worden. Der südliche Chorseiteneingang (17) zeigt ein aus der alten St. Paul's-Kathedrale gerettetes Denkmal für den Lyriker und Kirchendekan *John Donne* (gest. 1631); die Skulptur stellt den Toten eingehüllt in ein Leichentuch dar. Zwei liegende Engel umgeben eine weiße Statue der Muttergottes in der Marienkapelle (18). Im Jahre 1958 weihte man den aus sizilianischem Marmor gefertigten **Hochaltar** (19) ein. Hinter dem Altar befindet sich die Jesuskapelle (20), die seit 1958 als *American Memorial Chapel* die im Zweiten Weltkrieg gefallenen amerikanischen Soldaten ehrt; eine in einem Glaskasten aufbewahrte Schriftrolle verzeichnet die Namen der Toten. Das Wappentier der USA, ein goldener Adler, schmückt die Altarrückwand. Im Originalzustand erhalten sind das Chorgestühl und die eleganten schmiedeeisernen Gitter (21) des französischen Kunstschmiedes *J. Tijou.* Vom früheren Hochaltar stammt das Marmorkreuz in der Kapelle der anglikanischen Märtyrer (22). Am Ende des nördlichen Chorseitenganges (23) befindet sich ein Monument für den Dichter *Samuel Johnson* (1709–1784; 25), im **nordöstlichen Seitenschiff** (29) stehen Grabdenkmäler für *Lord Leighton* (1830–1896) und *General Charles G. Gordon,* der 1885 während des Mahdi-Aufstandes im Sudan sein Leben ließ. Das marmorne *Wellington*-Denkmal (30) mit dem Bronzesarkophag datiert aus dem Jahre 1877, die Bronzestatuen zeigen ein Reiterstandbild des Herzogs sowie Tugend, Feigheit, Wahrheit und Lüge symbolisierende Skulpturen. In der St. Dunstan-Kapelle (31) erinnert das aus weißem Marmor gefertigte Denkmal an einen der größten Feldherrn Britanniens, *Lord Kitchener* (1850–1916).

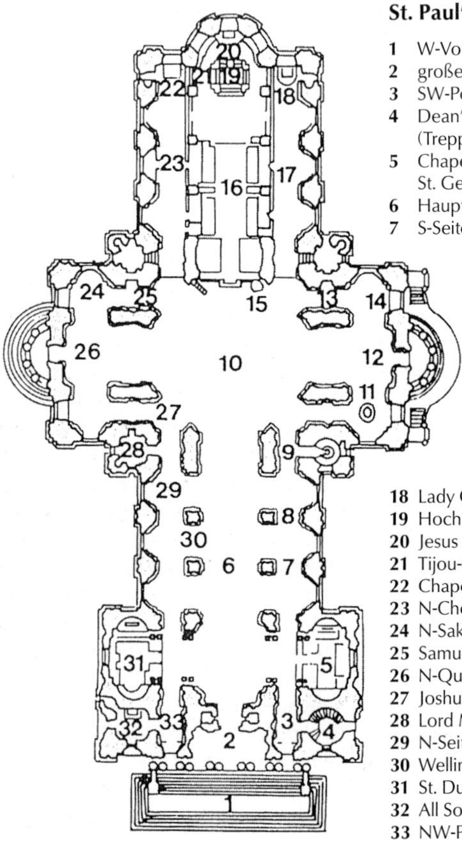

St. Paul's Cathedral

1 W-Vorhalle
2 großes W-Portal
3 SW-Portal
4 Dean's Staircase (Treppe des Dekans)
5 Chapel of St. Michael and St. George
6 Hauptschiff
7 S-Seitenschiff
8 „The Light of the World"
9 Aufgang zur Kuppel
10 Kuppel
11 Taufstein
12 S-Querschiff
13 Zugang zur Krypta
14 Dean's Vestry (Sakristei des Dekans)
15 Kanzel
16 Chorraum
17 S-Chorseitengang
18 Lady Chapel (Marienkapelle)
19 Hochaltar
20 Jesus Chapel
21 Tijou-Gitter
22 Chapel of Anglican Martyrs
23 N-Chorseitengang
24 N-Sakristei
25 Samuel-Johnson-Denkmal
26 N-Querschiff
27 Joshua-Reynolds-Denkmal
28 Lord Mayor's Vestry
29 N-Seitenschiff
30 Wellington-Monument
31 St. Dunstan's Chapel
32 All Soul's Chapel (Allerseelenkapelle)
33 NW-Portal

Einen Besuch der **Krypta** (13), angeblich die größte der Welt, sollte man auf gar keinen Fall versäumen. Hier befindet sich u. a. die Schatzkammer der Diözese. Von den vielen Grabdenkmälern verdient vor allem der auf einem Podest stehende Sarkophag von *Admiral Horatio Nelson* Beachtung; dieser kam 1805 in der Seeschlacht von Trafalgar ums Leben. Gegenüber zeigt eine Büste *Thomas Edward Lawrence* (1888–1935), bekannter unter dem Namen *Lawrence von Arabien;* im Ersten Weltkrieg einte *Lawrence* die verfeindeten Beduinenstämme der Arabischen Halbinsel und kämpfte mit ihnen gegen die Türken. In einem schlichten Sarg ruhen die sterblichen Überreste des Herzogs *von Wellington* (1796–1852), der zusammen mit dem Preußen *Blücher* bei Waterloo *Napoleon* bezwang. In der Künstlerecke der Krypta ist hinter einer einfachen Grabplatte *Christopher Wren* (1632–1723) begraben; eine Büste und die Totenmaske geben die Gesichtszüge des genialen Baumeisters wieder.

In vieler Hinsicht unterscheidet sich das **heutige Treiben** in der Kathedrale keineswegs von den oben beschriebenen Aktivitäten in der Old St. Paul's Cathedral. Die vielen Besucher machen es dem gläubigen Personal wirklich nicht leicht. Absperrungen, die angebracht werden, um die Touristen aus den Bereichen herauszuhalten, in denen gerade eine Messe gefeiert wird, sind in kürzester Zeit von dem Ansturm niedergerissen, wahre Blitzlichtgewitter durchzucken das Kirchenschiff, und ganze Schulklassen jagen sich trampelnd, stampfend und lärmend die Treppe zur Kuppel hoch.

Sehenswürdigkeiten östlich vom City-Knotenpunkt Bank

Östlich vom Mansion House liegt an der Threadneedle Street die im klassizistischen Stil errichtete **Royal Exchange,** die königliche Börse (U-Bahn: *Bank*). Die Institution wurde im Jahre 1566 von dem Händler und Finanzexperten *Thomas Gresham* gegründet, der die Antwerpener Börse als Vorbild für seine Idee eines zentralen britischen Handelsumschlagplatzes nahm. Das erste Gebäude ging 1666 beim Großen Brand in Flammen auf, der Nachfolgebau brannte 1838 nieder. Sechs Jahre später wurde das heutige Gebäude von *Sir William Tite* errichtet.

Von der im korinthischen Stil gehaltenen Säulenhalle aus werden – wie es die Tradition verlangt – noch heute wichtige Nachrichten verkündet: Hier ruft man den neuen König aus! Heutzutage (seit 1982) nimmt die *London International Financial Future Exchange (LIFFE)* hier ihre Termingeschäfte mit Währungen und Anleihen vor (nicht zu besichtigen). Täglich um 9, 12, 15 und 18 Uhr erklingen aus dem kleinen Glockenturm alte Volksweisen; auf der Turmspitze dient ein vergoldeter Grashüpfer, das Wappentier von *Thomas Gresham,* als Wetterfahne. Vor dem Gebäude verlangt ein Reiterstandbild des Herzogs *von Wellington* Ehrerbietung.

Zwischen Mansion House und Royal Exchange verläuft in südöstlicher Richtung die **Lombard Street** (U-Bahn: *Bank*), seit dem 12. Jh., als sich vor allem italienische Geldverleiher hier niederließen, die Bankenmeile der Stadt. Noch heute haben alle großen, weltweit operierenden Geldinstitute ihre Niederlassung in dieser Straße. Interessant sind vor allem die **Schilder,** die **über den Bürgersteigen** hängen: In früheren Zeiten, als noch längst nicht jedermann lesen konnte, erkannten die Kunden ihre Bank anhand des Wappens; so ist z. B. das Pferd das heraldische Zeichen der *Lloyd's Bank*

016lo Foto: hs

Handy, Auftragsblock und Aktenkoffer – Börsianer in der City of London

(bei der übrigens der Schriftsteller *T. S. Eliot* von 1917 bis 1925 beschäftigt war), und am Adler auf dem Wappen erkennt man *Barclay's Bank*.

An der Ecke Threadneedle Street/ City-Knotenpunkt Bank liegt die **Bank of England** (U-Bahn: *Bank),* auch „The Old Lady of Threadneedle Street" genannt. Die Bank von England wurde 1694 von Privatleuten gegründet, um als Finanzierungsinstitution für den bevorstehenden Krieg mit Frankreich zu dienen. Nachdem in zehn Tagen – wie es der Herrscher gefordert hatte – über 1 Mio. Pfund an Einlagen zusammenkamen, konnte die Bank per königlichem Dekret ihren Geschäften nachgehen. 1734 entstand das erste Gebäude, zwischen 1788 und 1833 wurden unter der Leitung von *Sir John Sloane* Umbauten und Erweiterungen vorgenommen, zwischen 1925 und 1939 veränderte und vergrößerte dann *Sir Herbert Baker* das Innere der Bank – eine Maßnahme, die Kunsthistoriker Sturm laufen ließ und allgemein als „Akt des Vandalismus" apostrophiert wurde.

In den drei unterirdischen Gewölbegeschossen lagern die Goldreserven Großbritanniens. 1946 wurde die Bank verstaatlicht. Ihre Manager beraten die Regierung in währungspolitischen Angelegenheiten, setzen die Menge des Geldumlaufes fest und beaufsichtigen die Notendruckerei. Zu besichtigen (nach vorheriger, schriftlicher Anmeldung, *Bank of England,* City of London, London, Threadneedle Street EC 2 R8AH) ist nur die Eingangshalle.

Nur einen Steinwurf entfernt erhebt sich östlich der Bank of England an der Throgmorton Street die 26 Stockwerke hohe **Stock Exchange,** die Wertpapierbörse der Stadt (U-Bahn: *Bank*). Das moderne Gebäude entstand zwischen 1970 und 1973. „The House", wie der Volksmund den Effektenumschlagplatz nennt, ist eine der größten Börsen der Welt.

Da man Bombenanschläge der *IRA* fürchtet, bleibt die Besuchergalerie auf unbestimmte Zeit geschlossen.

Noch heute werden die Geschäfte unter dem Leitspruch *Dictum Meum Pactum* oder *My word ist my bond* – „das Gesagte gilt" – ausgehandelt.

Derlei Praktiken verlangen integer und zuverlässig agierende Händler, und ein Kontrollorgan überwacht zusätzlich die alltäglichen Verhandlungen und ahndet eventuell vorkommende Verfehlungen mit sofortigem Berufsausschluss.

Der Ursprung des Vertrauens in die an der Börse tätigen **Broker** geht auf das 18. Jh. zurück, als ein gewaltiger Börsenkrach, der so genannte *South Sea Bubble,* die britische Finanzwelt erschütterte. Die *South Sea Company,* eine im Südpazifik agierende Handelsgesellschaft, hatte die gesamte Staatsverschuldung übernommen und spekulierte mit einem Aktienpaket im Wert von 500 Mio. Pfund. Das Geschäft ging jedoch schief, die nachfolgenden Enthüllungen brachten Korruption und Vetternwirtschaft bis in die höchsten politischen Ränge ans Tageslicht.

Jedermann, der sich mit an dieser Spekulation beteiligt hatte, war vollständig ruiniert. Nur einige wenige, die rechtzeitig genug ihre Aktien verkauft hatten, gehörten zu den großen Gewinnern: *Isaac Newton* und *Jonathan Swift* zum Beispiel oder *Thomas Guy.* Dieser spendete einen Teil seiner Einnahmen zum Bau eines Krankenhauses; das *Guy's Hospital* in der St. Thomas Street gehört noch heute zu den besten medizinischen Einrichtungen der Stadt.

Aufgrund dieser unerfreulichen Vorkommnisse in der Stock Exchange arbeiteten die Londoner Broker ihren bis heute gültigen Ehrenkodex aus.

Ein weiteres Zentrum des Großkapitals finden wir in der Lime Street; seit dem Frühjahr 1986 residiert hier die weltberühmte Versicherung **Lloyd's of London** (U-Bahn: *Bank, Monument* oder *Aldgate*).

Alles, aber auch einfach alles versichert diese Gesellschaft; mögen die Risiken noch so groß sein, letztendlich ist der Gewinn des Unternehmens doch noch höher. Das futuristisch anmutende Gebäude – alle Versorgungsteile wie Fahrstühle, Treppen,

lon110 Foto: hs

Der Firmensitz von Lloyd's of London

Rohrleitungen sind nach außen verlegt – entwarf der Architekt *Richard Rogers,* der auch maßgeblich an der Konzeption des Centre Pompidou in Paris beteiligt war. Die Bausumme betrug etwa 306 Mio. Euro. In dem 14 Stockwerke und 76 m hohen Innenraum hängt unter einem Baldachin die berühmte Glocke der 1799 mit einer Silberladung gesunkenen Fregatte *Lutine*. Bei schlechten Nachrichten läutete man die Glocke früher einmal, bei guten zweimal. Auch das Kontorbuch, in das jedes gesunkene, bei *Lloyd's* versicherte Schiff eingetragen wird, befindet sich in der zentralen Atriumhalle.

Edward Lloyd **gründete** die legendäre Versicherung im 17. Jh. Sein Kaffeehaus, gut besucht von Kapitänen, Schiffsmaklern, Kaufleuten und Reedern, entwickelte sich zu einer Nachrichtenbörse; täglich liefen hier Neuigkeiten aus aller Welt ein. Die versammelte Kundschaft begann gemeinsam, Schiffe und Frachtladungen zu versichern; wenn sich keine Katastrophen ereigneten, war der Gewinn der Anteilseigner hoch, ging ein Schiff jedoch unter, mussten die Mitglieder der Gruppe, die die Versicherungsanteile gegengezeichnet hatten, zahlen. Bis heute hat sich an diesem Prinzip nichts geändert:

Über 26.000 **Men of Name** haften mit ihrem Privatvermögen für die Einlagen und werden bei *Lloyd's* durch die *Underwriter,* die in den historischen Boxen des *Underwriting Room* sitzen, vertreten. Dass sich keine Unbefugten in dieses Heiligtum einschleichen, dafür sorgen die Aufseher, die *Waiters,* deren Bezeichnung auf die alte Kaffeehaus-Tradition von *Edward Lloyd* zurückgeht. Auch *Lloyd's* fürchtet Anschläge der *IRA,* und so ist das Versicherungsgebäude bis auf weiteres für Besucher geschlossen.

Nördlich vom Lloyd's Building liegt in der St. Axe Street die **Baltic Exchange** (U-Bahn: *Liverpool Street,* nicht zu besichtigen), die größte Schiffsbörse der Erde. Rund 70 % des Weltseeverkehrs werden hier gemakelt. Auch diese Institution geht auf ein Kaffeehaus zurück.

Südlich von *Lloyd's* befindet sich **Plantation House** (U-Bahn: *Tower Hill);* im so genannten „Cry-out-Verfahren" werden Kakao, Kaffee, Zucker, Kautschuk und andere Importwaren gehandelt.

Seit dem Jahr 1980 ist hier auch die **Metal Exchange,** die größte Metallbörse der Welt untergebracht.

Pubs

- **Barley Mow,** 50 Long Lane EC 1. Free House, 400 Jahre alte Taverne mit einem breiten Angebot an Ale und Bitter-Bieren; bevorzugter Treffpunkt der Arbeiter des nahe gelegenen Fleischmarktes. Sa und So geschlossen.
- **Blackfriar,** 174 Victoria Street EC 4. Free House, nahe der Blackfriars Bridge gelegen, äußerst reich mit Marmor und Bronze geschmückter Pub, ausgesprochen gut dekoriert. Sa, So geschlossen.
- **Cantaloupe,** 33 Charlotte Road EC2. Viele Biersorten, reichhaltige Weinliste für einen Pub, gutes Bar Food; eine der beliebtesten Kneipen der Umgebung, nach hinten heraus liegt ein Restaurant.
- **Lamb Tavern,** 10 Grand Avenue, Leadenhall Market EC 3. Der Pub datiert aus dem Jahre 1780 und wurde 1881 umgestaltet, während der 1986 vorgenommenen Renovierung hat man die reichen viktorianischen Elemente behutsam erneuert; im ersten Stock ist Rauchen verboten (erster Pub in der City, der diese Regelung einführte). Die Kneipe wird in *Charles Dickens'* „Pickwick Papers" erwähnt. So geschlossen.
- **Simpson's Tavern,** off Ball Court, 382 Cornhill EC 3. Pub der Börsianer und der Angestellten der City, mittags immer voll zum Lunch, zwei Bars, mit angeschlossenem Restaurant.
- **Hoop & Grapes,** 47 Aldgate High Street EC 3. Zur Lunch-Zeit ein sehr beliebter City Pub für die Angestellten der Umgebung, abends voll mit den *Locals;* die Kneipe datiert um 1500. Wöchentliche wechselnde *Real Ales.*
- **1 Lombard Street,** 1 Lombard Street EC 3. Ungewöhnlich für einen Pub ist, dass man hier (freundlich noch dazu) am Tisch bedient wird; man muss also den Lunch oder das Bier nicht an der Bar ordern. Immer voll mit Bankern, Börsianern, Beamten.
- **Fox & Anchor,** 115 Charterhouse Street EC 1. Bei den Angestellten der City heißt die Kneipe nur „The Smithfield Pub". Legendäres Frühstück ab sieben Uhr für die Arbeiter des nahe gelegenen Smithfield Market, die hier auch mittags und abends ihr Bier trinken; regelmäßig wechselnde *Guest Ales.*
- **Bleeding Heart Tavern,** Corner of Bleeding Heart Yard, 19 Greville Street EC 1. Pub aus dem Jahr 1746, kürzlich umfassend im Stil jener Tage restauriert; viel Glas, Ziegel und Holz, sehr gemütlich. Der Lunch hat einen guten Ruf; mit Restaurant.
- **Ye Olde Mitre,** 1 Ely Court, off Ely Place EC 1. Eine der ältesten Kneipen Londons, der Pub wurde 1546 eröfffnet, das derzeitige Gebäude datiert aus dem 18. Jh.; bei einem *Pint of Bitter* fühlt man sich um Jahrhunderte zurückversetzt; nicht leicht zu finden, der Pub liegt in einer schmalen Gasse zwischen Hatton Garden und Ely Place.
- **Jerusalem Tavern,** 55 Brittan Street EC 1. Einst ein türkisches Kaffeehaus, wurde der Pub benannt nach einer Kneipe, die es nahebei vor gut einem Jahrhundert gab; Bar Food nur zur Mittagszeit.
- **Railway Tavern,** 15 Liverpool Street EC 2. Gegenüber der Liverpool Street Station, ein Muss für Eisenbahnfanatiker; alte Bilder und Stiche von Untergrundbahnen sowie Modelle alter Eisenbahnlokomotiven. Nach Büroschluss trinken hier viele Pendler vor Abfahrt ihrer Züge noch schnell das eine oder andere Bier; Sa, So geschlossen.

lon025 Foto: hs

Restaurants und Geschäfte

gibt es so gut wie keine in der City of London. Hier kauft man nicht ein, und zu einem gemütlichen Dinner trifft sich auch niemand in der Bankenmeile Europas. Nach Büroschluss sowie an Wochenenden ist dieser Teil der Metropole fast menschenleer.

Markt

- **Smithfield Market,** Charterhouse Street EC 1; Mo–Fr 5–12 Uhr, der Welt größter Fleischmarkt.

Der Tower of London

Der **Tower von London** (U-Bahn: *Tower Hill)* ist nicht nur wegen der hier aufbewahrten Kronjuwelen eine touristische Attraktion ersten Ranges; um die berühmte, berüchtigte und gut erhaltene Festungsanlage ranken sich wahrhaft blutrünstige Geschichten und Legenden, hier hat sich ein großer Teil der politischen Historie des Landes abgespielt.

Das rund 7 ha große Gelände des Tower ist ein eigenständiger **Freibezirk** *(Liberty)* und als königlicher Palast der Kronverwaltung unterstellt. Die *Beefeater* (von dem französischen Wort *Bufettiers,* Kellner, abgeleitet), die berühmte Wachtruppe der Festung, sind Armee-Veteranen und als *Yeomen of the Guard* dem königlichen Personal zugehörig.

Jeden Abend pünktlich um 21.53 Uhr spielt sich die jahrhundertealte traditionelle **Schlüsselzeremonie** vor dem *Bloody Tower* ab. Wenn sich die Wachsoldaten mit dem Schlüssel nähern, ruft der Aufseher den Trupp an: „Halt! Wer da!" Antwort: „Die Schlüssel!" „Wessen Schlüssel?" „Königin Elisabeths Schlüssel!" Nun präsentieren die Posten das Gewehr, der *Chief Yeoman Warder* nimmt seine Kopfbedeckung ab und ruft: „Gott schütze Königin Elisabeth!", der Chor der Wachtposten antwortet: „Amen!" Die Schlüssel werden nun in der Amtswohnung des Governors im Queen's House, verwahrt. Auf schriftlichen Antrag beim *Resident Governor* im Tower erhält man einen Passierschein und kann der *Ceremony of the Keys* beiwohnen; Eintritt um 21.30 Uhr am

019lo Foto: hs

Tower-Wächter – Beefeater

Haupteingang. Tickets für die Zeremonie erhält man nach schriftlicher Anfrage mit einem internationalen Antwortschein bei folgender Adresse: The Resident Governor, HM Tower of London, London EC 3 N4AB.

Verantwortung im Tower tragen nicht nur die *Beefeater,* sondern auch die sechs **Raben** (zwei stehen für Notfälle in Reserve); auf ihren schwachen (da beschnittenen) Flügeln ruht der Fortbestand des britischen Empire, denn „fliegen" sie vom Tower fort, bricht Britanniens Weltreich zusammen (was, wie die Geschichte zeigt, längst geschehen ist). Doch es kommt noch skurriler: Jeder Vogel hat einen Namen, die Futterkosten weist der Armee-Etat aus. Stirbt einer der Raben, wird er zum Ehrenmitglied der Armee ernannt, seinen Namen graviert man in die Erinnerungstafel nahe dem Traitor's Gate ein. (Warnschilder weisen darauf hin, dass man den Raben nicht zu nahe kommen sollte; aufgrund ihrer beschnittenen Flügel sind die Vögel äußerst aggressiv, man sollte also die Kleinen davon abhalten, einen Vogel zu streicheln.)

Geschichte

Im Jahre 1066 ließ der bei Hastings siegreiche Normanne *William the*

020lo Foto: hs

Conqueror an dieser Stelle ein **Holzfort** errichten; der Eroberer Englands, nicht von allen geliebt, wünschte einen sicheren Wohnsitz. 12 Jahre später entstand der steinerne **White Tower** (der nur leicht von *Christopher Wren* verändert wurde). Ende des 12. Jh. erweiterte *Richard Löwenherz* die Festung; der König, der sich dem Verrat seines Bruders *Johann* ausgesetzt sah, benötigte wie schon sein Vorgänger 200 Jahre zuvor, eine geschützte Residenz. *Heinrich III.* und *Eduard I.* gaben dem Tower im Wesentlichen seine **heutige Gestalt;** bis zum Anfang des 17. Jh. regierten die Monarchen aus dieser Trutzburg; außerdem hatte hier die Münze ihren Sitz, es gab ein Observatorium, einen Zoo, natürlich ein Waffenarsenal, ein Staatsarchiv und eine Schatzkammer. Berühmt war der Tierpark des Towers; in der Regierungszeit *Heinrichs III.* tummelten sich in der Menagerie u. a. ein Bär, drei Leoparden und ein Elefant.

Der White Tower

Heinrich III. war es auch, der die **Krönungsprozessionen** vom Tower zur Westminster Abbey einführte; die Straßen wurden dafür prachtvoll geschmückt, man schenkte Wein ans Volk aus, und beim Zug selbst warf der König das eine oder andere Goldstück in die jubelnde Menge. 1660 endete mit *Karl II.* dieses Spektakel.

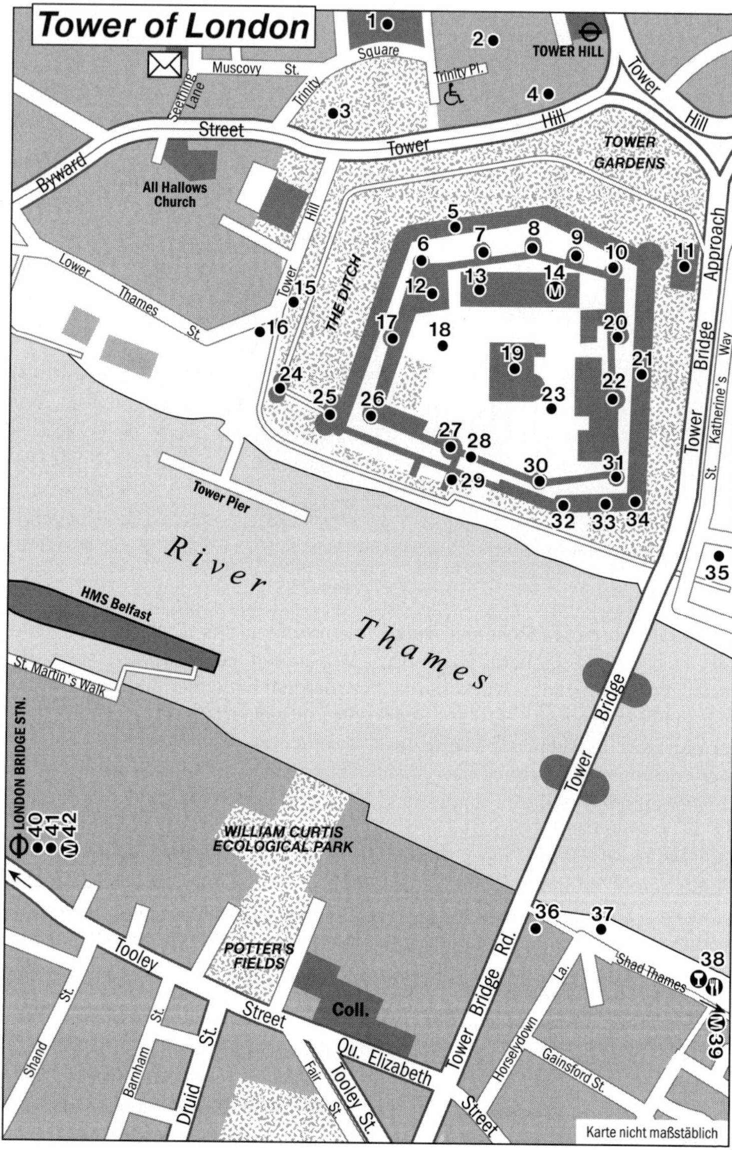
Tower of London
Muscovy St.
Square
Trinity Pl.
TOWER HILL
Tower Hill
Seething Lane
Trinity
Street
Tower
Hill
TOWER GARDENS
Byward
All Hallows Church
Hill
Lower Thames St.
Tower
THE DITCH
Approach
Tower Bridge
St. Katherine's Way
Tower Pier
River Thames
HMS Belfast
St. Martin's Walk
LONDON BRIDGE STN.
Tower Bridge
WILLIAM CURTIS ECOLOGICAL PARK
POTTER'S FIELDS
Coll.
Tooley Street
Shand St.
Barnham St.
Druid St.
Fair St.
Tooley St.
Qu. Elizabeth Street
Tower Bridge Rd.
Horselydown La.
Gainsford St.
Shad Thames
1 2 3 4 5 6 7 8 9 10 11 12 13 14 15 16 17 18 19 20 21 22 23 24 25 26 27 28 29 30 31 32 33 34 35 36 37 38 39 40 41 42
Karte nicht maßstäblich

- 1 Trinity House
- 2 Tower Hill
- 3 Mercantile Marine War Memorial
- 4 Römische Stadtmauer
- 5 Kasematten
- 6 Devereux Tower
- 7 Flint Tower
- 8 Bowyer Tower
- 9 Brick Tower
- 10 Martin Tower
- 11 Brass Mount Battery
- 12 St. Peter ad Vincula
- 13 Kronjuwelen
- Ⓜ 14 Waterloo Barracks, Royal Fusiliers' Museum
- 15 Kasse
- 16 WC
- 17 Beauchamp Tower
- 18 Schafott
- 19 White Tower
- 20 Constable Tower
- 21 Kasematten
- 22 Broad Arrow Tower
- 23 Wardrobe Tower
- 24 Middle Tower
- 25 Byward Tower
- 26 Bell Tower, Queen's House
- 27 Bloody Tower
- 28 Wakefield Tower
- 29 St. Thomas's Tower
- 30 Lanthorn Tower
- 31 Salt Tower
- 32 Cradle Tower
- 33 Well Tower
- 34 Develin Tower
- 35 St. Catherine's Dock mit Fachwerkkneipe Dickens' Inn
- 36 Tower Bridge Piazza
- 37 Butler's Wharf
- 38 La Pont de la Tour, Cantina, Ask und Weinbar All Bar One
- Ⓜ 39 Design Museum
- 40 Hay's Wharf
- 41 London Dungeon
- Ⓜ 42 Winston Churchill Britain War Theme Museum

Doch sind dies nur friedliche Anekdötchen, gemessen an der wahrhaft makabren **Geschichte** des Towers **als Gefängnis,** Mordschauplatz und Hinrichtungsstätte. Der erste Gefangene, *Ralf Flambard,* Bischof von Durham, kam 1101 noch glimpflich davon: Ein in einem Weinfass verstecktes Seil ermöglichte ihm die Flucht über die Mauern, ein bestochener Fährmann brachte den Kirchenvater auf Nimmerwiedersehen zum Kontinent hinüber.

Während des Hundertjährigen Krieges (1339–1453) schmachteten mehrere Tausend französische Gefangene in den weitläufigen Kellerverliesen. Mit komplettem Hofstaat lebte *Charles d'Orleans,* ein Neffe des französischen Königs *Karl VI.,* im 15. Jh. 25 Jahre lang in der Festung.

Auch diese Überlieferungen klingen noch harmlos im Vergleich zu dem, was die folgenden Jahrhunderte an Grausamkeiten mit sich brachten. Es begann mit **Richard II.** (1367–1400), der im Tower seine adligen Gegenspieler hinrichten ließ.

Eduard IV. brachte 1471 – wir befinden uns in der Zeit der Rosenkriege (1455–1485) – *Heinrich VI.* im Wakefield Tower um. 1483 schmiedete der nachmalige **Richard III.** ein weiteres Mordkomplott. Nach dem Tod von *Eduard IV.* übernahm dessen zwölfjähriger Sohn als *Eduard V.* die Krone. *Richard,* Herzog von Gloucester, Protektor und Onkel des jungen Monarchen, lockte den Knaben in den Tower und setzte wenig später auch den jüngeren Bruder *Eduards,* den Herzog von York, dort fest. Dann rief sich der

Machtbesessene als *Richard III.* zum König aus; einige Wochen später waren die Knaben spurlos verschwunden; gedungene Mörder sollen die beiden Prinzen mit Kissen erstickt haben; seitdem heißt der Garden Tower nun „Bloody Tower"! Rund 200 Jahre nach diesem Ereignis fanden Arbeiter im White Tower eine Kiste mit zwei Kinderskeletten, die man als die Gebeine der beiden unglücklichen Prinzen identifizierte; *Karl II.* ließ sie in die Westminster Abbey überführen.

Im 16. Jh. tobte der Wüstling **Heinrich VIII.** im Tower. Seine erste Frau, *Katharina von Aragon,* heiratete er in diesem Fort. Seinen Lordkanzler, den berühmten Gelehrten *Thomas Morus,* hielt er wie den Bischof *John Fisher* im Bell Tower gefangen. Beide hatten ihre Zustimmung zur Suprematsakte verweigert; mit diesem Dekret hatte sich *Heinrich* zum Oberhaupt der Anglikanischen Kirche gemacht. Die zwei Standhaften ließ er auf *Tower Hill* exekutieren. *Morus'* Kopf wurde – wie damals üblich – an der London Bridge zur Abschreckung aufgespießt zur Schau gestellt – nicht lange jedoch, seine Tochter hatte Helfer ausgeschickt, das Haupt zu bergen.

Anne Boleyn, die zweite Frau von *Heinrich VIII.,* des Ehebruchs für schuldig befunden, beendete ihr Leben am dritten Krönungstag unter dem Schwertstreich des Henkers in Tower Garden. *Katharina Howard,* die fünfte Gemahlin des Schlächters, ebenfalls schuldig des Ehebruchs, wurde an gleicher Stelle vom Leben zum Tode befördert. An seiner vierten Ehefrau, *Anna von Kleve,* fand *Heinrich* ebenfalls wenig Gefallen; da sein Minister *Thomas Cromwell* für die Brautauswahl verantwortlich zeichnete, schickte der Monarch ihn auf das Richtscheit (der Vollständigkeit halber sei erwähnt, dass *Heinrichs* dritte Frau *Jane Seymour* war; seine sechste Gemahlin, *Katharina Parr,* überlebte den Schlächter). Wer sich umfassender über Morde und Hinrichtungen in jener Zeit informieren möchte, der lese *Shakespeares* Dramen „König Heinrich VI.", „König Richard III." und „König Heinrich VIII.".

Bloody Mary, die „Blutige Maria", Tochter von *Heinrich VIII.,* war ähnlich blutrünstig wie ihr Vater; sie ließ ihre Halbschwester Elisabeth (aus der Ehe von *Heinrich* und *Anne Boleyn),* die spätere Königin *Elisabeth I.,* im Tower einkerkern. *Maria* war es auch, die *Lady Jane Grey* – neun Tage Gegenregentin – und ihren Mann *Lord Guildford Dudley* hinrichten ließ. Aus dem Fenster sah das 17-jährige unglückliche Mädchen den kopflosen Körper ihres Gatten in einem Karren vorbeirumpeln – nur wenige Stunden später war auch sie exekutiert.

Der nächste, den das Schicksal hier ereilte, war *Sir Walter Raleigh,* der Pirat der Königin, Entdecker und Abenteurer. 13 Jahre lebte er mit Frau und Kind im Bloody Tower, schrieb dort seine „History of the World" und machte wissenschaftliche Experimente. 1617 schickte ihn *Jakob I.* nach Guyana; die Mission scheiterte und brachte zudem noch diplomatische Verwicklungen mit Spanien. 1618 wurde das 15 Jahre

Ein Henker – Britische Gruseldarstellung aus dem 19. Jh.

alte Todesurteil – allerdings in Westminster – an *Raleigh* vollstreckt.

Wohl die meisten Gefangenen brachte man per Themseboot durch den mit einem Fallgitter bewehrten Wasserdurchlass *Traitor's Gate* („Verrätertor") in ihr Gefängnis.

Zwei **Hinrichtungsstätten** hatte der Tower: Einmal Tower Green, hier fanden Mitglieder der königlichen Familie den Tod (ein Holzblock markiert den Ort, wo früher der Block des Scharfrichters stand); zum anderen Tower Hill, hier trennte der Henker die Köpfe des Adels vom Rumpf (gemeines Volk wurde vor dem Newgate-Gefängnis und in Tyburn, dem heutigen Marble Arch, hingerichtet). Das englische Klassensystem – durch die Jahrhunderte konsequent durchgehalten – verlor auch vor dem Schafott nie seine Rangfolgen.

Samuel Pepys sah am 14.6.1662 eine **Hinrichtung auf Tower Hill:** „Gegen 11 Uhr fuhren wir zum Tower und beobachteten die Hinrichtung von *Sir Henry Vane*. Sehr viele Menschen. Er hielt eine lange Rede, die mehrmals vom Sheriff unterbrochen wurde; man wollte ihm sein Manuskript aus der Hand nehmen, aber er ließ es nicht los. Trompeter wurden unter dem Zuschauergerüst aufgestellt, damit man ihn nicht verstehen konnte. Schließlich betete er, legte seinen Kopf in die Schlinge und empfing so den Tod".

Äußerst qualvoll gestaltete sich die Hinrichtung der unglücklichen Delinquenten, denn das Beil des **Henkers** war mehr als stumpf. *Anne Boleyn,* wohl wissend um diese Tatsache, bat um die Gnade, mit einem scharfen Schwert geköpft zu werden. Sie gehörte zu den wenigen, die einen schnellen Tod fanden. Schlimm erging es *Lord Balmario,* der wegen seiner Beteiligung an der schottischen Revolution 1745 exekutiert wurde. Der Scharfrichter *John Thrift* war äußerst nervös, und sein Beil derart schartig und stumpf, dass er fünfmal zuschlagen musste, bis der Kopf vom Rumpf getrennt war.

Im Zweiten Weltkrieg richtete man im Tower Hochverräter und Spione hin; der letzte prominente Gefangene, der hier einsaß, war *Hitlers* Stellvertreter *Rudolf Hess*.

City und Tower

108gu Foto: bh

Rundgang

Begeben wir uns nun, wenigstens grob mit den historischen Ereignissen vertraut, auf einen Besichtigungsgang.

Man betritt die Festung durch den **Middle Tower,** ein Torhaus aus dem 14. Jh. Hinter einem breiten Graben folgt der **äußere Mauerring** mit mehreren Wachttürmen: Bayward Tower; St. Thomas Tower, in dem eine Kapelle den 1170 in Canterbury ermordeten Erzbischof *Thomas Becket* ehrt, weiterhin Cradle Tower, Well Tower und Develin Tower. Die Bastionen Brass Mount und Legge's Mount sicherten die Anlage im Nordosten wie im Nordwesten. Zu dem **inneren Mauerring** gehören der Bell Tower, in dem *Thomas Morus* auf seine Hinrichtung wartete, den *Elisabeth I.* jedoch als freie Frau wieder verlassen konnte, Bloody Tower, in dem *Richard III.* die beiden jungen Prinzen ermorden ließ, und Wakefield Tower, der bis 1967 die Kronjuwelen beherbergte. Es folgen Lanthorn Tower, Salt Tower, im Innern mit Bemalungen unglücklicher Gefangener, Broad Arrow Tower, Constable Tower, Martin Tower, Brick Tower und Bowyer Tower; hier kann man alte Folterwerkzeuge betrachten, mit denen Schuldige wie Unschuldige „hochnotpeinlichen" Verhören unterzogen wurden. Es geht weiter mit Flint und Devereux Tower. Im Beauchamps *Tower,* nach *Thomas Beauchamps,* Earl of Warwick, benannt, der hier im 14. Jh. schmachtete, finden sich weitere „Graffitis" von Gefangenen, u. a. die Inschrift „IANE", die wohl *Lord Dudley* in Seelenqualen und in Sorge um seine Frau *Lady Jane Grey* eingeritzt hat.

Durch das „Verrätertor", Traitor's Gate, brachte man in jenen blutrünstigen Tagen die Gefangenen in die Festung, einen danebenliegenden Stufenaufgang, Queen's Stairs, benutzten die Monarchen, um in ihre Residenz zu gelangen. Im **Queen's House,** einem von *Heinrich VIII.* für *Anne Boleyn* errichteten Fachwerkgebäude (dessen Fertigstellung die Königin aber schon nicht mehr erlebte), ist heute die Amtswohnung des Kommandanten eingerichtet. In den New Armouries, dem aus dem 17. Jh. datierenden **Zeughaus,** sind Waffen des 18. und 19. Jh. aus aller Herren Länder ausgestellt. Daneben befindet sich das frühere Hospital der Festung. Das **Royal Fusiliers' Museum** beherbergt Uniformen und Ehrenabzeichen dieser Truppengattung. Im 19. Jh. errichtete man die Waterloo Barracks; hier kann man in der *Oriental Gallery* u. a. den Kriegspanzer eines Kampfelefanten besichtigen, im *Heralds Museum* hat der interessierte Besucher Gelegenheit, Wappen-Studien zu betreiben.

Größte Attraktion des Festungskomplexes aber ist das **Jewel House,** Aufbewahrungsort der Kronjuwelen, eines der bestbewachten und -gesicherten Gebäude der Welt. Fast alle

Tower-Wächter im Jahre 1898

der hinter Panzerglas ausgestellten Exponate stammen aus der Zeit nach 1660, da *Oliver Cromwell* während des Bürgerkrieges die Preziosen verkaufen und die goldenen Schmuckstücke einschmelzen ließ. Von unschätzbarem Wert ist etwa die *St. Edward's Crown,* 1660 für *Karl II.* aus purem Gold gearbeitet.

Die *Imperial State Crown,* 1837 für die Krönungsfeierlichkeiten von *Königin Victoria* geschaffen, soll mit 3000 Edelsteinen besetzt sein, darunter ein riesiger Rubin sowie der 317 Karat wiegende Diamant *Star of Africa* (der zweite, noch größere „Stern von Afrika" funkelt am königlichen Zepter). *Königin Elisabeth* trägt *Victoria's Crown* bei jeder Parlamentseröffnung. 1937 schufen Goldschmiede die *Queen Elisabeth Crown* und setzten als „Blickfang" den legendären *Koh-i-Noor,* einen aus Indien stammenden Diamanten, in die königliche Kopfbedeckung.

Schon von jeher weckten solche Schätze die Begehrlichkeiten großer wie kleiner **Diebe.** Ein wahrhaft tolldreistes Bubenstück trug sich in der zweiten Hälfte des 17. Jh. zu. Ein gewisser *Captain Blood* erschlich sich, getarnt als Pfarrer und mit einer matronenhaften Ehefrau im Gefolge, die Zuneigung des Aufsehers und wurde eines Abends zum Dinner in die Festung gebeten. Kumpane des nervenstarken *Captain* drängten hinterher, schlugen die Wachen nieder, und *Blood* entkam mit den wertvollsten Stücken. Lange blieben die Sachen jedoch nicht in seinem Besitz, er wurde schnell gefasst und verlangte, vor den König geführt zu werden. Der Monarch, angetan von solchem Wagemut, gab den dreisten Dieb frei und sicherte ihm gar eine Leibrente zu. Bis heute halten sich Gerüchte, dass *Karl II.* selbst diesen Plan ausgeheckt hat, um seine prekäre finanzielle Situation zu verbessern.

Kurz vor dem Diebstahl hatte *Samuel Pepys* die Preziosen bewundert: „Führte Knipp und Mrs. Pierce durch den Tower, zeigte ihnen alles Sehenswerte, darunter auch die Kronjuwelen, die in der Tat edel sind."

In der **Chapel of St. Peter ad Vincula** wurden viele der Hingerichteten zur letzten Ruhe gebettet, u. a. *Thomas Morus, Anne Boleyn* und *Katharina Howard.* Auf dem Block des Tower Green legten die Verurteilten ihr Haupt, das der Henker dann mit einem Beilhieb (oder auch mehreren, s. o.) vom Rumpf trennte. Der Wardrobe Tower steht auf der römischen Stadtmauer. Der White Tower, im Zentrum der Anlage gelegen, zeigt eine Waffensammlung, die Kriegsinstrumente vom 16. Jh. bis zum Ersten Weltkrieg beherbergt. Angeblich die älteste Kirche Londons ist die Chapel of St. John aus dem Jahre 1080.

Sehenswertes in der Nähe des Tower

Rund um die U-Bahn Station *Tower Hill* sollen einige Sehenswürdigkeiten nicht ausgelassen werden. **Hinweis:** Von der U-Bahn-Station *Tower Hill* führen Stufen hinunter zum Tower. Am Ende der Treppe rechts befindet sich ein Souvenirgeschäft, in dem man für alle Sehenswürdigkeiten Londons Tickets und auch Eintrittskarten für die Theater bekommt. Hier herrscht nur geringer Publikumsverkehr. Bei manchen Attraktionen, wie etwa *Madame Tussaud's,* steht man sommertags lange an. Am südlichen Ende des Trinity Square erhebt sich ein **Mahnmal** für die im Ersten und Zweiten Weltkrieg ums Leben gekommenen 36.000 britischen Seeleute. Im Nordwesten des Trinity Square dräut das in den 1920er Jahren erbaute Gebäude der **Hafenhauptverwaltung,** die mittlerweile an einem anderen Ort untergebracht ist. Daneben liegt **Trinity House,** Ende des 18. Jh. entstanden, und einst Sitz einer weiteren Seefahrtsbehörde.

In der **mittelalterlichen Stadtmauer,** neben der U-Bahn-Station *Tower Hill,* fanden Quader aus römischer Zeit Verwendung. Westlich vom Trinity Square befindet sich in der Hart Street die **Kapelle St. Olave,** die dem Andenken des norwegischen Königs *Olaf* dient, der Anfang des 11. Jh. gegen die dänischen Eroberer kämpfte. Der derzeitige Bau geht auf das 13. Jh. zurück. Interessant ist das Kirchlein für denjenigen, der Londons Chronisten *Samuel Pepys* ehren möchte; 1669 ließ *Pepys* hier seine Frau zur letzten Ruhe betten und schmückte die nördliche Seite des Altarraumes mit einer kleinen Büste von ihr; 34 Jahre später begrub man ihn neben seiner Gemahlin.

Die **Kirche All Hallows by the Tower** (Mo–Sa 10–17 Uhr, So 12.30–17 Uhr), gegenüber der U-Bahn-Station gelegen, lohnt unbedingt einen Besuch. Der Sakralbau ruht auf Fundamenten aus angelsächsischer Zeit, ein Torbogen datiert aus der römischen Ära. Im Zweiten Weltkrieg zerstörten Bomben das Gotteshaus; erst 1958 war die Kirche mit Spendengeldern wiederhergestellt. In der Krypta ist ein Museum mit römischen und angelsächsischen Exponaten eingerichtet. *William Penn,* Begründer des amerikanischen Bundesstaates Pennsylvania, wurde in der Kirche getauft, und der sechste Präsident der Vereinigten Staaten, *John Quincy Adams,* heiratete hier im Jahr 1797.

Auf der gleichen Flussseite wie der Tower und von diesem durch die breite Straße Tower Bridge Approach abgetrennt, befindet sich **St. Catherine's Dock,** der am weitesten stadteinwärts gelegene Hafenteil der alten Londoner Docklands. St. Catherine's Dock war der erste Hafenteil, der renoviert wurde, und der Erfolg dieser Maßnahme sorgte dafür, dass die gesamten Docklands dann umfassend restauriert und teilweise neu bebaut wurden. Heute liegen in den Hafenbecken moderne Motor- und Segelyachten neben historischen Schiffen vor Anker. Von den Galerien des alten Fachwerkgasthofes *Dickens Inn* hat man sommertags einen guten Blick auf die Kais, während man in aller Ruhe neue Kraft bei einem Bier sammelt.

Während der Saison kann man vom Tower-Pier aus per Boot auf die andere Themseseite gelangen. Interessanter jedoch ist der Weg über die **Tower Bridge.**

Londons berühmteste Brücke wurde 1894 eingeweiht; für Entwurf und Bau-

lon118 Foto: hs

leitung zeichneten *Sir Wolfe John Barry* und *Sir Horace Jones* verantwortlich. Die beiden Zugbrücken können – wenn es sein muss – innerhalb von nur 90 Sekunden geöffnet werden. Seit 1982 sind die Brückentürme mit den technischen Anlagen als Museum der Öffentlichkeit zugänglich, auch der Verbindungssteg hoch über der Fahrbahn kann begangen werden und bietet eine atemberaubende Aussicht auf den Fluss und die Stadt (Mo–So 10–18.30 Uhr).

Tower-Bridge

Auf der östlichen Seite von Tower Bridge steigt man nun die Stufen abwärts. Das Sträßchen **Shad Thames** verläuft schnurgerade durch die ehemaligen Magazin- und Speicheranlagen von Butler's Wharf. Alles ist bestens renoviert. Gleich am Anfang von Shad Thames liegt rechts die **Tower Bridge Piazza;** in der Mitte des kleinen Platzes lädt ein Brunnen zum Verweilen ein. Damit Besucher den Brunnen auch zum Ausruhen nutzen, hat der Künstler *Anthony Donaldson* sich etwas einfallen lassen. Täuschend ähnlich stehen am Rand eine Spiegelreflexkamera, ein Walkman, da liegt ein Stapel Bücher, ein Notizbuch und ein Paar Ballettschuhe – alles aus Stein modelliert.

Von der Tower Bridge Piazza gelangt man zum **Brewery Square;** bei schönem Wetter kann man hier vor dem Pub *Anchor Tap* ein Lager oder Bitter genießen.

Zurück zur Straße Shad Thames und weiter gen Osten, passiert man das sehr teure und exzellente Restaurant *La Pont de la Tour* und das nur wenig in Preis und Leistung nachstehende Lokal *Cantina.* Preiswert ist das *Ristorante Ask,* das beste Preis-Leistungsverhältnis in Bezug auf Getränke und Gerichte hat allerdings die gemütliche Weinbar *All Bar One.* Im Sommer kann man direkt am Themseufer dinieren und hat einen schönen Ausblick auf die renovierten Speicherhäuser vom St. Catherine's Dock. Am Ende von Shad Thames ist dann das **Design Museum** (Mo–Sa 11–18.30 Uhr) erreicht; einen Besuch darf man auf keinen Fall versäumen! Daneben lässt das **Bramah Tea and Coffee Museum** (tgl. 10–18 Uhr) keine Fragen zu diesen milden Stimulanzmitteln offen. Zurück zur Tower Bridge und weiter flussaufwärts passiert man ein seltsam anmutendes Gebäude, das aussieht, als hätte man ein Ei im Mixer geschleudert und dann schockgefroren. Es beherbergt Büros der Londoner Stadtverwaltung. Daneben befindet sich die neue County Hall für den Londoner Bürgermeister. Wahrlich nicht zu übersehen, liegt davor die **HMS Belfast** vor Anker.

Dieser 1938 in Dienst gestellte letzte große Kreuzer der *Royal Navy* lief bei seinem ersten Einsatz auf eine Mine und wurde schwer beschädigt. Erst Ende 1942 waren die Reparaturarbeiten abgeschlossen. Das Kriegsschiff sicherte Geleitzüge und war mit an der Versenkung des deutschen Kreuzers *Scharnhorst* beteiligt. 1944 unterstützte die *Belfast* die Landung der Alliierten in der Normandie, nach dem Zweiten Weltkrieg versah es seinen Dienst in Fernost. 1971 machte man den „Veteranenkreuzer" als Museumsschiff der Öffentlichkeit zugänglich.

Bei der *Belfast* lohnt **Hay's Wharf** einen Besuch. In den ehemaligen Magazinhallen locken Pubs, Restaurants und Geschäfte. Gegenüber von Hay's Wharf liegen zwei eher unwichtige Museen, das **Gruselkabinett** des **London Dungeon,** wo drastisch die Foltermethoden des Mittelalters dargestellt sind, und das **Winston Churchill Britain War Theme Museum** (Mo–Sa 10–17.30 Uhr). Wer sich ernsthaft über die Kriegsjahre und *Winston Churchill* informieren möchte, der sollte für die Hälfte des Eintrittsgeldes die Cabinet War Rooms besuchen (vgl. Kap. „Westminster").

Pub

- **Anchor Tap,** 28 Horseleydown Lane SE 1. Gemütliche Kneipe im Butler's Wharf Komplex, nahe dem südlichen Ende der Tower Bridge; einfache, aber gute Bar Snacks

Markt

- **Bermondsey and New Caledonian Market,** zwischen Tower Bridge, Road und Bermondsey Street SE 1, Fr 7–13 Uhr, Antiquitäten, Kurioses, Cafés und Pubs

Das Eastend – Londons Arbeiter- und Einwandererviertel

Geschichte

In den Jahren 1574–1589 kam es während der Herrschaft von *Heinrich III.* in Frankreich zu konfessionellen Auseinandersetzungen. Die protestantischen Anhänger des Reformators *Calvin* (seit 1560 Hugenotten genannt) kämpften für die Erhaltung ihrer Religionsfreiheit gegen die französischen Katholiken. 1597 bekamen die siegreichen **Hugenotten** im Edikt von Nantes weitreichende Garantien: eine gesicherte Ausübung ihres Kultes, Zulassung zu allen öffentlichen Ämtern, konfessionell gemischte Parlamentsversammlungen zur Lösung von Konflikten zwischen Katholiken und Protestanten sowie etwa 150 so genannte Sicherheitsplätze, in denen ca. 1,2 Mio. Hugenotten ungestört siedeln konnten. Ein knappes Jahrhundert später jedoch, im Jahre 1685, „kassierte" der Sonnenkönig *Ludwig XIV.* mit dem Revokationsedikt von Fontainebleau die Sicherheitsgarantien der französischen Protestanten: Kultfreiheit, protestantische Erziehung und die Auswanderung wurden ab sofort verboten.

Dennoch gelang fast 500.000 Hugenotten die Flucht; viele zog es ins Eastend von London, wo sich bereits seit Mitte des 16. Jh. eine starke **protestantische Gemeinde** etabliert hatte. Aufgrund ihrer religiösen Weltanschauung, die in der so genannten „innerweltlichen Askese" gipfelte, einem vollständigen Luxus- und Konsumverzicht, konnten die geschäftigen Calvinisten die Gewinne aus ihren ökonomischen Aktivitäten in neue wirtschaftliche Verpflichtungen investieren; diese „protestantische Ethik" beflügelte – wie es der deutsche Ökonom und Soziologe *Max Weber* beschrieben hat – erstmals in der Geschichte einen „Geist des Kapitalismus". Mit zunehmendem Wohlstand wanderten die Hugenotten vom Eastend in die besseren, den geschäftlichen Aktivitäten angemesseneren westlichen Stadtteile aus und vermieteten ihre Häuser und Wohnungen an nachdrängende Migranten.

Das gesamte **18. Jahrhundert** hindurch strömten nun landlose Bauern aus Schottland, Wales und Mittelengland in Britanniens Metropole, und eine Flut von Iren ergoss sich ins Eastend; die meisten fanden Arbeit an den Webstühlen der Textilbranche. Der gesättigte Beschäftigungsmarkt, billige Kinderarbeit und die beginnende Mechanisierung brachten Massenarbeitslosigkeit, Armut und tiefes Elend in die übervölkerten Quartiere. Wer seiner prekären Lage wenigstens für ein paar Stunden entrinnen wollte, fand Vergessen nur im Stadium des Vollrausches – die erste Hälfte des 18. Jh. ist bekannt unter der Bezeichnung *Gin Craze,* der Trunksucht von Männern, Frauen und Kindern, der (sogar staatlich geförderten) massenhaften Konsumierung von billigem Fusel. Welchen weiteren Verlauf nahm diese **„Orgie des Schnapstrinkens"**, als die diese Ära von 1720 bis 1751 in der englischen Geschichtsschreibung firmiert („... a new kind of drunkenness, unknown to our ancestors ...")?

Im Jahre 1725 gab es im Eastend sage und schreibe 6187 Ausschankstellen für billigen Schnaps; noch der kleinste Krämer führte in seinem Warenangebot Gin. 1743 schütteten die Armen Londons 8 Mio. Gallonen Fusel durch ihre Kehlen (1 engl. Gallone = 4,546 l). Den staatlichen Autoritäten blieb dieser weit verbreitete Alkoholismus nicht verborgen, eingeschritten jedoch wurde nicht, stand doch die Trinkerei ganz im Interesse der Land besitzenden Obrigkeit. In den Jahren von 1720 bis 1751 gab es lediglich drei Missernten, die Versorgungslage in jenen Jahrzehnten war ausgezeichnet, doch mangels Kaufkraft konnte ein Teil des Getreides nicht losgeschlagen werden und drohte zu verrotten. Um es dennoch – wenn auch mit geringeren Gewinnen – zu verhökern, fand es seinen Weg in die Destillen, wurde dort zu billigem Schnaps gebrannt und versorgte letztendlich auf diesem Weg die Süchtigen mit den notwendigen Kalorien. Um die Schnapsherstellung nicht zu beeinträchtigen – ging es doch um die restlose Verarbeitung der Getreideüberschüsse – wurden Verkauf und Vertrieb des Fusels von jedweder staatlichen Reglementierung ausgenommen. Der Wirtschaftswissenschaftler *Daniel Defoe* (um 1659/60–1731, Autor des berühmten Romans „Robinson Crusoe"), in seinen letzten Lebensjahren ein entschiedener Gegner des Gins, schrieb 1713 ohne Kenntnis der sozialen und gesundheitlichen Lage der Unterschichten: „Aber zu Zeiten der Fülle und eines mäßigen Kornpreises ist das Destillie-

s128

ren von Korn eines der wesentlichen Mittel zur Stützung der Landinteressen, das uns eine Branche bieten kann, somit besonders zu behüten und hingebungsvoll zu nutzen." Alarmiert reagierten die staatlichen Autoritäten erst dann, als mit der **Einführung der Bills of Mortality,** der Registrierung von Geburten und Todesfällen, die Statistik ein äußerst ungünstiges Verhältnis zwischen Neugeborenen und Verstorbenen zeigte. Im Jahre 1741/42 tauften die Priester nur 13.571 Neugeborene, dagegen empfingen 32.169 Tote die Sterbesakramente. Als man begann, auch das Lebensalter der Verstorbenen zu registrieren, trat eine erschreckend hohe Kindersterblichkeit zutage: Zwischen 1730 und 1749 fanden 75 % aller Kinder unter fünf Jahren einen frühen Tod. Der Schnapskonsum galt als die Hauptursache für diese hohe Mortalitätsrate. Schon 1729 hatte das Parlament erstmals versucht, den **Gin** mit **Steuern** zu belegen: Für den Verkauf wurde eine Lizenz notwendig (20 Pfund pro Jahr), von jeder verkauften Gallone mussten

Gin Lane - Tote, Kranke
und Betrunkene inmitten des Verfalls

2 Shilling an den Fiskus abgeführt werden. Doch schon vier Jahre später gelang es der Grundbesitzer-Lobby, dieses Gesetz zu torpedieren. Schärfere Maßnahmen der Regierung führten 1736 zu gewalttätigen Ausschreitungen, auch diese Prohibitionsmaßnahme verkam daher rasch zu Makulatur. Um 1751 hatte die weit verbreitete Trunksucht dann derartige Dimensionen erreicht, dass das Parlament unter Zugzwang geriet. Vorausgegangen waren ein Untersuchungsbericht von *Henry Fielding* (1707–1754), der 1749 mit seinem sozialkritischen Roman „Tom Jones" auf sich aufmerksam gemacht hatte, und die Bildfolge „Beer Street" und „Gin Lane" des Kupferstechers *William Hogarth* (1697–1764). Überdies sorgten der Druck der öffentlichen Meinung, ärztliche Gutachten, die Publikation der spektakulärsten Fälle sowie die mit dem Alkoholismus einhergehenden sozialen und kriminellen Folgeerscheinungen **endlich** für **staatliche Maßnahmen.** Bekannt geworden war z. B. der Fall von *Judith Dufour:* Kaum war das zweijährige Kind der jungen Frau im Armenhaus neu eingekleidet worden, erdrosselte *Judith* das Baby und tauschte die Kleidungsstücke gegen Gin ein. *Judith Dufours* Mutter gab zu Protokoll, dass ihre Tochter „nie mehr klar im Kopf gewesen und unablässig herumgestrichen" sei. Im Sommer 1751 trat der *Gin Act* in Kraft, der Leib und Seele zerstörenden Trunksucht schob die Regierung nun endlich einen Riegel vor und erließ entsprechende Gesetze. Abstinent aber wurden die Massen keineswegs, **Bier** – das ja *Hogarth* als sympathisches Getränk durch seinen Bilderzyklus eingeführt hatte – galt nun als bevorzugtes Rauschmittel. Vorerst regte sich dagegen kein Widerstand. Bier hatte, wie in Deutschland auch, den Ruf eines Volksnahrungsmittels, löste nach weit verbreiteter Meinung Fröhlichkeit und Geselligkeit aus, und ein Bierrausch war eine höchst anständige Sache, wie *Daniel Defoe* öffentlich kundtat: „Ein mit Anstand betrunkener (biertrinkender) Kerl ist aller Ehren wert"! Freudig reagierten die Brauereien auf diese neue Entwicklung, und rasch gehörten sie zu den expandierenden Wirtschaftsbetrieben. 1786/87 brachten die Bierbrauer 1,68 Mio. Hektoliter in die Londoner Kneipen (das entsprach 240 l pro Kopf und Jahr). Ein Jahrhundert später, 1878, gründete *William Booth* die Heilsarmee!

Doch die Geschichte des Eastend als Armenviertel war damit keineswegs abgeschlossen. Im 19. Jh. blühte die **Prostitution** in den schäbigen Gassen. Unbedarfte Mädchen vom Lande, die sich in der Stadt als Dienstboten verdingen wollten, landeten zu Scharen in den Bordellen. Aus dem Gesichtspunkt der Männerwelt beschreibt der Roman „Fanny Hill" einen Lebensweg, den mit solcher Fröhlichkeit nur wenige der jungen Frauen gegangen sind.

1845–1847 forderte die Große Hungersnot in Irland über 1 Mio. Tote. Die Kartoffel, das Hauptnahrungsmittel auf der „Grünen Insel", wurde von der Braunfäule, dem „Brand", befallen. In-

William Booth und die Heilsarmee

Als am frühen Abend des 2. Juli 1865 auf der Mile End Road mitten im verrufenen Eastend der **Prediger William Booth** eine Holzkiste auf dem Bürgersteig postiert und von dort aus eine spontane, von christlicher Ethik und Nächstenliebe getragene Ansprache an die Passanten hält, hat es eher den Anschein, dass *Booth* das Ende seiner Rede nicht erlebt. Dem „Moralapostel", wie er den *East Enders* zu Anfang vorkommt, fliegen Dreckklumpen entgegen, sogar eine tote Katze, so weiß die Überlieferung, schleudert irgendjemand gegen ihn. *Booth* predigt scheinbar ungerührt weiter, und trotz des Aufruhrs wird einigen Zuhörern klar, dass dieser Mann sich wirklich für ihre Sorgen und Nöte interessiert. Ein paar Leute kann der Prediger überzeugen, mit ihnen betet er am Ende seiner Ansprache für bessere Zeiten.

In den folgenden 13 Jahren wird *Booth* eine bekannte Erscheinung im Viertel, vereint christlichen Zuspruch mit tatkräftiger Hilfe und betreut mit einigen wenigen freiwilligen Helfern die Armen des Eastend. Größerer Erfolg bei der Bekämpfung des Elends bleibt ihm allerdings vorerst versagt, bei all seinem Engagement trauen ihm nur wenige Leute über den Weg und suchen seine Hilfe. 1878 hat *Booth* plötzlich eine merkwürdige Idee: Da er ja einen Krieg gegen Armut und Hoffnungslosigkeit führt, warum soll er da nicht eine **Armee** auf die Beine stellen, eine richtige Streitkraft, deren Soldaten mit Uniformen, Fahnen, Marschkapellen und Rangabzeichen ausgerüstet sind? Und so geschieht es!

Von solcher Art Idee sind auch die Eastenders begeistert, mit einer Armee – jawohl -, damit können sich auch die Männer des Viertels anfreunden. Der Erfolg der Heilsarmee lässt nicht lange auf sich warten. *Booth* – nun nur noch der „General" genannt – und seine Mannen bekommen Zulauf, können endlich in großem Umfang Leib und Seele der Eastenders betreuen. **Rückschläge** bleiben in der Anfangszeit jedoch nicht aus. Die Zuhälter, Bordell- und Pubwirte, denen aufgrund der Predigten des Generals die Kundschaft wegbleibt, rekrutieren Prügelbanden und gehen so gegen die Heilsarmee vor. Nun bricht ein wirklicher Krieg aus! Die „Skelettarmee", wie die Schlägergruppe genannt wird, überfällt die Versammlungen, prügelt die Teilnehmer nieder, und bald ist auf seiten der **Salvation Army** das erste Todesopfer zu beklagen. *Suzannah Beatty*, eine Aktivistin gegen das Elend, wird durch Steinwürfe getötet.

1888 eröffnet *William Booth* in einem leerstehenden Lagerhaus **das erste Asyl,** in dem die Obdachlosen für die Nacht ein Dach über dem Kopf finden und eine Abendmahlzeit erhalten. Geschlafen wird in Bretterkisten, die eher an Särge als an Betten erinnern. Ab nun schießt eine neue Institution nach der nächsten aus dem Boden: Allerorten eröffnen Suppenküchen ihre Pforten, Heime für Strafentlassene und Alkoholiker werden eingerichtet, „Bekehrungszentren" für Prostituierte gegründet, eine Suchkartei für Vermisste organisiert, und eine Bank gibt kleinen Handwerkern und Hilfesuchenden Kredite.

Als *William Booth* im Jahre 1912 stirbt, hat die Heilsarmee bereits Niederlassungen in 58 Ländern.

s130-2

nerhalb nur weniger Wochen sorgte ein Pilz *(Phytophtora infestus)* dafür, dass die Pflanzen abstarben, das Feld erst braun, dann schwarz wurde und fürchterlich stank. 500.000 **Iren** wanderten aus, viele in die Vereinigten Staaten, noch mehr **ins Eastend.**

Mit der beginnenden Industriellen Revolution stieg das **Elend** weiter an. 1845 publizierte *Friedrich Engels* seinen bedrückenden Bericht über „Die Lage der arbeitenden Klasse in England", und *Charles Dickens* beschrieb mit drastischen Worten in seinem Roman „Oliver Twist" die Armut jener Tage.

Mit privater Initiative ging der *Earl of Shaftesbury* das Massenelend jener Tage gezielt an, richtete Schulen ein und kämpfte erfolgreich gegen die Kinderarbeit - auch eine große Anzahl weiterer begüterter Londoner versuchte mit eigenen Geldern, die Armut im Eastend zu lindern. Im Jahre 1862 erschien von *Henry Mayhew,* der 1841 die legendäre satirische Zeitschrift „Punch" begründet hatte, die erste umfassende soziologische Studie zu „London Labour and the London Poor". 1996 erschien eine Übersetzung dieser hochinteressanten Sozialstudie in der von *Hans Magnus Enzensberger* herausgegeben „Anderen Bibliothek" unter dem Titel „Die Armen Londons". Viele konkrete Fallbeispiele verdeutlichen auch dem heutigen Leser noch recht drastisch die große Armut jener Tage.

William Booth, der Begründer der Heilsarmee, lieferte in seiner Untersuchung weitere harte Fakten: 30 % der Bewohner lebten an der Armutsgrenze, 60 % vegetierten unterhalb des Existenzminimums. 1902 mischte sich der amerikanische Schriftsteller *Jack London* unter die arme Bevölkerung und studierte das Leben der einfachen Leute.

Gegen Ende des 19. und Anfang des 20. Jahrhunderts brandeten **abermals zwei Einwanderungswellen** in das Eastend: Zuerst strömten osteuropäische Juden in dieses Viertel, auch sie waren und blieben bitterarm; noch heute befindet sich in der Brune Street eine ehemalige Armenspeisungsstätte aus dem Jahre 1902; über die gesamte Länge der Häuserfront verläuft unterhalb des ersten Stockes die Inschrift: *Soup Kitchen for the Jewish Poor.* Ende des Zweiten Weltkriegs sowie in den 1950er Jahren kamen die Bewohner der ehemaligen britischen Kolonien in Britanniens Metropole; sie bestimmen bis heute das Straßenbild im Eastend.

Ein gewalttätiges Ereignis, das in der Geschichte des Eastend bis heute lebendig ist, sah gar den jungen Sir *Winston Churchill* als Akteur.

Die so genannte **Sidney-Street-Belagerung** trug sich **im Jahre 1910** zu. Bei einem Einbruch in ein Juweliergeschäft töteten Gangster auf ihrer Flucht mehrere Polizisten und verwundeten weitere Bobbys schwer. *Churchill,* zu jener Zeit Innenminister und durch die Polizistenmorde ins öffentliche Kreuzfeuer geraten, schaltete sich persönlich in die Fahndung ein. Schnell hatte man die mutmaßlichen Killer in einem Haus des Eastend lokalisiert. Der junge und agile Politiker befahl, das Gebäude zu stürmen; fünf Stunden lang lieferten sich die Polizei und die zwei verbarrikadierten Männer ein Feuergefecht. Als die Lage für die beiden Gangster immer aussichtsloser wurde, setzten sie das Haus in Brand und schossen so lange weiter, bis sie vom einstürzenden Dach begraben wurden. Nachdem die Feuerwehr die Löscharbeiten abgeschlossen hatte, fand die Polizei die bis zur Unkenntlichkeit verkohlten Leichen; weder konnten die beiden Personen je identifiziert werden, noch kam zweifelsfrei ihre Beteiligung an dem Verbrechen zutage.

In den **30er Jahren** des 20. Jahrhunderts machten die britischen **Faschisten** das Eastend unsicher, zerstörten viele kleine Geschäfte der jüdischen Einwanderer und verprügelten die Besitzer. Für Sonntag, den 4. Oktober 1936, hatte der Faschistenführer *Oswald Mosley* die Schwarzhemden aus dem ganzen Land für einen Zerstörungszug in das Eastend befohlen. Ein riesiges Polizeiaufgebot versuchte, die Rechten von den Eastenders zu trennen. Es kam zu einer der gewaltigsten Straßenschlachten, die London jemals erlebt hatte. Polizei wie Faschisten wurden von der Bevölkerung vernichtend geschlagen.

In den **1950er und 60er Jahren** tyrannisierten die **Kray-Zwillinge** die Bewohner des Eastend. Die Brüder, ehemalige Profiboxer, erpressten Schutzgelder und ließen sich in den Nachtclubs mit bekannten Showstars und Politikern als Eastend-Bosse feiern. 1965 brachte ein Abgeordneter den Fall der *Kray Twins* in einer Fragestunde im Unterhaus ein, doch erst zwei spektakuläre Morde wurden den Brüdern zum Verhängnis. Vor den Augen mehrerer Zeugen und damit ganz im Stil amerikanischer Gangster der Al-Capone-Zeit erschoss *Ronnie Kray* im *Blind Beggar Pub* in der Whitechapel Road einen Kontrahenten. Keiner der Anwesenden wagte es, vor der Polizei auszusagen. Ein zweiter Mord, den beide Brüder zusammen verübten, traf einen Mann namens *Jack „the Hat" McVitie; McVitie* war im Eastend bekannt für seine respektlosen und satirischen Bemerkungen über die kriminellen Zwillinge; einen der beiden *Krays* hatte er öffentlich als „schwule, fette Schwuchtel" beschimpft. Seine Leiche wurde nie gefunden. Am 8. Mai 1968 hatte eine Sondereinheit der Polizei genügend Beweise beisammen: 68 Beamte unternahmen eine Razzia im Eastend und verhafteten die *Kray*-Brüder sowie die Mitglieder ihrer Gang. Die Zwillinge wurden für 30 Jahre hinter Gitter geschickt. Im Frühjahr 1990 schreckten in ganz London große Reklametafeln die Bevölkerung auf: „The Krays will be released" (Die *Krays* werden entlassen)! Ein Kinofilm über das gewalttätige Leben der Brüder hatte am 28. April 1990 Premiere; ein halbes Jahr später lief der Film dann auch in deutschen Kinos.

Noch heute ist das Eastend ein **Einwandererviertel** und damit ein Stadtteil, in dem die weniger Begüterten der Metropole leben. Immer noch gibt es eine starke jüdische Gemeinde, wenngleich die Migranten, haupt-

Jack London im Jahre 1902 im Eastend – und die Obdachlosigkeit heute

Im August des Jahres 1902 brach *Jack London* (1876–1916) nach Südafrika auf, um für die *American Press* über den Burenkrieg zu berichten. Auf einer Zwischenstation in England bekam er die Nachricht, dass die Agentur seinen Berichterstattervertrag annulliert hatte. Wie konnte er, da er nun schon einmal in Großbritannien war, die Situation nutzen? Der Schriftsteller teilte seinen Freunden mit, dass er das Eastend, Londons schlimmstes Armenvienel, besuchen und sich **unter die Leute mischen** wollte. Entsetzt von dieser Idee rieten ihm alle seine Bekannten von dem Vorhaben ab. Doch der berühmte Autor blieb bei seinem Plan, kleidete sich bei einem Lumpensammler für wenige Pennys „neu" ein und ließ sich den Namen eines vertrauenswürdigen Privatdetektivs im Eastend geben. *Jack London* wurde an einen Mann verwiesen, der in diesem Viertel eine bekannte Persönlichkeit war und von Bewohnern wie Ganoven als *Johnny Upright* (der aufrechte Johnny) bezeichnet wurde. Sein Haus nahm er als Notanlaufstelle für den Fall, dass irgendetwas „schiefgehen", dass er krank oder verletzt werden würde. *Johnny Upright* vermittelte ihm auch eine verschwiegene Zimmerwirtin, die das **Doppelleben** des Autors nicht an die Öffentlichkeit dringen ließ. Denn zwischen seinen Streifzügen benötigte er immer wieder Erholungspausen, ein frisches Bad oder eine kräftige Mahlzeit. So von Strapazen genesen, schrieb er dann seine Erlebnisse in die Maschine und begab sich auf den nächsten Erkundungsgang. Nur acht Wochen benötigte er für die Fertigstellung seines **Erfahrungsberichtes,** der eine einzige Anklage gegen die Mächtigen ist. Auf seinen Wegen durch die Ghettos, Obdachlosenasyle und Armenhäuser beobachtete er die in tödlicher Lethargie dahindämmernden Ausgegrenzten, welche von einer reichen Nation in den Abgrund gestoßen, von der Gesellschaft vergessen und noch um ihren allerletzten Rest an Arbeitskraft betrogen wurden.

Hier einige Auszüge aus *Jack Londons* sozialkritischer Reportage **„Die Stadt der Verdammten"** („The People of the Abyss"):

Über die Wohnungsnot

„Auf dem schleimigen Bürgersteig krabbelten zahllose Kinder herum wie frisch ausgeschlüpfte Frösche auf dem Grund eines ausgetrockneten Teichs. Vor einem engen Hauseingang blieben wir stehen. Eine Frau kauerte auf dem Boden und säugte ihr Baby. Ihre Brüste waren schamlos entblößt, und sie bot ein abstoßendes Bild, eine Beleidigung für den geheiligten Stand der Mutterschaft. Wir mussten über sie klettern, um ins Haus zu gelangen. In dem finsteren Korridor wateten wir förmlich durch ein Gewimmel von schmutzstarrenden Kindern. Wir erklommen eine schmale, morsche Treppe. Jeder Absatz war (...) übersät mit Abfall und Unrat. Diese Räuberhöhle von einem Haus hatte sieben Zimmer. In sechs davon hausten über zwanzig Menschen beiderlei Geschlechts und aller Altersgruppen. Hier kochten, aßen, schliefen und arbeiteten sie. (...) In (einem) Zimmer wohnte eine Frau mit ihren sechs Kindern. In einem weiteren finsteren Loch hauste eine Witwe mit ihrem einzigen Sohn. Er war sechzehn Jahre alt und starb langsam an der Schwindsucht. Die Frau verkaufte Bonbons auf der Straße und konnte oft das Geld für den dreiviertel Liter Milch nicht aufbringen, die der Junge täglich trinken muss. Einmal in der Woche bekam dieser geschwächte, sterbende Junge Fleisch, dessen Beschaffenheit sich nur vorstellen kann, der Schweinefutter kennt."

Über das Essen

„Der Fuhrmann konnte kaum mit uns Schritt halten, denn er hatte den ganzen Tag noch nichts gegessen, wogegen der Zimmermann, mager und hungrig, mit langen Schritten vor uns herlief. (...) Beide hatten den Blick starr auf den Boden gerichtet. Hin und wieder bückte sich einer von ihnen im Gehen und hob etwas auf. Zuerst dachte ich, es seien Zigarettenkippen, und achtete nicht weiter darauf. Mit einem Male wurde mir klar, was sie taten. Von dem schmutzigen, mit Speichel und Kot bedeckten Pflaster hoben sie kleine Stückchen Orangenschalen, Apfelschalen und Weintraubenstiele auf und aßen sie. Pflaumenkerne knackten sie mit den Zähnen auf und schluckten die Kerne hinunter. Sie bückten sich für erbsengroße Brotkrümel und Apfelgehäuse, die bis zur Unkenntlichkeit verfault waren. Und das alles steckten diese beiden Männer sich in den Mund, kauten es und schluckten es hinunter! So geschehen am Abend des 20. August im Jahre 1902 im Herzen des größten und mächtigsten Weltreichs aller Zeiten."

s130-1

Über das Obdachlosenheim

„Da kann einer gegen seinen Willen zum Verbrecher werden", sagte der Zimmermann. „Ich bin alt. Jüngere Männer arbeiten besser. Meine Klamotten werden immer dreckiger – es wird jeden Tag schwerer, Arbeit zu kriegen. Ich muss im Asyl schlafen. Wenn man da bis drei oder vier Uhr nicht vor der Tür ist, kommt man nicht rein. Ihr habt's ja heute gesehn. Wie soll man da Arbeit finden? Selbst wenn ich reingekommen wäre – was dann? Morgen hätten sie mich erstmal den ganzen Tag drinbehalten. Übermorgen früh wär ich rausgekommen. (Wer im Obdachlosenheim für eine Nacht aufgenommen worden war, musste seine Bettstelle und die zwei Mahlzeiten abarbeiten; Anm. d. Autors.) Das Gesetz sagt, man darf nicht gleich wieder im Asyl schlafen, nur wenn es zehn Meilen weiter weg ist. Da muss ich mich beeilen, dass ich überhaupt noch hinkomme. Wie soll man da Arbeit finden? Und wenn ich die zehn Meilen nicht laufe, sondern mir eine Arbeit suche? Im Nu ist es wieder Abend, und kein Bett. Die ganze Nacht kein Schlaf, nichts im Magen, und in dem Zustand soll ich am nächsten Morgen auf Arbeitssuche gehen? Da hol' ich erst mal im Park meinen Schlaf nach (...) und seh' zu, dass ich was zu essen kriege. So kann es einem gehen: Bist du erst alt und unten, dann kommst du nie wieder hoch."

Über den sinnlosen Umgang der Mächtigen mit der Macht

„Und nun möchte ich meine Kritik an den Machthabern des Systems anbringen. Da sie die Macht haben, können sie natürlich machen, was sie wollen. Ich will aber nur darauf hinweisen, wie lächerlich ihre Gesetze sind. Sie zwingen die Obdachlosen, die ganze Nacht durch die Straßen zu laufen. Sie verjagen sie aus Türeingängen und sperren sie aus den Parks, offenbar in der

Absicht, sie am Schlafen zu hindern. So weit, so gut. Wer die Macht hat, hat natürlich auch die Macht, andere am Schlafen zu hindern. Warum aber öffnen sie ihre Parks um fünf Uhr früh und lassen sie hinein, damit sie schlafen können? Wenn es ihre Absicht ist, sie am Schlafen zu hindern, warum lassen sie sie dann nach fünf Uhr schlafen? Und wenn es *nicht* ihre Absicht ist, sie am Schlafen zu hindern, warum lassen sie sie dann nicht während der Nacht schlafen? In diesem Zusammenhang möchte ich noch erwähnen, was ich sah, als ich am selben Nachmittag um ein Uhr am Green Park vorbeikam. Auf dem Gras lagen schlafend Dutzende von zerlumpten Männern und Frauen. Es war Sonntag. Die Sonne brach ab und zu durch die Wolken, und die wohlgekleideten Bürger aus dem Westend gingen zu Tausenden mit ihren Frauen und Kindern spazieren. Es war kein sehr malerischer Anblick für sie. Und die Obdachlosen hätten bestimmt auch lieber während der Nacht geschlafen. Und so bitte ich euch denn, ihr lieben, weichherzigen Leute: Solltet ihr je nach London kommen und diese Menschen auf den Parkbänken oder im Gras schlafen sehen, glaubt nicht, dass es Faulenzer sind, die lieber schlafen als arbeiten, sondern denkt daran, dass die Machthaber sie die ganze Nacht wach gehalten haben und dass sie am Tage kein Plätzchen zum Schlafen haben."

Jack Londons Hinweis hat bis heute nichts von seiner Aktualität eingebüßt; noch immer sieht man tagsüber in den Parks der Metropole die Obdachlosen schlafen. Unter der Thatcher-Regierung, die sich allein dem marktwirtschaftlichen Spiel der Kräfte verpflichtet sah, hat dieses Problem im letzten Jahrzehnt ungeahnte Ausmaße angenommen. Offizielle Statistiken sprechen von ca. **100.000 Obdachlosen** in ganz England. Schaut man sich allein in den Londoner U-Bahn-Stationen, Parks und Straßen um und registriert die zerlumpten Gestalten, die in Abfallkörben wühlen und um Kleingeld betteln, so erscheinen die regierungsamtlichen Zahlen mehr als geschönt. London soll nur 2000 Obdachlose haben, so lautet die Schätzung; die Heilsarmee dagegen spricht von 75.000 Menschen, die ohne Unterkunft in den Straßen der Hauptstadt vor sich hin vegetieren. Pro Woche melden sich 5000 Familien oder Einzelpersonen, die sich als obdachlos registrieren lassen wollen. Allein ca. 25.000 Menschen sind aufgrund der Wohnungsnot und der exorbitant hohen Mietpreise von der Stadtverwaltung in *Bed & Breakfast*-Pensionen untergebracht. Die Regierung verzichtet auf den Bau von billigen **Sozialwohnungen,** um private Initiativen auf dem Wohnungsmarkt nicht zu beeinflussen. Doch wer baut schon Wohnungen für die schlecht verdienenden untersten gesellschaftlichen Schichten? Mitte der 1970er Jahre wurden noch über 100.000 Sozialwohnungen errichtet, heute sind es nur noch 15.000. Zudem hat die Privatisierungspolitik *Margaret Thatchers* dazu geführt, dass in den vergangenen fünfzehn Jahren über 1 Mio. Sozialwohnungen in privaten Besitz übergingen. Und auch der Bau von freien Wohnungen ist dramatisch zurückgegangen. Die seit Mai 1998 regierende Labour-Partei hat das Problem der Obdachlosigkeit in London bisher ebensowenig in den Griff bekommen.

Bereits Ende der 1970er Jahre kam eine groß angelegte Untersuchung zu dem Ergebnis, dass 5 Mio. Engländer unterhalb der offiziellen und 14 Mio. Briten an der Armutsgrenze lebten. Die Prognose der Studie, dass in Zukunft Massenelend keine Ausnahmeerscheinung mehr sei, ist in vollem Umfang eingetreten.

023lo Foto: hs

sächlich aus Bangladesh, zahlenmäßig die Oberhand gewonnen haben. Für die Moslems unter ihnen entstand im Jahre 1985 mit saudiarabischen Petrodollars an der Whitechapel High Street eine Moschee, die unübersehbar ihre Minarette in den grauen Himmel streckt. Für den Besucher, der ein Stück „Armengeschichte" Londons erleben möchte, bietet sich ein tristes Bild. Alte Häuser, an deren Fassaden der Putz abbröckelt, ab und an ein Trümmergrundstück, ärmliche Geschäfte; kein Prunk und Protz, wie er sich im Westend zeigt, keine Wolkenkratzer wie in der City. Obdachlose und Stadtstreicher, Bengalen in einheimischer Kleidung und ab und an ein orthodoxer Jude zeigen sich im Straßenbild. Die Geschäfte führen indische Spezialitäten, und ab und zu findet man ein Restaurant, das koschere Speisen für die jüdische Glaubensgemeinschaft auf der Speisekarte führt (so z. B. das berühmte *Bloom's,* 90 Whitechapel High Street E 1, direkt neben der U-Bahn-Station *Aldgate East* gelegen).

Soup Kitchen for the
Jewish Poor – eine Armenspeisungsstätte

Besichtigung

Erste Attraktion dieses Viertels ist für den Besucher zweifellos der sonntäglich stattfindende **Petticoat Lane Market** (U-Bahn: *Aldgate* oder *Aldgate East)* in der Middlesex Street *E1* (9–14 Uhr). Der Straßenmarkt geht auf jüdische Schneider zurück, die um die Wende vom 19. ins 20 Jh. Kleidungsstücke – neue wie gebrauchte – hier unters Volk brachten. Einer volkstümlichen Variante nach spielt der Name auf die weit verbreitete Diebstahlskriminalität in diesem Viertel an: Ging eine Frau hier einkaufen, so fand sie, wenn sie den Markt am anderen Ende wieder verließ, ihren eigenen Petticoat an einem Stand ausliegen. Heutzutage wird einfach alles zum Verkauf angeboten – vom Petticoat über Schallplatten bis hin zu lebenden Tieren.

Nördlich vom Petticoat-Verkaufsareal befindet sich die **Spitalfields-Markthalle.** Bis vor kurzem ging es hier in aller Herrgottsfrühe recht geschäftig zu, weil hier ein großer Obst- und Gemüsemarkt stattfand. Wie andere Märkte jedoch auch schon, ist Spitalfields Market an den Rand der Metropole verlegt worden.

Momentan kann man Tennis spielen, sich im Skateboardfahren üben oder an einer der vielen Garküchen gesundes Essen erstehen. Dem Eastend würde es einen gewaltigen Aufschwung bringen, wenn hier so ein ähnliches Naherholungszentrum wie in Covent Garden (s. auch Kap. „Westend") entstehen könnte. Doch seit Herbst 2002 droht dem Marktgebäude das Aus. Ein

025lo Foto: hs

Filmaufnahmen
vor den Spitalfields-Markthallen

riesiger Bürokomplex, designed von *Sir Norman Foster,* soll an die Stelle kommen. Noch kämpfen lokale Gruppen für den Erhalt des Gebäudes.

Östlich vom Marktgelände liegt an der Ecke Fournier Street/Commercial Street (U-Bahn: *Aldgate East*) die von *Nicholas Hawksmore* um 1720 errichtete **Christ Church;** in dem kleinen Kirchgarten speiste man in früheren Zeiten – und auch heute noch – die Obdachlosen der Umgebung. *Jack London* besuchte den winzigen Park während seines Aufenthaltes im Eastend und beschrieb das Elend, das sich ihm darbot: „Hier bot sich nachmittags um drei Uhr ein Anblick, den ich am liebsten wieder vergessen möchte. In diesem Park, der kleiner ist als mein Rosengarten zu Hause, blühen keine Blumen, hier wächst nur Gras. Er ist wie alle Londoner Parks von einem Gitterzaun mit spitzen Eisenzacken umgeben, damit nachts keine Obdachlosen darüberklettern können, um auf dem Gras zu schlafen. (...) Wir gingen den schmalen Kiesweg entlang. Auf den Bänken zu beiden Seiten lag ausgebreitet eine Ansammlung menschlichen Elends, ein Zerrspiegel der Menschheit, dessen Anblick *Doré* zu noch teuflischeren Exzessen der Fantasie inspiriert hätte, als er jemals erreichte. Es war ein reines Chaos von Schmutz und Lumpen, von ekelerregenden Wunden und ebensolchen Hautausschlägen, von Obszönitäten und Monströsitäten und bestialischen Gesichtern. Ein eisiger Wind fegte, und diese Kreaturen in ihren armseligen Lumpen schliefen hier oder versuchten es wenigstens. Dort lag ein Dutzend Frauen im Alter von zwanzig bis siebzig Jahren, daneben auf einer harten Bank ein Baby von vielleicht neun Monaten, ohne Kissen oder Zudecke, und niemand kümmerte sich darum. Hier ein paar Männer, die stehend oder aneinandergelehnt schliefen. Dort eine Familiengruppe: Das Kind schlief in den Armen der Mutter, während der Vater notdürftig einen kaputten Schuh flickte. (...) Daneben lag schlafend ein Paar, das sich umschlungen hielt, etwas weiter ein schlafender Mann mit lehmverkrusteten Kleidern; sein Kopf ruhte im Schoß einer jungen Frau von höchstens fünfundzwanzig Jahren, die auch schlief. Warum schlafen sie alle? fragte ich mich verwundert. Den Grund erfuhr ich später: *Es ist ein Gesetz der Mächtigen, dass die Obdachlosen nachts nicht schlafen dürfen."* (Hervorhebung im Original.)

Bis heute ist diese Schilderung aktuell geblieben; schaut sich der Besucher um, so wird er keine Schwierigkeiten haben, auf Anhieb einige Obdachlose zu erkennen.

Ebenfalls in der Fournier Street kann man ein Bier im **Pub „The Ten Bells"** trinken; die Kneipe hieß zwischen 1890 und den 70er Jahren des 20. Jahrhunderts „Jack the Ripper Pub" und besaß bis vor wenigen Jahren ein Fenster, in dem die grauenhaften Morde dargestellt waren (*Mary Kelly,* das fünfte Opfer des Killers, ging rund um den Pub auf Kundenfang).

Nicht versäumen sollte man auch die **Fischmärkte** (täglich außer So) in der Bethnal Green Road sowie in der Roman Road (U-Bahn: *Bethnal Green);* die Cockney sprechenden Marktschreier halten hier wahre Wettkämpfe um die Gunst des Publikums ab, darüber hinaus tummelt sich hier ein Vielvölkergemisch in den umliegenden Straßen und Gassen, und der interessierte Besucher hat Gelegenheit, das alltägliche Leben in einem ganz „normalen" Londoner Wohnviertel zu beobachten.

Einen Steinwurf entfernt liegt nördlich der Heath Road das **Bethnal Green Museum** (U-Bahn: *Bethnal Green,* Mo–Do, Sa 10–18 Uhr, So 14.30–18 Uhr). Wer sich noch ein kindliches Gemüt bewahrt hat, den dürften die hier ausgestellten Spielzeuge und Puppen begeistern.

Nordwestlich von Bethnal Green lohnt in der Kingsland Road das **Geffrye Museum** (U-Bahn: *Shoreditch,* Di–Sa 10–17 Uhr, So 14–17 Uhr) einen Besuch. Anfang des 18 Jh. ließ *Thomas Geffrye,* zu jener Zeit Vorsteher der Eisengilde, auf eigenem Grund und Boden eine Anzahl Häuser für Arme und Bedürftige errichten. Diese

Jack the Ripper – die Opfer, die polizeiliche Fahndung und die möglichen Täter

Die Opfer

Des Killers **erstes Opfer** wurde in der Nacht des 31. August 1888 die Prostituierte **Mary Ann Nicholls.** *Polly,* wie sie in der Umgebung hieß, war 42 Jahre alt, verheiratet mit einem Druckmaschinenmechaniker und hatte fünf Kinder. Doch die Eheleute traten seit über drei Jahren schon nicht mehr miteinander in Kontakt, und auch mit ihren Kindern hatte *Polly* schon längst keine regelmäßigen Treffen mehr. Die alternde Frau war ganz auf sich allein gestellt. Neben der täglichen Sorge des Geldverdienens mussten darüber hinaus auch ein paar Pennies für die notwendige Gin-Ration erarbeitet werden, denn *Mary Ann Nicholls* war wahrscheinlich Alkoholikerin. Als sie in jener Nacht die Whitechapel Road auf der Suche nach einem Kunden heruntereilte, hatte sie keinen Penny in ihrem Handtäschchen und kam somit auch nicht in ein Schlafhaus. Gegen 2.30 Uhr muss sie ihrem Mörder begegnet sein, der sie auf bestialische Weise verstümmelte.

Eine gute Woche später, am 8. September 1888, war gleichfalls gegen 2 Uhr nachts **Annie Chapman** noch auf den Beinen. Wie *Polly* auch, besaß sie kein Geld und war deshalb auch nicht in ihrem *Dosshouse* (Schlafhaus) eingelassen worden. *Dark Annie,* wie man sie auch nannte, versuchte, sich mit Häkelarbeiten und als Blumenmädchen über Wasser zu halten: doch in der Regel reichte dieser geringe Verdienst nicht aus, und auch sie war gezwungen, ihren Körper zu verkaufen. *Annie Chapmans* Mann war schon vor mehreren Jahren verstorben, ihre beiden Kinder hatte sie länger nicht mehr gesehen; auch sie war ganz auf sich gestellt. Der Mörder zerstückelte die Leiche, zudem entfernte er einige innere Organe.

Elizabeth Stride, das dritte Opfer des Ripper, wurde als *Elisabeth Gustaafsdotter* 1843 in Schweden geboren. Nach England gekommen, heiratete sie einen Zimmermann, mit dem sie zwei Kinder hatte. Mann und Kinder kamen wahrscheinlich 1878 beim Untergang des Themsedampfers *Princess Alice* ums Leben (die Katastrophe forderte mehr als 600 Todesopfer). Nun lebte sie mit einem Arbeiter zusammen und verdiente sich einen Teil ihres Geldes als Putzfrau und durch Näharbeiten; des abends ging *Long Liz* notgedrungen auf Kundenfang, um den immer leeren Geldbeutel ein wenig aufzufüllen. Am 30. September 1888 traf sie auf ihren Mörder, der jedoch gestört wurde, so dass er keine Zeit fand, die Leiche zu verstümmeln. Unbefriedigt und frustriert, hielt er noch in der gleichen Nacht nach einem weiteren Opfer Ausschau.

Catherine Eddowes, 43 Jahre alt, wurde am 30. September gegen 0.30 Uhr aus der Ausnüchterungszelle der Bishopsgate-Polizeistation entlassen und muss nur wenige Minuten später ihrem Mörder in die Arme gelaufen sein. Auch sie fand man ähnlich zugerichtet wie die ersten beiden Frauen. Die Times veröffentlichte in einer Liste die wenigen Besitztümer, die zu ihren Füßen ausgebreitet lagen, um auf die besondere Armut alleinstehender Frauen aufmerksam zu machen.

Mary Kelly, das fünfte Opfer, war 25 Jahre alt und lebte erst seit fünf Jahren in London. Mit 16 Jahren hatte sie in Wales einen Bergmann geheiratet und führte das Leben einer treu sorgenden Ehefrau, bis ihr Mann bei einer Grubenexplosion ums Leben kam. Das wenige Ersparte war schnell aufgebraucht, und die junge Frau zog nach

London, wo ihr nichts anderes übrig blieb, als im Eastend auf Männerfang zu gehen. Am späten Abend des 8. November 1888 sah man sie zum letzten Mal in ihrem Stammpub *The Ten Bells,* wo sie einen Gin trank. Da *Black Mary,* wie sie genannt wurde, jung und attraktiv war, hatte sie eine Menge Kunden, und als eine der wenigen Prostituierten des Eastend konnte sie sich ein eigenes kleines Zimmer leisten; hier empfing sie ihre Liebhaber. *Mary Kelly* war das einzige Opfer des Rippers, das in einem Zimmer und nicht auf der Straße getötet wurde; der Täter konnte sich bei seiner grausamen Verstümmelung mehr Zeit lassen. Die Polizei fand die Organe und Innereien der Frau über die gesamte Kammer verteilt. Die Gerichtsmediziner benötigten mehr als sechs Stunden, um alle Leichenteile einzusammeln; dabei stellte man fest, dass *Mary Kelly* im dritten Monat schwanger gewesen war.

s145

Die polizeiliche Fahndung

Die Polizei reagierte nach dem ersten Mord zuerst sehr zögerlich und mit nur geringem Engagement; das Eastend galt ohnehin als verrufenes und extrem kriminelles Viertel, Schlägereien, Raub und Diebstahl sowie Mord und Totschlag waren an der Tagesordnung. Als jedoch die zweite entsetzlich zugerichtete Leiche gefunden wurde, und sich die Presse der Sache annahm, begannen die staatlichen Autoritäten nervös zu werden. Nun war klar, dass ein Wahnsinniger im Eastend sein Unwesen trieb. Die Öffentlichkeit forderte schnelle polizeiliche Erfolge. Eine erste Razzia führte zur Verhaftung von 14 Verdächtigen, die jedoch alle nach kurzer Zeit wieder freigelassen wurden. Aus einer Quelle, die im Nachhinein nicht mehr zu bestimmen war, kam eine **erste,** vage **Personenbeschreibung** des Täters: ca. 37 Jahre alt, ungefähr 1,70 m groß, dunkler Bart, ausländischer Akzent. Die Fahndung konzentrierte sich nun vor allem auf die Emigranten, die ins Eastend eingewandert waren, der Rassenhass flackerte erneut auf, und unter den Polizeibeamten gab es ohnehin starke Ressentiments gegen Ausländer. An gesicherten Tatsachen hatte man bisher lediglich festgestellt, dass der Mörder offenbar Linkshänder war und über anatomische sowie chirurgische Kenntnisse verfügen musste.

Die **Bevölkerung** des Eastend, die sich ohnehin nicht vom Staat betreut fühlte, **organisierte Streifen,** die des nachts durch die Straßen patrouillierten. Auch Privatleute machten sich gezielt auf die Suche nach dem Mörder; bekannt wurde ein Direktor der Bank von England, der bewaffnet mit einer Spitzhacke die Gegend durchstreifte. Die Polizei setzte Beamte in Frauenkleidern ein, die als Prostituierte getarnt waren – doch auch diese Aktion war nicht von Erfolg gekrönt.

Während die Mordserie weiter anhielt, kamen die polizeilichen Ermittlungen keinen Schritt weiter, die **Öffentlichkeit** war mittlerweile hysterisch geworden, und die Presse forcierte ihre Angriffe gegen die Polizei und die zuständigen Politiker. Besonders unter Beschuss kam *Sir Charles Warren*, Chef der *Metropolitan Police*. Warren, ein ehemaliger General der Britischen Armee in Ägypten, wurde nach seinem Ausscheiden aus dem aktiven Dienst auf den lukrativen Posten des Polizeipräsidenten „gehievt"; kriminalistische Erfahrung hatte er keine, in dieser Hinsicht galt er als vollständig inkompetent.

Am 13. Oktober 1888 ging in einer Zeitungsredaktion der Fleet Street ein **Bekennerschreiben** ein, das unterzeichnet war mit „Jack the Ripper" – damit hatte der Mörder ab nun seinen Namen. In dem Brief hieß es unter anderem: „The next job I do I shall clip the lady's ears off and send them to the police, just for jolly, wouldn't you? Keep this letter back until I do a bit more work, then give it out straight. My knife's so nice and sharp, I want to get back to work right away if I get the chance. Good luck, Yours truly, Jack the Ripper." (Das nächste Mal schneide ich nur so zum Spaß der Dame die Ohren ab und schicke sie der Polizei, wollt ihr das? Haltet diesen Brief zurück, bis ich ein bisschen mehr Arbeit getan habe, dann gebt ihn direkt raus. Mein Messer ist so schön und scharf, sowie ich meine Chance sehe, möchte ich sofort an meine Arbeit gehen.) Die **Panik im Eastend** wurde immer größer, und 4000 Frauen sandten eine Petition an *Königin Victoria*, in der sie um verstärkte polizeiliche Maßnahmen baten. Die Queen schrieb daraufhin an ihren Premierminister:

„This new ghastly murder shows the absolute necessity for some very decided action. All three courts must be lit and our detectives improved. They are not what they should be." (Dieser neue schreckliche Mord zeigt die absolute Notwendigkeit entschiedener Vorgehensweise. Alle drei Untersuchungsbehörden müssen informiert und unsere Detektive besser geschult werden. Sie sind nicht das, was sie sein sollten.)

Mitte Oktober ging bei *Mr. George Lusk*, Vorsitzender des *Whitechapel Vigilance Comittee*, ein Päckchen ein, das einen Brief sowie Teile einer menschlichen Niere beinhaltete. Bei der folgenden Untersuchung kam heraus, dass es sich mit großer Wahrscheinlichkeit um die Niere von *Catherine Eddowes* handelte.

Nachdem die **Mordserie** mit dem Tod von *Mary Kelly* ihr **Ende gefunden** hatte, fahndete die Polizei noch einige Monate lang erfolglos weiter. Man nahm gegen Ende des Jahres 1888 an, dass der Mörder nach seiner letzten Tat Selbstmord verübt hatte.

Die Hauptverdächtigen

Sir Melville McNaghten, ein ehemaliger Geheimdienstchef, hielt die folgenden Personen für verdächtig, der Mörder *Jack the Ripper* gewesen zu sein.

Montagu J. Druitt: Ein Rechtsanwalt, der einige Semester Medizin studiert hatte und Linkshänder war. Am 1. Dezember 1888 ertränkte sich *Montagu Druitt* in der Themse, weil er – wie er in seinem Abschiedsbrief schrieb – fürchtete, verrückt zu werden. *Druitt* war bekannt für seine exzessiven sexuellen Tendenzen. Selbst seine Familie hielt ihn für den Täter. Nach Druitts Tod schloss die Polizei den Fall Jack the Ripper erst einmal ab.

Dr. Stanley: Die erste umfassende Dokumentation über *Jack the Ripper* hielt *Dr. Stanley* für den Mörder. *Stanleys* Sohn war an den Folgen der Syphilis gestorben, die er sich angeblich bei *Mary Kelly* geholt hatte.

Neill Cream: Der Amerikaner kam wegen seiner letzten Worte in Verdacht. 1892 wurde er wegen des Mordes an der Prostituierten *Matilda Clover* gehenkt. Als Cream durch die Falltür des Galgens fiel, rief er aus: „I am Jack the ...".

Neithon Kaminsky: Ein geisteskranker polnisch-jüdischer Einwanderer, der an einer Geschlechtskrankheit litt und als äußerst gewalttätig galt. *Kaminsky* starb wenige Monate nach dem letzten Mord in einer Heilanstalt. (Wer den *Guided Walk* „Auf den Spuren von Jack the Ripper" mitmacht (s. u. „Führungen"), dem wird am Ende der Tour *Kaminsky* als der Mörder vorgestellt.)

Michael Ostrog: Ein russischer Arzt, der wegen extremer Gewalttätigkeit und brutaler sexueller Fantasien in eine Heilanstalt eingewiesen wurde. Er konnte für keine der Mordnächte ein Alibi nachweisen.

Dr. Alexander Pedachenko: Ebenfalls ein russischer Arzt, der von der zaristischen Geheimpolizei nach London geschickt worden war, um dort die Bevölkerung in Angst und Schrecken zu versetzen und um die Londoner Polizei zu diskreditieren. Nach seiner Rückkehr ins russische Reich starb er in einer Nervenklinik. Die *Ochranza Gazette,* das offizielle Organ des russischen Geheimdienstes, bezichtigte ihn des Mordes an fünf Frauen im Londoner Osten.

Der Duke of Clarence: Der debile und homosexuelle Enkel von *Königin Victoria* war bekannt für seine nächtlichen Streifzüge durch das Eastend. Einmal griff ihn die Polizei in einem Männerbordell auf. *Prinz Eddy* konnte sehr kunstvoll von ihm gejagte Tiere ausnehmen und beobachtete öfter Chirurgen bei ihren Operationen.

J. K. Stephan: Der Geliebte von *Prinz Eddy* war ein paranoider Frauenhasser.

Nach neuesten Forschungen soll nun ein gewisser **James Maybrick,** ein Baumwollhändler aus Liverpool, der Mörder gewesen sein. 1993 wurde sein Tagebuch gefunden, das ihn als *Jack the Ripper* ausweist. Klar ist nun auch, warum die Mordserie so abrupt endete: *James Maybrick* wurde 1889 von seiner eigenen Frau ermordet. Man nimmt an, dass sie hinter seine Schreckenstaten gekommen war.

heute restaurierten Wohlfahrtsbauten zeigen einen Querschnitt durch die Wohn- und Lebensbedingungen der damaligen Zeit.

Unsere Besichtigung endet wieder an der U-Bahn-Station *Aldgate East.* Bevor man jedoch in die *Tube* „abtaucht", sollte man auch die an der Ecke Commercial Street/Whitechapel High Street gelegene **Whitechapel Art Gallery** besuchen. Das mit Jugendstil-Elementen dekorierte Gebäude wurde um die Wende vom 19. zum 20. Jahrhundert errichtet und zeigt wechselnde Ausstellungen (Di, Do–So 11–20 Uhr).

Pubs

- **Approach Tavern,** 47 Appoach Road EC 2. Ein lebhafter Eastend-Pub und beliebt bei den *Locals* der Umgebung; im ersten Stock gibt es eine kleine Kunst-Galerie mit Arbeiten der Künstler, die im Eastend wohnen oder ihr Atelier haben, und die trinken hier natürlich auch ihr Bier.
- **Royal Oak,** 73 Columbia Road EC 2. Besonders viel Betrieb herrscht in der kleinen Kneipe am Sonntagmorgen, wenn der Columbia Road Flower Market Händler, Touristen und Käufer anzieht; im ersten Stock gibt es die *Crazy Maracas Tex-Mex Café-Bar* mit mexikanischen Cocktails, Bieren und Snacks.
- **The Ten Bells,** Commercial Road, vormals *Jack the Ripper Pub.* Die gemütliche Kneipe ist schon uralt; sie datiert aus dem Jahr 1753.

Restaurants

findet man kaum im Eastend.

Märkte

- **Bethnal Green Road Market,** Bethnal Green Road E 1, Mo–Sa 9–18 Uhr; Wochenmarkt
- **Whitechapel Market,** Whitechapel Road E 1, Mo–Sa 8.30–17 Uhr; großer Wochenmarkt

Durch die Docklands nach Greenwich

Die Cutty Sark

Ausgangspunkt unserer Tour ist entweder der City-U-Bahn-Verkehrsknotenpunkt *Bank* oder die U-Bahn-Station *Tower Hill.* Von letzterer liegt der Bahnhof *Tower Gateway* der *Docklands Light Railway* (DLR) nur einen Steinwurf entfernt. Von *Bank* oder *Tower Gateway* nimmt man die DLR-Linie Richtung Endstation *Lewisham,* die den Besucher durch das ehemalige Hafengelände auf der Isle of Dogs (so benannt, weil während der Tudor-Ära die Monarchen auf dieser Themse-Halbinsel Zwinger für ihre Jagdhunde angelegt hatten) nach Greenwich bringt. Die *DLR* unterquert die Themse, und unsere Haltestelle heißt *Maritime Greenwich/Cutty Sark.* Wer die Themse per pedes unterqueren möchte, der steigt an der Haltestelle *Island Garden* aus und benutzt den alten Fußgänger-Tunnel, der den Flaneur ebenfalls zur *Cutty Sark* bringt.

Geschichte

Doch bleiben wir erst einmal bei den Docklands! In diesem ca. 20 km^2 großen Hafengebiet fand über die Jahrhunderte Europas bedeutendster Warenumschlag statt. Die Kais und Speicheranlagen gingen auf die Initiative der großen, international operierenden Handelsgesellschaften zurück. Als **Erste** begannen die *West-* und *East India Company* mit den **Erschließungsarbeiten** in den Docklands: Riesige Hafenbecken, miteinander verbunden durch kleine Kanäle, wurden ausgebaggert, Schleusen entstanden,

028lo Foto: hs

und kilometerlange Magazin- und Speicherhäuser schossen aus dem Boden.

Rund um die Werften, Anlegestellen und Lagerkomplexe baute man Arbeitersiedlungen für die Familien der **Scheuerleute.** England war zu jener Zeit auf dem Höhepunkt seiner Macht, aus den Kolonien flossen die begehrten Rohstoffe ins Mutterland, Tausende von Tonnen exotischer Waren wurden Tag für Tag in den Docks umgeschlagen und vergrößerten den Reichtum Britanniens. Diejenigen, die dafür vor Ort die Knochenarbeit leisteten, die Lageraufseher, Stauer und Scheuerleute, wurden alles andere als reich und spürten als erste das Auf und Ab einer fragilen Konjunktur. Als Tagelöhner und ohne erlernten Beruf, damit ohne Rechte, verachtet von den Mitgliedern der Gilden und ohne gewerkschaftliche Vertretung, lebten sie und ihre Angehörigen von der Hand in den Mund. Während der wirtschaftlichen Krisenperioden in den 30er und 60er Jahren des 19. Jh. verloren Tausende ihren Job und verfielen in tiefes Elend. Gegen Ende des 19. Jh. hatte sich – ungeachtet der hohen Gewinne der Handelsgesellschaften – ihr Los nicht einmal ansatzweise verbessert.

Endlich gelang es den Arbeitern, eine **Gewerkschaft** zu gründen, und im großen *Dock Strike* von 1889 artikulierte die *Transport and General Workers' Union* die Forderungen der Scheuerleute. Das gesamte Hafengebiet wurde so lange bestreikt, bis der *Docker's Tanner* (sechs Pence statt vier Pence pro Tag) erkämpft war. Lange hielten die Erfolge der Arbeiter indes nicht an. Die vielen kleinen Gewerkschaften, die sich in den kommenden Jahrzehnten bildeten, konnten sich auf kein einheitliches Programm verständigen und zersplitterten ihre Kräfte; der Hafenbehörde war es damit ein leichtes, die *Unions* gegeneinander auszuspielen. Erst in den 1940er Jahren sorgte das so genannte *Dock Labour Scheme* für die Abschaffung des Tagelöhnerstatus, führte zur Registrierung der Beschäftigten und garantierte demjenigen einen Mindestlohn, der sich täglich in den Hafenbüros zur Arbeit meldete; bezahlt wurden nun auch jene Tage, an denen ein Scheuermann mangels Auftragslage keine Arbeit erhalten konnte.

Die Nachkriegsjahre brachten einen langsamen wirtschaftlichen **Niedergang** mit sich; immer mehr Kais und Lagerhäuser wurden stillgelegt. Der Londoner Hafen lag zu weit themseaufwärts und konnte von den Ozeanriesen nicht mehr angelaufen werden; zudem verlagerte sich der Schiffsbau in die Billiglohnländer, und die Reedereien flaggten ihre Schiffe aus und fuhren unter der Gesetzgebungsgewalt Liberias oder Panamas. Mit der Errichtung des Container-Hafens in Tilbury, 26 Meilen flussabwärts, kam dann 1972 das endgültige Aus für die Londoner Docks. Grabesruhe breitete sich auf dem riesigen Areal aus, die Magazine verfielen und die Hafenbecken verschlammten. Dann – Ende der 1970er Jahre – wurde das unmittelbar an der Tower Bridge gelegene St. Catherine's Dock saniert. Die histo-

0291o Foto: hs

Eastend, Docklands, Southwark

rischen Fassaden der Lagerhäuser stellte man unter Denkmalschutz, Restaurants, Geschäfte und Pubs öffneten in den einstigen Magazinen ihre Pforten. In dem 1827 eingeweihten Hafenbecken liegen heute Privatyachten vor Anker.

Postmoderne Architektur in den Docklands

Die **Sanierungsbemühungen,** vor allem aber der unmittelbar einsetzende wirtschaftliche Erfolg der Unternehmen in den St. Catherine's Docks erzeugten eine plötzliche Aufbruchsstimmung und hektische Betriebsamkeit. Kapitalstarke Privatleute und mächtige Firmenkonsortien, Stadtverwaltung und Regierung erinnerten sich an das einstige Hafengebiet. In unmittelbarer Nähe zur City, zur Banken- und Börsenmeile gelegen, gab es hier Baugrund in Hülle und Fülle, konnte derjenige expandieren, der als Erster zur Stelle war.

Mit der Gründung der **London Dockland Development Corporation** begann dann die gezielte Sanierung auf der Isle of Dogs. Insgesamt sind bis heute mehrere Milliarden Pfund verbaut worden, und es entstanden Geschäfts- und Firmenzentren, Industrie- und Bürokomplexe, Hotels, Schulen und Wohnungen. Alles ist vom Feinsten, und entsprechend hoch sind deswegen die Mieten! Die Zeitungsverlage sind von der Fleet Street in die Docklands gezogen, und High-Tech-Branchen produzieren im alten Hafengebiet.

Die **Vorhaben** in den Docklands waren wahrhaft gigantisch. Insgesamt haben die Investoren rund 5,7 Mio. m^2 Büroraum geschaffen.

Beherrschendes Element in den Docklands ist der 244 m hohe **Canary Wharf Tower,** der von der kanadischen Immobilienfirma *Olympic & York* für 6,12 Mrd. Euro in den Himmel gezogen wurde.

Besichtigung

Erkunden sollte man das alte Hafengebiet unter Zuhilfenahme der **Docklands Light Railway** (DLR); die Karte weist den Besucher auf interessante Punkte hin. Die *DLR* verkehrt von der U-Bahn-Station *Bank* in der City sowie von *Tower Gateway,* das ist der *DLR*-Bahnhof neben der U-Bahn-Station *Tower Hill.*

Auf dem Weg Richtung *DLR*-Endstation *Lewisham* fährt die Bahn durch eine futuristisch anmutende Kulisse; besonders in Höhe der West India Quays stockt dem Fahrgast der Atem, wenn der Zug, bewegt wie von Geisterhand, auf schmaler Trasse auf den gigantisch anmutenden Gebäudekomplex zufährt. Die Linie der *DLR*, mit 77 Mio. Pfund innerhalb von drei Jahren betriebsbereit gemacht und Londons erste Stadtbahnanlage, folgt dem Verlauf einiger älterer Bahnlinien und nutzt die einstigen Durchstiche sowie die ehemaligen Überführungen jener Zugtrassen, mit denen im 19. Jh. der dichtbesiedelte Londoner Osten versorgt wurde.

An der Station *West India Quay* sollte man die *DLR* schon wieder verlassen, denn nahebei (ausgeschildert) befindet sich an der Hertsmere Road im Warehouse Nr. 1 das hochinteressante Museum, das die Geschichte der Themse, des einstigen Hafengebietes und das Leben der Bewohner mit vielen Ausstellungsstücken wieder lebendig macht (tgl. 10–18 Uhr). Im Untergeschoss des riesigen **Canary Wharf Tower** fänden zwei Fußballfelder bequem Platz, und alles ist mit feinstem Marmor verkleidet. Einen *DLR*-Bahnhof weiter ist die Station *Canary Wharf* erreicht, und auch hier lohnt sich eine Erkundung des Geländes. Überall finden sich kleine Cafés und Läden. Schaut man durch die großen Glasscheiben nach draußen, so erblickt man Brunnen, saftig grüne Rasenflächen und viele mächtige Bäume. 400 dieser zwischen 30 und 50 Jahre alten Bäume wurden von einer Hamburger Firma zum Stückpreis von 7650 € angeliefert.

Sehr empfehlenswert ist es, von Canary Wharf aus einen Spaziergang in Richtung auf die *DLR*-Station *Crossharbour* zu unternehmen, um die futuristische Architektur einmal aus der

Nähe zu betrachten. Nur einen Steinwurf entfernt vom *Crossharbour*-Bahnsteig überspannt die kleine **Glengall Bridge** ein ehemaliges Hafenbecken; von dort hat man eine prachtvolle Aussicht auf Europas zweithöchstes Gebäude. Bei längerem Hinsehen ist man allerdings geneigt, dem Münchner Architekten und Kritiker *Christoph Hackelsberger* recht zu geben: „In den verschlickten, vergifteten Hafengrund wurde eine Myriade von Pfählen getrieben. Es entstand ein neues künstliches Niveau über den „Altlasten", eine Plattform von gigantischen Ausmaßen. An den Rändern dieser „Korrektur der Erdoberfläche" sieht man, wie die hybride Konstruktion über alles hinwegstelzt. Spitze der Anlage, Travestie auf den heiligen ägyptischen Obelisken und zugleich Menetekel der absoluten architektonischen Nichtigkeit und Belanglosigkeit ist der Canary Wharf Tower; andererseits aber ist er Ausdruck technischer Bewältigung von hohen Graden und absurde Ikone dieses utopischen Ortes, der mit der Stadt nichts zu tun hat."

Von dem *DLR*-Bahnhof *Crossharbour* geht es dann weiter in Richtung Endstation *Lewisham,* der Zug unterquert die Themse, und bei der Station *Maritime Greenwich/Cutty Sark* steigen wir wieder hoch ans Tageslicht. Hier fällt als Erstes die **Cutty Sark** ins Auge, die in einem Betondock gelegen der Besucher harrt. Der Name des Klippers – einer der schnellsten, der je gebaut wurde – geht auf das Gedicht „Tam O'Shanter" des schottischen Lyrikers *Robert Burns* zurück und bedeutet soviel wie „kurzes Hemd" – die Galionsfigur des Seglers hält nämlich ihre Reize nur durch ein äußerst knappes Röckchen bedeckt.

Als die *Cutty Sark* 1869 vom Stapel lief, war sie eigentlich schon überflüssig geworden. Im gleichen Jahr hatte man den Suez-Kanal eingeweiht, und die langsamen Dampfschiffe sparten den zeitraubenden Weg um das Kap der Guten Hoffnung. Dagegen vermochte auch der schnittige und ungeheuer schnell segelnde Klipper nicht anzutreten. Nur wenige Jahre durchpflügte die *Cutty Sark,* vollbeladen mit wertvollem Tee, die Meere zwischen China und Großbritannien; 1877 unternahm sie ihre letzte Fahrt. Auf ihrer schnellsten Reise benötigte sie für den *China Tea Run* nur 107 Tage. In den Folgejahren lief die *Cutty Sark* unterschiedliche Häfen an und transportierte Waren aller Art. 1883 dann setzte man sie im Wolltransport zwischen dem Heimatland und Australien ein, wobei jede Fahrt eine Erdumsegelung bedeutete: Der Hinweg führte am Kap der Guten Hoffnung vorbei, auf dem Rückweg galt es, die Gefahren von Kap Hoorn zu meistern. 1895 verkaufte der Eigner die *Cutty Sark* ins Ausland; der legendäre Klipper aber wurde nicht vergessen. im Jahre 1954 gelang es der *Cutty Sark Society,* den eleganten Segler zurückzuerwerben. Neben den originalgetreu erhaltenen Innenräumen gibt es im Unterdeck eine Ausstellung von Galionsfiguren zu besichtigen.

Gleich neben der Cutty Sark liegt die **Gipsy Moth** mit der 1966/67 der damals 60-jährige *Francis Chichester* als Einhandsegler auf der exakten Route der *Cutty Sark* die Welt umrundete. Auf seiner Etappe bis Sidney benötigte er nur sieben Tage länger als seine berühmte Vorläuferin. Bei seiner Rückkehr, begeistert begrüßt von Tausenden von Zuschauern, adelte *Königin Elisabeth II.* den mutigen Segler. Die Zeremonie knüpfte an ein historisches Ereignis an: Im Jahre 1581 hatte *Elisabeth I.* den Entdecker und Piraten *Francis Drake* an gleicher Stelle (und mit dem gleichen Schwert) zum Ritter geschlagen.

Gleich neben der *Cutty Sark* erstreckt sich das Gelände des **Royal Naval College,** ehemals das *Royal Naval Hospital.* Die **Baugeschichte** dieses Gebäudekomplexes ist verwirrend, überdies zeichneten mehrere Architekten, von *Inigo Jones* über *John Webb* bis *Christopher Wren* sowie *Nicholas Hawksmoor* für die Ausstattung verantwortlich, und die Arbeiten zogen sich – immer wieder durch missliche Umstände unterbrochen – über Jahrzehnte hin. Nur so viel: Im Jahre 1616 beauftragte *Jakob I.* den Baumeister *Inigo Jones,* einen neuen Sommersitz für die Königin *Anna von Dänemark* zu entwerfen. *Jones,* durch seine Italienreisen zum Anhänger des Architekten *Andrea Palladio* geworden, führte mit dem *Queen's-House*-Projekt den palladianischen Baustil in England ein (in diesem Baustil – berühmt und beliebt in jenen Tagen – wurde beispielsweise auch das Weiße Haus in Washington errichtet). *Maria II.* änderte einige Jahrzehnte später die Pläne und ließ statt eines Schlosses einen **Ruhesitz für** alte und verletzte **Seeleute** errichten; als Vorbild dienten ihr das *Hôtel Invalides* in Paris und das von Wren kurz zuvor errichtete *Royal Chelsea Hospital. Wren* und *Hawksmoor* machten sich an die gestellte Aufgabe – wobei auf Wunsch von *Maria* und entgegen *Wrens* Ideen – das *Queen's House* von *Jones* durch die neue Anlage nicht verdeckt werden durfte. Dieser königlichen Anordnung verdanken wir die Tatsache, dass das *Queen's House* und das *Naval Hospital* in einmaliger architektonischer Symmetrie zueinander angeordnet sind.

Die ersten verdienten Seeleute zogen 1705 in das *Royal Naval Hospital,* einhundert Jahre später verlebten rund 2000 Veteranen ihren Lebensabend in dem prunkvollen Gebäude. In den fünfziger Jahren des 19. Jahrhunderts dann begannen die Pensionäre, Klagen gegen die Verwaltung zu führen, fühlten sich vernachlässigt und beschuldigten die Administration der Vetternwirtschaft. Nur wenige Jahrzehnte später schloss das Hospital seine Pforten, und das *Royal Naval College* richtete sich hier neu ein.

Gegenüber vom Naval College befindet sich im *Queen's House* sowie in dem mit Kolonnaden verbundenen Ost- und Westflügel das sehr sehenswerte **National Maritime Museum,** eines der schönsten und größten Marinemuseen der Welt (Romney Road SE 10, Mo–Sa 10–18 Uhr, So 12–18 Uhr). Neben Hunderten von interessanten Schiffsmodellen, nautischen

Instrumenten, alten Seekarten und Globen, aber auch Barkassen, Dampfschiffen sowie Booten in Originalgröße sind besonders die Cook- und die Nelson-Galerie von Bedeutung; hier ehrt man den Weltumsegler und Entdecker *James Cook* (1728–1779) sowie Britanniens größten Seehelden, *Horatio Nelson* (1758–1805).

Hinter dem Museum breitet sich der **Greenwich-Park** aus, seit jeher ein beliebtes Picknick- und Ausflugsziel der Londoner Bevölkerung. Mitten in dem Gartenareal liegt auf einem Hügel das berühmte **Königliche Observatorium,** das 1675 unter der Bauaufsicht von *Christopher Wren* für den Astronomen *John Flamstead* errichtet wurde. Eine Vielzahl astronomischer Instrumente, Ferngläser und Teleskope sowie natürlich der berühmte Nullmeridian, sichtbar durch einen schmalen Metallstreifen im Gebäudehof, gehören zu den Attraktionen der kleinen Sternwarte.

Nicht versäumen sollte man auch, einen Blick auf die Navigationsinstrumente der vergangenen Jahrhunderte zu werfen. Vor allem die vier von *John Harrison* entwickelten Schiffschronometer sind Prunkstücke der Ausstellung. 20.000 Pfund hatte das *British Board of Longitude* 1714 für die beste Erfindung zur Standortbestimmung auf See ausgesetzt. Viele Jahre lang konnte die Summe nicht ausgezahlt werden! 1736 dann stellte *Harrison* seinen *Marine Timekeeper No. 1* der staunenden Öffentlichkeit vor; die Uhr war fast einen Meter hoch und wog 36 kg. Im Laufe der nächsten Jahre konstruierte der geniale Feinmechaniker weitere Chronometer, und 1760 überzeugte er mit seinem *Timekeeper No. 4,* der nur noch die Größe einer Taschenuhr hatte, die britische Admiralität. Danach dauerte es weitere elf Jahre, bis *Harrison* die 20.000 Pfund zugesprochen wurden. 1996 erschien der Roman „Längengrad“ der amerikanischen Wissenschaftsjournalistin *Dava Sobel* auf Deutsch. Das Buch schildert die spannende Entwicklung dieser vier Schiffschronometer und das Leben des genialen Erfinders.

Man sollte nun zur *Cutty Sark* zurückkehren und am danebenliegenden Greenwich-Pier ein Ausflugsboot zur **Themse-Barriere** besteigen. In den Jahren 1975–1982 baute man mit einem Finanzvolumen von 500 Mio. Pfund dieses gewaltige Wehr, um London vor einer Sturmflut zu schützen. 20 m ragen die zehn silberfarbenen und fantastisch geschwungenen Dammteile aus den Fluten des Flusses hervor; im Innern der einzelnen Edelstahlbehälter befinden sich die hydraulischen Anlagen, mit denen jede einzelne Barriere in den Fluss geschwenkt werden kann, alle zusammen bilden dann einen mächtigen Damm. Die gesamte Anlage überspannt auf 520 m die Themse. Nahebei lockt ein Informationszentrum, das die Baugeschichte dokumentiert und mit einer wenig interessanten audio-visuellen Vorführung einen historischen Überblick über die Themse, den Hafen und die Flutbarriere gibt. Auch ein kleines Café, das Snacks und Erfrischungsgetränke anbietet, ist vorhanden.

030lo Foto: hs

In Greenwich entstand rechtzeitig zum Jahrtausendwechsel direkt am Ufer der Themse der **Millenium Dome,** eine gigantische 50 m hohe Mehrzweckhalle unter einem Kuppeldach. Das Riesenprojekt war heftig umstritten, denn es bestand überhaupt kein Nutzungskonzept. Im Jahr 2000 wurde für 12 Monate in der 80.000 m^2 großen Halle eine Ausstellung zum Jahrtausendwechsel gezeigt, doch diese Millenniumsveranstaltung entwickelte sich zu einem finanziellen Fiasko. Die prognostizierten Besucherzahlen waren viel zu hoch angesetzt, und die Regierung musste mehrfach zweistellige Millionenbeträge nachschießen, um den Dome vor dem Konkurs zu bewahren. So wurde dann händeringend ein Käufer gesucht, um diese Geldvernichtungshalle loszuwerden. Die japanische Bank *Nomura* interessierte sich ernsthaft für den *Millenium Dome,* stieg aber bald sehr verärgert aus den Verhandlungen aus. Die Betreiber hatten den Japanern nicht

Blick vom Observatorium auf Greenwich Park und die Rückfront von Queen's House sämtliche Zahlen zur Mehrzweckhalle offengelegt, so dass die potenziellen Käufer keine vollständigen Informationen über die Kostenstruktur bekamen. Mittlerweile hat die Regierung den Kuppelbau unter riesigen Verlusten losgeschlagen; es soll nun eine Mehrzweckhalle für Großveranstaltungen aller Art werden.

Für den **Rückweg zum Stadtzentrum** sollte man erneut ein Boot besteigen, um vorbei an Greenwich und entlang der Docklands unter Londons Brücken hindurch bis zum Westminster-Pier zu schippern.

Pubs in Greenwich

- **The Mitre,** Greenwich High Road. Mit Biergarten und einem einfachen Restaurant; gegenüber befindet sich neben dem *Greenwich Cinema* ein **Café Rouge;** ebenfalls neben dem Kino liegt der Pub **Funnel & Firkin.** Im Sommer sind hier ein paar Tische herausgestellt.
- **The Spanish Galleon Tavern,** College Approach/Ecke Greenwich Church Street. Nur einen Steinwurf entfernt von der *Cutty Sark,* gemütliche alte Kneipe aus dem Jahr 1787.
- **King's Arms,** King William Walk. Mit kleinem Restaurant und Biergarten.
- **The Trafalgar Tavern,** Park Row SE 10, nahe der Wasserfront neben dem Royal Naval College. Mit Ausstellung alter Navigationsinstrumente und vielen Bildern von *Lord Nelson;* die obere Bar ist im Stil einer alten Schiffskajüte eingerichtet. *Pub of the Year* von 1996.

Märkte

- **Billingsgate,** North Quay, West India Dock Road E 14, Di–Sa 5.30–12 Uhr, Großhandelsmarkt für Fisch.
- **Greenwich Market,** Greenwich High Road SE 10, Mo–Fr Obst und Gemüse, Sa/So Secondhand-Kleidung, außerdem Kunsthandwerk.

100lo Foto: hs

Southwark und Bankside – „Lotterleben", Shakespeare und elisabethanische Theater am südlichen Themse-Ufer

*„Zu dieser Zeit geschah's an einem Tag,
Als ich im ‚Heroldsrock' zu Southwark lag,
Bereit zu ziehn mit andachtsvollem Sinn
Auf Pilgerfahrt nach Canterbury hin,
Des abends langten in dem Gasthof dann
Zusammen neunundzwanzig Leute an
Verschiednen Volks, durch Zufall nur gesellt;
Auf Pilgerfahrt war aller Sinn gestellt,
Nach Canterbury reiten wollten alle."*

Geoffrey Chaucer, The Canterbury Tales

Geschichte

Die **literarische Geschichte** von Southwark beginnt im 14. Jh. mit den „Canterbury Tales" von *Geoffrey Chaucer:* Die 29 Pilger, die von dem Gasthof *Heroldsrock (Tabard Inn,* s. u.) nach Canterbury zum Schrein des 200 Jahre zuvor ermordeten Erzbischofes *Thomas Becket* aufbrechen, wollen ihre Reise kurzweiliger gestalten und beschließen, dass ein jeder von ihnen zwei Geschichten auf dem Hinweg und zwei auf dem Rückweg zu erzählen habe; um einen zusätzlichen Anreiz zu schaffen, verspricht *Harry Bailly,* der Wirt vom *Tabard's,* dem besten *Story Teller* als Preis eine opulente Mahlzeit in seinem Gasthof. *Chaucers* „Canterbury Tales", neben *Dantes* „Göttlicher Komödie" und *Boccaccios* „Decamerone" eines der bedeutendsten Werke der mittelalterlichen Weltliteratur, vermitteln dem Leser ein facettenreiches Bild vom Alltagsleben der Menschen in der damaligen Zeit.

Southwark, am südlichen Themseufer gelegen, ist annähernd so alt wie die City, doch während in jener der Lord Mayor und die Gilden streng über die Moral der betuchten Bürger wachten und Handel wie auch das private Leben reglementierten, tummelten sich auf der gegenüberliegenden Seite des Flusses Gaukler, Schauspieler und Geächtete, hier fand das „gemeine" Volk seine **Vergnügungen.**

Southwark verläuft rund um das südliche Ende der London Bridge, die ja über die Jahrhunderte hinweg die einzige Themseüberspannung der Hauptstadt darstellte. Durch dieses Nadelöhr strömten die Händler, Bürger und die Warenkolonnen ins Herz der Metropole; von Southwark aus (von jeher nur *The Borough* genannt, da dieses Quartier Londons erster Vorort war) verliefen die Ausfallstraßen an die Südküste und zu den Häfen, die England mit dem Kontinent verbanden. *The Borough* beherbergte Postkutschenstationen, viele Tavernen und die Gasthöfe, in denen das fahrende Volk Unterkunft fand, bevor der Gang in die City angetreten wurde oder die Reise durchs Land begann. Und wer nach anstrengender und gefahrvoller Fahrt hier sein Ziel erreicht hatte, den verlangte es nach Müßiggang, Erholung, Klamauk und Unterhaltung. Dass solches möglich war, dafür hatte die Reformation gesorgt: Die ausgedehnten Ländereien am südlichen Flussufer gehörten einst der katholischen Kirche und gingen im Zuge der Klosterauflösungen an die Anglikanische Staatskirche über. Damit unterstand Southwark dem Klerus und nicht der Gerichtsbarkeit der City. Der Borough entwickelte sein Markenzeichen, die vier „P's": **Pubs, Prisons, Prostitutes, Playhouses.**

Die Bischöfe von Winchester, aufgrund ihrer defizitären Haushaltspolitik ständig von Finanzsorgen geplagt, bereicherten sich an den „unmoralischen" Aktivitäten des Volkes: Die Gewinne aus 29 Bordellen flossen zum größten Teil in die bischöfliche Schatulle; die Mädchen, die hier arbeiteten, zumeist aus Holland und Frankreich „importiert", waren im Volk unter der Bezeichnung „Winchester-Gänse" stadtbekannt. Gute Einnahmen versprachen auch die berühmt-berüchtigten Schuldgefängnisse, unter anderen das King's Bench, das Marshalsea und das Clink; wer hier einsaß, hatte auch noch für seinen Lebensunterhalt zu zahlen. Die Haftbedingungen waren derart monströs, dass uns diese Namen in der gesamten englischen Literatur immer wieder begegnen – allerdings erfuhren auch viele berühmte Literaten am eigenen Leib, wie es in den Zellen zuging (wir kommen darauf zurück). Da es keinerlei administrative Restriktionen und auch keine Zensur gab, war Southwark der geeignete Ort für die in der elisabethanischen Ära aufblühenden Theater, von denen *Shakespeares Globe* die größte Berühmtheit erlangt hat.

Auch die „verachteten Gewerbe", die stinkenden Abdeckereien und Gerberbetriebe, Brauereien, Seifen- und Kerzenhersteller, waren den strengen Zunftbestimmungen der City nicht unterworfen und produzierten in einem nahezu rechtsfreien Raum. Als Mitte des 16. Jh. weite Teile des Borough gegen ein Entgelt von 1000 Pfund an die City verkauft wurden und damit **unter die behördlichen Fittiche** genommen wurden, änderte sich am „liederlichen" Leben in diesem Quartier nur wenig; zu sehr hatte das Volk die erholsamen Ausschweifungen genossen, als dass es sich diese wieder hätte nehmen lassen. Zudem waren zwei Areale vom Verkauf ausgenommen: einmal das Gelände um das Clink-Gefängnis, zum anderen das

032lo Foto: hs

daran angrenzende Gebiet von Paris Gardens; hier durfte nach wie vor ganz offiziell derb gelebt werden, und hier ließen sich die **berühmten Theater** und Vergnügungsstätten nieder: das *Globe,* das *Swan,* das *Rose,* das *Blackfriars* und der *Bear Garden!*

Die City-Autoritäten versuchten dennoch, einzugreifen: Am 28. Juli 1598 ging ein Brief in Southwark ein, der die „gemeinen Ausschweifungen der Bühnenstücke" anprangerte, „in denen nichts als profane Legenden, laszive Verhaltensweisen, üble Ratschläge und skurriles Benehmen fortgesetzt dargestellt wurden". Natürlich unternahm man keine Maßnahmen, um den städtischen Moralaposteln entgegenzukommen.

Southwark, aufgrund solcher Freizügigkeiten von jeher dicht besiedelt, erlebte während der Viktorianischen Epoche einen weiteren **Bevölkerungszustrom.** Die Dockanlagen, Speicherhäuser und Werften wurden ausgebaut, Bahnhöfe entstanden und Schienenstränge durchschnitten das Quartier. Southwark wucherte weiter nach Süden aus und vereinnahmte eine Reihe von einst selbstständigen Gemeinden.

Renovierte Lagerhäuser und neue Fassaden am südlichen Themse-Ufer

Fight the Litter Problem – Kampf dem Müll

Nach persönlicher Inaugenscheinnahme durch Umweltminister *David Trippier* bekam im Jahre 1990 die Old Kent Road im Stadtteil Southwark einen Preis verliehen. Die lokalen Stadtväter hätten auf diese Auszeichnung freilich lieber verzichtet: Old Kent Road wurde zur **schmutzigsten Straße Londons** gekürt! Mit diesem Brimborium wollte die Regierung das Bewusstsein der Bevölkerung auf das Abfallproblem richten. Denn wo immer der Brite geht und steht, wirft er die leere Bierdose, eine Zigaretten- oder Streichholzschachtel oftmals gezielt *neben* die allerorts angebrachten Müllkörbe. Mit großen Zeitungsannoncen wirbt die *Tidy Britain Group* (etwa: Haltet Großbritannien sauber!) um Aufmerksamkeit und propagiert den richtigen Umgang mit dem Abfall. Das Jahr 1990 wurde gar zum *Tidy Britain Year* (Jahr des sauberen Britannien) ausgerufen. Die Regierung hat zudem ein Gesetz erlassen, das die Gemeinden zur Sauberhaltung öffentlicher Straßen und Plätze verpflichtet; außerdem wurde das Bußgeld für die Verursacher wilder Mülldeponien von 400 auf 1000 Pfund erhöht.

Schon 1985 hatte Premierministerin *Margaret Thatcher* das Problem höchstselbst erkannt und auf Abhilfe gesonnen. Die Regierungschefin initiierte das **Programm UK 2000,** ging selbst mit gutem Beispiel voran und säuberte vor laufenden Fersehkameras ca. 3 Quadratmeter Rasenfläche im St. James's Park. Da pickte sie, ihr „eisernes Kreuz" elastisch durchbiegend, die eine oder andere verrostete Blechdose auf, (die ihre Sicherheitsbeamten zuvor an ausgesuchten Stellen platziert hatten) und verschwand danach wieder in 10 Downing Street. *UK 2000* blieb, was es war: ein regierungsamtlicher und damit sinnentleerter Appell – die Müllberge wuchsen weiter!

London sorgt sich nun ernsthaft um sein schmuddeliges Outfit, und die britischen Stadtväter denken sorgenvoll an das Beispiel Amsterdam, wo u. a. der Unrat die Touristen verscheucht hat. Das **internationale Ansehen** der englischen Metropole steht **auf dem Spiel,** es gilt, die 9 Mio. Besucher, die Jahr für Jahr in die Kapitale drängen, nicht zu verprellen. Umfragen unter den ausländischen Touristen brachten dramatische Ergebnisse zutage. Die Fremdenverkehrsbranche schlug Alarm. Wem soll der Besichtigungsgang im Tower oder am Trafalgar Square noch Spaß machen, wenn man gezwungen ist, alle paar Meter eine leere Bier- oder Coladose wegzukicken? 3 Mio. Pfund hat die Regierung deshalb in die *Tidy Britain Group* einfließen lassen, um das Desaster von *UK 2000* nicht zu wiederholen. Nun gibt es Sauberkeitswochen, pädagogische Rahmenveranstaltungen und wahre Freiwilligenarmeen, deren Mitglieder mal enthusiastisch grinsend, mal *hard-boiled* drohend in die surrenden Kameras blicken und dann den Müll angehen wie einst *Wellingtons* Streiter vor Waterloo *Napoleons* Truppen.

Doch **Sisyphus lässt grüßen** – wie die Aktionsgruppe von Stadtrat *Ken Wooton* im Londoner Viertel Kingston schmerzlich erleben musste. Nach einigen einleitenden und markanten Worten, die sich bekanntermaßen kein Politiker, will er ein *Local Hero* werden, verkneifen kann („Wir haben den Dreckspatzen den Krieg erklärt"), trat *Ken Wooton* per Vorwärtsverteidigung persönlich an die Hauptkampflinie vor und führte in taktischer wie auch strategischer Hinsicht in einem dreitägigen Blitzkrieg über 1000 Blechdosen in die Gefangenschaft; zusätzlich und quasi ganz nebenbei bekämpfte er auch anderen Müll und füllte 23 Abfallsäcke. Der lokale Pfarrer segnete die Streiter, und seine Tochter nahm als moderne *Florence Nightingale* an dem Unternehmen teil. Doch der Feind lauert überall! Sprach *Ken Wooton:* „Nur wenige Tage nach dem großen Aufräumen waren die Dreckfinken schon wieder in Aktion – und haben hier sogar eine alte Matratze abgeladen."

In Westminster, also rund um die Parlamentsgebäude und die Ministerien, kamen die Verantwortlichen auf eine „bessere" Idee: Dem Wasser in den Reinigungsfahrzeugen wurde ein Parfüm beigemischt, damit die Straßen nun besser riechen! Wer sieht noch den Müll, wenn die Nase Blumenduft spürt?

In den letzten Jahren hat sich viel am südlichen Themseufer getan, die Dockanlagen wurden restauriert, allerorten schießen derzeit neue Gebäude aus dem Boden, und nur wenig ist aus der damaligen Zeit erhalten geblieben; der Besucher muss viel Fantasie auf seinem Erkundungsgang walten lassen, will er sich die Atmosphäre jener vergangenen Tage vergegenwärtigen. Neben der City ist Southwark sicher eines der bedeutendsten historischen Viertel der Metropole (wenngleich nur wenig Geschichtsträchtiges noch zu sehen ist). Und mit der Einweihung des neuen, originalgetreu errichteten *Globe Theatre* sowie der *Tate Modern* erlangte dieser Stadtteil auch internationale touristische Bedeutung.

Besichtigung

Unser Spaziergang beginnt am Südende der London Bridge (U-Bahn: *London Bridge Station),* die in die Borough High Street mündet. Nach wenigen Metern geht linker Hand die St. Thomas Street ab. Zu *Shakespeares* Zeiten befand sich hier das **St. Thomas Hospital.** 1956 entdeckte man den ehemaligen Operationssaal, der eine Reihe von Zuschauerplätzen besaß, damit angehende Medizinstudenten die martialischen chirurgischen Eingriffe verfolgen konnten. 1537 wurde in dem Krankenhaus unter dem Herausgeber *Miles Coverdale,* der später Bischof von Exeter werden sollte, die erste englischsprachige Bibel gedruckt. Ende des 18. Jh. verlegte man das Hospital nach Lambeth, wo es

s166

noch heute steht und sich internationaler Reputation erfreut.

Eine wichtige Institution öffnete bereits im 17. Jh. in derselben Straße ihre Pforten: Ein gewisser *Richard Whittington* (genannt *Dick der Pantomime)* hatte Gelder für eine **Abtreibungsklinik** gespendet, in der „Frauen, die Verfehlungen begangen hatten, im Vertrauen auf ihre Besserung" behandelt wurden. Oberstes Gebot war die strikte Wahrung der Anonymität, der „Fehltritt" sollte den Mädchen bei einer späteren „ordentlichen" Ehe nicht im Wege stehen.

Noch immer befindet sich ein nicht minder berühmtes Krankenhaus in der St. Thomas Street, das **Guy's Hospital,** das *Thomas Guy* mit seinen Spekulationsgewinnen aus dem *South Sea Bubble* errichten ließ. *John Keats* (1795–1821), der begnadete Lyriker der englischen Hochromantik, der sein kurzes Leben in Armut und Krankheit verbrachte, begann hier im Oktober 1815 mit seinem Medizinstudium.

Anatomiestudien im 18. Jh.

Auch *Cecil Scott Forester* (1899–1966), berühmt geworden durch seine Abenteuerserie „Capt'n Hornblower", wollte an dieser Institution den Arztberuf ergreifen; wie er uns in seiner Autobiographie („Long before Forty") mitteilt, fiel er bereits bei einem der ersten Examen durch, verließ daraufhin das *Guy's* und wurde ein Lebemann, bis er seine eigentliche Profession, das Schreiben, entdeckte. Auch das *Guy's* ist heute eine der renommiertesten Kliniken Londons.

Von der Borough High Street zweigen hinter der St. Thomas Street eine Reihe kleiner Gassen ab, die zu **Hinterhöfen,** so genannten *Yards,* führen. Hier befanden sich einst die Gasthöfe und Tavernen für das fahrende Volk; wie viele es waren, davon zeugt ein Zitat aus dem 17. Jh.: „... a continued ale house with not a shop to be seen between..." (Eine fortlaufende Kneipe mit nicht einem Laden dazwischen). Und auch schon zu *Chaucers* Zeiten waren die Ausschankstellen für das Ale die Attraktion der Gegend. Heutzutage erinnern nur noch die Hofnamen an die einstigen Tavernen; bis auf eine (s. u.) sind sie alle verschwunden, und Neubaugebäude umrahmen diese Yards.

Als erstes passieren wir den **King's Head Yard,** vor der Reformation unter dem Namen *Pope's Head* eine berüchtigte Kneipe. Es folgt **White Hart Yard,** bekannt gemacht durch *Shakespeares* Stück „Heinrich VI.": Im Jahre 1450 versetzte *Jack Cade* mit seiner mehrere Tausend Mann starken Truppe London in Angst und Schrecken.

Cade richtete sich im *White Hart Inn* ein und forderte Aufmerksamkeit für die Beschwerden und Nöte seiner Leute. *Shakespeare* hatte nicht viel für den Rebellen übrig und porträtierte ihn als brutalen Burschen. Tatsache jedoch ist, dass *Cade* seinen Anhängern – ein Novum in jenen Tagen – Plündereien, Mord und Vergewaltigung an der Bevölkerung bei Strafe verbot. Zu guter Letzt wurde die Revolte niedergeschlagen, und *Cade* fand den Tod. Da die Obrigkeit nicht sicher war, seine Leiche zweifelsfrei identifiziert zu haben, brachte man seinen Körper zum Besitzer des *White Hart Inn,* der den Häschern bestätigte, um wen es sich handelte (so überliefert es wenigstens eine Legende). Im Jahre 1637 übrigens meldeten fromme Bürger den Wirt bei den Ordnungshütern, da er seinen Gästen den fröhlichen Alkoholgenuss auch zu Zeiten gestattete, wenn in der benachbarten Southwark Cathedral der Gottesdienst begangen wurde.

Im nachfolgenden **George Inn Yard** erreichen wir eine weitere berühmte Taverne, das *George Inn.* Nur in diesem Hinterhof ist noch ein gut renovierter Teil eines alten Gasthofes zu besichtigen; er vermittelt eine Vorstellung von den Inns der damaligen Zeit: Im Erdgeschoss befand sich der Schankraum, die mit Galerien versehenen oberen Stockwerke beherbergten die Gästezimmer. Das Gebäude datiert vom Ende des 17. Jh.; 1676 waren alle Inns im Großen Brand von Southwark ein Raub der Flammen geworden. Im George Inn Yard führte **William Shakespeare** übrigens seine **ersten Schauspiele** auf; dann drängten sich die Zuschauer auf den Galerien des Gasthofes, um zu verfolgen, was sich im Innenhof tat. Als man wenig später daranging, professionelle Theater zu errichten, nahmen die Baumeister die übereinander gestaffelten, umlaufenden Balkone der Inns als Vorbild für die Theaterränge. Noch heute führt man in den Sommermonaten im George Inn Yard *Shakespeare*-Stücke auf (ein solches Ereignis entnehme man der Tagespresse oder den Veranstaltungsblättern *What's on* oder *Time Out).* Selbstverständlich ist auch der Pub noch in Betrieb, und es lohnt sich, hier eine Pause einzulegen und ein *Pint of Bitter* zu trinken. Schon *Shakespeare* hat hier mit Sicherheit sein Ale genossen.

Nicht wiederholen wird sich die folgende berühmte Geschichte: Im 17. Jh. konnte die königliche Münzanstalt eine Zeitlang den gewünschten Geldumlauf nicht sicherstellen, und es fehlte der Bevölkerung an Münzen. Um dennoch den Umsatz aufrechtzuerhalten, prägte der Wirt vom *George Inn* sein eigenes Geld und gab es an die Durstigen weiter. Der wirtschaftliche Erfolg war beträchtlich, in der Taverne floss das Bier in Strömen, während die Konkurrenzunternehmen einer drohenden Pleite entgegensahen.

Durch die folgende kleine Stichstraße gelangen wir in den Talbot Yard, in dem sich einst das **Tabard Inn** befand. Die eingangs erwähnte Szene aus *Chaucers* „Canterbury Tales" hat sich hier um 1379 zugetragen. Das *Ta-*

lon169 Foto: hs

bard's war berühmt für sein gutes Bier, und *Chaucer* lässt den Müller, einen seiner Protagonisten, sich dafür entschuldigen, dass das gute *Southwark Ale* seine Zunge teilweise gelähmt habe. („Der Müller sprach: Nun leiht mir eure Ohren! / Zunächst jedoch erklär ich euch ganz offen, / Dass ich's am Klange hör, ich bin besoffen; / Drum sollt ich mich versprechen und versagen, / Bitt ich, das Bier von Southwark anzuklagen.") *Geoffrey Chaucer* war übrigens zusammen mit seinem Zeitgenossen *John Gower* einer der ersten Literaten, der viele seiner Texte in englischer Sprache schrieb und sie damit auch dem einfachen Volk zugänglich machte. In jenen Tagen benutzte der Adel das Französische, und der Klerus veröffentlichte in der lateinischen Sprache.

Wir kommen nun zum **Queen's Head Yard,** der seinen Namen anlässlich der Krönungsfeierlichkeiten

Im Innenhof des George Inn

von *Elisabeth I.* (1558) bekam. Im 15. Jh. gehörte das Anwesen der Familie *Poyning;* einer aus dieser Sippe, *Robert,* war Schwertträger und enger Vertrauter des „Aufrührers" *Jack Cade;* vielleicht lag es an seinem Ratschlag, dass *Cade* ausgerechnet in Southwark Quartier nahm. 200 Jahre später erbte ein gewisser *John Harvard* den Gasthof, verkaufte ihn aber alsbald und wanderte nach Amerika aus; in Massachusetts gründete er mit dem Geld die berühmte Harvard University.

Mermaid Court markiert die Stelle, an der das berüchtigte **Marshalsea-Gefängnis** gestanden hat. *Ben Jonson* (1573–1637), ein Zeitgenosse *Shakespeares,* Schauspieler und Autor deftigderber Volksstücke, saß vom 28. Juli bis zum 8. Oktober 1597 in einer der Zellen. Der Obrigkeit hatte sein Schauspiel „Isle of Dogs" nicht sonderlich gefallen; es soll voller verführerischer Sentenzen und heftiger Verleumdung gewesen sein. Leider ist es nicht erhalten geblieben, so dass wir uns kein eigenes Urteil bilden können. Mit *Jonson* saß *Gabriel Spencer,* Schauspieler und enger Freund des Dramatikers, im Marshalsea ein. Das Zusammenleben auf engem Raum förderte nicht gerade die Zuneigung der beiden Männer, und kurz nach ihrer Entlassung tötete *Jonson Spencer* in einem Duell. Wenige Jahre später konnte der Autor die „Knasterfahrungen" intensivieren, diesmal hatte man ihn wegen seiner Schulden am Wickel. *Shakespeare* setzte sich wohl für seine Freilassung ein und dürfte bei dieser Gelegenheit das Marshalsea in Augenschein genommen haben. Die Erfahrung fand ihren Niederschlag in dem Stück „Heinrich VIII." Ende des 18., Anfang des 19. Jh. verlegte man das Gefängnis weiter südlich, und in jenen Tagen lernte es *Charles Dickens* kennen. Nach dem Bankrott und der Inhaftierung des Vaters waren die Dickens' in den 20er Jahren nach Southwark gezogen, und Klein *Charles* hatte für den Lebensunterhalt der Seinen zu sorgen. Die Erfahrungen aus jener Zeit hat *Dickens* später in seinen Romanen literarisch verarbeitet; so spielt „Little Dorrit", 1855–1857 erschienen, rund um das Marshalsea, und in dem Band „The Old Curiosity Shop" stellen die Figuren, Mrs. und Mr. Garland, Dickens' Vermieterehepaar dar.

Am Angel Place drohte das nicht minder verrufene **King's Bench Prison.** Im Jahr 1653 zählte die Haftanstalt 399 Insassen, die alle wegen unbezahlter Rechnungen einsaßen; auf insgesamt 900.000 Pfund summierten sich die Schulden, die die Gläubiger insgesamt von den Häftlingen forderten. Ein berühmter Insasse war übrigens *Daniel Defoe* (um 1661/62–1731), der aber nicht wegen offener Rechnungen, sondern wegen der Veröffentlichung eines politischen Pamphlets hinter Gittern saß. Einen weiteren Literaten, *Tobias Smollet* (1721–1771), kerkerte man im King's Bench ein, weil er einen Admiral öffentlich verleumdet hatte. *Smollet* nutzte die Zeit und schrieb seinen Roman „Sir Launcelot Greaves", der um 1760 erschien.

Wir kehren nun um und laufen die Borough High Street zurück, um uns der Southwark Cathedral und dem **Borough Market** (8 Southwark Street SE 1, Mo–Sa 2–9 Uhr) zuzuwenden. Dieser Obst- und Gemüsemarkt ist einer der ältesten Londons und geht auf das 13. Jh. zurück. Bis um 1750 fanden Handel und Verkauf entlang der Borough High Street statt, dann verlegte man aufgrund der ständigen Verkehrsstaus die Stände neben die Kathedrale. Jedes Jahr im September stellte neben dem Markt die berühmte **Southwark-Messe,** eine große Verkaufs- und Vergnügungsveranstaltung, eine Attraktion des Viertels dar, und Abertausende von Bürgern, Kaufleuten, Schauspielern und Gauklern pilgerten ans südliche Themseufer. 1668 war auch *Samuel Pepys* dabei: „Sah mit meiner Frau das Puppenspiel ‚Bartholomäusmarkt', das mir ausgezeichnet gefällt; nur die Verunglimpfung der Puritaner wirkt nicht mehr – das waren die Leute, die am Ende doch Recht behalten werden". *Pepys* hatte ein Stück von *Ben Jonson* gesehen, das im 5. Akt eine Puppenspieleinlage enthält. Hauptdarsteller der Komödie war übrigens *Dick Whittington,* der Geldgeber der „Abtreibungsklinik" nahe dem *Guy Hospital.* 1693 gab der Tagebuchschreiber *John Evelyn* eine lebendige Darstellung der Messe, und 1733 malte *William Hogarth* sein Bild „Southwark Fair". 1762 dann schaffte die Verwaltung dieses jährliche Spektakel ab. Wer heute in den gusseisernen Verkaufshallen das Markttreiben beobachten möchte, sollte am besten gar nicht erst schlafen gehen; die Marktzeiten liegen zwischen 2 und 9 Uhr morgens.

Wenden wir uns nun der **Southwark Cathedral** zu, dem Londoner „Geschichtsbuch in Stein". Bereits um das Jahr 606 befanden sich an dieser Stelle eine Kirche und das Nonnenkloster St. Marie Overrie („Over the River"), im Jahre 862 kam ein Priesterseminar hinzu, und um 1106 übernahmen Augustinermönche die Anlage und begannen mit dem Bau einer Steinkirche im normannischen Stil. Anfang des 13. Jh. zerstörte ein Feuer das Gotteshaus, das nun, teilweise unter Verwendung der alten Quader, in gotischer Bauweise neu errichtet wurde. Von der Reformation, Mitte des 16. Jh., bis zum Jahre 1905 war es als Pfarrkirche dem hl. Saviour geweiht. Dann avancierte die Kirche unter der Bezeichnung Southwark Cathedral zum Mittelpunkt der Diözese von Southwark. Ende des 19. Jh. musste eine umfangreiche Renovierung des verwahrlosten Gotteshauses vorgenommen werden; heute präsentiert sich die Kathedrale mit ihrem mächtigen Vierungsturm neben der Westminster Abbey als eine der schönsten gotischen Kirchen Londons.

Im Innern sind vor allem die vielen **Grabdenkmäler** von Interesse. Im nördlichen Seitenschiff ruht der Dichter *John Gower,* Zeitgenosse und Freund von *Geoffrey Chaucer* sowie Hofpoet von *Richard II.* und *Heinrich IV.* Der Kopf der Grabfigur liegt auf den drei bekanntesten Werken des Autors. Im nördlichen Chorumgang befindet sich die hölzerne Totenstatue eines Ritters, eine der wenigen erhaltenen Arbeiten aus dem 13. Jh. Weiterhin ist hier das Trehearne Monument zu besichtigen, das *John Trehearne,* einen hohen Hofbeamten von *James I.* sowie seine Familie in zeitgenössischen Kostümen zeigt. Ein weiteres Grabmal ehrt den Londoner Ratsherrn *Richard Humble* und seine zwei Frauen. Im nördlichen Querschiff sind drei weitere bekannte Persönlichkeiten der damaligen Zeit zur letzten Ruhe gebettet; von besonderem Interesse dürfte das Grabmal von *Lionel Lockyer* sein, der im 17. Jh. ein berühmter Wunderheiler war. Seine angeblich aus Sonnenstrahlen hergestellten Unsterblichkeitspillen haben ihm – wie man sieht – nur wenig genützt. Im südlichen Chorumgang liegen die sterblichen Überreste von *Launcelot Andrewes,* Bischof von Winchester, der einst für seine Predigten und frommen Traktate berühmt war. Im südlichen Seitenschiff erinnert das 1911 eingeweihte Shakespeare Monument an die Verbundenheit des Dichters mit Southwark. Begraben ist der begnadete Dramatiker in Stratford-upon-Avon, doch sein Bruder *Edmund* und *Shakespeares* Co-Autoren *John Fletcher* und *Philip Massinger* fanden hier ihre letzte Ruhestätte (wenngleich man nicht weiß, an welcher Stelle). Die Alabasterfigur des großen Literaten liegt lang ausgestreckt auf der Seite, dahinter erkennt man in einem Relief die Southwark-Kulisse vom Globe bis zur Kathedrale, wie sie sich in der elisabethanischen Ära wohl dem Betrachter darbot. Vom nördlichen Seitenschiff aus gelangt man in die Harvard Chapel. *John Harvard,* 1607 in St. Saviour getauft, gründete – wie schon vorher erwähnt – in den USA die berühmte Harvard University; die kleine Kapelle entstand mit amerikanischen Spendengeldern zu Beginn des 20. Jahrhunderts.

Verlässt man den Kirchgarten durch das nördliche Tor, erkennt man rechter Hand die Masten des **Seglers Golden Hind,** der hier im St. Marie Overie-Dock als Touristenattraktion vor Anker liegt. Einer volkstümlichen Variante nach geht der Name des Kais auf die folgende, höchst traurige **Legende** zurück: *Mary* war die Tochter eines *Overs,* eines Fährmannes, der zwischen Southwark und der City hin- und herpendelte. Die Einnahmen aus diesem Geschäft waren gering, und der Fährmann – zudem noch ein Geizhals – hielt seine Familie äußerst knapp; ständig sann er darüber nach, wie er die Lebenshaltungskosten weiter senken könnte. So kam er eines Tages auf die Idee, seinen eigenen Tod vorzutäuschen, in der Hoffnung, dass die Angehörigen vor lauter Trauer die teuren Mahlzeiten vergessen würden. Doch statt den frühen Tod des Vaters zu beklagen, richtete die Familie ein opulentes Mahl aus und schlug sich den Bauch voll. Wutschnaubend über diesen Frevel „erwachte" der Fährmann von den Toten, und Panik brach unter den Teilnehmern des Leichenschmauses aus. Jemand ergriff ein schweres hölzernes Paddel und zog dem vermeintlichen Geist damit eins über – nun war der Mann wirklich tot! Die Tochter *Mary*, nicht mehr unter den Fittichen des gestrengen Vaters, ließ nach ihrem heimlichen Liebhaber schicken. Der junge Mann, kurz vor dem Ziel seiner Sehnsüchte, sprang aufs Pferd und galoppierte los. In der Eile jedoch strauchelten Ross und Reiter – auch der Geliebte fand den Tod, und *Mary* ging ins Kloster. Auf diese Weise bekam der Ort den Namen St. Mary Overrie.

An dem kleinen Kai durften einst die Bewohner von Southwark zollfrei ihre Waren umschlagen. Neben der *Golden Hind* befindet sich in einem renovierten Lagerhaus der **Pub Thameside Inn,** nahebei gibt das **Southwark Heritage Centre** Auskunft über dieses Viertel. Der kleine Komplex rund um den Segler wurde 1986 vollständig erneuert.

Der Dreimaster, der hier im Dock vor Anker liegt, ist ein originalgetreuer Nachbau der *Golden Hind,* jenes Schiffes, mit dem *Francis Drake* von 1577 bis 1580 die Welt umsegelte. 1973 lief der absolut seetüchtige Segler vom Stapel. Vier Jahre später diente er als Piratenschiff in dem Film „Swashbuckler", 1979/80 umrundete die moderne *Golden Hind* auf der gleichen Route wie 400 Jahre zuvor Sir *Francis Drake* die Welt und war dann ein Handelsschiff in dem Fernsehfilm „Shogun". Weitere Reisen führten den Segler durch den Panama-Kanal und an die kanadische Westküste sowie in die Karibik. Die *Golden Hind* ist 37 m lang, der Hauptmast hat eine Höhe von 27 m, und die Segelfläche umfasst 386 m^2. Die maximale Geschwindigkeit beträgt 8 Knoten oder 14 km/h.

Zwischen *Heritage Centre* und *Thameside Inn* führt eine Gasse zu den Überresten des ehemaligen **Winchester-Bischofspalastes;** nur noch eine hohe Wand mit einer Fensterrosette im Giebel ist erhalten geblieben. Wer Hunger verspürt, findet hier eine kleine Sandwich-Bar, in der vor allem zur Mittagszeit sich die Angestellten der umliegenden Bürogebäude versorgen. Die Baguettes und die vielen unterschiedlichen Sandwiches sowie die Suppen und weitere Snacks sind ausgesprochen lecker.

Weiter der Gasse folgend, gelangen wir in die Clink Street, in der einst ein weiteres **Gefängnis** seinen Platz hatte; so berüchtigt waren die Zellen, dass der Name in die englische Umgangssprache einging: **Clink** bedeutet Knast! In den unterirdischen Verliesen waren die Inhaftierten stets vom Grundwasser der nahe gelegenen Themse sowie von den Abwässern der hier endenden Kanalisation bedroht. Der „Knast" unterstand der direkten Kontrolle der Winchester-Bischöfe, die hier ihre Gegner schmachten ließen. Aus dem Jahre 1509 stammt die erste urkundliche Erwähnung. Angeblich hing damals eine Fiedel über dem Eingang; umgangssprachlich bedeutete „fiedeln" *(fiddling)* soviel wie „betrügen" *(swindling).* Ein Manuskript aus dem Jahre 1580, welches sich heute in der *Bodleian Library* in Oxford befindet, zeigt, dass dieser „Gassenhauer" schon sehr bald in die Schriftsprache übernommen wurde: „... fiddling knaves... confined... in their ancient House called Ye Clink" (... betrügerische Buben fanden ihr Ende in jenem alten Haus, genannt Das Clink).

Ab dem Jahre 1577 lebte ein gewisser *Philip Henslowe,* ein einfacher und armer Färbereiarbeiter, nahe dem Clink; nach dem Tod seines Herrn heiratete er dessen Witwe, kam dadurch zu Geld und löste viele verschuldete Schauspieler aus dem Clink; auch war er einer der wenigen, der Geld – wie die englische Quelle vermeldet – zu *reasonable rates* verlieh. *Henslowe* wurde später der Manager des *Rose Theatre* (s. u.).

Während der *Gordon Riots,* einer Rebellion der Armen und Besitzlosen, brannten die Aufständischen das Gefängnis nieder. In einer Ausstellung versucht die **Clink Exhibition,** ein kleines Museum (Mo–So 10–18 Uhr), die Schrecken darzustellen, denen die Insassen damals ausgesetzt waren.

Clink Street mündet auf Bankend, und gleich linkerhand finden Weinliebhaber das Ausstellungsgebäude **Vinopolis, City of Wine** (tägl. 10–17 Uhr), in dem man nicht nur unterschiedliche Rebensäfte kosten kann, sondern auch umfassend über dieses jahrtausendealte Getränk informiert wird. Die **Cantina Vinopolis** hat die Kleinigkeit von 190 Rebensäften auf ihrer Weinliste.

Um die Ecke herum, direkt am Flussufer der Themse, steht der **Anchor Pub,** eine der ältesten und berühmtesten Kneipen Londons. Seit dem 15. Jh. hat es an dieser Stelle einen Inn unter dem Namen *Castle on the Hoop* gegeben. 1509 erhielt der Gasthof eine Alkohol-Lizenz des Bischofs von Winchester. Zu *Shakespeares* Zeiten befand sich in dem Pub auch das erste Bordell der Gegend. Rund 100 Jahre später beobachtete *Samuel Pepys* von hier aus den großen Brand von London und hinterließ uns eine drastische Beschreibung. Wiederum ein Jahrhundert später sah man den großen *Dr. Samuel Johnson* aus- und eingehen.

Dr. Johnson, ein schreib- und diskussionswütiger, lebenshungriger Gelehrter, gehörte zu den schillerndsten Persönlichkeiten im London des

s174

18. Jh. Einsamkeit war ihm ein Gräuel, er durchstreifte die Salons und Pubs der gesamten Stadt und schaute dabei dem Volk aufs Maul. Ständig auf der Suche nach aussagekräftigen Begriffen und Texten, begann er, die englische Sprache, die bis dahin auf einem Gemisch aus keltischen, romanischen und angelsächsischen Worten basierte, zu vereinheitlichen und erstellte sein berühmtes, bis heute gültiges *Dictionary.* Von ihm stammt der bekannte, in Bezug auf London vielfach zitierte Spruch: „Bist du Londons müde, dann bist du des Lebens müde; denn in London gibt es alles, was das Leben bieten kann." Der „Gute Dr. Johnson", wie er gemeinhin nur genannt wurde, hat einmal gar ein ganzes Jahr lang im *Anchor* gelebt; die damaligen Pub- und Brauereibesitzer *Mrs.* und *Mr. Thrale* waren enge Vertraute des großen Meisters. So rühmt sich der *Anchor,* des Doktors Lieblingskneipe gewesen zu sein; angesichts der Fülle an Bierhäusern, in denen *Johnson* auf der Suche nach Geselligkeit sein Ale trank, eine gewagte Behauptung. Wir werden auf unseren weiteren Streifzügen noch auf eine stattliche Zahl weiterer Pubs stoßen, die für sich reklamieren, *Johnsons* bevorzugtes Domizil gewesen zu sein. Neben *Samuel Pepys* und *Dr. Johnson* verkehrten noch weitere berühmte Männer vergangener Tage im *Anchor:* der Maler und Porträtist *Sir Joshua Reynolds* (1723– 1792), der bedeutende Shakespeare-Darsteller *David Garrick* (1717–1779), der Autor *Oliver Goldsmith,* der eine kleine Arztpraxis an der Bankside hatte (1728–1774) und der liberale Politiker und Schriftsteller *Edmund Burke* (1729–1797).

Im Jahre 1820 renovierten die Eigentümer den Pub, und bei den Arbeiten fand man eine Anzahl von alltäglichen Gebrauchsgegenständen aus der elisabethanischen Ära (ausgestellt im Pub). Mit der Neueröffnung gab sich der Gasthof seinen heutigen Namen. In einem Johnson-Raum kann man Konterfeis des berühmten Literaten besichtigen und einen Blick auf die Kopie des *Dictionary* werfen. Sommertags hat man die Möglichkeit, draußen vor dem Pub direkt an der Uferfront der Themse zu sitzen und den Verkehr auf dem Fluss zu beobachten. Während wir auf diesem geschichtsträchtigen Boden ein *Pint of Bitter* trinken oder den *Ploughman's Lunch* (eine traditionelle Bauernmahlzeit) essen, sollten wir auch daran denken, dass zu *Shakespeares* Zeiten an dieser Stelle *Scold Women* – scheltende Frauen – öffentlich gedemütigt wurden: Festgebunden auf dem so genannten *Ducking Stool,* tauchte man die zänkischen Weiber unter dem Gejohle der Zuschauer von Kopf bis Fuß in den mit Abwässern reichlich versetzten, schmierigen Fluss.

Dr. Samuel Johnson

Die elisabethanischen Theater

Wir gehen nun den Weg zurück, lassen die Clink Street links liegen und biegen in die Park Street, die erste Straße rechts, ein – wir gelangen in das „Theaterland" der elisabethanischen Epoche! Zu *Shakespeares* Zeiten hieß die Gasse Maid Lane. Umgeben von Hochhäusern, befindet sich auf der linken Straßenseite eine Gedenktafel, die uns daran erinnert, an welchem bedeutsamen literarischen und kulturhistorischen Ort wir uns befinden: Hier stand einst das berühmte **Globe Theatre!** Ursprünglich gab das erste Theater jener Tage seine Aufführungen nahe der City, in Shoreditch am nördlichen Flussufer, zum Besten; es wurde seit 1576 von *James Burbage* unterhalten. 22 Jahre später bekam der Eigner Ärger mit seinem Grundbesitzer, ließ daraufhin das hölzerne Gebäude – übrigens knapp einfach nur „The Theatre" genannt – auseinandernehmen und in Southwark neu aufbauen. Hier nämlich war mittlerweile das *Rose Theatre* in den vergangenen Jahren äußerst erfolgreich gewesen. Die City-Autoritäten waren froh, diesen „Pfuhl der Sünde" loszuwerden, und da sie es keineswegs gestatteten, dass die moralisch einwandfreie Lebensführung der betuchten Bürger durch solche Theaterspektakel beeinträchtigt wurde, verboten sie jegliche Werbung für die Aufführungen in der Metropole. Die Theaterleute mussten sich etwas einfallen lassen, wollten sie Zuschauer aus der City anlocken. Wann immer nun eine Vorstellung anstand, zog man Fahnen auf den Dächern hoch: eine schwarze, wenn ein Drama gegeben wurde, eine weiße, wenn eine Komödie auf dem Spielplan stand, und eine rote, wenn ein historisches Stück zur Aufführung kam!

1599 fand in dem neu errichteten, außen achteckigen und innen runden Theater mit den übereinander gestaffelten umlaufenden Rängen – nun „Globe" genannt – **die erste Aufführung** statt. Man spielte „Heinrich V."; im Prolog nahm *Shakespeare* Bezug auf die Bauweise, das *Wooden „O"*: „Doch verzeiht ihr Teuren, den schwungvoll seichten Geistern, die es gewagt, auf dies unwürdige Gerüst zu bringen, solch großes Stück: Diese Hahnengrube, fasst sie die Ebenen Frankreichs? Stopft man wohl in dies „O" von Holz die Särge nur, von denen einst die Luft bei Agincourt erbebte?"

Unbeschreiblich, was sich vor, während und nach den **Vorstellungen** tat: Schon kurz nach Mittag strömte das Volk in die Maid Lane, alle umliegenden Straßen waren verstopft – schließlich besaß das Globe 2000 Plätze (einer anderen Quelle zufolge sollen es gar 3000 gewesen sein). Heftiges Gedränge und Geschiebe herrschte vor dem Eingang, unter Zuhilfenahme der Ellbogen und mit heftiger Pöbelei kämpften sich die Schaulustigen an die Kasse vor. Der billigste Platz, auf dem die *Groundlings*, die Gründlinge, sich niederließen, kostete einen Penny; zur damaligen Zeit immerhin ein Zehntel des durchschnittlichen Tagesverdienstes; in den überdachten Galerien hatte man zwei Pennies zu zahlen, und hoch oben in den Logen war man mit drei Pennies dabei. Während der Aufführung wurde gegessen, aber noch mehr getrunken, und die schwer alkoholisierten Gäste randalierten, rülpsten und furzten in die Menge.

Schmetternde Fanfarenstöße zeigten den Beginn eines neuen Aktes an und versuchten, die Aufmerksamkeit der Massen auf das Stück zu lenken: Jede Szene, jeder Satz wurde vom Publikum lautstark kommentiert, sprachgewaltige Zuschauer und schlagfertige Bühnenakteure lieferten sich Rededuelle und feuerten sich gegenseitig an; Fußgetrampel, das Gejohle und Gelache, aber auch tränenreiches Geschluchze und nicht minder eine entsetzte Stille, wenn das Drama seinem Höhepunkt zustrebte, müssen in weitem Umkreis wahrgenommen worden sein. Während der Pausen sorgten Gaukler und Spaßvögel für die Kurzweil der Gäste und ließen rüde Beschimpfungen, aber auch die leergenagten Knochen von Hühnerbeinen auf sich niedergehen.

Am **29. Juni 1613** stand das Stück „Heinrich VIII." auf dem Spielplan. Während der Szene, in der der König das Haus seines Lordkanzlers *Wolsey* betritt, feuerten die Bühnenarbeiter zur Steigerung der Spannung eine Kanone ab. Der dabei entstandene Funkenflug erhob sich bis ins Dach und setzte das trockene Gebälk in Brand. Innerhalb von nur zwei Stunden **brannte das Globe** bis auf die Grundmauern **nieder.** Glücklicherweise kam niemand zu Schaden; wie uns der Augenzeuge *Sir Henry Wotton* überliefert hat, „fingen nur bei einem Mann die Pluderhosen Feuer, und er wäre gegrillt worden, hätte nicht ein vorsorglicher Witzbold den Brand mit dem Inhalt einer Flasche Ale gelöscht". Unverzüglich ging man daran, ein neues *Globe* zu errichten, doch 1644 kam unter *Cromwells* puritanischer Herrschaft das endgültige Aus für die Theater der Gegend. Nach dem Bürgerkrieg durften die Schauspielhäuser wieder öffnen, doch nun entstand im Westend das neue Theaterland.

Ein Stück weiter die Park Street abwärts passieren wir rechterhand den Eingang zur **Rose Exhibition** (tägl. 10–17 Uhr), in dem die Fundamente und Reste des von den Archäologen ausgegrabenen *Rose Theatre* zu besichtigen sind. 1587 hatte das Schauspielhaus seine Pforten geöffnet, mit dem *Globe* jedoch konnte es auf Dauer nicht konkurrieren; 1602 wurde es geschlossen. Im Jahre 1988 entdeckte man bei Ausschachtungsarbeiten die Fundamente des *Rose*. Archäologen begannen mit weiteren Grabungen, doch der Grundeigentümer forderte den Fortgang der Baumaßnahme. Nachdem die Stadt eine beträchtliche Schadensersatzsumme für die Unterbrechung der Arbeiten zahlen musste, wurden die Untersuchungen eingestellt. Ein Bürohochhaus bedeckt heute jenen theatergeschichtlich historischen Ort.

In der folgenden, nach rechts abgehenden Querstraße Bear Gardens befindet sich das *Globe Theatre Educational Centre,* in der die museumspädagogischen Veranstaltungen rund um *Shakespeares' Globe Theatre* organisiert werden.

An der Stelle des *Centre* befand sich in der elisabethanischen Ära der **Bear Garden,** eine Vergnügungsstätte für's Volk, in der recht rohe Darbietungen vorgeführt wurden. Man hetzte eine Hundemeute auf einen Bären oder Bullen; unter dem Gejohle der Zuschauer zerfleischten sich Bär und Hunde gegenseitig. *Heinrich VIII.* ließ sich auch einige Male im „Bärengarten" blicken, und *Elisabeth I.* soll dem spanischen und dem französischen Botschafter dieses Spektakel präsentiert haben.

Nachdem das *Globe Theatre* niedergebrannt war, übernahm *Philip Henslowe* vom in Konkurs gegangenen *Rose Theatre* das Management des *Bear Garden,* ließ an vier Tagen Theater spielen und zweimal pro Woche Bärenhatzen aufführen. Eins der ersten Stücke, die hier auf die Bühne kamen, war *Ben Jonsons* „Bartholomew Fair", über das uns *Samuel Pepys* schon berichtet hat. *Pepys* schaute im August 1666 auch in den *Bear Garden:* „Nach dem Essen in den Bärengarten, wo wir einige gute Vorführungen von Bullen sahen, die Hunde angriffen und durch die Luft schleuderten - einmal sogar in eine Zuschauerloge. Ein rohes und unangenehmes Vergnügen".

Am Ende von Bear Gardens Street erreichen wir am Ufer der Themse **Bankside.** Hier befanden sich zu *Shakespeares* Zeit die *Bankside Stewes,* eine große Zahl von Bordellen.

Zwar hatte schon *Heinrich VIII.* versucht, diese Institutionen zu schließen, doch das Gewerbe hielt sich prächtig. Hier nun wird das **Globe originalgetreu wieder aufgebaut,** ohne elektrisches Licht, ohne jeglichen Komfort, mit harten Sitzbänken, zugigen Balkonen und strohbedeckter Bühne.

Im August 1996 war das originalgetreu restaurierte *Globe Theatre* so weit fertiggestellt, dass eine **erste Aufführung** auf die Bühne kommen konnte. Bis zum 15.9.1996 sahen die Zuschauer täglich *Shakespeares* „The two Gentlemen of Verona", und dies war ein Theatervergnügen wie in elisabethanischer Zeit. Im Juni 1997 fand die **offizielle Einweihung** des Theaters statt, und eine erste Aufführungssaison konnte im *Globe* während der Sommermonate durchgespielt werden. 1999 ist der gesamte Komplex des **Globe** fertig geworden. Wenn keine mittäglichen Matinee-Aufführungen stattfinden, kann das Theater ab 10 Uhr morgens auf einer geführten Tour besichtigt werden. Man bekommt übrigens auch kurzfristig noch Tickets für die Aufführungen, da es 600 Stehplätze im Rund des *Globe* gibt. **Buchungen** auch vorab im **Internet** möglich unter www.shakespearesglobe.org. Schon in der kurzen, kaum einen Monat währenden Dauer der Aufführungen im August/September 1996 sowie während der Saison 1997 war das Theater jeden Tag komplett **ausgebucht.** Authentischer wird man wohl kaum Shakespeare-Aufführungen zu sehen bekommen als im neu errichteten *Globe.*

Leider hat **Sam Wanamaker,** der amerikanische Schauspieler und Regisseur, die Erfüllung seines Lebenstraums nicht mehr erlebt. Vor 50 Jahren kam *Wanamaker* nach London und war erstaunt darüber, dass nichts mehr an die glorreichen Theaterjahre von *Shakespeare* in der britischen Metropole erinnerte. Über zwei Jahrzehnte verfolgte er hartnäckig den Plan, das einstige *Globe* neu errichten zu lassen. Mit unglaublicher Energie sammelte er Spendengelder in aller Welt und war schließlich erfolgreich. Ohne *Sam Wanamaker* gäbe es das *Globe* nicht! Der visionäre Theatermann starb 1993 im Alter von 72 Jahren.

Weiter am Fluss entlang, erhebt sich linker Hand der gewaltige „Steinklotz" der **Bankside Power Station.** Das Kraftwerk nahm 1963 seinen Betrieb auf, wurde vor wenigen Jahren aber stillgelegt und unter Denkmalschutz gestellt. Im Mai 2000 wurde in der alten Bankside Power Station die **Tate Gallery of Modern Art** eröffnet (Mo–Do, So 10–18, Fr und Sa 10–22 Uhr). In London firmiert das Museum kurz und knapp unter dem Namen **Tate Modern** (im Gegensatz zur alten Tate Gallery an Millbank, die nun *Tate Britain* heißt; vgl. Kapitel Chelsea und Belgravia). Der gesamte Kraftwerksbau wurde entkernt, und auf fünf Etagen sind nun die gesamten Bestände der Tate zur zeitgenössischen Kunst zu sehen. Mit viel Respekt vor der gestalterischen Leistung des Architekten der Power Station, *Sir Giles Gilbert Scott,* haben die beiden Schweizer *Herzog* und *de Meuron* das einstige Kraftwerk umgebaut. Die ehemalige 100 m lange und 30 m hohe Turbinenhalle ziert eine 8 m hohe, für die Eröffnung in Auftrag gegeben Spinnenskulptur. Der riesige Saal soll den Besuchern als zentrale Piazza dienen. Über Rolltreppen erreicht man dann die Ausstellungsräume, und was hier an moderner Kunst des 20. (und frühen 21.) Jahrhunderts zu finden ist, das gibt es weltweit kaum noch ein zweites Mal

Von der nördlichen Themseseite führt eine elegant geschwungene Fußgängerbrücke auf den Haupteingang der Tate zu. Das Design dieser so genannten **Millennium Bridge** entstand im Büro von *Sir Norman Forster* (der auch den Reichstag in Berlin umgebaut hat). Leider entpuppte sich die Brücke als veritable Blamage für den weltbekannten Architekten, denn zwei Tage nach der Eröffnung musste die Themse-Überspannung geschlossen werden. Als die ersten Besucher auf der Brücke Richtung Tate marschierten, geriet das Bauwerk derartig in Schwingung, dass die Sicherheit der Fußgänger nicht gewährleistet war. Seit Februar 2002 ist die Millenium Bridge schwankungssicher und nun für die Öffentlichkeit freigegeben.

Links vor der Power Station geht die kleine Cardinal Cap Alley ab; hartnäckig sich haltende Gerüchte behaupten, dass *Sir Christopher Wren* während der Bauarbeiten von St. Paul's hier gelebt hat (Beweise dafür gibt es jedoch keine). Angeblich wollte er von Ferne kontrollieren, ob die prachtvolle Kuppel der Kathedrale auch in perfekter Symmetrie entstand. In der 1598 angelegten Cardinal Cap Alley befanden sich eine Reihe weiterer **Bordelle.**

Die einstigen und teilweise noch heute gebräuchlichen Straßennamen machen übrigens deutlich, welches Gewerbe hier seine Akteure fand: Maid Lane, Love Lane, Cock Lane, Paradise Court und Bandy Leg Walk.

Ein Stück weiter die Bankside flussaufwärts gehend, erreichen wir den ehemaligen Standort des **Blackfriars Theatre.** Das *Blackfriars* war das erste, vollständig überdachte Schauspielhaus, bot mehr Komfort als das *Rose, Globe* oder *Swan* und hatte von daher natürlich höhere Eintrittspreise. Die Plätze kosteten zwischen einem Sixpence und zwei Shilling Sixpence. Ursprünglich gehörte das Gebäude, das nicht von vornherein als Theater geplant war, einem an diesem Ort ansässigen Kloster. 1529 fand hier die Scheidungszeremonie zwischen *Heinrich VIII.* und seiner ersten Frau *Katharina von Aragon* statt; rund 90 Jahre später spielte sich die gleiche Szene noch einmal auf der Bühne ab, als *Shakespeares* Stück „Heinrich VIII." erstmals auf dem Spielplan stand.

Das Swan Theatre in einer zeitgenössischen Darstellung

Wenige Schritte weiter flussaufwärts erreichen wir den **Pub Founders Arms** (der erst vor wenigen Jahren eingerichtet wurde; man sitzt sommertags sehr schön am Themseufer, bei schlechtem Wetter kann man aus dem runden Gebäude durch die großen Glasscheiben einen Blick auf den Fluss werfen); links zweigt die Hopton Street ab. Hier endete das Clink-Areal, und das von Paris Gardens begann (wir erinnern uns: Beide Quartiere unterlagen nicht der City-Administration). Ein Stück die Hopton Street hinein stoßen wir auf den Standort des einstigen **Swan Theatre,** das 1595 eröffnet wurde und eines der größten Schauspielhäuser der damaligen Zeit war. 1597 kam es hier zum öffentlichen Eklat, als *Ben Jonsons* Stück „Isle of Dogs" aufgeführt wurde; *Jonson* und sein Hauptdarsteller wurden verhaftet und – wie bereits erwähnt – inhaftiert.

Zurückgekehrt zur Bankside, können wir über die Blackfriars Bridge auf die andere Flussseite wechseln, von dort einen **Blick auf Southwark** werfen und uns vorstellen, was sich den moralischen Bürgern und den City-Autoritäten im 17. Jh. für ein Bild bot: Die kreisrunden „Theatertürme“ zeigten mit ihren wehenden Fahnen die Öffnungszeiten und die Art des Stückes an, entlang der Bankside machten die Bordelle mit großen „Reklametafeln“ auf sich aufmerksam und suchten die betuchte, gut verdienende Männerwelt über den Fluss zu locken. Aus den Theatern schallten die schmetternden Fanfarenklänge und das Getobe der Zuschauer, aus den Bordellen tönte Gelächter und wohl auch der eine oder andere Lustschrei; nach den Aufführungen drängten sich die Menschenmassen in den Pubs, betranken sich und randalierten lautstark. All das war von der City aus zu sehen und zu hören – aber eine rechtliche Handhabe, diesen „verlotterten“ Bezirk zu schließen, hatte die Obrigkeit nicht. Wie sehr muss dem Gemeinderat Londons dieser Bezirk ein Dorn im Auge gewesen sein! Ein Ratsmitglied schrieb während der Pest von 1665: „...die Ursachen des Schwarzen Todes liegen in der Sünde begründet, und die Sünde hat ihren Ursprung im Schauspiel...“. Heute dagegen ist der Blick weniger spektakular; es bedarf einer gehorigen Portion Vorstellungskraft, sich diese Ereignisse zu vergegenwärtigen, aber auch das wird sich ändern, wenn vom Dach des neu erbauten *Globe* die Fahnen wehen und wie vor 400 Jahren anzeigen, welche Art von Stück zur Aufführung kommt.

Kehren wir nicht über Blackfriars Bridge in die City zurück, sondern folgen dem Themse-Ufer weiter flussaufwärts, erreichen wir nach wenigen Minuten Fußweg das **South Bank-Kulturzentrum.** Der Komplex, bestehend aus einer ganzen Anzahl von grauen Betongebäuden, beherbergt das **National Theatre** mit drei verschiedenen Bühnen: Im *Olivier* kommen klassische Stücke zur Aufführung, im *Cottesloe* wird experimentiert, und im *Lyttleton* können Besucher alte wie neue Schauspiele verfolgen. Auf dem Areal ist weiterhin das **National Film Theatre** mit Kinosälen und einem Filmmuseum untergebracht, die *Queen Elizabeth Hall* und der *Purcell Room* dienen Konzert- und Opernaufführungen, in der *Hayward Gallery* finden wechselnde Ausstellungen zur modernen Kunst statt, die *Royal Festival Hall* ist weltweit für ihre hervorragende Akustik berühmt, und in dem *Museum of the Moving Image* (MOMI, Di–So 10–18 Uhr) wird die Geschichte der „bewegten Bilder“ dargestellt. Überall gibt es darüber hinaus Cafés, Bars und Restaurants. Darüber hinaus gewinnt der Besucher leider auch einen Eindruck von der Obdachlosigkeit in Britanniens Metropole: In Ecken und Nischen hausen die Armen Londons hinter Pappverschlagen.

Über die Waterloo Bridge können wir nun wieder ins Herz Londons gelangen. Wer möchte, sollte weiter dem südlichen Flussufer themseaufwärts folgen, denn die nächste Attraktion ist unübersehbar in Sichtweite, das Riesenrad **London Eye** (April–Okt. tägl. 9 Uhr bis Sonnenuntergang, Nov.–März tägl. 10–18 Uhr) Mit einer Höhe von 135 m ist es das **größte Riesenrad der Welt;** an klaren Tagen soll der Blick über eine Strecke von 40 km

0341o Foto: hs

Der Anchor Pub

schweifen können. Jede der 32 Kabinen fasst 25 Personen, die Rundreise dauert 30 Minuten. Als das Riesenrad, das von *British Airways* in Auftrag gegeben wurde, Ende 1999 aufgerichtet werden sollte, hatten die Ingenieure arge Probleme damit, es in die Senkrechte zu bringen; mehrere Versuche scheiterten, und die Londoner machten sich über die *Erection Problems* von *British Airways* lustig. Um Spott und Hohn auf die Spitze zu treiben, ließ die englische Billigfluglinie *Virgin* einen Heißluftballon mit der Aufschrift: „British Airways can't get it up!" über der Baustelle schweben.

In der ehemaligen County Hall zu Füßen des Rieserades hat das **London Aquarium** (tägl. 10–18 Uhr) sein Domizil gefunden. Wer sich für die Unterwasserwelt der Ozeane interessiert, kommt an einem Besuch nicht vorbei.

Weiter flussaufwärts erreichen wir linker Hand **Lambeth Palace,** seit fast acht Jahrhunderten der Sitz des Bischofs von Canterbury. Daneben befindet sich die kleine **Kirche St.**

Mary's; im Hof des Gotteshauses ist *Captain Bligh* bestattet, jener grausame Kapitän der *Bounty,* der im Jahre 1798 seine Mannschaft zu der berühmt-berüchtigten Meuterei provozierte. In dem Gotteshaus, das ein kleines Gartenmuseum sowie ein Café enthält, erläutern Schautafeln das Leben dieses Seemannes.

Lambeth Road führt uns zum Garaldine Mary Harmsworth Park, in dessen Mitte ein markantes klassizistisches Gebäude die Sammlungen des **Imperial War Museum** beherbergt. Der Besucher kann hier britische Kriegstechnik von den Anfängen bis zur Gegenwart in Augenschein nehmen (Mo–So 10–18 Uhr). Nahebei liegt die U-Bahn-Station *Elephant and Castle,* an der unser Spaziergang endet; die Tube bringt uns zurück nach Hause.

Pubs

- Die Pubs **Anchor** (Bankside), **Founder's Arms** (Bankside) und **George Inn** (77 Borough High Street) werden in diesem Kapitel ausführlicher beschrieben.
- **Market Porter,** 9 Stoney Street SE 1. Dies ist der ideale Platz für den *Real Ale* Genießer; über 30 verschiedene Biere sind im Angebot; vom Ambiente her ein klassischer britischer Pub, dunkel, mit niedriger Decke, verqualmt, dekoriert mit ausgestopften, über die Jahre zerzausten Tieren. Das *Bar Food* hat Standard-Qualität, die meisten Gäste kommen wegen der Biere.
- **Wheatsheaf,** 6 Stoney Street SE 1. Kneipe mit dem Ambiente eines *Working Class Pubs* aus den 1960er Jahren; viele Biersorten im Angebot, regelmäßig wechselnde *Guest Ales* im Ausschank.
- **Oxo Tower,** Riverside Oxo Tower Wharf, Barge House Street SE 1. Von der Flussuferkneipe hat man einen grandiosen Blick auf die andere Themseseite; mit angeschlossenem Restaurant.
- **Archduke,** Concert Hall Approach SE 1. Sehr beliebt für ein schnelles Bier vor oder ein längeres Bitter nach den Vorstellungen der *Royal Festival Hall;* eine Wendeltreppe verbindet das angeschlossene Restaurant mit der Bar und dem Nichtraucherareal, eine All-Day-Snackbar liegt im Erdgeschoss. Mo–Sa 20.30–23 Uhr Live Jazz Music.
- **Horniman's,** Hay's Wharf, Tooley Street. Pub am Flussufer in der renovierten Hay's Wharf, in die Geschäfte und Restaurants eingezogen sind; entsprechend viele Kaufwillige und Touristen.
- **Old Thamesside Inn,** St. Mary Overrie Dock, neben dem Segler *Golden Hind.* Ein gemütlicher Pub in einem restaurierten Magazingebäude. Von der Terrasse aus hat man einen schönen Blick auf die Themse und die gegenüberliegende Flussseite mit ihrer City-Skyline.

Restaurants

Empfehlenswerte Restaurants oder Diskotheken gibt es in Southwark nicht.

William Shakespeare – Leben und Werk

„Diese kleine Welt,
Dies Kleinod, in die Silbersee gefasst,
Die ihr den Dienst von einer Mauer leistet,
Von einem Graben, der das Haus verteidigt
Vor weniger beglückter Länder Neid;
Der segensvolle Fleck, dies Reich,
dies England.“
William Shakespeare

William Shakespeare wird am **26. April 1564** in der Pfarrkirche zu Stratford **getauft** (das genaue Geburtsdatum ist unbekannt, angegeben wird zumeist der 23. April, da der Dramatiker 52 Jahre später am 23. April 1616 gestorben ist, so dass Geburts- und Todestag auf das gleiche Datum fallen). Stratford verfügte über eine sehr gute *Grammar School,* die Lehrer galten als hoch qualifiziert; dass *Shakespeare* hier Schüler war, ist nicht zwar dokumentiert, aufgrund seiner **Bildung** sowie der Zitate in seinen Stücken, die teilweise aus Schulbüchern der damaligen Zeit stammen, ist es aber doch sehr wahrscheinlich, dass er diese Schule besuchte.

Die *Grammar School* der Tudor-Ära war in erster Linie eine Lateinschule; den Schülern wurden Grammatik und Rhetorik, z. B. anhand der Werke *Ciceros,* beigebracht, in späteren Jahren lasen sie die Texte von *Caesar, Ovid, Juvenal, Horaz* und *Vergil. Shakespeare* dürfte hier auf alle Fälle eine solide Ausbildung erhalten haben (die sein akademisch gebildeter Freund *Ben Jonson* mit den Worten „He had small Latin and less Greek“ abtat).

Die nächste aktenkundige Eintragung bezieht sich auf *Shakespeares* **Hochzeit.** Im Alter von 18 Jahren heiratet er am 30. November oder am 1. Dezember **1582** die acht Jahre ältere *Anne Hathaway.* Die Formalien für die Eheschließung waren mit großer Eile vorangetrieben worden, denn *Anne* war schwanger. Am 26. Mai 1583 wird die Tochter *Susanna* geboren, zwei Jahre später, am 2. Februar 1585, die Zwillinge *Hamnet* und *Judith;* der Knabe stirbt mit elf Jahren, die beiden Mädchen überleben die Kindheit.

Von **1585 bis 1592** gibt es in *Shakespeares* Biographie erneut eine Lücke, keinerlei Aufzeichnungen verraten etwas über das private oder berufliche Leben. Diese undokumentierten sieben Jahre haben zu einer ganzen Reihe von teilweise wilden Spekulationen und Legendenbildungen Anlass gegeben. Das Problem, dass diese so genannten *Lost Years* für die Biografen aufwirft, ergibt sich aus der Tatsache, dass *Shakespeare* 1592 an einem anderen Ort, nämlich in London, und bereits als namhafter Autor und Schauspieler wieder in das Licht der Geschichte tritt. Irgendwie hat *Shakespeare* – so nimmt man an – seinen Weg in eine **fahrende Schauspielertruppe** gefunden.

Stratford bot dafür gute Voraussetzungen, denn Tourneetheater gastierten regelmäßig in der Stadthalle; für die Jahreswende 1586/87 sind fünf Truppen urkundlich erwähnt. Sehr wahrscheinlich hat sich Shakespeare dem Ensemble der *Queen's Men* angeschlossen, die während ihrer Aufführungen in Stratford einen Schauspieler durch ein Duell verloren; *Shakespeare* dürfte diese Lücke ausgefüllt und sehr bald Stücke für die Truppe geschrieben haben.

Wenngleich das **Theaterwesen** keine eigene Zunft hatte und außerhalb jeglicher Gildenbestimmungen stand, so war ein Ensemble doch nach den Prinzipien eines Handwerksbetriebs organisiert. Ganz oben stand der *Master,* der Chef der Truppe, der Pächter oder auch Besitzer des Theatergebäudes; ihm nachgeordnet, etwa im Rang von Gesellen, 15–20 fest angestellte Schauspieler, die jedoch kein reguläres Gehalt bekamen, sondern am Einspielergebnis beteiligt waren. Aushilfskräfte *(Hired Hands)* verstärkten die Gruppe, hinzu kamen noch Jungschauspieler als Lehrlinge, die vor allem Frauenrollen spielten, denn auch das Theatergeschäft war eine reine Männerangelegenheit (Frauen ließ man erst rund 100 Jahre später, nach der Restauration des Königshauses, auf die Bühne). Für *Shakespeare*, der vor allem Autor und weniger Schauspieler sein wollte, bedeutete ein fester Platz in einem Ensemble bares Geld, und er war damit wesentlich besser situiert als die freien Schriftsteller, welche die Truppen gegen ein Pauschalhonorar mit Texten für ein Stück versorgten und oft in bitterer Armut lebten.

Auf alle Fälle taucht *William Shakespeare* am 3. September **1592** bereits als bekannter Mann und **hoch geachteter Autor** in London auf. Wir wissen so genau darüber Bescheid, weil der Dramatiker und Stückeschreiber *Robert Greene* mit einer wilden Attacke über *Shakespeare* herfällt. In seinem Pamphlet „Ein Groschen Witz gekauft für eine Million Reue" („A Groatsworth of Wit bought with a Million of Repentance") schimpft *Greene* über die Schauspieler, über „diese Marionetten, die nur mit unserem Mund sprechen", diese „Tanzclowns, die sich mit unseren Farben schmücken", diese „angemalten Monstren". Und ganz besonders hat er *Shakespeare* im Visier, der als Schauspieler und Nichtakademiker glaubt, auch Stücke schreiben zu können. Da heißt es: „Yes, trust them not: for their is an upstart crow, beautified with our feathers, that with his tiger's heart wrapped in a player's hide, supposes he is as well able to bombast out a blank verse as the best of you: and being an absolute Johannes factotum, in his own conceit the only Shake-scene in the country". („Jawohl, traut ihnen nicht: Denn da gibt es eine hochgekommene Krähe, mit unseren Federn geziert; und der glaubt mit seinem Tigerherz, von einem Schauspielerfell umhüllt, dass er es genau so gut verstehe, einen Blankvers auszustaffieren wie der beste von euch: und da er ein totaler Hans-Dampf-in-allen-Gassen ist, ist er in seiner eigenen Einbildung der einzige Bühnenerschütterer im Lande."). Direkt genannt wird *Shakespeare* nicht, doch dass er gemeint ist, ergibt sich aus zwei Passagen: zum einen aus dem Wortspiel *Shake-scene (= Shake-speare),* zum anderen aus der Tigerherz-Stelle, die eine Parodie auf ein Zitat von Shakespeare aus dem Stück „Heinrich VI." ist („O tiger's heart wrapt in a woman's hide"). Dieser einzige Angriff eines Zeitgenossen gegen *Shakespeare* wird vom Nachlassverwalter *Greenes* wenige Wochen später entschuldigend zurückgenommen: „Es tut mir so Leid, als sei der ursprüngliche Fehler (der Angriff von *Greene*) der meine gewesen, denn ich habe selbst festgestellt, dass sein Verhalten (das von *Shakespeare*) nicht weniger höflich ist, als er in dem Metier, das er betreibt, hervorragt. Außerdem haben mehrere Personen von Rang mir von seiner Rechtschaffenheit bei Geschäften berichtet, was für seine Ehrenhaftigkeit spricht, und von seiner heiteren Anmut als Autor, was ihn als Künstler ausweist."

Nach den Angriffen von *Greene*, die den nackten Neid gegen den einfachen, aber erfolgreichen Emporkömmling zeigen, versucht *Shakespeare* sich auch als **Poet,** um zu demonstrieren, dass er das gesamte Gebiet der Dichtung beherrscht. Theaterstücke gelten nicht als hohe Literatur, sondern als unterhaltende Gebrauchslyrik, ein Epos dagegen ist die Spitze der Dichtkunst! 1593/94 erscheinen die beiden Versepen „Venus and Adonis" und „The Rape of Lucrece". Binnen kurzem erlangt *Shakespeare* eine ungeheure Aufmerksamkeit, und eine Auflage nach der anderen überschwemmt den Markt. Trotz des Erfolgs schreibt *Shakespeare* weiter Theaterstücke, denn hiermit ist gutes Geld zu machen. Unaufhörlich vollzieht sich nun sein gesellschaftlicher und beruflicher Aufstieg.

In der elisabethanischen Ära konnten Theatertruppen nur überleben, wenn sie einen **adligen Patron** als Schirmherr besaßen. Die Angst der City-Autoritäten vor Leuten, die keiner Institution oder Zunft angehörten, damit nicht kontrollierbar waren, veranlasste *Elisabeth I.* 1572, das so genannte Vagrantengesetz zu verabschieden. „Fechter, Bärenführer und gewöhnliche Schauspieler" werden darin als „Kriminelle und Vagabunden" dem Gesetz zugeführt und bestraft, soweit sie nicht „einem *Peer* des Reiches angehören".

1594 ist *Shakespeare* mit seiner Truppe Mitglied der *Lord Camberlain's Men.* Das Ensemble hat großen Erfolg und ist sogar bei Hofe hoch beliebt. Insgesamt 32 Mal spielen sie vor *Elisabeth I.;* nach ihrem Tod im Jahre 1603 übernimmt *Jakob I.* den Schutz der Schauspieler, die ab jetzt als *The King's Men* bekannt sind. 175 Aufführungen erleben die Stücke von *Shakespeare* vor dem Monarchen.

1599 bietet die Familie *Burbage* dem Dramatiker eine Teilhaberschaft am *Globe Theatre* an, und *Shakespeare* wird *Sharer* mit einem Anteil von 10 Prozent; 1608 beteiligt er sich mit einem Siebtel am *Blackfriars Theatre.*

Am 20. Oktober **1596** verleiht das Königliche Wappenamt *John Shakespeare,* dem Vater des Dichters, sowie seinen Kindern und Enkeln das Recht, ein **Wappen** führen zu dürfen; die Familie, so heißt es, ist *of good reputation and credit.* Natürlich hat *William* die Angelegenheit in die Wege geleitet und finanziert. Nun gehört er zur *Gentry* und darf sich *Gentleman* nennen – mit vollem Titel: *William Shakespeare of Stratford-upon-Avon, ii: the country of Warwick, Gentleman!* Diese Bezeichnung führt er gern und ständig; sie zeigt, dass er mehr seiner Geburtsstadt als der Metropole London verhaftet ist, und folgerichtig legt er sein Geld in Stratford an. Am 4. Mai 1597 erwirbt er New Place, eines der größten Häuser des Ortes, am 1. Mai 1602 kauft er 43 ha Ackerland, und am 28. September ein weiteres Haus gegenüber von New Place. Er verpachtet seinen Boden und spekuliert mit den Einnahmen.

Mittlerweile ist er in der Hauptstadt ein derart berühmter Mann geworden, dass schon zu seinen Lebzeiten die **Anekdotenbildung** über ihn einsetzt. Bis heute berühmt und in allen Forschungsberichten über *Shakespeare* zitiert ist die Geschichte, die der Jura-Student *John Manningham* 1602 seinem Tagebuch anvertraute: *Richard Burbage,* Manager und Schauspieler des *Globe,* der in jenen Tagen gerade auf der Bühne *Richard III.* mimte, verabredete sich eines Abends nach Aufführungsende mit einer jungen, hübschen Besucherin auf ein Schäferstündchen. In wenigen Stunden werde er an ihre Tür klopfen und dabei seinen Namen als „Richard III." angeben. *Shakespeare* hörte dies und fand sich wenige Minuten vor *Burbage* am vereinbarten Ort ein, klopfte an die Tür und wurde als vermeintlicher *Richard III.* in die dunkle Kammer eingelassen. Wenig später pochte *Richard Burbage* an die Pforte, die jedoch verschlossen blieb, stattdessen schallte es von innen: „William the Conqueror was before Richard III.!"

802es

Obgleich nun mit viel Anerkennung bedacht, unternimmt *Shakespeare* keinerlei Anstrengungen, sein Werk einer breiten Öffentlichkeit zugänglich zu machen. Er lässt keines seiner Stücke drucken, versucht nicht, eine Gesamtausgabe zu initiieren, schreibt keine Vorworte oder Einleitungen zu seinen Dramen (wie z. B. *Ben Jonson*) und tut nichts, um sich bleibenden Ruhm zu sichern. Zwar kursierten schon zu seinen Lebzeiten einzelne gedruckte Bände seines Werkes, doch kamen sie nicht auf seine Anweisung zustande. Eine **erste** größere **Gesamtausgabe** wurde erst **1623,** sieben Jahre nach seinem Tod, von *John Henninge* und *Henry Condell* besorgt. Unsere Kenntnis von 17 Dramen beruht allein auf dieser Folioausgabe.

Um das Jahr 1611 soll sich *Shakespeare* vom Theaterleben in London zurückgezogen haben und nach Stratford übergesiedelt sein. Doch behielt er weiter Kontakt zu den Schauspielern und den Theatern der Metropole. Am 23. April **1616 stirbt er** – wie die Legende behauptet, nach einem schweren Saufgelage mit *Ben Jonson.*

Von Fleet Street über Strand und Trafalgar Square ins Viertel St. James – Londons Presse- und Clubland

Geschichte

Schon von jeher hat es zwischen der City und Westminster eine Verkehrsschneise gegeben, die Londons wirtschaftliches und politisches Zentrum miteinander verband: Fleet Street, Strand und das Viertel St. James.

Seit um das Jahr **1500** *Wynkyn de Worde,* ein Schüler von *William Caxton,* eine **Druckerwerkstatt** in der Fleet Street **eröffnete,** steht diese Straße als Synonym für das britische Pressewesen und gilt als Mittelpunkt für die Leute der schreibenden Zunft. *De Worde* hatte einen guten Standort für sein Unternehmen gewählt, denn auf der belebten Verbindungsachse City – Westminster ließen sich gute Geschäfte machen. In den 35 Jahren, die der Drucker hier verlebte, produzierte er rund 600 Titel; kleine, billige Traktate, die den Geschmack der damaligen Zeit trafen, Bändchen mit frommen und erbaulichen Texten, Benimmregeln und medizinischen Selbstheilungsmethoden. Im Jahre 1535 begrub man *de Worde* in der Kirche *St. Bride's,* die damit ihren Ruf als Gotteshaus der Presse begründete und seitdem den Beinamen „The Printer's Cathedral" trägt (s. u.).

De Worde blieb nicht der einzige Drucker, der die „Schwarze Kunst" in Fleet Street zelebrierte, viele taten es ihm gleich, und im Gefolge der Drucker zogen die Literaten in dieses Londoner Viertel. In den Pubs schrieben und tranken so berühmte Leute wie *Dr. Johnson, Jonathan Swift* und *Daniel Defoe.*

Anfang des 17. Jh. etablierte sich am östlichen Ende der Fleet Street ein Gebiet, das **Alsatia** genannt wurde – die Bezeichnung ging auf das Elsass zurück, das damals im Verständnis der Briten ein Niemandsland zwischen Frankreich und Deutschland gewesen sein soll. Ursprünglich gehörte das Areal zum Whitefriars-Kloster; mit der Reformation und der damit einhergehenden Auflösung der Konvente entwickelte sich das kleine Viertel – gelegen im Bereich der heutigen Whitefriars Street und der Hanging Sword Alley – zu einer **Asylgegend.** Diebe, Straßenräuber, Kriminelle aller Art ließen sich in *Alsatia* nieder und fanden hier Schutz vor der Obrigkeit; paradoxerweise lag diese „Räuberhöhle" nur einen Steinwurf von den *Inns of Court*, den Rechtsschulen, entfernt. Im Jahre 1692 flüchtete auch *Daniel Defoe* nach Alsatia; der Autor des „Robinson Crusoe" hatte einen Schuldenberg von 17.000 Pfund angehäuft, ein Großteil des Geldes gehörte seiner Schwiegermutter, die die Häscher gegen ihn ausgeschickt hatte. Defoe blieb einen Monat in seinem Asyl, reiste dann nach Bristol, wo es ihm gelang, seine Angelegenheiten zu regeln. *Sir Walter Scott* (1771–1832), berühmt geworden durch seinen Romanhelden Ivanhoe, beschrieb in seiner 1822 erschienenen Novelle „The Fortunes of Nigel" mit drastischen Worten das Quartier Alsatia. 1697 stürmten Truppen das Viertel, verhafteten oder vertrieben die Bewohner.

Auch in der Fleet Street befand sich, ebenso wie in Southwark, eines der berüchtigten Gefängnisse der damaligen Zeit, das **Fleet Prison.** Wie bereits erwähnt, hatten die Häftlinge in jenen Tagen selbst für ihren Lebensunterhalt zu sorgen; wer arm war, dem blieb nichts anderes übrig, als am *Begging Gate*, am „Bettlergitter", Fleet-Street-Passanten um eine milde Gabe zu bitten. Auch diese Haftanstalt ging in die englische Literatur ein: Im *Shakespeare*-Stück „Heinrich IV." wird der Protagonist Sir John Falstaff ins Fleet Prison geworfen, und *Charles Dickens* gibt in seinem Roman „Mr. Pickwick" eine schaudern machende Beschreibung des Gefängnisses. Vom November 1746 bis März 1749 saß ein gewisser *John Cleland* im Fleet ein und schrieb während dieser Zeit den Roman „Memoirs of Woman of Pleasure", besser bekannt unter dem späteren Titel, „Fanny Hill". Das obszöne Werk brachte dem Verleger einen Gewinn von 10.000 Pfund.

Cleland selbst verdiente weniger als 25 Pfund daran. Bis zum Jahr 1963, als der Roman auch offiziell wieder aufgelegt werden durfte, blieb „Fanny Hill" ein „Untergrund-Klassiker".

Erst Mitte des 19. Jh. wurde das Gefängnis geschlossen, nur noch der Straßenname Fleet Lane erinnert daran. Eine andere monströse Institution jener Tage hatte ihren Sitz am heutigen Bridewell Place. Dort befand sich einst ein kleiner königlicher Palast, den *Eduard VI.* der City übereignete; fortan kerkerte man in dieser **„Besserungsanstalt"** streunende Jugendliche und „unmoralische" Frauen ein. Doch damit nicht genug; während des 17. und

Die Briten und ihre Zeitungen – ein Rundblick über das englische Pressewesen

Überall, wo der Brite steht, sitzt oder wartet, holt er sofort seine Tageszeitung aus der Tasche und beginnt zu lesen – in der drangvollen Enge der U-Bahn ebenso wie bei schönem Wetter zur Mittagspause auf den Parkbänken eines Square. „„Nichts kennzeichnet die britische Psyche besser als ihre Leidenschaft für das Pressewesen", schrieb ein gewisser *Mr. Cowper* vor rund 200 Jahren, und daran hat sich bis heute nichts geändert. Kaum ein anderes westeuropäisches Land hat eine solche Fülle an täglich erscheinenden Zeitungen wie Großbritannien, und der Leser kann zwischen einer Vielzahl von Druckerzeugnissen wählen. Für den Besucher, der mit der **englischen Presselandschaft** wenig vertraut ist, stellt sich die Frage nach dem geeigneten Blatt; die folgende, sehr subjektive **Übersicht** will ein wenig Hilfestellung geben.

Ganz unten auf der Qualitätsskala rangiert die so genannte *Gutter Press*, vergleichbar unserem Bildzeitungsniveau. *The Sun* hat die größte Auflage von sämtlichen „Gossenblättern", 4 Mio. Exemplare dieses Blu-Bu-Blattes (Blu-Bu steht für „Blut und Busen") werden alltäglich ausgeliefert; Schätzungen zufolge lesen 10 Mio. Menschen Tag für Tag in der *Sun*, die nach der Redaktionsdevise *Boobs, more boobs and bums* („Busen, mehr Busen und Hintern") inhaltlich gestaltet wird. Weiterhin gehören der *Daily Mirror* (einst ein traditionsreiches linkes Arbeiterblatt) und der *Daily Star* zur *Gutter Press*.

Kaum besser – wenngleich vom Selbstverständnis der Zeitungsmacher im höheren Qualitätsbereich liegend – sind die Blätter der so genannten *Middle Market Newspapers;* dazu gehören *Daily Mail, Daily Express* und *Today*. Während bei den oben genannten Boulevardblättern Horrorgeschichten und Primitivinformationen den Inhalt bestreiten, liefern diese drei Zeitungen wenigstens auch Auslandsberichte, und der Besucher bekommt einen – wenngleich etwas mageren – Hinweis auf Ereignisse in seinem Land.

Lesbar sind allein der *Guardian,* die *Times,* der *Daily Telegraph,* die *Financial Times* und der *Independent*. Der britische Journalist *Ryan Chandler* hat die folgende, höchst treffende Charakterisierung über diese fünf Blätter abgegeben: „Der *Guardian* wird von denjenigen gelesen, die das Land verändern möchten, in die *Times* schauen diejenigen, die das Land wirklich regieren, aus dem *Daily Telegraph* informieren sich die Leute, die glauben, dass sie das Land regieren, die *Financial Times* blättern diejenigen durch, denen das Land gehört, und den *Independent* liest der, der das Land regieren möchte, falls jemand für ihn votieren würde". Der *Guardian* steht links von der Mitte, die *Times* ist bürgerlich-konservativ, ebenso der *Daily Telegraph,* im Volksmund auch *Torygraph* (Tory = ein Mitglied der konservativen Partei) genannt, die *Financial Times* ist das Fachblatt für die Börsianer und Firmenmanager, und der *Independent* gibt sich liberal, sucht seine Leserschaft in der politischen Mitte und gestaltet seine Kommentare und Nachrichten äußerst ausgewogen – entsprechend langweilig kommt die Berichterstattung daher, und so nennt man das Blatt auch „Indescribably Boring“ (unbeschreiblich langweilig).

Auch **am Sonntag** ist Bewegung in der Presselandschaft, eine ganze Anzahl von Zeitungen konkurriert auf dem heiß umkämpften Markt. Spitzenreiter ist das Revolverblatt *News of the World*, das seinen Namen völlig zu Unrecht trägt und daher von den Briten auch zu „Screws of the World“ verballhornt worden ist (*Screw* hat zahlreiche Bedeutungen in der englischen Sprache, so z. B. „drehen“, d. h. man „dreht“ an den Nachrichten; *Screw* heißt auch auspressen, man schlachtet eine Nachricht bis ins unwichtigste Detail aus; *Screw* hat aber auch eine sexuelle Bedeutung, und der oben genannte verballhornte Titel könnte in harmloser Übersetzung auch „Alle Nummern dieser Welt“ lauten). 5 Mio. Ausgaben kursieren jeden Sonntag und werden von schätzungsweise 10–12 Mio. Menschen gelesen. In die gleiche Qualitätskategorie fallen *Sunday People* (wegen vieler „Schlüssellochgeschichten“ auch „Sunday Peephole“ genannt) und *Sunday Mirror*. Alle drei Blätter haben außerdem Hochglanzbeilagen und werden – wie der Journalist *Ryan Chandler* bemerkt – „von Leuten gelesen, die gaffend bei Autounfällen herumstehen“. Auch *Daily Mail* und *Daily Express* haben Sonntagsausgaben, die ebenfalls mit Farbmagazinen bestückt sind. Inhaltlich umfangreich, damit dick und schwer, kommt die *Sunday Times* daher; das Mitte-Rechts-Blatt ist die einzige Zeitung – wie *Ryan Chandler* süffisant schreibt – „die ein Hund nicht im Maul halten kann und deren Leser ein Bodybuilder mit einem IQ von 180 sein muss“.

Linksorientiert sind der *Observer* sowie der *Sunday Correspondent*, und wie jeden Tag der Woche sind auch beim *Sunday Telegraph* und bei der *Independent on Sunday* die redaktionellen Strickmuster dieselben, allerdings ebenfalls mit farbigen Magazinbeilagen.

Auf *Spiegel*-Niveau kommt das ausgezeichnete Nachrichtenmagazin *The Economist* daher, das 1993 seinen 150. Geburtstag feierte und dabei keine altersbedingten Verkalkungserscheinungen zeigte, sondern wie ein Junger Springinsfeld mit geschärfter Feder seine rechtskonservativen Kritiker zum Duell forderte und alsbald in die Flucht schlug. Dem Gemisch aus „Zeitung und Geheimdienst“ wurde von den Rechten angekreidet, „dass es einem klassen- und wurzellosen, multiethnischen, internationalen Liberalismus“ frönt – ein Grund, das Magazin sofort zu abonnieren. Und das tun 400.000 Leser weltweit, denn von der 500.000er Auflage verbleiben nur noch rund 20 Prozent im Heimatland, der Rest geht in alle Staaten dieser Erde, „an überdurchschnittlich wohlhabende und intelligente Leser.“ Denen bereitet das Blatt die wichtigsten ökonomischen, politischen und kulturellen Ereignisse in hervorragenden Analysen und stilistisch brillanten Artikeln auf. Der Kampf gegen Rassismus und für Menschenrechte, gegen die Todesstrafe und totalitäre Systeme war dem Magazin dabei von Anfang an selbstverständlich, bekämpfte es in seiner Gründungszeit doch vehement die Sklaverei. Also: Abonnieren!

18. Jh. konnten Passanten gegen ein Eintrittsgeld den körperlichen Züchtigungen beiwohnen, denen man die Frauen – die dabei natürlich weitestgehend unbekleidet waren – unterzog. 1791 stoppte man dieses barbarische Spektakel.

Am 11. März des Jahres **1702** wurde **Londons erste Tageszeitung,** *The Daily Courant,* im Fleet Street-Gebiet gedruckt und ausgeliefert. Schon bald galt Fleet Street damit als die Pressestraße, denn eine ganze Reihe von täglich erscheinenden Druckerzeugnissen kam nun auf den Markt. *The Daily Courant* erschien 1735 zum letzten Mal; von all den im 18. Jh. gegründeten Zeitungen überlebte nur eine einzige bis heute: 1785 erschien die erste Ausgabe des *Universal Daily Register,* drei Jahre später änderte man den Namen; nun hieß die Zeitung *The Times.*

Der **letzte Zeitungsverlag** verließ die Fleet Street im Jahre 1989. Heutzutage werden in Londons einstiger Pressemeile Zeitungen nur noch verkauft, aber nicht mehr gedruckt. Der Niedergang begann, als im Jahre 1981 der Australier *Rupert Murdoch* die altehrwürdige *Times* erwarb. *Murdoch,* der damals bereits die Londoner „Bildzeitung" *The Sun* in seinem Besitz hatte, investierte fast eine Viertelmilliarde Euro in neue Satz- und Drucktechnologien. In den Docklands entstand eine neue Druckstraße, die auch von un- bzw. angelernten Kräften bedient werden konnte. Der Pressezar forderte von seinen Arbeitern und Angestellten Streikverzicht sowie die freiwillige Aufgabe der Gewerkschaftszugehörigkeit. Während der langen arbeitsrechtlichen Auseinandersetzung verloren rund 5000 Drucker, Setzer und Redakteure ihren Job, und *Murdoch* hatte den restlichen Zeitungsverlagen einen neuen Weg zur rationelleren Produktion gewiesen.

Heutzutage geht es in der Fleet Street keineswegs mehr so hektisch zu wie noch vor einigen Jahren. An Wochenenden liegt die Straße fast ausgestorben da, die berühmten Pubs (s. u.), in denen während der 1970er und 80er Jahre noch die Redakteure und Pressefotografen mittags ihren Lunch und abends ihr Bier nahmen, sind dann geschlossen. In den einstigen Redaktionen und Druckereien haben heute andere Gewerbe ihre Büros, Fleet Street ist eine ganz normale Geschäftsstraße geworden; nur die beiden Nachrichtenagenturen *Reuter* und *Associated Press* bemühen sich, die Erinnerung an die „Straße der Tinte" am Leben zu erhalten.

Fleet Street mündet in den **Strand,** schon näher am königlichen Hof gelegen; als hier noch die Aristokratie lebte, tätigte man natürlich keine Geschäfte, man lebte vielmehr prunkvoll in seinen Gemäuern. Noch heute ragen monumentale Fassaden rechts und links vom *Strand* auf, und eine Reihe von Institutionen der *London University* oder Büros der *BBC* residieren in den Gebäuden. Tagsüber fehlt dem *Strand* trotz der teils beeindruckenden Bauten das rechte Ambiente, er präsentiert sich dem Besucher eher mit der Atmosphäre einer Durchgangsstraße; erst am Abend, wenn die Theater ihre Pforten öffnen, ändert sich dieses triste Bild. Herren im Smoking und Damen in teuren Roben strömen in die Theater und nehmen nach der Vorstellung ihren Nachtdrink in den eleganten Bars des *Savoy* oder *Waldorf Hotels.*

Richtig vornehm ging und geht es noch im **Viertel St. James** zu, das ja noch immer fast im Herzen der Macht liegt. Neben den hochherrschaftlichen Adelspalästen entstanden hier die berühmten Clubs, die auch im frühen 21. Jahrhundert keineswegs obsolet geworden sind; die Mitglieder dieser Clubs, hohe Ministerialbeamte, Politiker, anerkannte Künstler, Unter- und Oberhausabgeordnete, bestimmen das Straßenbild von St. James, in dem es ruhig und würdevoll zugeht.

Besichtigung

Unser Spaziergang beginnt an der **St. Paul's Cathedral** (U-Bahn: *St. Paul's*). Vom Hauptportal über Ludgate Hill in Richtung Westen gehend, stoßen wir auf Ludgate Circus, wo Fleet Street ihren Anfang nimmt. Der Besucher, der sich vor dem langen Rundgang ein wenig stärken möchte, sollte dies in 46 oder 47 Ludgate Hill tun. Hier befinden sich genau gegenüber die beiden sehr angenehmen und atmosphärereichen Weinbars *La Grande Marque* und *All Bar One,* in der auch kleinere Mahlzeiten serviert werden. Schon die Hausweine der beiden *Wine Bars* sind für englische Verhältnisse ausgezeichnet.

Am Anfang von Fleet Street dann befindet sich hinter Bürohochhäusern verborgen auf der linken Straßenseite die **St. Bride's Church.**

Londons „Pressekirche" fiel 1666 dem Großen Brand zum Opfer und wurde wenige Jahre später von *Christopher Wren* neu errichtet. 1940 legten deutsche Bomber das Gotteshaus in Schutt und Asche, in den 50er Jahren dann finanzierten die Verlage der Fleet Street den Wiederaufbau. Im Innern findet man überall Gedenktafeln für berühmte Journalisten, und im Kirchhof liegt *Samuel Richardson* (1689–1761) begraben. *Richardson,* Besitzer einer kleinen Druckerei, verdiente sich ein Zubrot, indem er schreibunkundigen Liebhabern leidenschaftliche Liebesbriefe formulierte. Daraus entstanden seine einfühlsamen Briefromane, die noch *Goethe* begeistern und ihn zu seinem „Werther" inspirieren sollten. Das im November 1740 publizierte dreibändige Werk „Pamela", in dem eine Hausangestellte erfolgreich allen Verführungen ihres Herrn widerstehen kann, gilt bei britischen Literaturwissenschaftlern als erster englischer Roman; neun Jahre später erschien „Clarissa Harlowe"; beide Titel erlangten hohe Auflagen und waren beim Publikum ungemein beliebt. *Richardson* gehört zusammen mit *Daniel Defoe* und *Henry Fielding* zu den Vätern des englischen Romans. *Fielding* übrigens begann seine literarische Karriere mit einer geharnischten Attacke gegen *Richardson*; sein erstes Werk war unter dem Titel „Shamela" eine satirische Antwort auf *Richard-*

sons schöngeistigen Roman „Pamela". *Fieldings* „Shamela" hatte im Gegensatz zur der anderen Protagonistin eine – wie uns eine englische Literaturgeschichte vermeldet – „free and easy nature". *Richardson* verzieh *Fielding* diese Parodie sein Leben lang nicht.

Auf unserem Weg die Fleet Street abwärts stoßen wir auf der linken Straßenseite immer wieder auf kleine Gassen, die zu den **Inns of Court,** den Rechtsanwaltsschulen, führen. Diese anheimelnde Anlage mit ihren Innenhöfen, gepflegten Rasenflächen und den zumeist im georgianischen Stil errichteten Häusern, in denen Londons berühmte Anwaltskanzleien untergebracht sind, zieht sich von der Fleet Street bis zur Themse hinunter. Ab 1160 gehörte das Areal den Rittern des Templerordens; es fiel später an die Krone, dann an die Johanniter, die hier eine Rechtsgelehrtenschule ins Leben riefen. Zwei von den vier großen Rechtsanwaltsschulen Britanniens, **Inner Temple** und **Middle Temple,** sind hier untergebracht (die beiden anderen, Lincoln's Inn und Gray's Inn, liegen nördlich der Fleet Street).

Durch die erste dieser winzigen, links von Fleet Street abzweigenden Sträßchen (man läuft leicht daran vorbei) gelangt man zu den Gebäuden des *M*iddle Temple; herausragende Attraktion ist die aus dem 15. Jh. stammende Speise- und Versammlungshalle Middle Temple Hall mit ihrer gewaltigen Balkendecke, den schönen Wandverkleidungen und den Wappenscheiben, die berühmte Mitglieder der Schule zeigen, u. a. *Sir Walter Raleigh.* Eine ähnliche Halle hat auch der Inner Temple aufzuweisen, zudem findet sich hier die **Temple Church,** die einstige Johanniterordenskirche. Das zwischen 1160 und 1185 nach dem Vorbild der Jerusalemer Grabeskirche erbaute Gotteshaus ist eine der wenigen erhaltenen Kirchen im normannischen Stil.

Spannend ist es auch, einen Blick durch die Fenster in die **Anwaltskanzleien** zu werfen oder in den Hauseingängen die beeindruckenden „Klingelschilder" zu studieren, die die Mitglieder einer solchen Sozietät auflisten. Hier arbeitet die Creme der britischen Advokatenzunft, die *Barristers* (mit Zulassung vor Gericht) und die *Solicitors* (ohne Zulassung vor Gericht). *Solicitors* führen Beratungsgespräche mit den Klienten und organisieren die alltägliche Büroarbeit, konzipieren Verträge, beurkunden Dokumente und bereiten die Akten für die Gerichtstermine vor. *Barristers* – genannt *The Bar* – treten vor Gericht auf und führen die Verhandlungen für ihre Klienten. Wer Glück hat bei seinem Streifzug durch die *Inns of Court,* der sieht einen Anwalt, hastig mit wehender Robe, mit der unvermeidlichen Perücke auf dem Haupt und beladen mit Gerichtsprotokollen, durch Temple eilen.

Henry Fielding übrigens begann seine juristische Ausbildung im Middle Temple. 1737 startete er sein Studium, und mit der ihm eigenen Geschwindigkeit absolvierte er den eigentlich sieben Jahre dauernden Kurs in nur drei Jahren, 1740 wurde er bei Gericht

zugelassen. Während seiner „Lehrjahre“ gab er zudem drei Mal wöchentlich die Zeitschrift „Champion“ heraus und musste sich darüber hinaus noch um seine kranke Frau sowie um seine beiden Kinder kümmern.

In den Höfen der Inns of Court

Viele Besucher werden sich aber bei ihrem Gang die Fleet Street abwärts eher für die berühmten **Pubs** interessieren, in denen bis vor gar nicht so langer Zeit die Presseleute in traditionsreicher Anlehnung an ihre berühmten Vorgänger das ein oder andere *Bitter, Lager* oder *Ale* zu sich nahmen. Zuerst lohnt in 145 Fleet Street der berühmteste Pub dieser Region einen Besuch: **Ye Olde Cheshire Cheese** (nicht zu verwechseln mit dem nahebei in der Little Essex Street Nr. 5 gelegenen *Cheshire Cheese,* ebenfalls eine berühmte alte Taverne). Der Zugang zum *Cheshire* führt durch den *Wine Office Court,* in dem man während des 17. Jh. sowohl eine Alkoholausschanklizenz als auch fassweise

Wein erstehen konnte. Im Pub becherte fast täglich der „gute *Dr. Johnson*", in späteren Jahren zusammen mit seinem Biographen *James Boswell;* ein Johnson-Stuhl, angeblich das Sitzmöbel des Gelehrten, ist noch zu besichtigen. Vom *Wine Office Court,* dem Zugang zum Pub **Cheshire Cheese,** erreicht man nach zwei Minuten den **Gough Square** (ausgeschildert); in Haus Nr. 17 lebte von 1748 bis 1759 *Dr. Samuel Johnson,* und hier trug er das Material für sein *Dictionary* zusammen. Das Gebäude ist zu besichtigen und stellt eine Reihe von Exponaten zum Leben diese großen Mannes aus (Mai–Sept. tägl. außer So 11–17.30, Okt.–April tägl. außer So 11–17 Uhr).

Neben *Johnson* haben weitere berühmte Leute im *Cheshire* gegessen und vor allem getrunken; sogar *Voltaire* war während seines dreijährigen Aufenthaltes in London ein gern gesehener Gast. Auch der Dramatiker *Ben Jonson,* ein Zeitgenosse *Shakespeares,* trank hier sein Bier und war berüchtigt für seine spitze Zunge. Eines Abends soll er – so weiß die Überlieferung – von einem bekannten Poeten jener Tage, *Joshua Sylvester,* zu einem Reimduell herausgefordert worden sein. *Jonson,* berühmt für seine spontanen „Schüttelreime", nahm die Herausforderung natürlich an, und *Sylvester* begann: „I, Sylvester/kiss'd your sister." *Jonson* parierte: „I, Ben Jonson/kiss'd your wife." *Sylvester* reklamierte, dass sich das nicht reimte, worauf *Jonson* antwortete: „But it's true." Den puritanischen Gegebenheiten jener Tage folgend, stürzte sich *Sylvester* auf den Dramatiker, der fluchtartig die Kneipe verließ und sich eine Zeit lang dort nicht blicken lassen konnte.

Auch *Gilbert Keith Chesterton* (1874–1936), bekannt geworden durch seinen Krimihelden Pater Brown, war Stammgast im *Cheshire.* Im Jahre 1903, so erzählte er einst, „verschleuderte" er seine allerletzten zehn Shilling in dem Pub, um dann, nun wirklich mit dem Gefühl vollständigen Bankrotts, seinen Verleger um einen Vorschuss von 20 Pfund für einen noch nicht geschriebenen Roman zu bitten. *Chestertons* Strategie war erfolgreich, seine von der Wahrheit getragene Darstellung überzeugend – er bekam das Geld! Der Pub ist mittlerweile derart berühmt, dass es so aussieht, als ob die vielen Touristen in nicht allzu ferner Zukunft die Büroangestellten der umliegenden Firmen, die hier mittags ihren Lunch einnehmen, endgültig aus der Taverne vertreiben könnten.

In 99 Fleet Street lädt die **Punch Tavern** den Durstigen ein. 1841 gründete hier *Henry Mayhew* die berühmte satirische Zeitschrift *Punch,* die ihren Namen von dem Pub bezogen hat (auch die umgekehrte Version ist – who knows – möglich). Der Pub ist bei den Journalisten der Nachrichtenagentur *Reuter* sehr beliebt.

Wir kommen nun in 95 Fleet Street zur **Ye Olde Bull Tavern Wines & Spirits.** Der Pub wurde um 1670 eröffnet und diente damals vor allem den Arbeitern, die mit den Aufbauarbeiten der vier Jahre vorher niedergebrannten St. Bride's Church beschäftigt waren. Auch hier treffen sich heutzutage noch die Reporter der britischen Nachrichtenagentur *Reuter.* Ein Hinterausgang führt in den Kirchgarten von St. Bride's, und bei schönem Wetter stehen die Gäste mit einem Bier oder Lunch im Schatten ihres Zunftgotteshauses.

Nur wenige Minuten Fußweg bringen uns zu 22 Fleet Street, wo **Ye Olde Cock Tavern** des Biertrinkers harrt. Unser Chronist *Samuel Pepys,* die Schauspielerin und berühmte Mätresse von *Karl II., Nell Gwynne* („... our good old Nelly...", wie *Pepys* sie respektlos nannte), der Autor *Oliver Goldsmith* und der Shakespeare-Darsteller *David Garrick* (die uns in memoriam schon in einem anderen berühmten Pub, nämlich dem *Anchor,* begegnet sind), haben hier hektoliterweise britisches Ale getrunken.

Nahe Fleet Street, in 40 Essex Street, finden wir den **Edgar Wallace Pub,** ehemals *The Essex Head.*

Auch hier kehrte *Dr. Johnson* als gern gesehener Gast regelmäßig ein; er gründete im Jahre 1783 den *Essex Head Club,* eine Diskutierrunde. Da auch *Edgar Wallace* (1875–1932) hier verkehrte und seine Tochter nach dem Tod des berühmten Krimi-Autors der Kneipe eine Anzahl von Andenken stiftete, gab der Wirt der Schänke einen zugkräftigeren Namen.

In den beiden letztgenannten Pubs verbringen viele Anwälte, Richter, Zeugen, Gerichtsdiener (der Zivilgerichtshof liegt auf der anderen Straßenseite) und natürlich die Touristen ihre Mittagszeit.

038lo Foto: hs

Nachdem wir auf vergnügliche Art und Weise die Fleet Street weiter abwärts gelangt sind, ist nun mehr **Temple Bar** erreicht. Umtost vom Verkehr, steht auf einem Sockel mitten in der Straße ein geflügelter Drachen. Einst uberspannte hier ein von *Christopher*

Temple Bar – am Anfang der Fleet Street

Wren errichteter Torbogen die Fleet Street; Ende des 19. Jh. – das Verkehrsaufkommen war mittlerweile angewachsen – schaffte man das Hindernis aufs Land nach Hartforshire. Die Statue trennt Westminster von der City und markiert den Punkt, an dem der *Lord Mayor* den Monarchen empfängt, wann immer dieser die City besucht. Kurz vor dem Monument befindet sich in 17 Fleet Street der **Prince Henry's Room;** hier ist eine kleine Ausstellung zu *Samuel Pepys* untergebracht: Tagebuchblätter, Dokumente und persönliche Besitztümer unseres Chronisten (tgl. 11–14 Uhr).

Am Temple Bar Monument klammert der neogotische Justizpalast, der **Royal Court of Justice,** Fleet Street und Strand zusammen. Im Court werden Zivilgerichtsprozesse abgehalten,während man in Old Bailey Strafsachen verhandelt.

Den Strand abwärts, passieren wir die auf einer Verkehrsinsel gelegene Kirche **St. Clement Danes.** Auch dieses Gotteshaus, das sich einst dänische Einwanderer errichteten, brannte 1666 nieder und wurde von *Christopher Wren* neu erbaut. St. Clement ist die Hauptkirche der *Royal Air Force.* So wundert es den Besucher nicht, vor diesem Gotteshaus die Statue von *Sir Arthur Harris* zu finden. „Bomber Harris", wie er auch genannt wurde, war für den vernichtenden Angriff auf Dresden während des Zweiten Weltkriegs verantwortlich. Als das Denkmal am 31. Mai 1992 von *Queen Mum* eingeweiht wurde, kam es in Dresden zu englandfeindlichen Kundgebungen.

Ein mehrfach am Tag zu hörendes Glockenspiel intoniert den berühmten Kinderreim „Oranges and lemons says the bells of St. Clement", der an eine Wohtätigkeitseinrichtung früherer Tage erinnert. Noch heute findet jeweils im März der *Oranges and Lemons Service* statt, ein Gottesdienst, bei dem alle anwesenden Kinder eine Orange und eine Zitrone geschenkt bekommen. Eine Statue *Samuel Johnsons* blickt von der Ostseite der Kirche in Richtung Fleet Street.

Zwischen Temple Bar und St. Clement sollten wir auf der südlichen Straßenseite – gegenüber dem Justizpalast – drei Sehenswürdigkeiten nicht auslassen: Zuerst passieren wir den **Whig and Pen Club,** den Club der Rechtsanwälte und Journalisten; die Eingangsfront ist mit vielen Karikaturen berühmter Männer geschmückt. Das Gebäude des *Whig & Pen Club* wurde 1625 erbaut und ist das einzige Haus in weiter Umgebung, das nicht dem Großen Brand von London im Jahre 1666 zum Opfer fiel. Wenige Meter weiter folgt das erst kürzlich wieder eröffnete **Twining's Tea Museum;** dieses kleinste Ausstellungsgebäude Londons ist im Teegeschäft von *Twining's* – einer alteingesessenen Firma – untergebracht. Direkt daneben lohnt der **Pub The George** unbedingt einen Besuch; das Zeichen über dem Eingang zeigt zwar *Georg III.,* doch geht der Name auf einen ganz frühen Besitzer zurück, der in dieser Taverne einst ein Kaffeehaus führte (Restaurant im oberen Stock, ebenfalls viele Anwälte).

039lo Foto: hs

Das kleine Tee-Museum von Twining's

Von St. Clement aus bildet die Straßenführung des Strand einen eleganten, halbkreisförmigen Bogen: **Aldwych** (der Name geht auf die dänische Bezeichnung für „alte Stadt" zurück). Hier lohnen die monumentalen Fassaden des Australia House, des India House, dessen Wandschmuck von indischen Künstlern gestaltet wurde, und des Bush House, in dem die Auslandsabteilungen der *BBC* untergebracht sind, einen ehrfurchtsvollen Blick. Außerdem finden wir in diesem Straßenbogen das 1910 eröffnete, elegante *Waldorf Hotel,* das vom *Aldwych Theatre* und dem *Strand Theatre* flankiert wird. Ebenfalls auf einer Verkehrsinsel erhebt sich die Kirche **St. Mary-le-Strand,** zwischen 1714 und 1717 von *James Gibb* im klassizistischen Stil erbaut.

Wir nähern uns nun dem zwischen Strand und Themse gelegenem **Somerset House,** das in den 80er Jahren des vorletzten Jahrhunderts von *William Chambers* errichtet wurde.

Während sich der Haupteingang des Gebäudes am Strand befindet, ist die rund 200 m lange prachtvolle klassizistische Fassade mit den hervorragenden Steinmetzarbeiten der Themse zugewandt und sollte am besten von der Waterloo Bridge in Augenschein genommen werden. Vor ihrer Verlegung ins Burlington House waren hier die Königliche Kunstakademie *(Royal Academy),* die *Royal Society* und die *Society of Antiquaries* untergebracht. Derzeit beherbergt das Gebäude verschiedene Regierungsinstitutionen sowie das *King's College* der *University of London;* es kann nur besichtigt werden, wenn z. B. im *Fine Room* eine Kunstausstellung stattfindet (ein derartiges Ereignis entnehme man der Tagespresse).

Wer eine kurze oder längere Rast einlegen möchte, findet an Strand/Ecke Wellington Street die beiden

Pubs **The Wellington** und **Lyceum Tavern,** die beide den ganzen Tag über Bar Food servieren.

Weiter dem Strand abwärts folgend, stoßen wir linker Hand auf das *Savoy Hotel* und das im selben Gebäude befindliche *Savoy Theatre.* Nach wenigen Minuten Fußweg – wir schreiten tüchtig aus – ist **Charing Cross Station** erreicht. Das umliegende Areal war von jeher – auch schon vor dem Bau von Charing Cross Station – mit Menschenmassen angefüllt: *Samuel Johnson* bemerkte Mitte des 18. Jh. dazu: „The full tide of human existence is at Charing Cross" (Die Flutwellen menschlicher Existenz branden an Charing Cross). Vor dem 1864 im neogotischen Stil errichteten Bahnhofsgebäude steht eine Nachbildung des **Eleonoren-Kreuzes;** 13 solcher Kreuze markierten einst am Wegesrand die Stationen des Begräbniszuges *Eleonores von Kastilien* auf dem Weg von Nottinghamshire zur Westminster Abbey; errichten ließ sie der trauernde Königsgemahl *Eduard I.* (wir begegnen dem Herrscherpaar in der Westminster Abbey wieder).

Trafalgar Square

Wenige Meter von Charing Cross Station entfernt, öffnet sich nun dem Besucher eine der Hauptsehenswürdigkeiten Londons – der Trafalgar Square! Unentwegt schieben sich gleichzeitig 50 und mehr rote Doppeldeckerbusse um den Platz, Taxen und Privatwagen vervollständigen das Verkehrschaos, auf den Brunnenrändern ruhen sich erschöpfte Touristen aus und kühlen an warmen Tagen ihre wundgelaufenen Füße im Wasser, füttern die Tauben oder haben den Kopf in den Nacken gelegt, um die Statue von *Lord Nelson* hoch oben auf der Säule zu betrachten. Im Sommer nutzen viele Obdachlose, die gegenüber vom Square in der Kirche St. Martins-in-the-Field von der Sozialfürsorge eine warme Mahlzeit erhalten haben, die Brunnen für ein sowohl reinigendes als auch erfrischendes Bad. Auch viele Jugendliche planschen sommertags in den Brunnen; als am 3. August 1990 die höchste je in London gemessene Temperatur von 37 Grad Celsius der Stadt und ihren Bewohnern einen Hitzekoller brachte, glich Trafalgar Square eher einer öffentlichen Badeanstalt als einem innerstädtischen Prachtplatz.

Wenn möglich, sollte der Besucher die vielen **Taubenfutterverkäufer** auf dem Square **ignorieren,** falls sie trotz des kürzlich ausgesprochenen Verbotes noch Taubenfutter verkaufen; und die Vögel auch nicht mit den Resten seines Lunchbrötchens füttern. Teile des Platzes sind von einer dicken Schicht Taubenkot überzogen, die sich bei Regen in eine glitschige Masse verwandelt. Überall in London warnen Hinweisschilder, dass Tauben Krankheiten übertragen und eine große städtische Plage sind. Der Kot der gefiederten Tiere ist äußerst aggressiv und schadet den Fassaden der umliegenden Gebäude. Jedes Jahr lässt die Londoner Stadtverwaltung allein am Trafalgar Square mehr als 1 t zusammenkratzen.

040lo Foto: hs

Der Brunnen des
Trafalgar Square als Badeanstalt

Im Jahre 1805 hatte *Horatio Nelson* die britische Flotte in der Schlacht von Trafalgar zum Sieg geführt, England damit die alleinige Seeherrschaft auf allen Weltmeeren gesichert und die Voraussetzung für Britanniens imperiale Größe im 19. Jh. geschaffen. Um einerseits den maritimen Strategen mit einem pompösen Denkmal zu ehren, andererseits aber auch die nationale Größe entsprechend herauszustellen, wurde nach Plänen von *John Nash* und unter der Bauaufsicht von *Charles Barry* zwischen 1830 und 1850 der Trafalgar Square gestaltet. Die ehemals hier angesiedelten, ineinander verschachtelten königlichen Stallungsgebäude, die *Royal Mews,* riss man großflächig nieder. Im Jahre 1842 hob man unter der begeisterten Anteilnahme der Bevölkerung die **Nelson-Statue** auf die 56 m hohe Säule; in Napoleon-Pose hält der Admiral seither Ausschau nach feindlichen Schiffen. Am Sockel dokumentieren vier Reliefs, die man aus dem Metall erbeuteter französischer Kanonen hergestellt hat, die bekanntesten Seeschlachten Nelsons. Die vier gewaltigen Bronzelöwen, die wie Schoßkätzchen dem Admiral zu Füßen liegen, gestaltete 1867 der Hof- und Tiermaler *Sir Edwin Landseer,* und die Brunnen schließlich schuf 1939 *Edwin Lutyans.* (Die Löwen übrigens werden manchmal auch als „The Postmen's Friends" bezeichnet; in regelmäßigen Abständen bekommt die Londoner Post Briefe mit der Adresse „Lord Nelson, Trafalgar Square" zugeschickt; mit der folgenden Aufschrift gehen diese Briefe an den Absender zurück: „Unable to deliver; four large lions guarding!" – Nicht zustellbar, da von vier großen Löwen bewacht!)

An drei Ecken des Platzes erinnern die Statuen von *Georg IV., Admiral Napier* und *General Havelock* an die einstige **nationale Glorie des Empire.** Auf der Seite der *National Gallery* befinden sich unterhalb der Brüstung die englischen Längenmaße *(Foot, Inch etc.)* in Stein eingelassen, die ganz im Sinne der einstigen kolonialen Größe als *Imperial Standards of Length* bezeichnet werden. Doch hat auch dieses Selbstverständnis mittlerweile – wie viele andere Sachen auch – Kratzer erlitten, der heutige Brite misst im metrischen System, nicht mehr im imperialen.

An der Westseite des Trafalgar Square liegt das Canada House, an der Ostseite das South Africa House, das jahrelang von einer Mahnwache der Apartheidsgegner belagert war. Zusammen mit Rhodesia House (heute Zimbabwe House), Australia, New Zealand, New South Wales und India House, allesamt in den umliegenden Straßen gelegen, markierten die Gebäude einst als Sitz der Hochkommissariate ebenfalls nationale Größe, heutzutage dienen sie zumeist als kulturelle Begegnungsstätten.

In der Silvesternacht feiern die Londoner auf dem Trafalgar Square das neue Jahr. Schon von jeher wurde Trafalgar Square als **Versammlungsplatz,** etwa während großer Demonstrationen, genutzt; über 50.000 Menschen fasst das Areal. Für die Polizei war die Anlage des Square ein Geschenk des Himmels, denn der ganze Platz ist leicht einzukesseln, und man kann selbst große Protestveranstaltungen wie eine Seifenblase zum Platzen bringen. Doch damit nicht genug, ein wirkliches Stück der „heimlichen Geschichte" Londons zeigt eine gedrungene Säule rechts von der Statue des *Generals Havelock.* Klammheimlich Ende des 19. Jh. errichtet und mit schießschartenähnlichen „Beobachtungsfenstern" versehen, erfüllte diese Säule Observierungsfunktionen. Im Innern fand gerade ein Polizist Platz; drohte die Demonstration – unter polizeilichem Gesichtspunkt – aus dem Ruder zu laufen, so war über eine installierte Telefonleitung Verstärkung rasch herbeizuordern (die Tür in der Säule datiert aus jüngster Zeit).

Einige **englische Literaten** mochten Trafalgar Square nicht sonderlich; *Charles Dickens* (1812–1870) bezeichnete ihn in seiner Novelle „The Uncommercial Traveller" als extrem hässlich *(of abortive ugliness),* und *William*

041lo Foto: hs

Die Überwachungssäule auf dem Trafalgar Square

Morris (1824–1896) entwarf in seinem Roman „News from Nowhere" die Vision, den Platz in einen riesigen Aprikosengarten zu verwandeln. Seinem Widerwillen lagen handfeste Erfahrungen zugrunde; im November 1887, am *Bloody Sunday,* wurde eine Demonstration von der Polizei aufgerieben, *Morris,* der dabei war, wurde ein Gummiknüppel über den Kopf gezogen. Ein anderer Autor, der hier schlechte Erfahrungen machte, war *George Orwell* (1903–1950). Im August 1931 übernachtete er auf einer seiner *Tramping Expeditions* mit den Obdachlosen auf dem Trafalgar Square; es ging jedoch derart laut zu, dass *Orwell* nicht den ersehnten Schlaf fand. In seinem Roman „The Clergyman's Daughter" (1935) lässt er seine Protagonistin das gleiche Schicksal erleiden. (Auch heutzutage schlafen in den Sommernächten noch immer die Obdachlosen in den windgeschützten Ecken des Trafalgar Square und holen sich morgens in der nahe gelegenen Kirche St.-Martin-in-the-Field bei der dortigen *Social Service Station* ein Frühstück und einen warmen Kaffee.)

Im Nordosten des Square ragt die von *James Gibb* 1722–1726 erbaute Kirche **St.-Martin-in-the-Field** auf; 1561 erhielt *Francis Bacon* hier seine Taufe. Wie in der Christ Church des Eastend, werden auch in St. Martin die Obdachlosen der Stadt gespeist. In der Krypta gibt es ein Brass Rubbing Centre und ein großes, sehr gemütliches Café.

An der Nordseite des Platzes befindet sich die von *William Wilkens* errichtete und 1838 eingeweihte **National Gallery** (Mo–Sa 10–18 Uhr, Mi bis 20 Uhr, So 12–18 Uhr). Diese größte Gemäldegalerie der Welt ging aus mehreren kleinen Privatsammlungen hervor. Zu besichtigen sind Werke der italienischen Malerei des 15. und 16. Jh. sowie holländische, flämische und französische Gemälde aus dem 17. Jh. (Kunst des 19. und 20. Jh. zeigt die *Tate Gallery*.) Damit man nicht orientierungslos durch die Säle streift, sollte man sich anhand des Katalogs auf eine bestimmte Epoche konzentrieren oder sich nur den Werken von zwei oder drei Meistern zuwenden. Wer von der Malerei des 16. und 17. Jh. begeistert ist, muss auf alle Fälle mehrtägige Besuche einplanen, um die Bilder in der National Gallery entsprechend würdigen zu können; lohnenswert ist dies allemal.

An der Ostseite der *National Gallery* befindet sich der Eingang zur **National Portrait Gallery** (Mo–Fr 10–17 Uhr, Sa 10–18 Uhr, So 14–18 Uhr), deren Besuch man während seines Stadtrundganges auf gar keinen Fall versäumen sollte: Tausenden von berühmten Engländern kann man hier in die Augen blicken; nicht nur die Herrscher aller Epochen, auch die Konterfeis von Wissenschaftlern, Künstlern, Literaten, Architekten, Politikern, Lebemännern und Abenteurern präsentieren sich dem Betrachter.

Quartier St. James

Vom Trafalgar Square erreichen wir, in westlicher Richtung gehend, Londons herrschaftliches Quartier St. James. Wir folgen der Straße Pall Mall ins exklusive Clubland der Metropole. Der Name *Pall Mall* ist eine Verballhornung des französischen *Paillemaille,* das ein im 17. Jh. beliebtes, dem Crocket ähnliches Spiel bezeichnete. *Karl II.* galt als begeisterter Anhänger dieses Sports und ließ die Straße als Spielfeld anlegen. Jeder, der in der damaligen Zeit etwas auf sich hielt, schlug kleine Holzbälle durch Törchen. *Samuel Pepys* notierte am 2. 4. 1661: „Beobachtete im St. James's Park den Herzog von York beim Peslemesle-Spiel, sah diesen Sport zum ersten Mal."

Anfang des 19. Jh. bekam Pall Mall als erste Straße Londons eine Gasbeleuchtung.

Nach wenigen Minuten Fußweg stoßen wir auf den **Waterloo Place,** wo ein Denkmal an den Krim-Krieg erinnert, und eine Statue *Florence Nightingale* ehrt, jene aufopferungsvolle und mildtätige Kriegskrankenschwester. Blicken wir in Richtung St. James's Park, so erkennen wir auf einer knapp 40 m hohen Säule das Standbild des *Duke of York,* Bruder von *Georg IV.,* ein Lebemann und Geldverschwender. Als sein Denkmal errichtet wurde, spöttelten die Leute, dass es nur deshalb so hoch geraten sei, damit der Duke von seinen Gläubigern nicht erreicht werden könne.

Am Waterloo Place befindet sich auch Londons berühmtester Club, das

Der Athenaeum Club am Waterloo Place

lon203 Foto: hs

Athenaeum. Seit dem Jahr 1823 ist das Athenaeum Treffpunkt der intellektuellen Elite des Landes.

Charles Dickens wurde im noch jugendlichen Alter von 26 Jahren in diesen „Verein" gewählt. *Thackeray* schrieb in der legendären, 40 m langen Bibliothek einige seiner Romane. Kurz vor *Thackerays* Tod begruben er und *Dickens* ihre langjährige Feindschaft öffentlich per Handschlag auf der großen Freitreppe (der Streit war ausgebrochen, nachdem ein Freund von *Dickens* einen wenig respektvollen Artikel gegen einen Freund von *Thackeray* publiziert hatte). Weitere bekannte Mitglieder waren *Charles Darwin, Joseph Conrad, Rudyard Kipling* und *Gilbert Keith Chesterton.* Alle britischen Premierminister gehörten ab dem Gründungsdatum ebenfalls diesem Club an. Als mit *Maggie Thatcher* erstmals eine Frau das Amt des Regierungschefs innehatte, erhitzten sich die Gemüter der Mitglieder an der Frage, ob Madam kraft ihres Amtes als Mann zu betrachten sei; in den alten und exklusiven Clubs sind selbst heute Damen noch immer verpönt bzw. ungern gesehen.

An das Athenaeum schließen sich zwei weitere weltbekannte Clubs an: Der **Traveller's Club,** 1819 gegründet, nahm nur Mitglieder auf, die sich auf ihrer so genannten Kavaliersreise mindestens 500 Meilen von London entfernt hatten – heute müssen es 1000 Meilen sein, und dieses Kriterium ist natürlich am leichtesten zu erfüllen. Im Traveller's Club gilt – wie auch im Athenaeum – das so genannte *Blackballing;* ein Aspirant ist dann abgelehnt, wenn bei der Entscheidungsprozedur über die Aufnahme auch nur ein Clubmitglied eine schwarze Kugel wirft. Der **Reform Club,** von den Anhängern der Wahlrechtsreform 1832 gegründet, diente *Jules Verne* in dem Roman „In 80 Tagen um die Welt" als Schauplatz für seinen Helden Phileas Fogg, der hier die berühmte Wette einging.

Ein Stückchen weiter residiert in einem monumentalen Gebäude der **Royal Automobile Club** (RAC).

Im Haus **Pall Mall Nr. 79** verlebte *Nell Gwynne,* die Mätresse *Karls II.,* ihre letzten 16 Lebensjahre. Wie uns die Chronisten jener Tage berichteten, war es ein vertrautes Bild, dass der König während seiner Spaziergänge durch den St. James's Park an dem Haus Halt machte, *Miss Nelly* aus dem Fenster schaute und beide in einem *very familiar discourse* Konversation betrieben (so teilt es uns u. a. *John Evelyn* in seinem Tagebuch mit).

Das folgende, gut restaurierte Gebäude, **Schomberg House** (Nr. 81), datiert aus dem Jahre 1698 und ist das älteste Stadtpalais der Pall Mall. Um 1765 bereits teilte der damalige Besitzer *John Astley* aus Kostengründen den Bau in drei Einzelhäuser auf. 1774 zog der Maler *Thomas Gainsborough* in eine der Sektionen ein und lebte hier bis zu seinem Tod im Jahre 1788. Um 1785 war ein weiterer Teil des Gebäudes an den berüchtigten Arzt *„Doktor" Graham* vermietet. Kinderlose Paare konnten für 100 Pfund die Nacht in *Grahams* so genannten *Magnetic Celestial Bed* (Magnetisches Himmelbett) verbringen und auf eine *wonderful Aid of Fertility* hoffen. Das „Fruchtbarkeitsbett" enthielt 1300 magnetische Eisenstücke sowie eine Matratze, die mit dem Haar eines Zuchthengstes gefüllt war. 40 gläserne Säulen, eine jede geschmückt mit einer Nymphengestalt, trugen den Baldachin des Bettes. Für kurze Zeit hatte *Graham* auch eine „real existierende Nymphe" eingestellt; ein junges Mädchen namens *Emily Hart* umschwebte in durchsichtigen Kleidern als Göttin der Gesundheit das Himmelbett. *Emily Hart* wurde später *Lady Hamilton,* die Frau des britischen Konsuls in Neapel sowie – noch später – die Geliebte von *Lord Nelson.*

Am *St. James's Palace* biegen wir rechts in die **St. James's Street** ein, auf der sich neben noch berühmteren Clubs auch viele altehrwürdige Geschäfte befinden. In Nr. 6 hat der **Hutmacher Locke's** sein Ladenlokal. 1850 wurde hier der *Bowler Hat* kreiert, die weit über die Grenzen Britanniens hinaus bekannte „Melone". Wie die Überlieferung des traditionsreichen Hauses berichtet, soll ein Jägersmann namens *Coke* einen Hut geordert haben, der nicht gleich vom Kopf fiel, wenn man während der Jagd über Hecken oder Zäune setzen musste. *Locke's* entwickelte auch das Design für den ersten Zylinder, der im Jahre 1797 von einem gewissen *James Heatherington* bestellt wurde. Kaum war *Heatherington* mit seiner neuen Kopfbedeckung auf die Straße getreten, erzeugte er mit seinem Hut eine derartige Aufregung bei Passanten, dass man den Träger arrestierte und er 50 Pfund Strafe zahlen musste „wegen geplanter Einschüchterung ängstlicher Leute". (Übrigens: Der „Pöbel" bezeichnet einen Zylinder als *Top Hat,* die Mittelklasse nennt ihn *Silk Hat,* und der Gentleman verlangt seinen *Topper.)* Der Bowler ist mittlerweile aus der Mode gekommen, man sieht ihn im Straßenbild der Metropole kaum noch. St. James, das Viertel in dem wir uns gerade befinden, ist da eine Ausnahme: Der konservative Brite, vor allem, wenn er Mitglied eines berühmten Clubs ist, geht nicht unbedingt mit der Zeit; ihm ist die Melone heilig, und so kann der Besucher hier noch „korrekt" gekleidete Gentlemen sehen.

In 3 St. James's Street hat die 1696 gegründete **Weinhandlung Berry Brothers and Rudd** ihren Sitz; *Lord Byron* und *Beau Brummel* haben hier ihren Wein gekauft *(Lord Byron* übrigens wohnte von 1808 bis 1814 in 8 St. James's Street).

In Nr. 69 residieren die Mitglieder des **Carlton Club,** der 1832 von konservativen Kräften als Antwort auf die Wahlrechtsreform gegründet wurde und damit ein Gegenstück zum *Reform Club* bildete.

In Nr. 37–38 befindet sich **Londons ältester Club, White's,** 1693 gegründet und alsbald bekannt als eine schlimme Spiel- und Wetthölle. *Horace Walpole* (1717–1797), Kunstsammler, Schriftsteller und Zeichner, berichtete einst die folgende Geschichte über die harte Wettleidenschaft der Mitglieder: Als einmal ein Passant vor der Tür des *White's* zusammenbrach und ins Gebäude getragen wurde, wettete die eine Hälfte der Anwesenden, dass der Mann tot sei; als jemand daranging, den Kranken zur Ader zu lassen, um seine Lebensgeister zu wecken, wurde heftig interveniert: Unter diesen Umständen wäre kein fairer Wettablauf gesichert ...! Ein Mitglied, ein gewisser *Lord Mountford,* wettete einst 3000 Pfund auf zwei Regentropfen, die langsam an einer Fensterscheibe herunterrannen; einer der Tropfen werde schneller sein als der andere – der Lord geriet völlig in Rage, als die beiden Tropfen aufeinander zuliefen und zu einem verschmolzen. Neben diesen Skurrilitäten wurden Tag und Nacht schier unglaubliche Summen umgesetzt; 1755 soll ein Mitglied an einem einzigen Abend 32.000 Pfund verspielt haben. Kein Wunder, dass *Jonathan Swift,* jedesmal wenn er den Club passierte, wütend die Faust ob solcher *wasteful follies* ballte. Dennoch – der Erfolg war groß, und im Laufe der Zeit öffneten weitere Clubs ihre Pforten. In 60 St. James's Street ist **Brooke's** beheimatet, 1778 gegründet, und in Nr. 28 finden wir den **Boodle's Club.**

Die Clubs entstanden aus den Kaffeehäusern, die sich im 17. Jh. in England etablierten. Da Kaffee in der damaligen Zeit sehr teuer war, konnten sich nur reiche Leute seinen Genuss leisten. Als der Marktpreis dann immer mehr verfiel, drängte nun auch das

„einfache Volk" in die Cafés – eine Ungeheuerlichkeit für einen klassenbewussten Adligen. Die Gentlemen verließen die öffentlichen Kaffeehäuser und schlossen sich in der *splendid isolation* ihrer Clubs zusammen. (Fast unnötig zu sagen, dass an keinem Clubgebäude ein Schild den Besucher darauf aufmerksam macht, welcher „Verein" hier residiert.)

Östlich von St. James's Street liegt **St. James's Square,** im 17. und 18. Jh. eine der nobelsten Adressen im Herzen Londons. Hier befindet sich die **London Library** (Haus Nr. 14), die 1840 von dem Historiker *Thomas Carlyle* (1795–1881) als Konkurrenzbibliothek zur *British Library* gegründet wurde. *Carlyle* hatte sich dort über eine unzumutbare Behandlung so geärgert, dass er flugs in eine neue „Bücherei" investierte. Im Gegensatz zur Bibliothek des Britischen Museums kann man in der *London Library* Bücher ausleihen, und ausländischen Mitgliedern werden die gewünschten Bände zugeschickt. In ganz England rühmt man die freundliche Atmosphäre und den guten Service, was mit Sicherheit an den engagierten Bibliothekaren liegt; der berühmteste Angestellte, ein gewisser *Mr. Cox,* arbeitete fast 70 Jahre hier, von 1882 bis 1951. Die Leihbücherei zählte viele berühmte Mitglieder und ging in die englische Literatur ein; bekannte Romanhelden wie James Bond oder Dr. Watson gehörten zu ihren fiktiven Benutzern.

In der Nordostecke von St. James's Square erinnert ein kleines Steinkreuz an *Yvonne Fletcher.* Im Gebäude Nr. 5 befand sich das Libysche Volksbüro, *Gaddafis* diplomatische Vertretung in Großbritannien. Am 17.4.1984 protestierten Exil-Libyer gegen Menschenrechtsverletzungen in ihrem Heimatland. Um 10.18 Uhr wurde aus dem ersten Stock ein Schuss in die Menschenmenge abgegeben; er traf die 25-jährige Polizistin *Yvonne Fletcher* tödlich. Der Mörder konnte nicht gefasst werden.

Pubs

Pubs entlang der Fleet Street siehe entsprechendes Kapitel; weitere Pubs **rund um Fleet Street** (EC 4) **und Strand** (WC 2):

- **Cartoonist,** Little New Street EC 4. Hier residiert der *International Cartoonist Club;* der Pub ist mit Comics geradezu tapeziert.
- **Devereux,** 20 Devereux Court EC 4). Früher einmal das Stadtpalais des *Earl of Essex,* dann ein Kaffeehaus, nun ein Pub.
- **Printer's Devil,** 98 Fetter Lane EC 4. Bis zum Auszug der Verlage ein beliebter Treffpunkt der Journalisten.
- **Seven Stars,** 53 Carey Street WC 2. Taverne aus dem 17. Jh., eine der kleinsten Londons, immer voll mit Rechtsanwälten der nahe gelegenen *Inns of Court, Dickens* trank hier, Karikaturen seiner Romancharaktere finden sich an dem einen Ende der Bar. Der Pub liegt im Rücken des Royal Court of Justice. Im Jahre 2002 feierte der Pub sein 400-jähriges Bestehen mit einer großen Straßenparty. Die Kneipe, die 1602 erbaut wurde, ist eine der wenigen, die den großen Brand von 1666 heil überstanden.
- **Princess of Wales** und **The Griffin Tavern** (Free House), Villiers Street; direkt neben *Charing Cross Station* gelegen, daher am späten Nachmittag voll mit Pendlern.

Im Viertel St. James's

- **Red Lion,** Crown Passage, off Pall Mall, die Passage liegt rechterhand am Ende von Pall Mall, schräg gegenüber vom Haupteingang des St. James's Palace, nach eigenem Bekun-

lon200 Foto: hs

den „London's last Village Inn" sowie „London's oldest Beer License". In dieser kleinen Passage findet sich auch die **Ideal Sandwich Bar,** in der leckere Baguettes, Sandwiches, Suppen und weitere Snacks vor allem zur Mittagszeit einen Besuch lohnen. Man kann seinen Lunch dann an schönen Tagen im nahe gelegenen St. James's Park verzehren. Ebenfalls hier befindet sich das kleine italienische Restaurant **Il Vicola,** das bei den Angestellten der Umgebung sehr beliebt ist und lobend in Londoner Tageszeitungen erwähnt worden ist. Pastas zwischen 6 und 8 £, Fleischgerichte zwischen 8 und 10 £, Fischgerichte zwischen 10 und 13 £.

Tauben füttern kann böse Folgen haben

- **Golden Lion,** 25 King Street. Gegenüber liegt das Auktionshaus *Christie's,* daher immer voll mit den Angestellten dieser Institution und den Besuchern vor und nach Versteigerungen.
- **Red Lion,** 2 Duke of York Street. Gediegenes viktorianisches Ambiente, viele hohe Geschäftsleute und Börsianer im Publikum.

Restaurants

entlang Fleet Street finden sich kaum; Restaurants in St. James's (Adressen und Charakteristika s. u. Restaurants):

- **Al Duca** und **Il Vicola** (italienisch); **Wheelers** (britisch); **Rowley's** (britisch); **Suntory** (japanisch); **Wilton's** (britisch)

Clubs, Discotheken, Märkte und Geschäfte

findet man bis auf Ausnahmen in den beschriebenen Straßen und Vierteln nicht.

Westminster – Parlament, Paläste, „Corridors of Power"

Big Ben und Houses of Parliament

Geschichte

Im Jahre **1476** ließ sich der Händler *William Caxton* – nachdem er längere Zeit auf dem Kontinent, vor allem in Brügge und Köln, verbracht hatte – in Westminster nieder und eröffnete eine **Druckerei.** *Caxton* hatte in Deutschland das Druckerhandwerk erlernt und war der Erste, der diese neue Technik in England einführte. In den 15 Jahren, die er in Westminster verlebte, produzierte der Drucker eine Vielzahl von billigen Büchlein; sehr beliebt beim Publikum – und damit für *Caxton* ein großer ökonomischer Gewinn – waren *Chaucers* „Canterbury Tales", ein Band über *König Arthurs* Tafelrunde sowie ein Vademecum für Schachspieler. Als *Caxton* 1491 starb, bestattete man ihn in der St. Margaret's Church (s. u.; sein Grab hat man bis heute allerdings noch nicht gefunden), das Druckhandwerk hatte sich zu dieser Zeit bereits in ganz England durchgesetzt.

Dass *Caxton* sich gerade in Westminster niederließ, war natürlich nicht ohne Grund geschehen: Der König hielt nahebei in der Westminster Hall Hof, und ebenfalls in unmittelbarer Nähe beteten die frommen Brüder der Westminster Abbey; die weltlichen wie die geistlichen Würdenträger verhießen Interesse am gedruckten Wort und damit wirtschaftliche Prosperität.

Die **Ursprünge** von Westminster gehen auf den Angelsachsen *Eduard den Bekenner* (1042–1066) zurück. Er war der Erste, der sich aus den sicheren Stadtmauern der City gen Westen

042lo Foto: hs

wandte, dort am Ufer der Themse ein Kloster, eine Kirche und einen bescheidenen Palast errichten ließ. Nach der Schlacht bei Hastings im Jahre 1066 residierte der siegreiche *Wilhelm der Eroberer* in *Eduards* Gemächern, bis man das erste Teilstück des Tower fertiggestellt hatte. *Wilhelms* Nachfolger, sein Sohn *Rufus* (1087–1101), ließ die **Westminster Hall** errichten, die alsbald zum Zentrum der Macht avancierte: Hier hielt der Monarch Audienzen ab, empfing Delegationen, ließ sich von seinen Ratgebern informieren und sprach Recht. Im Laufe der Geschichte fanden die großen politischen Prozesse in Westminster Hall statt: *Richard II.* wurde im Jahre 1399 gezwungen, die Krone zugunsten seines Vetters *Heinrich* abzugeben; 1535 befand man den Philosophen und Lordkanzler *Thomas Morus* des Hochverrats für schuldig, weil er sich geweigert hatte, Heinrich VIII. als neues kirchliches Oberhaupt anzuerkennen; 1649 empfing *Karl I.* sein Todesurteil, und fünf Jahre später ernannte man seinen Widersacher *Oliver Cromwell* zum *Lordprotector.*

600 Jahre lang hielt man zudem in der Westminster Hall die Krönungsbankette ab, das letzte Mal 1820 für *Georg IV.* Britanniens letzte beiden Herrscher wurden hier aufgebahrt, und auch von *Winston Churchill* konnte die Bevölkerung an diesem Ort Abschied nehmen. **Heutzutage** wird Westminster Hall für bedeutende Staatsangelegenheiten genutzt, und das Ober- wie auch das Unterhaus kommen bei besonderen politischen Anlässen gemeinsam zusammen; sonst sind diese beiden Institutionen streng voneinander getrennt.

Besichtigung

Allererste Attraktion von Westminster sind natürlich die **Houses of Parliament** (U-Bahn: *Westminster).*

Unbedingt sollte man auf der Westminster Bridge die Themse überqueren, um von der anderen Flussseite aus die unvergleichliche „Skyline" auf sich wirken zu lassen. Die **Ursprünge** des englischen Parlaments datieren ins **13. Jh.,** schon damals beriet sich der Monarch mit seinen Lehnsträgern. Seit 1215, dem Jahr der *Magna Charta,* musste auch der König sich dem herrschenden Recht unterordnen, und geistliche wie weltliche Würdenträger hatten für die damalige Zeit bedeutende Befugnisse. 1265 rief *Simon de Montfort* erstmals Vertreter des Adels, des Bürgertums und der Städte ohne den König selbst zusammen. 1295 fand das so genannte *Model Parliament* statt, ein beratender Gedankenaustausch zwischen *Eduard I.,* dem Adel und dem Klerus sowie Ständevertretern aus Grafschaften und Städten. Der Herrscher benötigte nun das Einverständnis der Lords und Bischöfe sowie der *Commons* (aus dem Bürgertum), wenn er Kriege anzetteln oder Steuererhöhungen durchsetzen wollte. Etwa ab 1375 gab es einen Sprecher, einen *Speaker,* der als Vertreter der *Commons* deren Entscheidungen bekannt gab. Um 1450 hatte der Monarch die Standesvertretungen der

043lo Foto: hs

Die Houses of Parliament

Lords und der *Common* endgültig anerkannt – ab nun gab es ein Ober- und ein Unterhaus.

Am 5. November **1605** trug sich in den Kellergewölben des Oberhauses der *Gunpowder Plot* (**„Pulververschwörung"**) zu. *Guy Fawkes*, ein konvertierter Katholik, wurde in letzter Minute dabei ertappt, wie er mittels einer großen Menge Schwarzpulver *Jakob I.*, seine Minister und Lords in die Luft sprengen wollte; nach dem Anschlag sollte ein katholischer Monarch auf den Thron gesetzt werden. *Fawkes* und seine Mitverschwörer wurden hingerichtet; es geht das Gerücht, der Geheimdienst selbst habe das Attentat vorbereitet, um die Katholiken in Misskredit zu bringen. Jedes Jahr nun werden vor der Parlamentseröffnung die Keller des Gebäudes nach einem festgelegten Ritual durchsucht, und jährlich am 5. November haben am *Guy Fawkes Day* vor allem die Kinder ihren Spaß: Im gesamten Land werden Strohpuppen verbrannt, die Kleinen ziehen durch die Straßen, betteln um einen „Penny for the Guy" und singen: „Please to remember / The fifth of November: Gunpowder treason and plot. / I know no reason / Why gunpowder treason / Should ever be forgot".

Ähnlich berühmt ist im Inselreich die folgende Geschichte: Im Januar **1642 stürmte Karl I.** in den **Sitzungssaal** des Unterhauses, um persönlich die Verhaftung von fünf unbotmäßigen Parlamentariern zu veranlassen. Aufgebracht verlangte der Herrscher vom *Speaker* Auskunft über die Volksvertreter. Der Sprecher antwortete: „Ich habe weder Augen, um zu sehen, noch Ohren, um zu hören, mit Ausnahme dessen, was mir das Haus anzuweisen beliebt". So gedemütigt, musste *Karl* den Rückzug antreten. Fortan war es allen Königen verboten, das Unterhaus zu betreten.

Im Oktober **1834 brannten die Parlamentsgebäude** bis auf die Grundmauern **nieder;** Millionen von alten Kerbhölzern, die einst der Buchhaltung gedient hatten, gingen durch die Unvorsichtigkeit von zwei Arbeitern in Flammen auf. Ein Wettbewerb zur Neugestaltung der Houses of Parliament wurde ausgeschrieben, und der Architekt *Charles Barry* erhielt mit seinem neogotischen Entwurf den Zuschlag. 1840 begannen die 20 Jahre dauernden Bauarbeiten; 1847 konnten die *Lords* ins Oberhaus einziehen, 1852 hatten dann auch die *Commons* ihren Sitzungssaal. Den Uhrturm **Big Ben** stellte man 1858 fertig. Weltberühmt und eines der Wahrzeichen Londons, ist er so benannt nach der größten Glocke, die in ihm hängt. Das nicht minder berühmte Glockenspiel, das die Uhrzeiten anzeigt und auch den Sendungen der *BBC* vorangestellt ist, gibt eine Klangfolge aus *Händels* „Messias" wieder. Übrigens: Wer nach Einbruch der Dunkelheit Big Ben passiert, sollte einen Blick auf die Galerie oberhalb des Zifferblattes der Uhr richten; brennt dort eine Lampe, dann tagt noch das Unterhaus. Der heutige **Besuchereingang** befindet sich im Victoria Tower, der 1860 vollendet wurde; wer geduldig in der Schlange steht, kann ab 14.30 Uhr von den Besuchergalerien die Sitzungen verfolgen (allerdings nur dann, wenn Parlamentsdebatten stattfinden; wenn die Abgeordneten in Ferien sind, müssen auch die Touristen draußen bleiben).

Schräg gegenüber vom Victoria-Turm steht die aus dem 16. Jh. stammende **Kirche St. Margaret's.**

Wie schon erwähnt, bestattete man 1491 Englands ersten Drucker, *William Caxton, in* dem Gotteshaus; 1618 trug man den hingerichteten *Sir Walter Raleigh* hier zu Grabe. Im Jahre 1615 heiratete unser Chronist *Samuel Pepys* die erst 15-jährige *Elisabeth St. Michel* in St. Margaret's, und 1908 tat es ihm *Winston Churchill* gleich; vor dem Traualtar gab der Politiker *Caroline Hozier* das Jawort.

Westminster Abbey

Unmittelbar hinter St. Margaret's erhebt sich die gewaltige Westminster Abbey – mit 400 Grabdenkmälern und 3000 Gedenktafeln eines der bedeutendsten historischen Bauwerke

Großbritanniens, zudem ein Meisterstück der englischen Gotik. Seit den Tagen *Wilhelm des Eroberers* – den man zu Weihnachten 1066 in der Abtei zum König ausrief – fanden die Krönungsfeierlichkeiten für alle englischen Monarchen in Westminster Abbey statt. Bis hin zu *Georg II.* (1760) wurden bis auf wenige Ausnahmen alle Herrscher in diesem Gotteshaus bestattet. Über 4 Mio. Besucher bestaunen Jahr für Jahr die Grabdenkmäler, Statuen, Gedenksteine und Sarkophage – hier kann britische Geschichte unmittelbar erlebt werden.

Schon im 7./8. Jh. soll an dieser Stelle eine Kirche gestanden haben. Der angelsächsische König *Eduard der Bekenner* ließ dann 1050 mit dem **Bau** eines neuen Gotteshauses und eines Klosters beginnen. Um für den heilig gesprochenen *Eduard* eine angemessene Grabstätte zu errichten, befahl *Heinrich III.*, einen Teil der Kirche niederzureißen, und beauftragte den Baumeister *Henry von Reyns* mit neuen Plänen. Dieser nahm die französischen Kathedralen von Reims und Amiens zum Vorbild und gestaltete innerhalb von zehn Jahren Chor, Querschiffe und Teile des Hauptschiffs. Rund 100 Jahre ruhten dann die Arbeiten, die anschließend von *Henry Yevele,* dem kongenialen Architekten der Kathedrale von Canterbury, weitergeführt wurden. *Yevele* war souverän genug, um nicht im nun vorherrschenden *Decorated Style* fortzubauen, sondern hielt er sich strikt an die ursprünglichen Pläne *von Reyns',* die der *Early English*-Gotik verhaftet waren. In den folgenden Jahrhunderten befassten sich dann *Christopher Wren* und *Nicholas Hawksmoor* mit der weiteren Ausgestaltung der Abtei.

Westminster Abbey hat den Grundriss eines lateinischen Kreuzes, ist 156 m lang, 61 m breit, und die Gewölbe sind über 30 m hoch.

Jeden Dienstag und jeden Mittwoch gibt es in Westminster Abbey um 17 Uhr einen **Gottesdienst** für die Bewohner der Metropole und die Besucher; dann singt auch der berühmte Knabenchor.

Rundgang

Beginnen wir nun unseren andachtsvollen Rundgang durch das Gotteshaus: Das Westportal (1) zeigt ein Denkmal für den Premierminister *William Pitt d. J.* (1759–1806). Am ersten rechten Pfeiler hinter dem **Eingang** hängt ein Porträt von *Richard II.,* das um 1370 entstand und als ältestes Königsgemälde gilt. Rechts vom Portal liegt die St. George's Chapel (2), die dem Gedenken der Gefallenen des Ersten Weltkrieges gewidmet ist. Hinter dem Hauptportal ehrt eine Grabplatte *Winston Churchill;* direkt dahinter ruht in einem schlichten Grabmal ein in französischer Erde bestatteter unbekannter Soldat, der am 11. November 1920 hier beigesetzt wurde (3). Das Datum markiert alljährlich den *Remembrance Day,* den Volkstrauertag. Keineswegs darf man die Grabplatte betreten, selbst während der Krönungsfeierlichkeiten macht die Prozession des Monarchen einen Bogen um die geweihte Stelle.

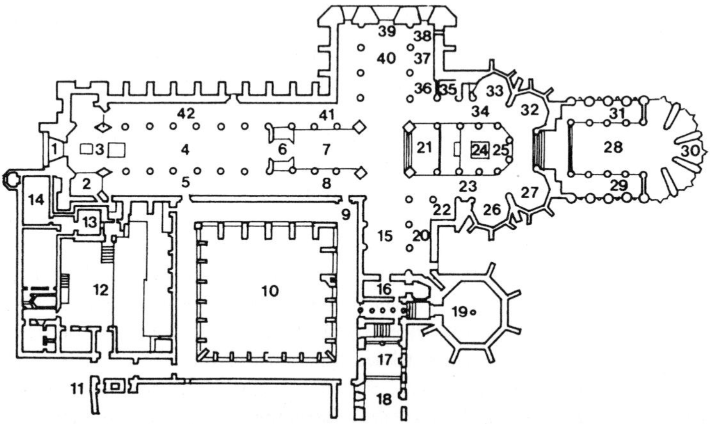

Westminster Abbey

1 W-Portal
2 St. George's Chapel
3 Churchill-Gedenktafel und Grabmal des Unbekannten Soldaten
4 Hauptschiff
5 S-Seitenschiff
6 Orgelempore
7 Chor und Chorschranke
8 S-Chorseitenschiff
9 Pforte zum Kreuzgang
10 Kreuzgang
11 Dekanatshof
12 Dekanat (nicht zugänglich)
13 Jericho Parlour (nicht zugänglich)
14 Jerusalem Chamber (nicht zugänglich)
15 S-Querschiff
16 St. Faith's Chapel
17 Chapel of the Pyx
18 Kryptamuseum
19 Kapitelhaus
20 Poets' Corner
21 Altarraum
22 St. Benedict's Chapel
23 S-Wandelgang
24 St. Edward's Chapel
25 Henry V. Chapel
26 St. Edmund's Chapel
27 St. Nicolas' Chapel
28 Henry VII. Chapel
29 Grabmal der Maria Stuart
30 Kapelle der Royal Air Force
31 Grab Elizabeths I. und ihrer Halbschwester, Queen Mary
32 St. Paul's Chapel
33 Chapel of St. John the Baptist
34 N-Wandelgang
35 Islip Chapel
36 Chapel of St. John the Evangelist
37 St. Michael's Chapel
38 St. Andrew's Chapel
39 N-Portal
40 N-Querschiff (Statesmen's Aisle)
41 N-Chorseitenschiff, Grab I. Newtons
42 N-Seitenschiff

Im **Hauptschiff** (4) befinden sich viele Gedenksteine, u. a. für den Afrikaforscher *David Livingstone,* für die Architekten *Charles Barry* und *Gilbert Scott,* für den „Vater" der Dampfmaschine, *Robert Stephenson,* sowie für den Premierminister *Neville Chamberlain.*

Die Wand des **südlichen Seitenschiffs** zeigt ein Denkmal für den Schriftsteller *Thomas Hardy* (5). Im Schiff befindet sich auch die reich dekorierte Orgel (6). Eine prachtvoll vergoldete Chorschranke (7) trennt das Schiff vom Chor ab. Rechts vom Orgelchor ehrt ein Denkmal den Feldherrn *James Earl of Stanhope,* links zeigt eine Statue den großen Naturforscher *Isaac Newton.*

Im **südlichen Querschiff** befindet sich ein Shakespeare-Monument, weiterhin geehrt werden hier der Shakespeare-Darsteller *David Ganick,* der Historiker *Thomas B. Macauly,* der Hofkomponist *Georg Friedrich Händel* sowie die Schriftsteller *Charles Dickens* und *Rudyard Kipling.*

Ebenfalls im südlichen Querschiff sollte der Besucher unbedingt vor dem Poetenwinkel (20) verweilen; hier werden die Größen der englischen Literatur lebendig gehalten: *Geoffrey Chaucer,* der ursprünglich wegen seiner diplomatischen Laufbahn und nicht als Autor der „Canterbury Tales" mit diesem Ehrenplatz bedacht wurde, *Robert Browning, Alfred Lord Tennyson, Henry Wadsworth Longfellow, John Dryden, Wystan Hugh Auden, Dylan Thomas, Lewis Caroll, Thomas Stearns Eliot, Lord Byron* und *Ben Jonson,* der sich, um Platz zu sparen, auf eigenen Wunsch stehend bestatten ließ. *John Gay,* Autor der „Beggar's Opera", zeigte Humor, als er seinen Gedenkspruch im Voraus formulierte: „Life is a jest and all things show it, I thought so once and now I know it." (Das Leben ist ein Scherz und alle Dinge zeigen dies, ich ahnte es, nun weiß ich es).

Erst im Jahr 1995 wurde im Glasfenster über dem Poetenwinkel *Oscar Wilde* in die Dichterliste von Westminster Abbey aufgenommen. Die Autoritäten der Abteikirche hatten sich jahrzehntelang geweigert, *Oscar Wilde* zu ehren, weil er homosexuell war. Auch eine der größten Schriftstellerin des 20. Jh. wird bisher hier nicht geehrt; *Virginia Woolf* war durch Selbstmord aus dem Leben geschieden, laut kirchlicher Auffassung eine schwere Sünde.

Im **Altarraum** (21) finden seit eh und je die Krönungsfeierlichkeiten statt; das Ritual datiert aus den 70er Jahren des 10. Jh. und ist bis heute unverändert geblieben. In der St. Benedict's Chapel (22) liegt *Simon Langham,* 1376 gestorbener Erzbischof von Canterbury, begraben, die Kapelle von *Heinrich V.* (25) bewahrt eine Darstellung der Krönungsfeierlichkeiten auf. In der St. Edward's Chapel (24) ruht *Eduard der Bekenner,* der einzig heilig gesprochene Herrscher Englands; sein gewaltiges Grabdenkmal datiert aus dem Jahre 1270. Noch weitere Monarchen sind in dieser Kapelle zur letzten Ruhe gebettet; so *Eduard I.* mit Gattin *Eleonore von Kastilien, Heinrich III.,*

Eduard III. mit Gemahlin *Philippa von Hainault* sowie *Richard III.* mit seiner Ehefrau *Anna von Böhmen.* Von großartiger Ausstattung ist die Kapelle von *Heinrich VII.* (28), der hier mit seiner Königin *Elisabeth von York* ruht. Im Jahre 1612 schuf man das Grabmal für die schottische *Königin Maria Stuart* (29), die 1587 auf Befehl *Elisabeths I.* hingerichtet wurde. Beeindruckend ist der Sarkophag von *Elisabeth I.*, neben ihr liegt ebenfalls ihre Halbschwester *Maria I.*, die auch „Bloody Mary" genannt wurde, begraben (31). Im **nördlichen Querschiff** (40) erinnern in der *Statesmen's Corner* Statuen und Grabplatten an bekannte Politiker. Im **nördlichen Seitenschiff** (42) wird der *General Charles James Fox* geehrt, der für die Ideale der Französischen Revolution, für die Rechte der amerikanischen Kolonien sowie für die Abschaffung der Sklaverei eintrat.

Hat man seinen Rundgang beendet und verlangt nach etwas Ruhe und Muße, um 1000 Jahre englische Geschichte zu „verdauen", so gelangt man vom südlichen Querschiff aus in den Kreuzgang der einstigen **Klosteranlagen.** Die Mönche, die hier in früheren Zeiten ihr Tagewerk verrichteten, galten als äußerst geschäftstüchtig. Von jeher versuchten sie, durch Reliquienausstellungen fromme Pilger in der Hoffnung auf Spendengelder anzuziehen. Auch zeigten die gläubigen Brüder den Besuchern die Skelette von verstorbenen hohen Persönlichkeiten und modellierten sogar Wachsfiguren – noch lange bevor *Madame Tussaud* auf diese Idee kam. Auch *Samuel Pepys* war natürlich bei einer solchen Attraktion einer der Ersten, der dabei war; im Februar 1669 notierte er in seinem Tagebuch: „Nahm meine Frau und die Mädchen mit in die Westminster Abtei und zeigte ihnen all die prächtigen Grabmäler. Als besonders Bevorzugte durften wir die Leiche von *Königin Katharina von Valois* sehen, ich hatte sogar den Oberteil ihres Körpers in der Hand. Küsste ihren Mund und dachte dabei, dass ich eine Königin küsse, heute an meinem 36. Geburtstag." *Pepys* hatte die Gemahlin von *Heinrich V.* geküsst, die im Jahre 1437 im Alter von 36 Jahren gestorben war. Der mumifizierte Körper der Königin wurde häufig Besuchern gezeigt und war eine Zeitlang die Sensation der Westminster Abbey.

Im Kreuzgang hat das **Brass Rubbing Centre** sein Domizil: Bestückt mit Transparentpapier und farbigen Stiften, kann man unter fachkundiger Anleitung und Führung die Grabplatten der Abtei abpausen (besonders wenn die Kinder sich beim Kathedralenrundgang langweilen, ist dies für sie eine nette Abwechslung). Westminster Abbey war die berühmte Schule **Westminster School** angegliedert, die *Elisabeth I.* 1560 ins Leben rief. Bedeutende Leute verbrachten hier ihre Kindheit, so z. B. die Schriftsteller *Ben Jonson, John Dryden* und der Fanny Hill Autor *John Cleland;* weiterhin der Philosoph *John Locke* sowie *Henry Mayhew,* der Gründer der satirischen Zeitschrift *Punch.*

Parliament Square, gegenüber der Abbey gelegen, ist geschmückt mit den Statuen bekannter Politiker: Eine gewaltige Plastik zeigt einen geradezu furchteinflößenden *Winston Churchill;* der große Premierminister beugt sich bulldoggenartig und drohend gegen das Palamentsgebäude. Eleganter dagegen kommt die Statue für den Premier *Palmerstone* daher; es heißt, sie sei die „best-dressed statue in London", und ein Witzbold empfahl einst sämtlichen Schneidern des Inselreiches, zu diesem Denkmal zu pilgern. An der westlichen Seite des Platzes finden wir den amerikanischen Präsidenten *Abraham Lincoln;* sein Abbild stifteten amerikanische Bürger.

Regierungszentrum

Vom Parliament Square aus biegen wir nun in die Straße **Whitehall** ein und gelangen ins Regierungszentrum der Metropole. Gleich links ragt der gewaltige Baukomplex der New Government Offices auf, in dem das Finanzministerium *(Treasury),* das Ministerium für den Commonwealth *(Commonwealth Office)* sowie das Außen- und das Innenministerium *(Foreign Office, Home Office)* untergebracht sind. Inmitten der Straße steht der im Jahre 1919 von *Sir Edwin Lutyens* geschaffene **Kenotaph,** ein Marmordenkmal, das an die Gefallenen der beiden Weltkriege erinnert. Alljährlich am Volkstrauertag *(Remembrance Day)* legt die Königin einen Kranz nieder; für wenige Minuten ruht dann der gesamte Verkehr.

Hinter dem *Home Office* stoßen wir auf ein schmales Gässchen, das in der Regel durch ein hohes schmiedeeisernes Gitter – erst vor wenigen Jahren auf Anordnung von *Margaret Thatcher* errichtet – abgesperrt ist: **Downing Street.** Seit dem Amtsantritt von *Robert Walpole* haben hier alle britischen Premierminister in Haus Nr. 10 residiert. Im Erdgeschoss befindet sich der Sitzungssaal des Kabinetts, darüber liegen die Privatgemächer des Premiers. In Haus Nr. 11 hat der Schatzkanzler sein offizielles Domizil. Der Straßenname geht auf einen üblen Bodenspekulanten zurück, *Sir George Downing,* der die Häuser anlegen ließ; *Samuel Pepys* arbeitete eine Zeitlang für *Downing* und schimpfte ihn einen „perfiden Kerl". Auf der anderen Straßenseite dräut das gewaltige Gebäude des *Ministry of Defence,* des Verteidigungsministeriums.

An Downing Street grenzt **The Old Treasury,** das alte Schatzamt, gefolgt vom **Dover House,** in dem das Ministerium für schottische Angelegenheiten untergebracht ist, daneben nun eine weitere Touristenattraktion Londons, die **Horse Guards.** Umlagert von fotografierenden Besuchern, lassen die Soldaten der Königlichen Kavallerie die Neckereien des Publikums stoisch über sich ergehen.

Durch die drei Torbogen, die von den *Horse Guards* flankiert werden, gelangt man auf den großen **Exerzierplatz,** auf dem die Königin alljährlich am 10. Juni zu ihrem offiziellen Geburtstag die Truppenparade *Trooping the Colour* abnimmt. Gegenüber den *Horse Guards* liegt eines der architektonisch bedeutsamsten Bauwer-

044lo Foto: hs

Die Horse Guard
reitet zum Buckingham Palace

ke Londons: **Banqueting House.** Entworfen wurde das Bankettgebäude 1619 von *Inigo Jones* im palladianischen Stil; bereits drei Jahre zuvor hatte *Jones* das *Queen's House* in Greenwich ebenfalls nach dieser klassischen Linienführung der italienischen Renaissance errichten lassen. *Jones* war mit diesen Plänen seiner Zeit weit voraus; erst ein Jahrhundert später setzte sich in London auch bei anderen Architekten der Palladianismus durch. Die großartigen Deckengemälde im Innern schuf *Rubens*. Nur bei gelegentlich stattfindenden Staatsempfängen ist Banqueting House geschlossen, ansonsten kann es besichtigt werden. Am 30. Januar 1649 köpfte man übrigens *Karl I.* vor dem Gebäude.

Weiter Whitehall abwärts erreichen wir *Trafalgar Square* und haben damit die Parlaments- und Regierungsgebäude hinter uns gebracht.

Eine ganze Anzahl von **britischen Autoren** hat in **diesen „Korridoren der Macht"** gearbeitet, eine Anzahl von großen und bekannten Politikern aber waren auch Literaten. *Samuel Pepys* und *Charles Percy Snow* (1905–1980; von ihm stammt der Roman „The Corridors of Power") saßen im Parlament, *Lord Byron* war Mitglied des Oberhauses, *Samuel Johnson* beobachtete im Auftrag verschiedener Magazine die Debatten, *Samuel Richardson* war der offizielle Drucker des Unterhauses, und *Charles Dickens* arbeitete zwischen 1831 und 1836 als Stenograf im Parlament. Verschiedene Premierminister galten als Meister des geschriebenen Wortes; *Benjamin Disraeli* (1804–1881) war bereits als Autor bekannt, bevor er in Downing Street einzog; 1880, nun nicht mehr Premier, akzeptierte er einen Vorschuss von 10.000 Pfund für seinen Roman „Endymion". *William Ewart Gladstone* (1809–1898) übersetzte Gedichte von *Horaz,* und *Winston Churchill* (1874–1965) erhielt gar den Nobelpreis für Literatur im Jahre 1953. Auch *Queen Victoria* schrieb, Tagebücher nämlich, von ihrem 13. Lebensjahr bis zu ihrem Tod, 82-jährig. Über 100 Bände stark sind die Erinnerungen der Königin; unter dem Titel „Leaves from the Journal of Our Life in the Highlands" erschienen 1868 Auszüge des Tagebuches; 1883 folgte eine weitere Veröffentlichung. 1921 holte *Winston Churchill T. E. Lawrence* (1888–1935), besser bekannt unter dem Namen *Lawrence von Arabien,* in das *Middle Eastern Department* des *Colonial Office; Lawrence* war mit seiner Autobiographie „Die sieben Säulen der Weisheit" ein literarisch bedeutsames Werk gelungen. Im Flottenministerium saß *Ian Fleming* (1908–1964), war dort die rechte Hand des Geheimdienstchefs und erfand aufgrund seiner Kenntnisse den Agenten James Bond (007). Ebenfalls im Geheimdienstmilieu siedelte *John le Carré* seinen Protagonisten Smiley an; mit seinem Roman „Der Spion, der aus der Kälte kam" wurde er international berühmt; *Le Carré* arbeitete im Außenministerium.

Rund um den St. James's Park

Haben wir Trafalgar Square erreicht, so markiert links der Bogen Admirality Arch den Beginn von **The Mall,** einst als Paradestraße für *Königin Victoria* angelegt. Schnurgerade führt The Mall auf den Buckingham Palace zu (s. u.). Links vom Admirality Arch verläuft die Horse Guard Road und trennt die rückwärtigen Fassaden von Whitehall vom St. James's Park ab. Geht man diese Straße entlang, öffnet sich linker Hand nach wenigen Minuten Fußweg der **Exerzierplatz** *Horse Guard Parade,* auf dem eine Statue an einen der letzten großen Kolonialoffiziere erinnert: *Lord Louis, Earl Mountbatten of Burma* (1900–1979), 1944 Befehlshaber der englischen Truppen in Burma, 1947 letzter Vizekönig von Indien, später Oberbefehlshaber der britischen Atlantik- und Mittelmeerflotte, 1. Seelord, Großadmiral und Chef des Verteidigungsstabes; der Großonkel von *Prinz Charles* wurde 1979 von der IRA auf seinem Boot in die Luft gesprengt (der Earl stammte übrigens aus dem hessischen Adelsgeschlecht derer von

Battenberg). Ein Stück weiter die Straße abwärts erreichen wir eine Außenstelle des *Imperial War Museum*, die **Cabinet War Rooms.** Unbedingt sollte man sich diese bombensichere, unterirdische Befehlszentrale von *Winston Churchill* ansehen. Während des Zweiten Weltkriegs war hier der Kommandostab des Premierministers untergebracht – alles ist originalgetreu erhalten. Jeder Besucher wird mit einem Walkman ausgerüstet und per Anweisungen von der Tonbandkassette (auch in deutscher Sprache) durch das Labyrinth geführt (geöffnet: Mo–So 10–17.15 Uhr).

Wir gehen nun auf der Horse Guards Road am St. James's Park entlang, den *Karl II.* anlegen ließ, und gelangen wieder auf die Mall. Blickfang ist hier die weiße, 140 m lange Häuserfassade von **Carlton House Terrace.** Eine große Freitreppe, an deren oberen Ende die Duke-of-York-Säule aufragt, teilt die Anlage in zwei symmetrische Hälften und führt auf den Waterloo Place. *John Nash* konzipierte diese einstigen Privathäuser; in Nr. 12 lohnt ein Besuch im **Institute of Contemporary Art** (ICA; Mo–So 12–23 Uhr), dieses Kunstzentrum besitzt drei Galerien, zwei Kinos, organisiert Vorträge und Seminare, hat eine große Videothek und einen gut sortierten Buchladen sowie ein Restaurant und eine Bar; zur Mittagszeit herrscht hier Hochbetrieb (Nichtmitglieder, und um solche handelt es sich ja bei London-Besuchern, müssen leider auch den Eintritt zahlen, wenn sie nur das Restaurant besuchen wollen). In Nr. 6 von Carlton House hat die *Royal Society* ihren Sitz.

Ein Stück zurückversetzt von The Mall befindet sich der **St. James's Palace,** dessen Haupteingang an der Ecke Pall Mall/St. James's Street liegt. Hier ragt auch das im Tudor-Stil errichtete Torhaus auf.

Den Palast ließ *Heinrich VIII.* 1532 errichten, *Christopher Wren* baute ihn später um. St. James's kann nicht besichtigt werden, da hier der Hofstaat der Queen seine Büros unterhält; allerdings darf man durch die Innenhöfe schlendern.

Am Ende der Mall stoßen wir auf das beeindruckende, schneeweiße Marmordenkmal für *Königin Victoria:* **Victoria Memorial.** Mit leicht blasiertem Gesichtsausdruck schaut die Queen, die als 18-jährige den Thron bestieg und 64 Jahre lang (1837–1901) regierte, auf den Betrachter. Nie verwunden hat die Monarchin, die länger als irgendjemand sonst Britannien regierte, den frühen Tod ihres geliebten Ehemannes *Albert* im Jahre 1861. 40 Jahre musste sie noch ohne ihn regieren. Mit der tiefen Trauer, die sie ihr restliches Leben mit sich herumtrug, prägte sie den puritanischen Viktorianismus einer ganzen Epoche, der auf das Lebensgefühl der gesamten Nation ausstrahlen sollte. Berühmt geworden ist der Rat, den die Königinmutter der unerfahrenen Tochter vor der Hochzeitsnacht gab: „Lay back and think of England".

Das 27 m hohe Monument schuf 1910 *Sir Aston Webb,* die gewaltige Summe von 250.000 Pfund wurde

045lo Foto: hs

Eine Schulklasse im Innenhof des St. James's Palace

durch Spenden zusammengetragen. Wenig respektvoll bezeichnen die Londoner das Denkmal auch als „Hochzeitstorte".

Hinter dem Victoria Memorial erstreckt sich das Areal des **Buckingham Palace,** hier residiert die britische Königin. Ist die Queen daheim, so weht die royale Standarte vom Dach des Palastes. Zu Beginn des 18. Jh. hatte der *Duke of Buckingham* ein hochherrschaftliches Gebäude errichten lassen; rund 70 Jahre später erwarb die Krone das Haus, und *Georg IV.* beauftragte *John Nash* mit einer prachtvollen Umgestaltung. *Wilhelm IV.,* entsetzt über die hohen Baukosten, „feuerte" den Architekten und ließ nur noch das Nötigste vollenden.

1837 zog dann *Königin Victoria* als erste britische Monarchin in Buckingham Palace ein. Vom Balkon des Ostflügels zeigt sich die Königliche Familie bei offiziellen Anlässen und nimmt die Jubelrufe der Untertanen huldvoll entgegen.

lon224 Foto: hs

Täglich um 11.30 Uhr findet unter der begeisterten Anteilnahme Abertausender von Touristen die Wachablösung *The Changing of the Guard* im Vorhof des Palastes statt (bei Regenwetter fällt das Ereignis schon einmal aus; ebenso im Winter).

Victoria Memorial und Buckingham Palace

Allzeit hilfsbereit

Während der Sommermonate lässt *Königin Elisabeth* nun auch Besucher in ausgewählte Räume ihrer Residenz. Der Ticket-Verkauf findet am Green Park statt. Die Eintrittszeit auf dem Einlassschein darf man nicht versäumen, da ansonsten kein Einlass mehr gewährt wird.

Pubs

- **Buckingham Arms,** 62 Petty France SW 1. Pub mit viktorianischem Ambiente; viele Geschäftsleute, sommertags kann man auch auf dem Bürgersteig sein Bier trinken.
- **Clarence,** 53 Whitehall SW 1. Free House, neben den vielen Biersorten wird ein spezielles, billiges Guest Beer gereicht, im Winter, außerhalb der Touristensaison, voll mit den Angestellten des Verteidigungs- und Landwirtschaftsministeriums, sommertags dage-

gen voll mit Besuchern, die manchmal von einem Minnesänger unterhalten werden.

- **Old Star,** 66 Broadway SW 1. Hier trinken die Abgeordneten aus den Houses of Parliament sowie die Angestellten von *New Scotland Yard* und dem *Home Office,* im Keller eine Weinbar.
- **Red Lion,** Whitehall SW 1. Traditioneller Abgeordneten-Pub mit so genannter *Division Bell,* d. h., dass die Klingel, die im Unterhaus die Parlamentarier zur Abstimmung in den Sitzungssaal ruft, bis in diesen Pub verlegt ist.
- **Silver Cross,** 33 Whitehall SW 1. Pub in einem Gebäude aus dem 13. Jh., seit 1674 eine Taverne. Der Pub besitzt noch eine Lizenz von *Karl I.* zum Betreiben eines Bordells; traditionell die Schänke der Journalisten, die aus *Whitehall* berichten.
- **Adam and Eve,** 81 Petty France, gemütlicher und atmosphärereicher Pub einen Steinwurf entfernt vom Regierungsviertel.
- **Westminster Arms,** 9 Storey Gate SW 1. Free House, traditioneller Abgeordneten Pub, ebenfalls mit *Division Bell,* immer auch voll mit Journalisten, die aus den Houses of Parliament berichten, im Keller die *Big Ben Bar,* im ersten Stock *Queen Anne Bar* sowie eine Weinbar.

Restaurants

Sie finden sich in Whitehall und Westminster kaum, fast alle Pubs jedoch servieren guten Lunch.

lon140 Foto: hs

Märkte, Clubs, Diskotheken und Geschäfte

Es gibt keine in Westminster und Whitehall.

An der Themse entlang

Die Themse hat ihre Quelle in den Cotswold Hills, die nördlich von London 110 m ü. NN liegen; der sich stark schlängelnde Strom ist insgesamt 346 km lang. Noch vor 20 Jahren war die Themse der am stärksten verschmutzte Fluss Europas; dann endlich schritten staatlichen Autoritäten ein, und Säuberungsprogramme zeigten Wirkung. Heute ist der Fluss immer noch nicht sauber, aber die Wasserqualität ist wesentlich besser geworden.

Liquid History – **flüssige Geschichte** – nannte *Dr. Samuel Johnson* dieses historienträchtige Rinnsal, und eine ganze Anzahl weiterer britischer Autoren hat dem Fluss viel Aufmerksamkeit gewidmet, darunter *Geoffrey Chaucer, Charles Dickens* und *Joseph Conrad.*

Ein großes Vergnügen war es für die Londoner Bevölkerung, wenn in strengen Wintern der Strom zufror.

1683/84 beschrieb *John Evelyn* in seinem Tagebuch, was sich dann auf der *Freezeland Street* – wie die eisbedeckte Themse genannt wurde – alles tat. Provisorisch hochgezogene Pubs und Verkaufsstände aller Art bedeckten die zugefrorene Wasserfläche, man spielte Ball, rutschte über das Eis, organisierte gar ein Bullenrennen sowie eine Fuchsjagd – „Karneval auf dem Wasser" nannte *John Evelyn* das winterliche Spektakel. Nur die Fährleute konnten dem fröhlichen Treiben nichts abgewinnen, sie waren vorübergehend arbeitslos. Im Winter 1813/14 schlugen die *Ferrymen* Kanäle ins Eis und kassierten nun dennoch ab.

Der Fluss ernährte eine ganze Menge Leute. Während der Ebbe sammelten die Armen entlang des Ufers Blech- und Eisenstücke aus dem Schlick. Der Londoner Historiker *John Stow* zählte 1598 über 2000 Fährboote, und bereits einhundert Jahre später soll es schon 40.000 Fährmänner gegeben habe.

600 Jahre lang führte lediglich die **London Bridge** über die Themse, Fährmänner und City-Autoritäten waren sich einig in der Ablehnung weiterer Brückenbauten: Die einen fürchteten um den Einnahmenverlust im Personen- und Warentransport, die anderen wollten die Mautgebühren, die man für die Begehung der London Bridge zu entrichten hatte, nicht mit anderen teilen. Erst 1739 begann man mit dem Bau der Westminster Bridge, die 1750 fertiggestellt wurde (die heutige Konstruktion stammt aus der Mitte des vorletzten Jahrhunderts). Ab nun wurde eine Flussüberspannung nach der nächsten fertiggestellt, themseabwärts die Blackfriars, Southwark, Waterloo und Tower Bridge, flussaufwärts Lambeth, Vauxhall, Chelsea und Albert Bridge.

Durch das rapide Anwachsen der Metropole im 19. Jahrhundert entwickelte sich aus dem einst sauberen, mit Lachsen und Fischen aller Art gut bevölkertem Fluss eine **stinkende Jauchegrube.** Ausnahmslos alle Abwässer, sowohl von der Industrie als auch von den Privathaushalten, flossen ungeklärt in die Themse; gleichzeitig diente die faulige Brühe – nach entsprechender Aufbereitung versteht sich – der Trinkwasserversorgung der Stadt. 1850 brach eine Cholera-Epidemie aus, die über 20.000 Menschen das Leben kostete. Vier Jahre später hatte man nachgewiesen, dass die horrende Wasserverschmutzung für die Ausbreitung der Seuche verantwortlich gewesen war. Im Jahre 1858, die Parlamentsgebäude entlang der Uferfront waren gerade bezogen, spürten auch die *honourable* Abgeordneten am eigenen Riechorgan, wie es um den Fluss stand. Premierminister *Disraeli* soll jedesmal ein parfümiertes Taschentuch vor Mund und Nase gehabt haben, wenn er in den Sitzungssaal eilte.

„The Great Stink", wie die Plage von der satirischen Zeitschrift *Punch* genannt wurde, führte zu einer herausragenden städteplanerischen Ingenieursleistung der Viktorianischen Ära. Die **Uferbefestigungen** der Themse –*Embankment* genannt – wurden nach neuesten baulichen und hygienischen Standards angelegt. Über 150 km an Abwasserrohren verlegte man allein auf dem 3 km langen Victoria Embankment zwischen Westminster und Blackfriars Bridge. Der leitende Ingenieur, *Sir Joseph Bazalgette,* ließ zudem mehrere U-Bahn-Schächte sowie einen Eisenbahntunnel in die Uferbefestigung graben. 1,1 Mio. Pfund kosteten die sechs Jahre andauernden Arbeiten. Auch die Südseite der Themse gestaltete man neu, ab 1868 entstand zwischen der Vauxhall- und der Westminster-Brücke Albert Embankment, ebenfalls mit einem gigantischen Schmutzwasserröhrensystem ausgestattet; 1874 konnte dann auch Chelsea Embankment eingeweiht werden.

Spaziergang

Einen geruhsamen Spaziergang entlang Victoria Embankment sollte man, während seines London-Besuches nicht auslassen, am besten während der Abenddämmerung; dann spiegeln sich die Lichterketten, die beleuchteten Brückenbogen, die Lampen der Uferpromenade und die Scheinwerfer der Schiffe im Wasser, und man kann einen Blick auf diesseitige und jenseitige Gebäude werfen.

Gegenüber vom Westminster-Pier erhebt sich die halbrunde Fassade der **County Hall,** in der bis zu seiner Auflösung im Jahre 1986 das *Greater London Council,* die ehemalige Londoner Stadtverwaltung, untergebracht war. Die Behörde, souverän agierend, hatte sich den Zorn von Premierministerin *Thatcher* zugezogen; London war bis zum Jahr 2000 die einzige Millionenstadt der Welt, die keine zentral gelenkte Administration besaß. Daneben, flussabwärts, erstreckt sich der Komplex der *Royal Festival Hall* und des *National Theatre,* dahinter erkennt man die alten, nun renovierten Lagerhäuser des einstigen Hafengebietes.

Entlang Victoria Embankment flussabwärts passiert man zunächst die beiden pittoresken Gebäude von *Old Scotland Yard,* hinter der Straße Richmond Terrace breitet sich der Park des Verteidigungsministeriums aus, dann folgt der orientalisch anmutende Bau von *Whitehall Court;* nachdem wir *Charing Cross Station* passiert haben, streckt **Kleopatras Nadel** ihre Spitze in den matten Abendhimmel.

Am 13. September 1878 wurde der Obelisk – ein Geschenk von *Muhammad Ali,* dem Herrscher von Ägypten – unter Hochrufen der Bevölkerung und unter beträchtlichen Schwierigkeiten – schließlich wiegt der Monolith 186 Tonnen – in die Senkrechte gebracht. Im Fundament hatte man zuvor eine Sammlung von Kuriositäten eingemauert: eine Zeitung, vier Bibeln in unterschiedlichen Sprachen, einen Eisenbahnfahrplan, einen Rasierapparat sowie Bilder der zwölf schönsten Frauen des Tages.

Cleopatra's Needle markiert allerdings auch einen berüchtigten Punkt; an dieser Stelle haben sich seit der Errichtung des Obelisken Tausende von Selbstmördern in den Fluss gestürzt und ertränkt, außerdem treiben um den pharaonischen „Steinklotz" herum zwei Geister ihr Unwesen.

Weiter Victoria Embankment flussabwärts passieren wir das monumentale Shell-Mex-House, das *Savoy Hotel,* dann hinter der Waterloo Bridge die imposante klassizistische Fassade des Somerset House (heute u. a. Sitz des King's College der Universität) und können nun bald in aller Ruhe in den Temple Gardens verschnaufen.

Riverside Pubs an der Themse

- **Anchor,** Bankside SE 1. Einer der ältesten Pubs von London, schon *Shakespeare* hat hier sein Bier getrunken, und der Chronist *Samuel Pepys* beobachtete 1666 von hier aus den Großen Brand von London und hinterließ uns eine drastische Beschreibung.
- **Angel,** 101 Bermondsey Wall East SE 16. Der Pub, auf Stelzen gebaut, datiert aus dem 15. Jh.; *Samuel Pepys* und *Kapitän Cook,* der erste Weltumsegler, tranken hier ihr Bier.

•Blue Anchor, 13 Lower Mall, Hammersmith W 6. Im Jahre 1720 erhielt die Kneipe unter ihrem heutigen Namen eine Alkoholausschanklizenz; beliebt und oft voll, wird gerne von den Mitgliedern der nahe gelegenen Ruderclubs frequentiert.

•City Barge, 27 Strand on the Green, Chiswick W 4. Datiert aus dem 15. Jh. und hieß ursprünglich *The Navigator's Arms,* wurde umbenannt, nachdem das Boot des Lord Mayor regelmäßig an dieser Stelle anlegte. Unterhalb verläuft ein alter Treidelpfad, man trinkt dort sommertags sein Bier und schaut auf den Fluss.

•Founders Arms, Bankside SE 1. Ganz neuer Pub mit schönem Blick auf die Kuppel von St. Paul's.

•Grapes, 76 Narrow Street E 14. Pub in den Docklands, guter Blick auf die Themse und die im Umbau begriffenen alten Speicherhäuser.

•Mayflower, 117 Rotherhithe Street SE 16. Uralter Pub, hieß früher *The Shippe* und änderte seinen Namen, als die *Mayflower* sicher in Amerika angekommen war; der Segler war von dieser Stelle gestartet. Dies ist der einzige Pub in ganz Großbritannien, der eine Lizenz für den Verkauf von englischen und amerikanischen Briefmarken besitzt; mit (teurem) internationalem Restaurant.

•Old Justice, 94 Bermondsey Wall East SE 16. Gutversteckter kleiner Pub, von dem aus man einen guten Blick auf die Tower Bridge hat.

•Prospect ot Whitby, 57 Wapping Wall E 1. Sehr berühmte historische Dockland-Kneipe, die auf die Zeit von *Heinrich VIII.* zurückgeht; in früheren Tagen Treffpunkt der Schmuggler, auch hier becherte *Samuel Pepys,* heutzutage tun dies die Yuppies, die ins Dockland gezogen sind.

•Samuel Pepys, Brooks Wharf, 48 Upper Thames Street EC 4. Eine Kneipe neueren Datums in einem renovierten Lagerhaus, hier becherte *Samuel Pepys* nun nicht, dafür gibt's Kopien seines Tagebuches sowie das Original eines Briefes von ihm.

•Town of Ramsgate, 62 Wapping High Street E 1. Taverne aus dem 15. Jh. In dem kleinen Garten des Pubs wurden früher Schmuggler gehenkt.

035lo Foto: hs

•Trafalgar Tavern, Park Row SE 10, Greenwich. Neben dem *Royal Naval College* direkt an der Wasserfront gelegen; die obere Bar ist wie das Innere eines Schiffes gestaltet, viele Bilder von *Lord Nelson* und einige Navigationsinstrumenten sind zu besichtigen, Restaurant anbei, viele Greenwich-Touristen.

Nelson Statue am Trafalgar Square

046lo Foto: hs

Das Westend – Piccadilly Circus, Theater, Geschäfte, Soho, Covent Garden

Rund um Piccadilly Circus

Jeder kennt Piccadilly Circus, jeder weiß, dies ist das **Zentrum von London,** und jeder, der zum ersten Mal Britanniens Metropole besucht, wird sich flugs zum Piccadilly aufmachen. Das jedoch, was man zu sehen bekommt, wenn man den U-Bahn-Schacht verlassen hat, ist – ehrlich gesprochen – doch ein wenig enttäuschend! Der – zugegebenermaßen – ganz schöne Eros-Brunnen wird vom beeindruckenden Verkehrschaos und mehr noch von den wahrhaft gigantischen, flimmernden und blinkenden Reklametafeln weit in den Hintergrund gedrängt und erst auf den zweiten Blick wahrgenommen.

Fünf Straßen laufen sternförmig auf den Piccadilly zu, zwei U-Bahn-Linien kreuzen unterirdisch den Circus, rote Doppeldeckerbusse umrunden im Stop and Go den Kreisel; überfüllte Bürgersteige und hektische Betriebsamkeit lassen – auf dem vergleichsweise kleinen Platz – nicht die rechte Muße aufkommen.

Doch orientieren wir uns erst einmal inmitten dieser **Radnabe der Metropole:** In nördlicher Richtung verläuft die Shaftesbury Avenue quer durch Soho, östlich führt Coventry Street zum Leicester Square, dann weiter nach Covent Garden und damit ins Theaterland der Metropole; in einem anmutig geschwungenen Bogen geht in nordwestlicher Richtung Regent Street, schon reich mit exklusiven Geschäften bestückt, zum Oxford Circus über und damit ins Shopping Centre

Londons, Lower Regent Street bringt den Besucher gen Süden ins Clubviertel St. James und letztendlich verläuft Piccadilly in südwestlicher Richtung vorbei am Green Park zu Hyde Park Corner.

Den **Eros-Brunnen** inmitten von Piccadilly Circus schuf 1893 *Alfred Gilbert* im Gedenken an den Wohltäter *Anthony Ashley Cooper,* 7. Earl of Shaftesbury. Der geflügelte Engel ist eigentlich ein Symbol der Mildtätigkeit, sein Pfeil ist eine Allegorie auf den toten Earl: *Shaft* = Pfeil; *Bury* = begraben.

Im Jahre 1989 renovierte man die Gebäude rund um den Kreisel und bezog in die Verschönerungsarbeiten auch die U-Bahn-Station mit ein. Vom Circus aus gehen wir **Piccadilly** in südwestlicher Richtung entlang; die großen Luftverkehrsgesellschaften, u. a. auch die *Lufthansa,* haben hier ihre Niederlassungen, und einige alteingesessene Geschäfte locken den Käufer. Die Straße hat ihren Namen von einem Schneidermeister bekommen, der hier einst so genannte *Pickadils,* hohe Hemdkragen mit steifen Ecken, fertigte. Wenige Minuten Fußweg auf der linken, südlichen Straßenseite bringen uns – vorbei an der **Kirche St. James's** (im Kirchhof befindet sich ein kleines Café, das Tee, Kaffee und Kuchen zu moderaten Preisen verkauft) – zur traditionsreichen **Buchhandlung Hatchard's**, die 1797 gegründet wurde und seit 1801 an dieser Stelle residiert. Nahebei, in Piccadilly 203, befindet sich der gigantische **Buchladen von Waterstone's,** und der macht *Hatchard's* schwer zu schaffen. Diese Filiale von *Waterstone's* ist die größte Buchhandlung Europas. Fast neben *Hatchard's* hat das außerordentlich luxuriös eingerichtete **Delikatessen-Kaufhaus Fortnum & Mason** seinen Sitz. Über dem Eingang befinden sich eine Uhr sowie ein Holzkasten, der zwei *Mr. Fortnum* und *Mr. Mason* darstellende Figuren enthält; zu jeder vollen Stunde treten die beiden Herren aus ihrem Verschlag und erweisen sich Reverenz. Anfang des 18. Jh. wurde diese britische Institution als kleines Kolonialwarengeschäft eröffnet, heutzutage glaubt man sich eher in einem Museum als in einem Kaufhaus zu befinden. Die Angestellten „zelebrieren", angetan mit Frack oder in Livree, den Verkauf und die Beratung der Kunden mit vornehmer britischer Zurückhaltung, die Produkte werden, Preziosen gleich, kunstvoll arrangiert, der unaufdringliche Service gilt weltweit als unübertroffen.

Schräg gegenüber, auf der nördlichen Straßenseite, führt eine schmale Gasse in den Albany Courtyard.

Hinter der unscheinbaren, mit einem kleinen, säulengestützten Vorbau geschmückten Hausfassade, liegt Londons renommierteste Wohnadresse: **Albany** (unbedingt ohne Artikel, es zeugt von *lamentable ignorance,* bedauerlicher Ignoranz, wie eine Quelle vermeldet, wenn man „The Albany" sagt). Hinter der Eingangsfront verläuft eine lange, überdachte Passage, *Ropewalk* genannt, an der rechts und links bewirtschaftete Luxusapartments aufgereiht sind. 1802/03 schuf der Architekt *Henry Holland* diese *Service*

Chambers (nicht etwa *Flats*) für die begüterten Junggesellen der damaligen Zeit: *Residential Chambers for the Bachelor Gentleman!* U.a. wohnte *Lord Byron* wohnte hier; 1812 drang eine gewisse *Lady Caroline Lamb,* eine Zeitlang unsterblich in den großen Poeten verliebt, als Page ausstaffiert in die privaten Gemächer des Meisters vor, traf ihn dort aber nicht an und hinterließ einen Zettel mit den Worten: „Remember Me"! *Byron* war empört über diesen Angriff auf seine Privatsphäre und schrieb sich den Zorn in einem üblen Schmähgedicht gegen *Lady Caroline* von der Seele. *Graham Greene* logierte ebenfalls in Albany, und auch der konservative Premierminister *Edward Heath* hatte hier *Chambers* angemietet.

047lo Foto: hs

Piccadilly Circus

Von Piccadilly Circus zu Marble Arch

Unmittelbar neben Albany liegt **Burlington House,** in dem die **Royal Academy of Arts** ihren Sitz hat. Der 3. Earl of Burlington, ein von Italien begeisterter Adliger und Anhänger des italienischen Architekten *Palladio,* ließ Anfang des 18. Jh. sein Stadtpalais im palladianischen Stil umbauen. Nachdem um 1850 die Regierung das Gebäude erworben hatte, nahm man weitere Umbauten vor. Im Innenhof grüßt eine Statue von *Joshua Reynolds* (1723–1792), ein bekannter Portraitmaler seiner Zeit und erster Präsident der 1758 gegründeten Academy, den Besucher. Der *Art Academy* gehörten und gehören alle großen Künstler des Inselreiches an, die Institution fördert aber auch von jeher den Nachwuchs, organisiert Ausstellungen und finanziert eine Kunstschule. Da jedes Mitglied der Akademie ein Werk überlassen muss, ist die Sammlung beträchtlich, die während der *Summer Exhibition* von Mai bis September zu besichtigen ist. Burlington House beherbergt aber noch eine Anzahl weiterer akademischer Institutionen, z. B. die Geologische Gesellschaft, die Königlich Astronomische Gesellschaft oder die Gesellschaft der Altertumsforscher. Die berühmte *Royal Society,* die älteste naturwissenschaftliche Akademie der Welt, war ebenfalls jahrhundertelang im Burlington House untergebracht und hat ihren Sitz nun im Carlton House. Im Rücken von Burlington House lohnt das **Museum of Mankind,** die ausgelagerte ethnologische Abteilung des Britischen Museums, den Besuch (Mo–Sa 10–17 Uhr, So 14.30–18 Uhr).

Neben dem herrschaftlichen Sitz der Akademien verläuft die reizvolle, 1819 eröffnete **Burlington Arcade,** eine ruhige überdachte Ladenpassage mit exklusiven Geschäften. Gegenüber, auf der anderen Straßenseite, findet der gut betuchte Käufer, denn um einen solchen muss es sich handeln, zwei weitere Arkaden: Prince's Arcade, etwa um die gleiche Zeit eröffnet wie die Burlington-Passage, und Piccadilly Arcade aus dem Jahre 1910. Beide Passagen führen auf die parallel zu Piccadilly verlaufende Jermyn Street, in der ein traditionsreiches Geschäft neben dem anderen liegt.

Weiter Piccadilly abwärts passieren wir das *Ritz Hotel* und können dann den Blick über die Rasenflächen des **Green Park** schweifen lassen. *Karl II.* erklärte im 17. Jh. das Areal zum Königlichen Park, was die Straßenräuber, die sich hier – wie in jedem anderen Londoner Park auch – tummelten, nicht von ihrem schändlichen Tun abhielt. *Herzog von Wellington,* eines Abends auf dem Weg in seine Residenz Apsley House (s. u.), entkam nur durch das beherzte Eingreifen von *Lord Somerset* einem Mordanschlag.

Am Ende von Piccadilly ist **Hyde Park Corner** erreicht; kurz vorher sollte man einen Besuch im berühmten Hamburger-Paradies *Hard Rock Cafe* nicht auslassen.

Umtost vom Verkehr, bildet **Wellington Arch,** inmitten von Hyde Park Corner gelegen, ein Refugium für fußmüde Besucher. Der Triumphbogen für den großen Schlachtenlenker und Napoleonbezwinger (bei Waterloo), *Herzog von Wellington* (1769–1852), ist in Verbindung mit dem an der Parkseite gelegenen **Apsley House,** *Wellingtons* Stadtpalais, zu sehen. Seit 1952 beherbergt das Gebäude ein Museum mit Gemälden sowie eine Anzahl von Wellington-Memorabilien; der erfolgreiche Feldherr war übrigens ein miserabler und dazu noch stockkonservativer Premierminister; 1832 wandte er sich entschieden gegen eine Wahlrechtsreform, Apsley House wurde in jenen Tagen mehrmals von wütenden Bürgern „belagert".

Von Hyde Park Corner geht es entlang der breiten, vielbefahrenen Park Lane und vorbei an den Nobelhotels, dem *Hilton,* dem *Dorchester,* dem *Grosvenor,* zum **Marble Arch.**

Dieser Triumphbogen zierte einst Buckingham Palace; seit 1851 markiert er den Beginn der Oxford Street, Londons berühmteste Shoppingmeile.

Das Areal um Marble Arch hieß in früheren Zeiten *Tyburn.* Bis Ende des 18. Jh. standen hier die **Galgen,** an denen man die zum Tode Verurteilten öffentlich aufhängte. Am 21. Januar

lon233 Foto: hs

1664 beobachtete *Samuel Pepys* die Hinrichtung des Straßenräubers *Turner*: „Schickte meine Frau zu Tante Wight wegen eines guten Platzes für die Hinrichtung von Turner. Beobachtete die Aktion von einem Stehplatz für einen Shilling auf einem Karren, über eine Stunde lang, es zog sich ewig hin, weil Turner ein Gebet nach dem anderen sprach, in der Hoffnung auf eine Begnadigung. Nichts geschah, und schließlich wurde er von der Leiter gestoßen." Nach Schätzungen von *Pepys* kamen 14.000 Menschen bei diesem grausigen Spektakel zusammen. Eine besondere Art von „Kriminalliteratur" entwickelte sich rund um die Tyburn-Galgen. Flotte Schreiber zeichneten die Biographie eines Verurteilten auf und vertrieben diese auf „Flugblättern" vor und nach der Hinrichtung – Bildzeitungsjournalismus im 17. und 18. Jh.! Ein berühmter britischer Literat jener Tage mischte bei diesem Geschäft kräftig

Treffpunkt Hyde Park Corner

mit: *Daniel Defoe* besserte sein Einkommen auch mit der Story über *Jonathan Wild* auf; wie er beteuerte, war alles „not made up of fiction and fable, but taken from his own mouth, and collected from his own writing".

Defoe wird damit einen guten Gewinn erzielt haben; die Chronisten berichten, dass 200.000 Menschen zur Hinrichtung von *Wild* eilten.

Mayfair

Südöstlich von Marble Arch, begrenzt durch die Oxford Street im Norden und von Piccadilly im Süden, liegt das elegante Viertel **Mayfair.** Erst zu Beginn des 19. Jh. erlebte dieser Stadtteil seinen Aufschwung; die Galgen von Tyburn hatten jahrhundertelang der Gegend einen schlechten Ruf verschafft. Seinen Namen erhielt das heutige Nobelquartier von einer berühmten, jeweils im Mai (= *May*) stattfindenden Messe (= *Fair),* die von 1690 bis in die 30er Jahre des 18. Jh. stattfand. Nachdem sich die begüterten Adligen ihre Stadtpaläste errichtet hatten, änderte man schleunigst die alten Straßennamen; aus Tyburn Street wurde Oxford Street, und Tyburn Lane hieß ab nun Park Lane. Weitere Exklusivität erhielt Mayfair, als *John Nash* mit seiner eleganten Anlage der Regent Street das Viertel nach Osten hin von Soho abtrennte

Mayfair war nun nicht mehr nur bevorzugtes Wohnquartier der Reichen, auch britische **Literaten** siedelten – entweder sich selbst oder aber ihre Protagonisten – in diesem Stadtteil an. *Lawrence Sterne,* Autor von „A Sentimental Journey" und des „Tristram Shandy", starb im März 1768 in 41 Old Bond Street. *Sterne* ruhte übrigens nur wenige Tage in seinem Grab, dann holten *Body Snatcher,* Grabräuber, seine sterbliche Hülle und verkauften die Leiche an einen Anatomie-Professor der Universität Cambridge. Auch fiktive Charaktere lebten in Mayfair; so agieren z. B. die Personen in *Oscar Wildes* berühmter Novelle „Das Bildnis des Dorian Gray" hier, und Lord Peter Wimsey, der Hobbydetektiv der Krimi-Autorin *Dorothy Sayers,* residiert ebenfalls in diesem Nobelviertel. *Graham Greene* fand in den 1920er Jahren seinen ersten Job in Mayfair, und während des Ersten Weltkriegs arbeitete *H. G. Wells* (1866– 1946), der „Erfinder" der Zeitmaschine, hier im Ministerium für Propaganda an anti-deutschen Kampagnen. *Georg Friedrich Händel* (1685–1759), Komponist des königlichen Hofes, wohnte 30 Jahre lang am Hanover Square Nr. 25, und in der heutzutage mit traditionsreichen Geschäften gespickten Old and New Bond Street residierten u. a. *Lord Nelson,* seine Geliebte *Lady Emma Hamilton, Beau Brummel* und *Lord Byron.*

Vom Marble Arch aus spazieren wir die geschäftige Oxford Street vorbei am „Konsumtempel" *Selfridge's* gen Osten; die Geschäfte rechts und links entlang dieser Haupteinkaufsstraße erfüllen alle ausgefallenen und exklusiven Kundenwünsche. Am Oxford Circus biegen wir rechts in die **Regent Street** ein; auch hier finden sich vornehme und alteingessene Geschäfte aller Art, so z. B. das Kaufhaus *Liberty's,* 1875 gegründet. Die Anlage von Regent Street wurde von *John Nash* entworfen und unter erheblichen Schwierigkeiten von ihm durchgeführt. Die Anwohner wehrten sich gegen die Einrichtung einer pompösen Geschäftsstraße, und es gelang *Nash* nicht, Regent Street eine gerade Linienführung zu geben. So konzipierte er den eleganten Bogen, *Quadrant* genannt, in dem Regent Street nun zum Piccadilly Circus ausläuft. Außerdem war es – wie schon erwähnt – das erklärte Ziel von *Nash,* das Stadtviertel Soho vom Nobelquartier Mayfair abzutrennen; Regent Street diente, wie er 1810 schrieb, als „Trennung und Abgrenzung zwischen den Straßen und Plätzen, die vom Adel und der Gentry bewohnt werden, und den schmalen Gassen und ärmlichen Häusern, in denen Handwerker und kleine Geschäftsleute der dortigen Einwohnerschaft leben."

Soho

Soho, im Westen begrenzt von Regent Street, im Norden von Oxford Street, im Osten von Shaftesbury Avenue, Coventry Street und Leicester Square, gilt als Londons „sündige Meile".

Seit dem Jahr 1685, als hier die ersten Hugenotten einzogen, ist Soho das **Viertel der Ausländer** geblieben. Die Charakterisierung, die *John Galsworthy* (1867–1933) in seiner „Forsyte Saga" vor rund einhundert Jahren vorgenommen hat, ist auch heute noch zutreffend: „Schmutzig, voll mit Griechen, Ismaeliten, Katzen, Italienern, Tomaten, Restaurants, buntem Zeugs, kauzigen Namen und Leuten, die aus den Fenstern gucken." Auch ein anderer berühmter Autor, *Joseph Conrad* (1857–1924), hat in seinem 1907 erschienenen Roman „Der Geheimagent" das Viertel detailliert beschrieben und seinen Protagonisten hier angesiedelt.

Die Franzosen, Spanier, Italiener, Griechen, Chinesen, Inder, Polen und Juden, die alle mit verschiedenen Einwanderungswellen ins britische Inselreich drangen, ließen sich, wenn zu bescheidenem Wohlstand gekommen, in Soho nieder und eröffneten Geschäfte und Restaurants.

Der **Name des Viertels** geht auf Zeiten zurück, als das Areal noch nicht besiedelt, und die citynah gelegene Gegend ein beliebter Jagdplatz war; mit dem Ruf „So-Ho" scheuchte man das Wild auf.

Die **Anlage des Quartiers** mit seiner winkligen Straßenführung ist bis heute unverändert geblieben. In den Gassen reihen sich Schallplatten- und Instrumentengeschäfte, Pubs, Cafés, Kioske, Imbissbuden, Restaurants, Lebensmittelläden, Delikatessgeschäfte, Obst- und Gemüsestände sowie ein täglich (außer sonntags) stattfindender Straßenmarkt (in der Berwick Street) aneinander. Hier kaufen die Gourmets ihre Spezialitäten ein und schlemmen in den Restaurants. Ein sehr kleiner Bereich nur von Soho, der jedoch dem ganzen Viertel seinen verruchten Ruf eingebracht hat, ist der **Red Light District** der Metropole mit seinen

049lo Foto: hs

Der kleine Soho Square

Peep Shows, Porno-Kinos, Strip-Lokalen und der Straßenprostitution.

Soho treffend zu charakterisieren, ist nicht ganz einfach; zu unterschiedlich und facettenreich präsentiert sich dieser berühmteste Stadtteil Londons. Es gibt Bestrebungen, aus Soho ein klinisch reines und damit steriles Yuppie-Viertel zu machen, die Anwohner, die in der *Soho Society* organisiert sind, wehren sich vehement gegen solche Pläne. Von Bedeutung sind die vielen Restaurants, die Theater, die Pubs und die **Medienbranche;** vor allem vor und nach den abendlichen Theateraufführungen sind in den Straßen des Quartiers ganz unterschiedliche Leute unterwegs und bevölkern die vielen Kneipen und Gaststätten: Punks, Touristen, Obdachlose, gut betuchte Theatergäste, Yuppies, Angestellte, die nach Überstunden nur noch nach Hause wollen, freiberufliche Toningenieure, Cutter, Kameramänner auf der Suche nach Kontakten in den speziellen Pubs, in denen Studio-Manager verkehren, und, und, und. Rund 3000 Einwohner soll Soho zählen, wesentlich mehr Menschen arbeiten hier, und wer nicht im Gaststättengewerbe tätig ist, der hat seinen Job in der Medienbranche. Soho ist das Zentrum der Unterhaltungsindustrie; Musikverlage, Künstleragenturen, Film-, Foto- und Tonstudios, Werbefirmen und Instrumentenbauer haben, vor allem rund um Soho Square und entlang der Wardour Street, ihre Niederlassungen.

Im Westen von Soho verläuft parallel zur Regent Street die Ende der 1960er, Anfang der 70er Jahre beliebte **Carnaby Street;** wer möchte, kann sich auch heute noch im ehemaligen Herzen von *Swinging London* in den vielen Boutiquen und Jeansläden zu überhöhten Preisen neu einkleiden. **Soho Square,** im Norden des Viertels nur wenige Minuten Fußweg vom Oxford Circus entfernt, bewahrt inmitten der Rasenfläche eine kleine Statue von *Karl II.* auf – in früheren Tagen hieß der Platz *King's Square.* Bei gutem Wetter verbringen die Angestellten der Medienbranche ihre Mittagspause auf dem gemütlichen Platz und beißen herzhaft in die Sandwiches; der Square ist außerdem ein Treffpunkt der vielen Fahrradboten, die sich hier von ihrer anstrengenden Strampeltour durch die Metropole ausruhen, wichtige Dokumente an einen anderen Boten weitergeben oder auf neue Aufträge warten, die per Funk durchgegeben werden. Vom Soho Square verlaufen drei wichtige Straßen: Greek Street, Frith Street und Dean Street; heutzutage reiht sich hier ein Restaurant an das andere, und alle Küchen der Welt sind vertreten: Es gibt französische, ungarische, thailändische, vietnamesische, indonesische, italienische Spezialitäten in allen Variationsbreiten.

1764 wohnte *Casanova* in **Greek Street** und versuchte, englische Ladies in sein Bett zu ziehen. Während der gleichen Zeit – und dies war für die damaligen Tage wesentlich wichtiger – gründete *Samuel Johnson* ebenfalls in der Greek Street einen Diskutierclub im *Turk's Head Pub* (leider nicht mehr vorhanden). *Dr. Johnson,* wie schon mehrfach erwähnt, ein begeisterter „Kneipenbesucher" („... nothing has yet been contrived by man, by which so much happiness is produced as by a good tavern or inn..."), parlierte jeden Montagabend u. a. mit seinem späteren Biographen *James Boswell* (1740– 1795), dem Autor *Oliver Goldsmith* (1730–1774), dem liberalen Politiker und Schriftsteller *Edmund Burke* (1729–1797) sowie dem Shakespeare-Darsteller *David Garrick* (1717–1779); auf unseren Stadtrundgängen haben wir die Spuren dieser Herren schon mehrfach gekreuzt. In 61 Greek Street lebte der 17-jährige *Thomas de Quincey,* gerade der Schule entlaufen, mit dem „Lärm der Ratten"; eine Prostituierte rettete ihn eines Nachts vor dem Erfrieren (1882 übrigens erschien sein bekanntes Werk „Bekenntnisse eines Opium-Essers"). In **Frith Street** nahm der junge *Mozart* Quartier, als er am königlichen Hof vorspielte, und in **Dean Street,** für wenige Monate in Nr. 64, dann sechs Jahre lang in Haus Nr. 28, logierte *Karl Marx* mit seiner Familie in großer Armut. Von hier aus trat er täglich den kurzen Fußweg zum

Lesesaal des Britischen Museums an, wo er am „Kapital" schrieb. Im Süden von Soho befindet sich **Golden Square;** auch diese Rasenfläche ist zur Mittagszeit ein beliebter Treffpunkt der Angestellten, auch hier rasten viele Fahrrad- und Motorradboten. Nahebei liegt die Broadwick Street, in der für einige Jahre *Daniel Defoe* gewohnt hat. Zwischen Shaftesbury Avenue und Coventry Street liegt **Chinatown:** Wohin man blickt, chinesische Schriftzeichen sowie der ein oder andere mit Drachen, Löwen und anderen Figuren der fernöstlichen Mythologie geschmückte Straßenbogen.

Das Londoner Theaterland

Bevor nun vom Piccadilly Circus aus das Londoner Theaterland entdeckt wird, sollte der konsumwillige Besucher einen Blick ins 1988 eröffnete **Trocadero** werfen; in diesem mehrstöckigen Geschäftszentrum sind auf fast 19.000 m^2 Fläche neben vielen Läden auch Lokale, Theater sowie das **Museum Guiness World of Records** (Mo–So 10.20–22 Uhr) untergebracht. Im daneben gelegenen *London Pavillon* gibt es mit dem *Rock Circus* eine Außenstelle von **Madame Tussaud's Wachsfigurenkabinett** zu bestaunen, die mit beweglichen, lebensgroßen Puppen die Stars der Rockszene zeigt (Mo–Sa 9–17.30 Uhr).

Coventry Street führt zum **Leicester Square** (U-Bahn: *Leicester Square),* der neu gestaltet worden ist. In der Platzmitte ehrt eine Statue *Charlie Chaplin,* und an den Ecken finden sich Denkmäler berühmter Leute, die hier gewohnt haben: *William Hogarth, Joshua Reynolds* und *Isaac Newton.* Täglich belagert von geduldig Schlange stehenden Briten ist der Kiosk, an dem es Theaterkarten zum halben Preis gibt.

Wer sich am Leicester Square vom Rundgang ein wenig erholen möchte, sollte an der Westseite des Platzes die preisgekrönte *All Bar One* besuchen. Dies ist eine Kombination aus Café, Pub und Weinbarm und den ganzen Tag werden *Bar Meals* serviert. Die Weinkarte ist gut, die Hausweine sind es ebenfalls. Sommertags sitzt man vor dem Lokal und kann das Treiben auf dem Platz beobachten, bei Regenwetter schaut man durch die großen Glasscheiben auf das quirlige Leben des Leicester Square.

An der südöstlichen Ecke beginnt Irving Street, in dem das Haus Nr. 9 einst den **Beefsteak Club** beherbergte. Um die Wende vom 19. zum 20. Jh. fand in dem mehr oder weniger geheimen Club eine Polizeirazzia statt. Das Gebäude war sehr heruntergekommen, und dubiose Herren – alle immer tief vermummt – gingen regelmäßig aus und ein, so dass die Ordnungshüter ein Diebesnest vermuteten. Am Abend der Razzia waren nur vier Herren anwesend. Ein Polizeioffizier fragte: „Darf ich wissen, wer Sie sind?" „Ich bin der Lordkanzler", antwortete der erste. „Selbstverständlich Sir, und Sie?" „Ich bin der Erzbischof von Canterbury!" „Aha, und wer sind Sie?" „Ich bin der Präsident der Bank von England!" „So, so, dann sind Sie

051lo Foto: hs

Leicester Square

wohl der Premierminister?" „Das bin ich in der Tat", antwortete *Sir Arthur Balfour.*

1887 öffnete eine berühmte *Music Hall* am Leicester Square ihre Pforten: das **Empire Theatre** (heute das gleichnamige, riesige Kino-Center). Die auf der Bühne agierenden halbbekleideten Nummern-Girls sowie die vielen Prostituierten, die ins *Empire* kamen, waren für die jungen Männer der damaligen Tage eine Sensation. 1890 startete eine gewisse *Mrs. Ormiston Chant* eine Kampagne gegen den Sittenverfall im Empire. Die Gänge, in denen die Damen erste Annäherungsgespräche mit ihren Kunden führten, wurden – wir befinden uns in der Hochphase des puritanischen Viktorianismus – mit hölzernen Stellwänden vor den Blicken züchtiger Bürger verbarrikadiert. Die Oppositionsbewegung gegen derlei sinnenfeindliche Bestrebungen führte ein junger Mann der traditionsreichen Militärakademie von Sandhurst an. Wie uns *Winston Churchill* in seiner Biographie „My Early Life" mitteilt, stürmten er und seine

Auf den Spuren der Pop-Stars durch London

Keine andere Stadt der Welt hat seit Beginn der 1960er Jahre eine derartige Ausstrahlung auf die Popmusik gehabt wie London. Grund genug, sich auf einem Spaziergang einmal all die Orte anzusehen, wo **Musikgeschichte** geschrieben wurde. Die meisten Clubs, Pubs, Studios und einstigen Übungsräume befinden sich natürlich in Soho, heute noch immer Zentrum der englischen Musikszene. Die Wege sind nicht sonderlich lang. Fangen wir also an:

Um einen ersten Überblick zu gewinnen, sollte der Besucher im *Rock Circus,* direkt am Piccadilly, sich mit den Figuren der Stars vertraut machen, um danach wenige Meter weiter in die Broadwick Street zu gehen. Dort, im Pub *Bricklayer's Arms,* begannen die **Rolling Stones** ihre Karriere. In einem Hinterzimmer der Kneipe probten die völlig unbekannten *Stones* Ende 1961/Anfang 1962 ihre ersten Stücke. Dann, am 12.6.1962, traten sie erstmals im bis heute berühmten *Marquee* auf (damals in 165 Oxford Street, ab 1964 mitten in Soho in 90 Wardour Street, seit Mitte der 80er Jahre dann in 105 Charing Cross Road). Dass die unbekannte Band im Marquee überhaupt loslegen durfte, lag an *Alexis Corner;* der nämlich musste einen Auftritt kurzfristig absagen und überließ den *Stones* das Feld. Sonderlich erfolgreich war die Band bei ihrem ersten Gig jedoch noch nicht.

Alles, was in der Pop-Szene Rang und Namen hatte, trat im *Wag Club* (33–37 Wardour Street) auf, der bis heute allererste Anlaufstelle für die Musikenthusiasten ist. Auch hier haben die *Stones* in die Saiten gegriffen. Im Stockwerk unter dem *Wag* befand sich bis 1976 die *Flamingo Bar,* wo der beste Rhythm & Blues der Metropole zu hören war. Im kurz und prägnant benannten *The Club* (31 Tottenham Court Road) fanden die ersten psychedelischen Lightshows statt, eine unerhörte Neuerung jener Tage und vor allem beliebt bei den bekifften Zuhörern. Hier spielten in ihren Anfängen die Gruppen **Soft Machine** und **Pink Floyd** und stellten ihre Musik ganz auf die Lightshows und das Haschisch rauchende Publikum ab. Soft-Machine-Schlagzeuger *Robert Wyatt* erklärte: „Unsere Konzerte sind wie ein Liebesakt. Nach einem Höhepunkt ruht man sich aus, spielt dann wieder ein bisschen, ruht sich erneut aus und immer so fort."

Ein Werbetexter namens *David Jones* trat erstmalig im *Jack Club* (10 Brewer Street) auf. Erfolg war ihm nicht beschieden; der kam erst, als er unter dem Namen **David Bowie** zur Berühmtheit wurde.

Die **Beatles,** *The Fab Four,* lehnten das „schmutzige Soho" ab und verlegten sich als „brave Jungs" lieber in bessere Stadtteile, nach St. John's Wood, Marylebone und Mayfair. Im Viertel St. John's Wood (gleichnamige U-Bahn-Station) befanden sich in 165 Broadhurst Street einmal die berühmten *Decca Recording Studios.* Am 1.1.1962 trafen sich die *Beatles* mit ihrem Manager

Brian Epstein dort mit dem Produzenten *Mike Smith*. Der hörte sich sage und schreibe 15 Songs der Pilzköpfe an, war zuerst ganz angetan und traf dann die größte Fehlentscheidung seines Lebens: Statt der Beatles engagierte er eine Band namens *Brian Poole and the Tremeloes* – was für ein Missgriff!

Dennoch war St. John's Wood eine gute Adresse für die *Beatles*. Denn in den *E.M.I.*-Studios (3 Abbey Road) erkannte Produzent *George Martin* das musikalische Potenzial der vier Liverpooler und gab der Band einen Vertrag. Kurz danach sprengten die Stücke „Love Me Do" und „Please Please Me" die Charts. Fortan waren die *E.M.I.*-Studios Tag und Nacht von Fans belagert. Anders sah es auch nicht vor dem Haus von **Paul McCartney** in 7 Cavendish Avenue aus. Noch heute gehört das Haus dem legendären Beatles-Mitglied. Schlagzeuger *Ringo Starr* hatte sich mittlerweile in einem Apartment in 34 Montagu Square niedergelassen. Einen Spleen versuchten die *Beatles* in 94 Baker Street durchzusetzen. Hier eröffneten die vier am 7.12.1967 ihre *Apple Boutique*. Die in schillernden Regenbogenfarben gestrichene Hausfassade war zwar ein gutes Markenzeichen, nur mit dem Umsatz haperte es. Am 30.7.1968 war Schluss mit dem Verkauf.

Ebenso wenig erfolgreich war das Engagement der Band bei *Apple Corps* (3 Savile Road). Obwohl die Platten der *Beatles* bei Apple weggingen wie geschnitten Brot, machte der Rest der Firma riesige Verluste. Zum Schluss kam heraus, dass *Apple* über etliche Jahre pro Woche ein Minus von 65.000 Dollar eingefahren hatte. Auf dem Dach des Gebäudes von *Apple Records* gaben die *Beatles* ihr Abschiedskonzert. Nach den ersten fünf Songs musste die Polizei einschreiten.

Machen wir uns nun auf nach Chelsea und Kensington (U-Bahn *Sloane Square*). In 430 King's Road eröffneten im November 1971 *Vivienne Westwood* und *Malcolm McLaren* die berühmte Pop-Boutique *Let it Rock*. Vier Stammkunden des Ladens gründeten auf Initiative der beiden Besitzer die Band **The Sex Pistols.** Der Rock war erst einmal dilettantisch, bekannt wurden die vier durch das provozierende Auftreten von *John Lydon,* der die meiste Zeit im *Rosebuck Public House* (345 King's Road) verbrachte. Zum silbernen Thronjubiläum der Queen, 1977, brachte die Gruppe den Hit „God save the Queen" auf den Markt, und der Punk hatte sich damit durchgesetzt. *Vivienne Westwood* betreibt die Keimzelle der *Sex Pistols* noch heute, die Boutique trägt allerdings nun dem Namen *World's End*.

Im Stadtteil Notting Hill (gleichnamige U-Bahn-Station), in Nr. 22 Lansdowne Crescent, starb am 18. 9. 1970 **Jimi Hendrix.** 300 m entfernt, an der Ecke Ladbroke Grove/Westbourne Park Road, steht der *Elgin Pub*. Hier becherten und spielten **The Clash,** die die Musik der *Sex Pistols* einer enormen Verfeinerung unterzogen.

Wer übrigens stilgerecht übernachten möchte, der sollte sich im *Portobello Hotel* in 22 Stanley Gardens einquartieren. Vor ihm waren schon so illustre Gestalten wie *Alice Cooper, David Byrne* und *Brian Ferry* vor Ort. Teurer ist das *Pembridge Court Hotel* in 34 Pembridge Gardens, traditionell die Pop-Herberge für Musiker auf Tournee.

Freunde das Theater, rissen die Stellwände nieder und warfen sie – kurz und klein geschlagen – triumphierend auf den Leicester Square. *Churchill* war derart begeistert ob dieser Tat, dass er sein Vorgehen mit dem Sturm auf die Bastille verglich („I thought also of the taking of the Bastille... „). Kurze Zeit später wurden die Sichtblenden – sehr zum Ärger von *Churchill* – durch steinerne Mauern ersetzt. Kurz nach der Eröffnung des *Empire* besuchte der Dichter *Thomas Hardy* (1840 – 1928) die Music Hall und zeigte sich ehrlich anschließend besorgt über die mageren Nummern-Girls auf der Bühne: „The dancing-girls are nearly all skeletons. They should be penned and fattened for a month to round out their beauty“ (Die Tanzmädchen gleichen alle Skeletten: Man sollte sie für einen Monat mästen, damit ihre Schönheit sich rundet).

Leicester Square liegt im **Zentrum des Londoner Theaterlandes.** In den umliegenden Straßen – Shaftesbury Avenue, Haymarket, Charing Cross Road, Strand und St. Martin's Lane – befinden sich weltberühmte Theater, alle mit einer reichen Tradition und Geschichte. Die Aufführungshäuser des Westends müssen kommerziell erfolgreiche Stücke spielen, sie werden von keiner Kulturbürokratie subventioniert. Alle Stücke bleiben so lange auf dem Spielplan, wie es ökonomisch notwendig und gewinnbringend ist. „West Side Story“, „Hair“, „Jesus Christ Superstar“, „Evita“, „Amadeus“ wurden z. T. jahrelang vor ausverkauften Häusern gegeben.

Während tagsüber die Touristen rund um Piccadilly Circus und auf dem Leicester Square Londons Zentrum bestaunen, strömen täglich am frühen Abend Tausende von Bewohnern in die vielen Theater; vor allem nach Aufführungsende sind alle Pubs und Restaurants überfüllt.

Zwei der ältesten und schönsten Theater liegen in der Straße Haymarket. 1720 öffnete das **Theatre Royal** seine Pforten, das *John Nash* 1871 umbaute; gegenüber befindet sich das **Her Majesty's.**

Nicht versäumen sollte man in Haymarket einen Besuch des **Design Centre,** in dem eine ständige Ausstellung zum Stand britischen Produktdesign untergebracht ist (Mo–Di 10–18 Uhr, Mi–Sa 10–20 Uhr, So 13–18 Uhr).

Während der gesamten Viktorianischen Ära hindurch war Haymarket übrigens das Zentrum der **Prostitution;** 10.000 Frauen und Mädchen sollen – wie eine englische Quelle vermeldet – zum so genannten *Linnen Lifting Tribe* gehört haben, und 1845 zählte man im Gebiet von Zentral-London 4000 Bordelle.

Eine nette Anekdote trug sich im Jahre 1681 in Haymarket zu: Die Kutsche von *Nell Gwynne,* der Geliebten von *Karl II.,* wurde von aufgebrachten Bürgern mit Steinen beworfen; man vermutete irrtümlich des Königs französische (und damit katholische) Mätresse *Louise de Keroualle* in dem Gefährt. *Nelly* steckte ihren hübschen Kopf aus dem Fenster und rief: „Steinigt mich nicht, liebe Leute – ich bin die *protestantische* Hure!“

Karl Marx in London

Nach dem Scheitern der Revolution von 1848 wurde *Karl Marx* (1818 - 1883) aus Köln, wo er von Juni 1848 bis Mai 1849 die *Neue Rheinische Zeitung* herausgegeben hatte, ausgewiesen, zog nach Paris und dann im August **1849 nach London.** Drei Wochen später folgte ihm seine Frau *Jenny* mit den Kindern nach. Die Familie nahm Quartier in Chelsea, auch damals schon ein teures Viertel der Metropole, und mietete sich in 4 Anderson Street ein, nur wenige Meter von der King's Road entfernt. In der Guy-Fawkes-Nacht, am 5. November 1849, brachte *Jenny* hier den Sohn *Heinrich* zur Welt.

Die Ersparnisse der Familie schmolzen rasch dahin, Einnahmen gab es keine, und Jenny musste in den Lebensmittelgeschäften immer öfter Schulden machen. Als sie auch die Miete nicht mehr zu zahlen vermochte, holte ihr *Landlord* den Gerichtsvollzieher und der warf die *Marxens* aus dem Haus. In der feinen Gegend sprach sich der **Rausschmiss** schnell herum, und wie *Jenny* berichtete, versammelten sich 200 bis 300 Leute, der „gesamte Chelsea-Mob", vor der Haustür und sahen zu, wie der Gerichtsvollzieher die wenigen Besitztümer der Familie konfiszierte - sogar die Wiege von Klein *Heinrich* und die Spielzeuge der Mädchen.

Nach dieser öffentlichen Demütigung bezogen die *Marxens* im *German Hotel,* 1 Leicester Street, Leicester Square, zwei kleine Kammern. In dem Hotel lebten viele Exilanten aus aller Herren Länder, und es galt als Durchgangsstation für viele politisch Verfolgte (heute befindet sich in dem Haus das Fischrestaurant *Manzi's).* Auch hier waren die Kosten auf Dauer zu hoch, und *Jenny* schaute sich nach einer billigeren Wohnung um. Am 8. Mai 1850 kam die Familie in 64 **Dean Street,** mitten in Soho, bei einem jüdischen Kurzwarenhändler unter und gegen Ende des Jahres hatte sie nun endlich eine geeignete Bleibe gefunden: In den zwei Zimmerchen von 28 Dean Street sollte die Familie für die nächsten sechs Jahre leben. Die blaue Plakette, die das Haus trägt (auf der übrigens die falschen Daten angegeben sind, statt 1851-1856 muss es heißen 1850-1856), ist die einzige offizielle Erinnerung an *Marx* in London. (Das italienische Restaurant *Quo Vadis* ist heute in dem Gebäude untergebracht.) *Jenny* war mittlerweile wieder schwanger, und im März 1851 wurde Tochter *Franziska* geboren.

Während des ersten Jahres in England blieb *Marx* natürlich auch weiter **politisch aktiv** und engagierte sich in der im April 1850 gegründeten *Universal Society of*

050lo

Karl Marx im Jahre 1861

Revolutionary Communists sowie in der *Communist's League*. Beiden Bewegungen war jedoch aufgrund heftiger ideologischer Flügelkämpfe keine lange Dauer beschieden, und *Marx* konzentrierte sich ab nun auf seine theoretischen Studien. Bis zum Ende des Jahres 1850 hatte er von London aus fünf Nummern der „Neuen Rheinischen Zeitung" herausgegeben, überdies besaß er einen Leseausweis für das Britische Museum, wo er sich regelmäßig mit europäischen Exilanten traf, diskutierte und dabei der Beobachtung eines preußischen Geheimagenten unterstand (der registrierte in seinen Berichten u.a., dass *Marx* ein schwerer Trinker war).

Die **wenigen Einnahmen,** die *Marx* in der Zeit von 1851–1862 nach Hause brachte, gingen auf seine Artikel zurück, die er für die *New York Daily Tribune* sowie für die Zeitschrift *People's Paper* schrieb. Da sein Englisch in den Anfangsjahren noch nicht perfekt war, korrigierte *Friedrich Engels,* der seit November 1850 in der Baumwollfabrik seines Vater in Manchester arbeitete, die Texte. Einmal bemühte sich *Marx* um eine bürgerliche Anstellung, er bewarb sich auf einen Angestelltenposten bei der britischen Eisenbahn; der Personalchef lehnte ihn ab, da seine Handschrift nicht lesbar war.

1852 erschien die erste politische Studie von *Marx* unter dem Titel „Der achtzehnte Brumaire des Louis Bonaparte", und er arbeitete intensiv an seiner Kritik der Politischen Ökonomie. Die finanzielle Lage der Familie war und blieb prekär, ohne die Hilfe von *Engels,* der regelmäßig Geld schickte, hätten die *Marxens* nicht überleben können. Öfter musste die ganze Familie vor den Forderungen der Gläubiger die Flucht ergreifen, und *Marx* selbst versteckte sich mehrmals bei *Engels* in Manchester. Derlei miserable Lebensumstände blieben nicht ohne Folgen. Drei Kinder starben in Dean Street; *Heinrich,* noch nicht ganz ein Jahr alt, *Franziska,* schon wenige Monate nach der Geburt, und *Edgar* im Alter von acht Jahren. *Engels* übernahm jedesmal die Begräbniskosten. 1855 wurde Tochter *Eleonore* geboren.

Täglich machte sich *Marx* auf den kurzen Fußweg von Dean Street über Soho Square, Oxford Street und Great Russel Street zur **Bibliothek des Britischen Museums;** seit Juni 1850 besaß er einen Benutzerausweis. Als Ergebnis seiner jahrelangen Studien erschienen 1857/58 seine „Grundrisse der Kritik der politischen Ökonomie" und 1859 „Zur Kritik der Politischen Ökonomie". Nachdem der *Reading Room* fertiggestellt war, arbeitete *Marx* in der Regel von 9 Uhr morgens bis 19 Uhr abends auf dem Platz G 7. Danach ging er häufig direkt in einen Pub. Eines Nachts befanden sich *Marx* und *Wilhelm Liebknecht* gemeinsam auf einer Kneipentour, beide tranken sich durch die Pubs entlang der Tottenham Court Road (ein Steuerbuch aus der damaligen Zeit verzeichnet 18 Gaststätten an der Straße). Schon schwer alkoholisiert, gerieten sie gegen 2 Uhr nachts in eine hitzige politische Diskussion mit britischen Arbeitern, und der Wirt setzte die beiden vor die Tür. Um ihrem Ärger Luft zu machen, warfen sie mit Steinen nach den Straßenlaternen und – wie *Liebknecht* berichtete – demolierten sie vier oder fünf Stück. Der nächtliche Lärm rief einen Bobby auf den Plan, der per Trillerpfeife Verstärkung herbeirief, und die Zecher ergriffen, hart verfolgt von den Polizisten, die Flucht. Mit knapper Mühe entkamen beide!

Nur einmal nahm *Marx* an einer Demonstration teil: Er protestierte damit gegen den Versuch, die Ausschankzeiten in britischen Pubs an Sonntagen zu verkürzen.

Jeden Sonntag machte sich die gesamte Familie auf nach Hampstead Heath, um der übervölkerten Enge von Soho zu entfliehen. Dort wurde dann ausgiebig gepicknickt. Auch *Liebknecht* war oft dabei und hat uns die folgende Beschreibung hinterlassen: „Ein mächtiger Kalbsbraten war das durch Tradition geheiligte Hauptstück für den Sonntag auf Hampstead Heath. Der Marsch vollzog sich meist in folgender Ordnung: Als Vorhut ging ich mit den zwei Mädchen voran. Hinter uns einige Freunde. Dann das Gros der Armee: *Marx* mit seiner Frau und irgendeinem Sonntagsbesuch, der Aufmerksamkeit erheischte. Und hinter diesem Lenchen mit dem hungristen der Gäste, der ihr den Korb tragen half. Waren wir oben auf dem Heath angekommen, so wurde zunächst eine Stelle ausgesucht, auf der wir unsere Zelte aufschlagen konnten, wobei die Tee- und Bierverhältnisse möglichst berücksichtigt wurden. Nachdem sie an Speise und Trank sich gelabt, suchten die Gefährtinnen und Gefährten eine möglichst bequeme Lager- oder Sitzstelle; war diese gefunden, so holte jeder und jede – vorausgesetzt, dass ein Schläfchen nicht vorgezogen ward – die unterwegs gekauften Sonntagsblätter aus der Tasche, und nun begann das Lesen und Politisieren."

1856 hatte die Not erst einmal ein Ende. *Jenny* erbte 150 Pfund von einem schottischen Onkel und kurz danach 120 Pfund von ihrer Mutter. Die Familie zog nach **Hampstead,** nahe dem großen Parkareal von Hampstead Heath, in das kleine Haus 9 Grafton Terrace (heute Nr.46). Das schmale Gebäude besaß drei Stockwerke und einen kleinen Garten, die Miete betrug 36 Pfund pro Jahr; nicht weit entfernt lebte übrigens *Wilhelm Liebknecht.*

1862 verlor *Marx* seine geringen, aber bis dahin regelmäßigen Einkünfte, als während des amerikanischen Bürgerkriegs die *New York Daily Tribune* ihr Erscheinen einstellte. Er bat einen holländischen Onkel um Geld und dieser überwies ihm auch tatsächlich eine ansehnliche Summe, weitere 250 Pfund bekam *Marx* von *Ernest Dronke,* mit dem er eng in der *Communist's League* zusammengearbeitet hatte. Im Januar 1863 schrieb *Marx* an *Engels,* dass ein Bankrott bald unausweichlich sei. Doch nun **wendete sich das Schicksal;** im Winter 1863/64 erbte *Marx* 600 Pfund von seiner Mutter, und im Mai 1864 vermachte ihm *Wilhelm Wolff,* ein Freund aus früheren Tagen, 800 Pfund. Die Familie zog erneut um, blieb aber in der Gegend; ein größeres Haus konnte nun in 1 Modena Villas (heute 1 Maitland Park Road) bewohnt werden. Zum ersten mal in ihrem Leben hatte jedes der Kinder ein eigenes Zimmer, *Marx* reklamierte den größten Raum des Hauses für sich und richtete sich ein richtiges Arbeitszimmer ein. Mit zwei Hunden, drei Katzen und zwei Vögeln entstand eine kleine, lange vermisste bürgerliche Idylle. Natürlich hielt das Geld nicht ewig, doch als die ersten finanziellen Sorgen wieder drückten, sprang 1869 erneut Engels ein und ließ *Marx* eine jährliche Rente von 350 Pfund zukommen. 1875 zog die Familie ein Stück die Straße hinauf und lebte nun in 41 Maitland Park Road. Seit 1870 war auch *Engels* wieder in London und hatte nahebei, in 122 Regent's Park Road, sein Quartier. *Marx* und *Engels* unternahmen – wann immer das Wetter es zuließ – lange Spaziergänge auf Hampstead Heath.

In den folgenden Jahren laborierte *Marx* an verschiedenen **Krankheiten,** seine Gesundheit war durch Alkohol, Tabak und die jahrzehntelange Armut ruiniert. 1881 starb *Jenny; Marx* war zu krank, um an der Beerdigung teilzunehmen. *Engels* kümmerte sich um alles. Im Januar 1883 starb *Marx'* älteste Tochter *Jenny,* von diesem Schlag sollte er sich nicht mehr erholen; zwei Monate später, am 14. März 1883, schlief er in seinem Lehnstuhl für immer ein. *Engels* organisierte ein letztes Mal eine **Beerdigung** für die Familie. Am 17. März wurde *Marx* neben seiner Frau auf dem Highgate Cemetary zur letzten Ruhe gebettet. 20 Personen waren anwesend, darunter *Wilhelm Liebknecht. Engels* hielt die Totenrede und ließ einen einfachen Grabstein aufstellen.

1954 bettete man die sterblichen Reste um, und zwei Jahre später enthüllte man die monumentale, weltweit bekannte Büste über dem Grab.

052lo Foto: hs

Covent Garden

Nur einen Steinwurf vom Leicester Square entfernt liegt Covent Garden (U-Bahn: *Covent Garden*). Hier befindet sich Londons berühmtes Opernhaus, und noch bis vor wenigen Jahren wurde hier der nicht minder berühmte **Gemüsemarkt** abgehalten. Die Bezeichnung Covent Garden geht auf *Convent Garden* zurück; das Areal gehörte einst zur Westminster Abbey, und die Mönche nutzten das Gelände für ihren landwirtschaftlichen Anbau. Die Überschüsse ihrer Agrarproduktion verkauften die frommen Brüder an die Bevölkerung. Covent Garden ist also seit jeher mit dem Markttreiben verbunden. Mitte des 16. Jh. ging das Gelände an den Duke von Bedford über. Rund 100 Jahre später bekam die adlige Familie eine Lizenz, um einen Obst- und Gemüsemarkt abzuhalten. 1830 baute der Architekt *John Fowler* die Markthallen, die einige Jahre später mit einer schönen gusseisernen Konstruktion überdacht wurden. Ab dann entwickelte sich *Covent Garden Market* zum größten Obst-, Gemüse- und Blumenmarkt des ganzen Inselrei-

Punk-Band in Covent Garden

ches. Immer weiter wucherte das Verkaufsgelände in die umliegenden Straßen aus. In den 1960er Jahren sorgten die LKWs der Anlieferer regelmäßig für ein Verkehrschaos rund um Covent Garden, Kisten wurden auf den Bürgersteigen gestapelt, so dass kein Durchkommen mehr möglich war, und der Abfallberge konnte auch die Müllabfuhr nicht mehr Herr werden. 1974 verlegte man den Markt auf die südliche Themseseite nach Nine Elms. Fantasielose Stadtplaner wollten nun eine Kahlschlagsanierung einleiten, doch die Anwohner wehrten sich vehement gegen die Zubetonierung einer gewachsenen Umwelt. Der Protest zeigte Erfolg: Die Markthallen wurden renoviert, und kleine Kunsthandwerksgeschäfte, Pubs und Cafés öffneten ihre Pforten.

Heute ist Covent Garden eine der großen Attraktionen Londons, ein **urbanes Freizeitgebiet** sondergleichen. Straßenmusikanten sorgen für die rechte Tonkulisse, Gaukler bringen Kinder wie Erwachsene zum Lachen, Feuerschlucker, Zauberer und Akrobaten halten die Zuschauer in Atem. Überall wird gegessen, getrunken, zugeschaut, gelacht und applaudiert. Tag für Tag erfreuen sich in Covent Garden Besucher wie auch die Einheimischen, und an sommerlich warmen Tagen kann man sich kaum seinen Weg durch die riesige Menschenansammlung bahnen, die dann hier ihre Freizeit kurzweilig verbringt.

Einen zusätzlichen Anreiz für den ausländischen Besucher bietet das **London Transport Museum** (Mo–So 10–18 Uhr) an der Ostseite des Platzes.

Die meisten Spaßvögel in Covent Garden treten vor **St. Paul's Church** auf, der Kirche der Schauspieler und Künstler. *Inigo Jones* errichtete dieses Gotteshaus nach der Reformation als erste anglikanische Kirche Londons. 1798 brannte St. Paul's nieder, wurde aber weitgehend nach den Originalplänen wiederhergestellt. Im Innern sind viele Theaterleute bestattet, u. a. hat hier *Vivian Leigh* ihre letzte Ruhestätte gefunden. Berühmt geworden ist die St. Paul's Church sowie das Areal von Covent Garden durch das Musical „My Fair Lady"; die Cockney sprechende Blumenverkäuferin Eliza Doolittle bekommt von Professor Higgins vor der Kirche Sprachunterricht.

Von Covent Garden aus entwickelte sich die reiche **Theatergeschichte des Westends.** Während unter *Cromwells* puritanischer Herrschaft die elisabethanischen Theater in Southwark schließen mussten, begann unter *Karl II.* eine neue Blüte der Aufführungshäuser. In der Drury Lane entstand das *Theatre Royal* und am Covent Garden das **Royal Opera House.** 1663 spielte man das erste Stück im Königlichen Theater; hier sah *Karl II.* zum erstenmal *Nell Gwynne* auf der Bühne. Der Monarch war so hingerissen von der Frau, dass er sie erfolgreich umgarnte, bis sie seine Mätresse wurde. Nachdem das erste Gebäude ein Raub der Flammen geworden war, errichtete *Sir Christopher Wren* ein zweites Haus, das unter Leitung des Shakespeare-Darstellers *David Garrick* große Erfolge feierte. 1732 eröffnete der Regisseur *John Rich* sein Theater am Covent Garden. Vier Jahre zuvor war ihm mit der „Bettleroper" von *John Gay* ein beispielloser Erfolg gelungen. *Gay* zeigte den Besuchern ein kleinkriminelles Milieu der damaligen Zeit, wobei er seine Hauptfigur, den Hehler Peachum, mit Charaktereigenschaften des Premierministers *Robert Walpole* ausstaffierte. Die „Beggar's Opera" war so erfolgreich, dass sie „Gay rich and Rich gay" machte, wie man damals sagte. *Bert Brecht* übrigens nahm das Stück als Vorlage zur „Dreigroschenoper". Auch mehrere Opern *Händels* wurden in Covent Garden uraufgeführt. Zwei Gebäude brannten bisher ab, das heutige, 2000 Plätze zählende Opernhaus gestaltete der Architekt *E. M. Barry.* 1946 gründete man die *Royal Opera Company,* 1956 das *Royal Ballet.* Das *Covent Garden Opera House* zählt zu den besten Opernbühnen der Welt.

Bleiben wir noch ein wenig in dieser Gegend und sehen, was sich sonst noch alles im Verlauf der Historie in diesem Viertel getan hat: In der Drury Lane brach im Jahre 1665 die Große Pest aus, der fast jeder fünfte Londoner zum Opfer fiel. In einigen Stadtteilen starben 85 % der Bevölkerung am Schwarzen Tod. In der Bow Street wohnte ab 1748 der Autor, Rechtsanwalt und Magistratsbeamte *John Fielding* und betrachtete mit Sorge die hohe Kriminalitätsrate rund um Covent Garden. Die altersschwachen Wachmänner, *Charleys* genannt, da sie während der Regierungszeit *Karls II.* als Ordnungshüter bestellt wurden, konnten vor allem der Diebstahlskriminalität nicht mehr Herr werden. 1749 rief *Fielding* Londons erste Polizeitruppe, die *Bow Street Runner,* ins Leben (im gleichen Jahr erschien sein berühmtes Buch „Tom Jones").

Viertel Marylebone

Wer sich am Covent Garden ausgeruht und gestärkt hat, sollte nun noch einen Abstecher in das Viertel Marylebone machen. Der Stadtteil liegt nördlich vom Oxford Circus und wird von Tottenham Court Road, Edgware Road und Marylebone Road begrenzt. Hier locken vor allem zwei Attraktionen die Besucher: Zum einen *Madame Tussaud's* Wachsfigurenkabinett und der ruhige Regent's Park mit Londons Zoologischem Garten.

Lange Besucherschlangen zeigen in der Marylebone Road die Örtlichkeit des **Wachsfigurenmuseums** an (U-Bahn: *Baker Street,* Mo–So 10–17.30 Uhr). Die Schweizerin *Madame Tussaud* gründete 1770 ihre Figurenausstellung bedeutender Persönlichkeiten in Paris. Während der Französischen Revolution fertigte sie die Wachsmodelle berühmter Zeitgenossen direkt nach deren Hinrichtung an. 1802 übersiedelte *Madame* mit ihrer Sammlung nach England, und 1835 wurde das Kabinett in London neu eröffnet. Neben Politikern aus allen Epochen kann der interessierte Besucher auch Film- und Fernsehstars, Fußballgrößen sowie die Idole der Musikszene bewundern; auch ein Horrorkabinett fehlt natürlich nicht. Dem Museum ist ein Planetarium angeschlossen.

Wenn der Besucher an der Baker Street aus der gleichnamigen U-Bahn tritt, wird er von einer lebensgroßen **Statue des pfeiferauchenden Sherlock Holmes** begrüßt. *Sir Arthur Conan Doyle* hatte seinem großen Detektiv eine Wohnung in Nr. 221 b Baker Street zugewiesen, und so finden wir hier zwei Örtlichkeiten, die für Krimi-Fans von Bedeutung sind. Neben der Tube Station gibt es in **Baker Street Nr. 239** (die angebrachte Hausnummer zeigt allerdings 221 b) über dem Restaurant *Hudson's* das **Sherlock Holmes Museum** (täglich 9.30–18 Uhr). Man erfährt hier aber recht wenig über das Leben des großen Meisters und auch fast nichts über seinen Schöpfer *Sir Arthur Conan Doyle*.

Lohnender ist ein Besuch in Baker Street Nr. 230 auf der gegenüberliegenden Straßenseite in der **Sherlock Holmes Experience** (Mo–Sa 10–17, So 11–16 Uhr) über einem Andenkenladen. Hier gibt es einen Nachbau des Arbeitszimmers, so, wie es in der Fernsehserie der *BBC* aus den 1980er Jahren gezeigt wurde, eine große Anzahl an Erstausgaben sowie weitere Memorabilien.

Wer noch ein wenig in der Gedankenwelt des spürnasigen Kriminalisten bleiben möchte, sollte auf ein Bier in den **Sherlock Holmes Pub** gehen, der um die Ecke an 10 Northumberland Street nahe der Charing Cross Station liegt. Bis 1957 war in dem Gebäude das Northumberland Hotel untergebracht, in dem Sir Conan Doyle weite Teile seiner Sherlock-Holmes-Geschichten geschrieben hat.

Das Gelände des heutigen **Regent's Park** ließ *Heinrich III.* einst als Jagdareal anlegen, später verpachtete man viele Parzellen an die Bauern der Gegend. Anfang des 19. Jh. fiel der Boden an die Krone zurück und wurde von *John Nash* zu einem Park umgestaltet. Ein künstlicher See lädt zu Bootsfahrten ein, auf einem kleinen, flachen Teich können Kinder sich ebenfalls im Bötchenfahren üben, es gibt einen Spielplatz für die Kleinen, weiterhin Tennisplätze und ein Cricketgelände, ein Freilufttheater sowie einen Rosen- und einen Steingarten. Umgeben ist der Park von dem so genannten *Outer Circle,* an dem *John Nash* terrassenförmig angelegte Häuserzeilen im klassizistischen Stil errichtete. Das architektonische Glanzstück der Gegend ist an der südlichen Parkseite der **Marylebone Park Crescent.** Mit *Crescent* bezeichnet man halbmondförmig angelegte Häuserreihen, von denen es in London gleich mehrere gibt.

Park Crescent, ebenfalls von *John Nash* konzipiert, ist ein besonders schönes Beispiel städtischer Platzgestaltung. Größte Attraktion des Regent's Park aber ist der *Zoo* (U-Bahn: *Baker Street* oder *Camden Town),* der 1826 von *Sir Stamford Raffles* und *Sir Humphrey Davy* gegründet wurde. Über 2 Mio. Besucher spazieren Jahr für Jahr durch dieses Freiluftgehege. Dem Zoo angeschlossen ist die berühmte Forschungseinrichtung *Zoological Society of London.*

Pubs

In Mayfair

• **Bunch of Grapes,** 18 Shepherd Market. Free House mit viktorianischer Atmosphäre, Lunch Restaurant im 1. Stock (einen Pub gleichen Names gibt es in 11 Dering Street).

• **Guinea,** 30 Bruton Place. Versteckt in einer Mayfair Mew gelegen, ursprünglicher Name *Ye Olde One Pound One,* ging wahrscheinlich auf einen Rinderpferch zurück. Der Pub datiert aus dem Jahr 1423, sein heutiger Name bezeichnet eine Goldmünze, die im 17. Jh. erstmals geprägt wurde.

• **Red Lion,** Waverton Street. Alte Taverne aus dem 17. Jh. mit Vorhof für sommerliches Trinken; Restaurant anbei.

• **Rose and Crown,** 2 Old Park Lane. Free House, berühmtester „Geisterpub" Londons, da viele zum Tode Verurteilte, bevor sie in Tyburn (Marble Arch) gehenkt wurden, in den Kellergewölben des Pubs ihre letzte Nacht verbrachten.

• **Running Footman,** 5 Charles Street. Pub mit dem längsten Namen von London, eigentlich: *I am the Running Footman;* eine Tafel am Pub erklärt die Aufgaben eines *Footman:* dem Herrn eine Kutsche zu besorgen, die Straße für selbige freizuhalten und notwendige Mautgebühren zu bezahlen.

In Soho

In Soho soll es angeblich 55 Pubs geben, im Folgenden eine Auswahl, vgl. auch die Karte vom Westend.

• **Argyll Arms,** 18 Argyll Street. Nahe am *Palladium Theatre,* daher vor und nach den Vorstellungen immer voll; schöne Inneneinrichtung, viele Spiegel, gediegenes Holzdekor und viktorianische Glasscheiben.

• **Bath House,** 96 Dean Street. Besteht seit 1738, im ersten Stock befindet sich die *Naked Grape Wine Bar.*

• **Coach & Horses,** 1 Great Marlborough Street. Das Gebäude datiert aus dem Jahr 1739, der Pub ist nur elf Jahre jünger, im ersten Stock die *Horse Box Wine Bar.*

• **Crown & Two Chairmen,** 32 Dean Street. Der Name geht auf *Königin Anne* zurück *(= Crown),* die von zwei Sänftenträgern (= *Two Chairmen)* zu einem Maler getragen wurde, der gegenüber vom Pub sein Atelier hatte und ein Porträt der Monarchin anfertigen sollte.

• **Devonshire Arms,** 17 Denman Street. Free House, über 200 Jahre im Geschäft.

• **Dog and Duck,** 18 Bateman Street. Seit 1734 wird hier Bier ausgeschenkt; Sohos kleinster Pub.

• **All Bar One,** die sehr gemütliche Weinbar mit guten Rebensäften und akzeptablen Gerichten zu vernünftigen Preisen hat gleich vier Dependancen im Westend: 48 Leicester Square, 19 Henrietta Street (Covent Garden), 36 Dean Street (Soho) und am Cambridge Circus (am östlichen Rand von Soho).

• **George,** 1 D'Arblay Street. Bevorzugte Kneipe vieler Medienleute, Filmer, Cutter (und Touristen).

• **Glassblower,** 42 Glasshouse Street. Free House, zweistöckig und sehr groß.

• **Break for the Border,** Argyll Street. Restaurant and Late Night Bar, direkt neben dem *Palladium Theatre,* daher vor und nach den Aufführungen immer voll mit Theaterbesuchern.

• **John Snow,** 39 Broadwick Street. *Dr. John Snow* vermutete den Erreger der Cholera-Epidemie von 1850 im Trinkwasser, und nachdem in den Slums von Soho über 700 Personen an dieser Infektionskrankheit gestorben waren, legte er die Wasserpumpe still, die neben dem Pub aus dem Erdboden ragte; die Seuche kam alsbald zum Erliegen.

• **King's Arms,** 23 Poland Street. Sohos ältester Pub, das Haus datiert aus dem Jahre 1706, der Pub von 1718.

• **Leicester Arms,** 44 Glasshouse Street. Free House, viktorianisches Ambiente.

• **Nellie Dean,** 89 Dean Street. Einer der kleinsten Pubs von Soho, schon bei wenigen Besuchern herrscht hier drangvolle Enge.

• **Old Coffee House,** 49 Beak Street. Ein ehemaliges Kaffeehaus aus dem 18. Jh.

• **Pillars of Hercules,** 7 Greek Street. Tudor-Fassade, viele alte Stiche im Innenraum.

• **Red Lion,** 14 Kingly Street. Pub mit mehreren Etagen.

• **Shakespeare's Head,** Great Marlborough Street. Fast ausnahmslos ein Carnaby Street-Touristen-Pub.

● **Ship,** 116 Wardour Street. Viele Medienleute, schöne Fensterscheiben.
● **Star & Garter,** 62 Poland Street. Das Gebäude datiert aus dem Jahr 1706, der Pub von 1825.
● **Sun & Thirteen Cantons,** 21 Great Pulteney Street. Schweizer Emigranten und Wollhändler, gute Kunden des Wirts, drängten diesen, dem Pub einen eidgenössischen Namen zu geben.
● **Three Greyhounds,** 25 Greek Street. Gebäude aus dem Jahr 1724, ein früheres Farmhaus.

In Covent Garden

● **Kemble's Head,** 61 Long Acre. Benannt nach *John Kemble,* einst Manager des alten *Theatre Royal* in der Drury Lane.
● **Lamb and Flag,** 33 Rose Street, off Garrick Street. 300 Jahre alter Pub, früherer Name *The Bucket of Blood,* da in jenen Zeiten Boxkämpfe im oberen Stock abgehalten wurden. Der Literat *John Dryden* schrieb hier Schmähgedichte gegen die französische Mätresse von *Karl II.*
● **Opera Tavern,** 23 Catherine Street. Voll mit Theaterbesuchern vor und Schauspielern nach den Vorstellungen.
● **White Hart,** 191 Drury Lane. Angeblich der älteste Pub in Covent Garden; er datiert aus dem Jahr 1201.
● **Café des Amis du Vin,** Hanover Place, off Long Acre. Sehr gemütliche Weinbar.

In Marylebone

● **Baker and Oven,** 10 Paddington Street. Free House, schön eingerichteter alter Pub mit gemütlichem Lunchtime Restaurant.
● **Pontefract Castle,** Wigmore Street. Free House mit großer Anzahl an Biersorten und über 20 Whiskeys.
● **The Worcester Arms,** 89 George Street. Free House, kleiner Pub mit langer Tradition.

Restaurants

(Adressen und Charakteristika siehe unter „Restaurants".)

In Mayfair

● **Le Gavroche** (französisch).

In Soho

● **Alistair Little** (britisch); **Gallery Rendezvous** (chinesisch); **Soho Soho** (französisch); **Dehli Brasserie** (indisch); **Nusa Dua** (indonesisch); **Amalfi** (italienisch): **Italian Graffiti** (italienisch); **Il Siciliano** (italienisch); **Leoni's Quo Vadis** (italienisch); **Signor Zilli** (italienisch); **Gay Hussar** (osteuropäisch); **Chiang Mai** (thailändisch); **Saigon** (vietnamesisch); **Soho Pizzeria** (Pizzen und Pastas); **Webshack** (Internet-Café mit einfachen italienischen Gerichten); **L'Escargot** (französisch).

In Covent Garden

● **Rules** (britisch); **Café du Jardin** (französisch); **Luigi's** (italienisch); **Le Palais du Jardin** (französisch); **Porter's** (britisch); **Loch Fyne** (Meeresfrüchte).

Markt

● **Berwick Street Market,** Berwick Street W 1, Soho, täglich (außer So) Obst- und Gemüsemarkt, gut besucht.

Shopping

Haupteinkaufsstraße des Westend ist natürlich vor allem die Oxford Street, weitere, teilweise alteingessene Geschäfte, finden sich in Old and New Bond Street, Jermyn Street sowie in den drei Arkaden Burlington Arcade, Princess Arcade und Piccadilly Arcade.

Im Folgenden eine Auswahl an Geschäften.

Kaufhäuser

● **British Home Stores,** 252 Oxford Street. Preisgünstige Kleidung und Haushaltsartikel.
● **C&A,** 501 Oxford Street. Auch hierzulande bekannt.
● **Debenhams,** 344 Oxford Street. Modische Kleidung zu akzeptablen Preisen.
● **Dickins & Jones,** 224 Regent Street. Damen- und Herrenoberbekleidung im traditionellen britischen Chic.

048lonFoto: hs

Oxford Street mit Kaufhaus Selfridge

- **Fenwicks,** 63 New Bond Street. Modische Kleidung und zugehörige Accessoires.
- **Fortnum & Mason,** 181 Piccadilly Street. Eine britische Institution.
- **House of Fraser,** 318 Oxford Street. Führt auch Übergrößen.
- **John Lewis,** 278 Oxford Street. Eines der größten Kaufhäuser Europas mit allen erdenklichen Warengruppen.
- **Liberty,** 210 Regent Street. Viel Außergewöhnliches im Angebot, berühmtes alteingessenes Geschäft.
- **Littlewoods,** 508 Oxford Street. Preisgünstige Oberbekleidung für Damen und Herren.
- **Marks & Spencer,** 458 und 173 Oxford Street. Gute Qualität bei Herren-, Damen- und Kinderbekleidung.
- **Selfridges,** 400 Oxford Street. Fast so berühmt wie *Harrod's,* alles im Angebot.

Spezielle Bekleidungsgeschäfte

- **Aquasculum,** 100 Regent Street. Traditionelle britische Herren- und Damenoberbekleidung.
- **Austin Reed,** 103 Regent Street. Britische und kontinentale Herren- und Damenoberbekleidung.
- **Burberry,** 18 Haymarket. Das Fachgeschäft für britische Bekleidung.
- **Jaeger,** 204 Regent Street. Britische Bekleidung vom Feinsten.

- **Moss Bros. & Attitudes,** 88 Regent Street. Klassische Damen- und Herrenoberbekleidung.
- **Simpson,** 203 Piccadilly. Qualitätvolle Herren- und Damenoberbekleidung.

Designerkleidung

- **Browns,** 23 South Molton Street
- **Crolla,** 35 Dover Street
- **Malcolm Levene,** 13 Chiltern Street
- **St. Laurent** „Rive Gauche", 113 New Bond Street

Modegeschäfte

- **Burtons,** 114 Regent Street
- **Coopers,** 89 Regent Street
- **Dunn & Co,** 56 Regent Street
- **Herbie Frogg,** 38 New Bond Street
- **Hornes Menswear,** 4 Oxford Street
- **Top Man,** Oxford Circus
- **Woodhouse,** 99 Oxford Street

Schuhe

- **Church's,** 58 Burlington Arcade
- **John Lobb,** 9 St. James's Street
- **Maxwell's,** 11 Savisle Row
- **Pinet,** 47 New Bond Street
- **Trickers,** 67 Jermyn Street

Theater im Westend

- **Adelphi,** Strand WC 2
- **Albery,** St. Martin's Lane WC 2
- **Aldwych,** Aldwych WC 2
- **Ambassadors,** West Street WC 2
- **Apollo,** Shaftesbury Avenue W 1
- **Criterion,** Piccadilly Circus W 1
- **Theatre Royal Drury Lane,** Catherine's Street WC 2
- **Duchess,** Catherine's Street WC 2
- **Duke of York,** St. Martin's Lane WC 2
- **Fortune,** Russel Street WC 2
- **Garrick,** Charing Cross Road WC 2
- **Globe,** Shaftesbury Avenue W 1
- **Haymarket Theatre Royal,** Haymarket SW 1
- **Her Majesty's,** Haymarket SW 1
- **London Palladium,** Argyll Street W 1
- **Lyric,** Shaftesbury Avenue
- **Mayfair,** Stratton Street W 1
- **New London Theatre,** Drury Lane WC 2
- **Palace,** Shaftesbury Avenue W 1
- **Phoenix,** Charing Cross Road WC 2
- **Piccadilly,** Denman Street W 1
- **Playhouse,** Northumberland Avenue WC 2
- **Prince Edward,** Old Compton Road W 1
- **Prince of Wales,** Coventry Street W 1
- **Queen's,** Shaftesbury Avenue W 1
- **St. Martin's,** West Street WC 2
- **Savoy,** Strand WC 2
- **Shaftesbury,** Shaftsbury Avenue WC 2
- **Strand,** Aldwych WC 2
- **Vaudeville,** Strand WC 2
- **Wyndham's,** Charisng Cross Road WC 2

Kinos im Westend

- **Cannon Haymarket, 1, 2 & 3,** 63 Haymarket SW 1
- **Cannon Oxford Street, 1, 2, 3, 4 & 5,** 18 Oxford Street W 1
- **Cannon Plccadilly,** 215 Piccadilly W 1
- **Cannon Premiere,** Swiss Centre, Leicester Square WC 2
- **Cannon Shaftesbury Avenue 1 & 2,** 135 Shaftesbury Avenue
- **Curzon Mayfair,** Curzon Street W 1
- **Curzon Westend,** 93 Shaftesbury Avenue
- **Empire 1, 2 & 3,** Leicester Square WC 2
- **Leicester Square Theatre,** Leicester Square WC 2
- **Metro 1 & 2,** 11 Rupert Street W 1
- **Odeon Haymarket,** Haymarket SW 1
- **Odeon Leicester Square,** Leicester Square WC 2
- **Odeon Marble Arch,** Marble Arch WC 2
- **Plaza 1, 2, 3, & 4,** Lower Regent Street W 1
- **Prince Charles,** Leicester Square WC 2
- **Warner Westend,** Leicester Square WC 2

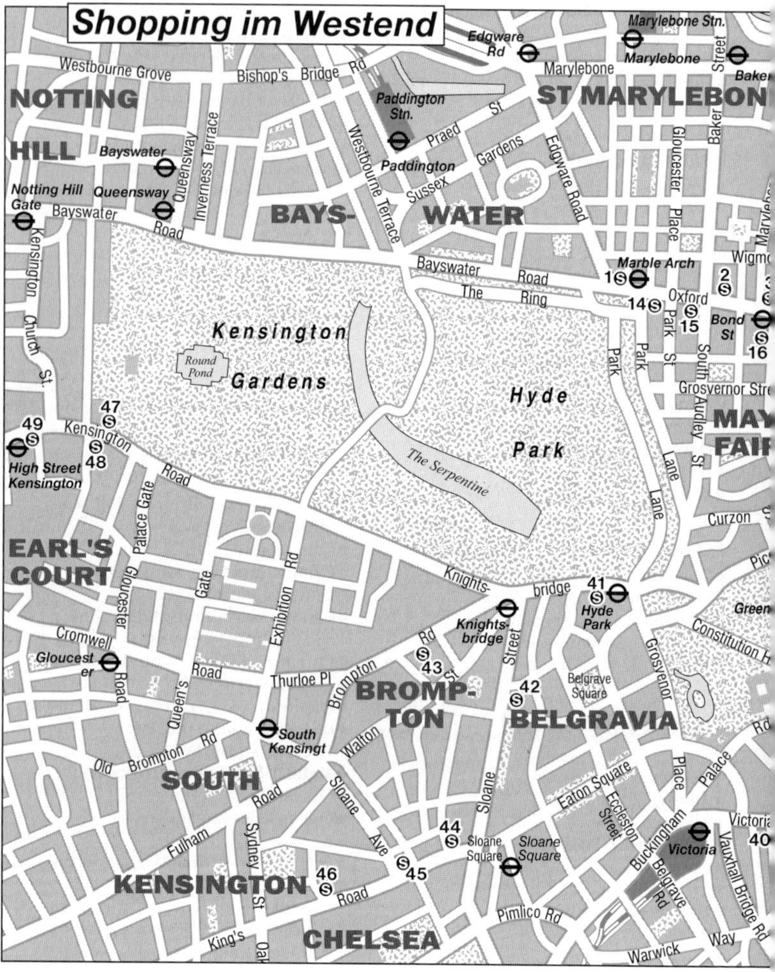
Shopping im Westend
Edgware Rd
Marylebone Stn.
Marylebone
Baker
Westbourne Grove
Bishop's Bridge Rd
Marylebone
NOTTING
HILL
Paddington Stn.
ST MARYLEBON
Praed St
Bayswater
Queensway
Inverness Terrace
Westbourne Terrace
Paddington
Sussex Gardens
Edgware Road
Gloucester Place
Baker Street
Notting Hill Gate
Queensway
Bayswater Road
BAYS-
WATER
Kensington Church St.
Bayswater Road
The Ring
Marble Arch
Wigmo
Oxford
Bond St
Park St
Park Lane
South Audley St
Kensington Gardens
Round Pond
Hyde Park
The Serpentine
Grosvenor Stre
MAY
FAIR
47
49
48
Kensington Road
High Street Kensington
Palace Gate
Curzon
EARL'S COURT
Gloucester Road
Gate
Exhibition Rd
Knightsbridge
41
Hyde Park
Knightsbridge
Green
Constitution H
Cromwell Road
Gloucester
Queen's Gate
Thurloe Pl
Brompton Rd
43
BROMPTON
42
Belgrave Square
BELGRAVIA
Grosvenor Place
Sloane Street
South Kensingt
Walton St
Old Brompton Rd
SOUTH
Sloane Ave
Fulham Road
Sydney St
Eaton Square
Eccleston Street
Palace
Buckingham
Victoria
Vauxhall Bridge Rd
40
44
Sloane Square
45
46
KENSINGTON
Belgrave Rd
Pimlico Rd
King's Road
CHELSEA
Oak
Warwick Way

Ⓢ 1 Marks & Spencer (Kaufhaus, Mode)
Ⓢ 2 Selfridge's (zweitfeinster „Konsumtempel" Londons)
Ⓢ 3 Debenham's (Kaufhaus, Mode)
Ⓢ 4 House of Frazer (Kaufhaus, Mode)
Ⓢ 5 John Lewis (exclusive Mode)
Ⓢ 6 British Home Store (Kaufhaus, Artikel aller Art)
Ⓢ 7 Top Shop (exclusive Damen-Boutique)
Ⓢ 8 HMV (Kaufhaus, Artikel aller Art)
Ⓢ 9 Plaza (Kaufhaus, Artikel aller Art)
Ⓢ 10 Virgin Megastore (Schallplatten)
Ⓢ 11 Heal's (Mode)
Ⓢ 12 Habitat (Möbel)
Ⓢ 13 Maples (Mode)
Ⓢ 14 C & A (Mode)
Ⓢ 15 Mothercare (Mode für Schwangere)
Ⓢ 16 West One Shopping Centre
Ⓢ 17 Fenwick (Mode und zugehörige Accessoires)
Ⓢ 18 Sotheby's (weltberühmtes Auktionshaus)
Ⓢ 19 Marks & Spencer (Kaufhaus, Mode)
Ⓢ 20 Laura Ashley (exclusive Damenmode)
Ⓢ 21 Dickens & Jones (Kaufhaus, Mode)
Ⓢ 22 Liberty (Mode, Schmuck, Accessoires)
Ⓢ 23 Jaeger (Britische Mode)
Ⓢ 24 Hamley's (Mode)
Ⓢ 25 Next (Kaufhaus, Kosmetik)
Ⓢ 26 Aquascutum (Britische Mode)
Ⓢ 27 London Pavillion (Schallplatten)
Ⓢ 28 Trocadero (Schallplatten)
Ⓢ 29 Foyles (Bücher)
Ⓢ 30 Stanford's „The World's Largest Map Store" (Landkarten)
Ⓢ 31 Design Centre (Design-Artikel)
Ⓢ 32 Lillywhites (Sportbekleidung)
Ⓢ 33 Simpson (Mode)
Ⓢ 34 Hatchard (Bücher)
Ⓢ 35 Fortnum & Mason (Delikatessen)
Ⓢ 36 Tower Records (Schallplatten)
Ⓢ 37 Austin Reed (Britische Mode)
Ⓢ 38 Asprey (Schmuck)
Ⓢ 39 Cartier (Schmuck)
Ⓢ 40 Army & Navy (Kaufhaus, Mode)
Ⓢ 41 Laura Ashley (Mode)
Ⓢ 42 Giorgio Armani
Ⓢ 43 Harrod's (feinstes Kaufhaus der Welt)
Ⓢ 44 Peter Jones (Department Store)
Ⓢ 45 Laura Ashley
Ⓢ 46 Dillon's (Bücher)
Ⓢ 47 Next (Kaufhaus, Kosmetik)
Ⓢ 48 House of Frazer (Kaufhaus, Mode)
Ⓢ 49 Marks & Spencer

● 1 Odeon
Ⓣ 2 Wigmore Hall
● 3 Cannon 1,2,3
Ⓣ 4 Bloomsbury
● 5 Renoir
Ⓣ 6 Jeannetta Cochrane
Ⓣ 7 Shaftesbury
● 8 Cannon
Ⓣ 9 Phoenix
● 10 Curzon
Ⓣ 11 Dominion
Ⓣ 12 Astoria
● 13 Cannon 1,2,3,4,5
Ⓣ 14 Palladium
Ⓣ 15 Prince Edward
Ⓣ 16 New London
Ⓣ 17 Donmar Warehouse
Ⓣ 18 St. Martin's
Ⓣ 19 Ambassador's
Ⓣ 20 Queen's
Ⓣ 21 Globe
Ⓣ 22 Apollo
Ⓣ 23 Lyric
Ⓣ 24 Piccadilly
● 25 Empire
● 26 Prince Charles
● 27 Warner's West End
Ⓣ 28 Covent Garden Opera House
Ⓣ 29 Fortune
Ⓣ 30 Drury Lane
Ⓣ 31 Aldwych
Ⓣ 32 Strand
Ⓣ 33 Duchess
Ⓣ 34 Vaudeville
Ⓣ 35 Savoy
Ⓣ 36 Adelphi
Ⓣ 37 Coliseum
Ⓣ 38 Duke of York's
Ⓣ 39 Albery
Ⓣ 40 Wyndham
Ⓣ 41 Garrick
● 42 Odeon
● 43 Cannon Royal
● 44 Leicester Square Theatre
● 45 Cannon
Ⓣ 46 Comedy
Ⓣ 47 Haymarket
Ⓣ 48 Her Majesty's
● 49 Cannon

● 50 Odeon
Ⓣ 51 Criterion
● 52 Plaza
● 53 Cannon
Ⓣ 54 Mayfair
● 55 Curzon (Mayfair)
● 56 Minerva
Ⓣ 57 Royal Court

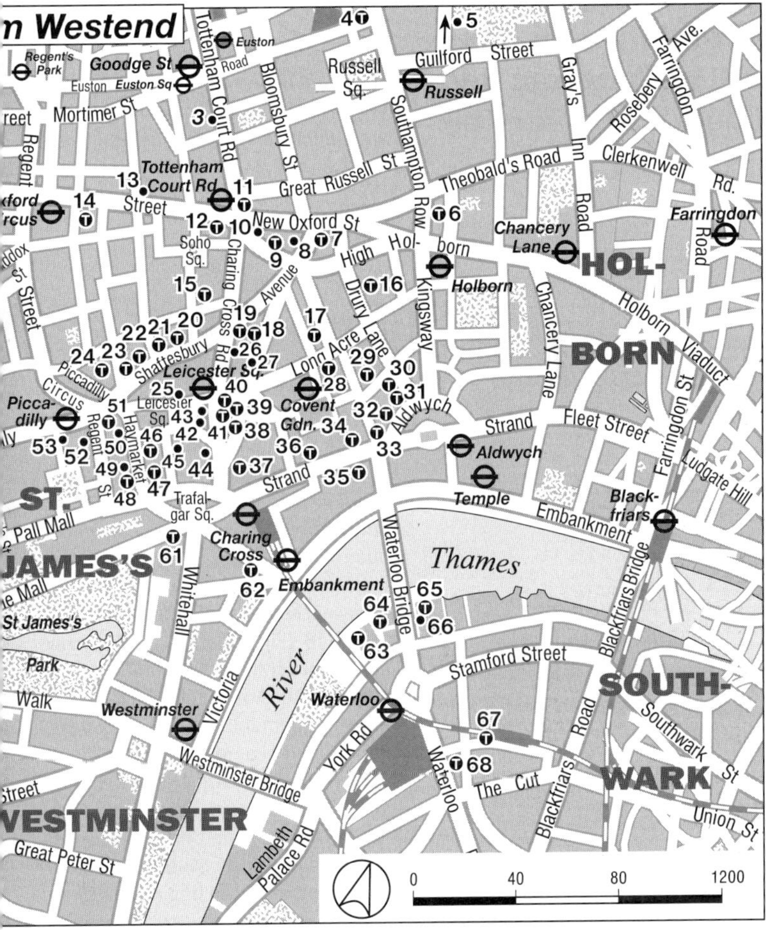

- 58 Apollo Victoria
- 59 Victoria Palace
- 60 Westminster
- 61 Whitehall
- 62 Players
- 63 Royal Festival Hall
- 64 Queen Elizabeth Hall & Purcell Room
- 65 National Theatre
- 56 National Film Theatre
- 67 Young Vic
- 68 Old Vic

Bloomsbury – Virginia Woolf, das British Museum und Londons Universität

Bis zur Eröffnung des Britischen Museums Mitte des 18. Jh. war Bloomsbury ein verschlafenes, kleines Dörfchen weit außerhalb der City-Mauern. Wegen der von Ärzten hoch geschätzten guten Luft erbauten sich einige adlige Familien große Landhäuser, *Mansions;* ansonsten war die Gegend nur beliebt bei denjenigen, die in sicherer Entfernung von der Obrigkeit ihre Duelle ausfechten wollten.

Das British Museum

Unser Spaziergang durch Bloomsbury, das Viertel der Gelehrten, Wissenschaftler und Museumsleute, beginnt an der U-Bahn-Station *Tottenham Court Road.* Entlang der Great Russel Street erreichen wir nach wenigen Minuten Fußweg eines der bedeutendsten Schatzhäuser der Welt: das Britische Museum (Mo–Sa 10–17 Uhr, So 14.30–18 Uhr). Über 4 Mio. Besucher aus allen Erdteilen strömen Jahr für Jahr in die Ausstellungshallen. Das Museum betreibt ein eigenes Verlagshaus, einen eigenen Sicherheitsdienst und hat hochkarätige Wissenschaftler in seinen Diensten; insgesamt arbeiten rund 1000 Personen hier. **Begründet** wurde das British Museum **von Sir Hans Sloane,** der zu Beginn des 18. Jh. ein bekannter Modearzt war; unser Chronist *Samuel Pepys* gehörte zu seinen Patienten. *Sloane* litt an einer unstillbaren Sammelleidenschaft und raffte zusammen, was ihm nur unter die Finger kam: Fossilien, Mineralien, Pflanzen, zoologische, anatomische und pathologische Exponate, Kurioses

053lo Foto: hs

ebenso wie Münzen, Bücher, Manuskripte, Zeichnungen, Drucke, Stiche und Antiquitäten. Als *Sir Hans* im Jahre 1753 im Alter von 93 Jahren starb, hinterließ er eine Sammlung von rund 80.000 Stücken. Testamentarisch hatte er die Objekte der britischen Nation vermacht, allerdings unter der Voraussetzung, dass man seinen Erben 20.000 Pfund als Entschädigung zahlte sowie einen geeigneten Aufbewahrungsort bereitstellte. Um die Finanzierung sicherzustellen, rief man 1753 eine Lotterie ins Leben, und binnen kurzem kamen 300.000 Pfund zusammen. Ein Kuratorium wurde gebildet, an dessen Spitze der Erzbischof von Canterbury, der Sprecher des Unterhauses und der Lordkanzler residierten. Zusätzlich zu den Sloane-Exponaten erwarb man die Manuskript- und Kunstsammlung der Earls of Oxford, *Robert* und *Edward Harley,* und gliederte auch die Bibliothek von *Sir Robert Cotton,* die dieser bereits 1702

Haupteingang des Britischen Museums

dem Staat vermacht hatte, dem Fundus an. Auch der Monarch, *Georg II.*, zeigte sich großzügig und stiftete die 17.000 Bände umfassende königliche Bibliothek, die seit der Zeit von *Heinrich VIII.* bestand. Gleichzeitig erging die Order, dass nun jedes britische Druckerzeugnis mit einem Exemplar in der Bibliothek hinterlegt werden musste – dies bildete den Grundstock der *British Library* (s. u.).

Am 15. Januar **1759 öffnete** das Ausstellungsgebäude im ehemaligen *Montagu House* seine Pforten, und die Bestände wuchsen nun rasch an. 1782 erstand das Museum eine Sammlung antiker Vasen und Skulpturen aus dem Besitz von *Sir William Hamilton,* und nachdem *Lord Nelson Napoleons* Flotte vor Ägyptens Küste in der Seeschlacht von Abukir in Grund und Boden gebombt hatte, kamen pharaonische Altertümer hinzu, u. a. der berühmte Stein von Rosetta, der die Entzifferung der Hieroglyphen ermöglichte. Da in England bei den begüterten Adligen nun das Reisen in Mode kam, die so genannte Kavalierstour, brachten die jungen Lords und Earls weitere Kostbarkeiten aus den Ländern der frühen Hochkulturen mit. 1816 bot *Lord Elgin* dem Museum die Skulpturen des Parthenon-Tempels an; noch heute sind die Plastiken eine der größten Besucherattraktionen des British Museum. Im Jahre 1823 vermachte *Georg IV.* die 120.000 Bände umfassende Privatbibliothek seines Vaters, die *King's Library,* der Institution; dafür nun mussten **neue Räumlichkeiten** geschaffen werden. 1827 war dafür der Ostflügel fertiggestellt, aber schon wieder platzte das Museum aus allen Nähten. Ab 1832 dann bauten *Robert Smirke* und später sein Bruder *Sydney* über 30 Jahre lang an neuen Gebäudeteilen, Seitenflügeln und Etagen. Dennoch konnte die Kapazität des Hauses die Exponate auf Dauer kaum fassen; so brachte man die naturhistorische Sammlung Mitte des 19. Jh. nach Kensington. 1884 und 1914 kamen weitere Erweiterungsbauten hinzu, 1978 entstanden neue Verwaltungsräume sowie das Restaurant. 1970 lagerte man die ethnologische Abteilung aus, sie ist derzeit im *Museum of Mankind* in Burlington Gardens, Piccadilly, zu besichtigen.

1973 trennte man die Bibliothek ab und rief die **Britische Nationalbibliothek (British Library)** ins Leben, für die an der Euston Road ein neues Gebäude errichtet worden ist.

Während des Zweiten Weltkriegs sicherte man die unersetzlichen Schätze der Sammlung in den Bergwerksstollen von Wales vor feindlichen Luftangriffen, teilweise wurden die Kunstwerke auch in verschiedenen U-Bahn-Schächten gelagert.

In den **Westflügeln** stehen die assyrischen, altägyptischen, babylonischen und römischen Exponate dem Betrachter offen; hier befinden sich auch der Buchladen, das Restaurant und ein Souvenirgeschäft.

Eine bedeutende Attraktion der Bibliothek war der *Reading Room,* der **Lesesaal** der *British Library,* gelegen auf der gegenüberliegenden Seite des Haupteingangs. Der riesige, runde

Saal ist mit einer gigantischen Kuppel überdacht, durch die gedämpft das Tageslicht auf die sternförmig angebrachten Lesepulte fiel. *Karl Marx* schrieb übrigens auf Platz G 7 am „Kapital". Rundum verliefen an den Wänden bis hoch an die Kuppel die Bücherregale und die Galerien; über 100.000 Bände fasste der Reading Room. Ursprünglich war der Lesesaal bei den Erweiterungsbauten im vorletzten Jahrhundert gar nicht mitgeplant worden, sondern ging auf eine mehr oder weniger „spontane" Idee des Architekten *Sydney Smirke* zurück; der ließ kurzerhand 1875 einen Innenhof überkuppeln. In vielen englischen Romanen taucht der *Reading Room* auf; eine gute Beschreibung des Lesesaals hat *David Lodge* gegeben (die allerdings nur in der englischen Sprache originell wirkt, in der deutschen Übersetzung verliert das Zitat etwas): „(The Reader) passed through the narrow vaginal passage, and entered the huge womb of the Reading Room. Across the floor, dispersed along the radiating desks, scholars curled, foetus-like, over their books".

Neben *Marx* haben viele **berühmte Leute** den Lesesaal benutzt: *Lenin* studierte auf Platz L 13, er hatte vorsichtshalber seinen wahren Namen verschwiegen und nannte sich Jakob Richter; *Mahatma Gandhi, Oscar Wilde, Charles Dickens, Thomas Hardy* und *Herbert George Wells* waren weitere Benutzer. *George Bernard Shaw* schrieb hier fünf seiner Romane, und auch fiktive Charaktere nutzten den Bibliotheksraum, *Sherlock Holmes* zum Beispiel. Viele politisch Verfolgte aus allen Ländern studierten im *Reading Room,* und der britische Geheimdienst schickte einen Beamten, der die Exilanten überwachen sollte. *Lenin* schrieb daraufhin die folgenden ironischen Worte über den Lesesaal: „Er ist eine bemerkenswerte Institution, hier kann man viel lernen, speziell über die außergewöhnliche Überwachungsabteilung der Polizei."

Sir Norman Foster, der britische Star-Architekt, der auch den Reichstag in Berlin umbaute, zeichnete verantwortlich für die **Umgestaltung** des *Great Court* im Jahr 2000. Dieser Innenhof des Britischen Museums, in dessen Mitte sich der *Reading Room* befindet, zeigt nun wieder die ursprünglichen umgebenden Gebäudefassaden und ist mit einem gigantischen Glasdach bedeckt, aus dessen Mitte die Kuppel des Lesesaales herausragt. Dadurch, dass der Hof nun von allen Seiten zu betreten ist, sind die unterschiedlichen Museumsflügel leichter zugänglich. Zudem befinden sich im Great Court einige Cafés, und der Hof hat fast den Charme einer mediterranen Piazza, auf der es sich bei einem Kaffee oder Tee gut sitzen lässt, um neue Energie für die weitere Besichtigung zu tanken. Auch der *Reading Room* ist für Besucher nun ständig zugänglich.

Besichtigung

In den kleinen Gassen rund um das Britische Museum finden sich viele Verlagsbuchhandlungen, Antiquariate und Antiquitätengeschäfte. Die Great Russel Street führt zum **Bloomsbury**

Square, der von eleganten Stadthäusern im georgianischen Stil umgeben ist. Die kleine Grünanlage beherbergt eine Statue von *Charles James Fox*.

Gegenüber vom Bloomsbury Square verläuft die kurze, sehr elegante und schön anzusehende **Sicilian Avenue.**

Die kurze Sicilian Avenue

Wenn man hier im Sommer zwischen den kleinen Geschäften und den kachelverkleideten Häuserfronten einen Imbiss nimmt oder einen Kaffee trinkt, so kommt eine mediterrane Atmosphäre auf.

Nördlich vom Bloomsbury Square schließen sich Russel, Woburn, Tavistock und Gordon Square an – alle umgeben von eleganten Stadthäusern, *Terraces;* die Plätze sind durch ruhige Wohnstraßen miteinander verbunden. Viele bedeutende **Literaten** wirkten in dieser Gegend. Am Gordon Square Nr. 46 lebte zwischen 1904 und 1907 *Virginia Woolf,* der Ökonom *John Maynard Keynes* hatte eine Wohnung in Nr. 46. 1924 übersiedelte *Virginia Woolf* mit ihrem Mann *Leonard* sowie dem Verlag Hogarth Press zum Tavistock Square Nr. 52 über. Hier tagten die Mitglieder der berühmten *Bloomsbury Group*, deren Schriftsteller, Maler und Künstler gegen den Spätviktorianismus Britanniens agierten. *D. H. Lawrence, T. S. Eliot* und *Bertrand Russel* kamen oft hierher.

Viele weitere große Literaten schätzten die Atmosphäre von Bloomsbury. *Aldous Huxley* lebte am Regent Square Nr. 36, *William Butler Yeats* hatte Quartier am Woburn Walk. Die Krimi-Autorin *Dorothy Sayers* wohnte 44 Mecklenburgh Square, und *T. S. Eliot* arbeitete von 1925–1965 als Lektor im Verlag Faber & Faber in 24 Russel Square. Am Tavistock Square schließlich schrieb *Charles Dickens* einige seiner Romane. In diesem Gebäude befindet sich heute das **Museum Dickens' House** (Mo–Sa 10–17 Uhr), in dem man Möbel und Gegenstände des Künstlers besichtigen kann.

Am Tavistock Square befindet sich auch ein jüdisches Kulturzentrum, dem das **Jewish Museum** angeschlossen ist; gezeigt werden hier jüdische Kult- und Kunstgegenstände (Di–Do 10–16 Uhr, Fr, So 10–12.45 Uhr).

Nördlich vom Britischen Museum liegt die **Universität Londons,** 1836 gegründet und damals eine eminent fortschrittliche Einrichtung: Auch Nichtanglikaner, die damals in Oxford und Cambridge nicht zum Studium zugelassen wurden, durften an dieser Hochschule studieren. Zentrales Gebäude der *London University* ist das große, massig wirkende *Senate House.* Während des Zweiten Weltkriegs war das *Ministry of Information* in dem Bau untergebracht, und *George Orwell* nahm sowohl das Ministerium als auch das hässliche Gebäude zum Vorbild des so genannten *Ministry of Truth* in seinem Roman „1984". Heute haben hier die Universitätsverwaltung und die Bibliothek ihren Sitz.

Entlang der Gower Street reihen sich die **renommierten Colleges und Schools** aneinander, so etwa die *London School of Oriental and African Studies,* außerdem das *University College Hospital,* in dem im Jahre 1846 die erste Vollnarkose an einem Patienten durchgeführt wurde. Gegenüber vom Hospital liegt das älteste Gebäude der Hochschule, das *University College.* Hier ist die *Slade School of Fine Arts* beheimatet, außerdem kann man eine Sammlung von Kunstgegenständen aus pharaonischer Zeit besichtigen, die der große Ägyptologe *Sir Flinders Petrie* ausgegraben hat (Mo–Fr 10–12, 13.15–17 Uhr). Auf Wunsch bekommt man auch das bekleidete Skelett des Philosophen *Jeremy Bentham* (1748–1832) zu sehen; der Kopf allerdings ist eine Wachsnachbildung, das originale Haupt des Meisters ist derart furchterregend anzusehen, dass man es der Öffentlichkeit vorenthält.

Am Ende der Gower Street hat **Dillon's University Bookshop** seinen Sitz, dies ist eine der besten Buchhandlungen Londons. Hier biegt man nun nach rechts in die Euston Road ein und erreicht nach einem kurzen Spaziergang das neue Gebäude der **British Library** neben dem Bahnhof *St. Pancraz Station.* Die Bestände der Bibliothek wurden ab August 1998 aus dem British Museum in das neue Haus ausgelagert; ab Januar 1999 werden hier in wechselnden Ausstellungen wieder alte Manuskripte, Dokumente, ein Exemplar der *Magna Charta* von 1215, Shakespeare-Handschriften, eine Gutenberg-Bibel und viele weitere Kostbarkeiten gezeigt.

Pubs

- **Bricklayers Arms,** 31 Gresse Street W 1. Free House; gewann vor einigen Jahren den begehrten CAMRA-Preiss (CAMRA = *Campaign for Real Ale),* eleganter Pub.
- **Cittie ot York,** 22 High Holborn WC 2. Datiert aus dem späten 17. Jh. und beherbergt einen der längsten Tresen von allen Londoner Pubs.
- **Lamb,** 94 Lamb's Conduit Street WC 1. Klassischer Local-Pub für die Bewohner der Umgebung.
- **Museum Tavern,** 49 Great Russel Street. Free House, nahe am Bristischen Museum, daher gerne besucht vom Museumspersonal sowie von Besuchern.
- **Two Angels Bar,** 129 Southampton Row WC 1. Free House, der Pub ist Teil des *Bloomsbury Park Hotels,* viele Hotelgäste.
- **Plough,** 27 Museum Street W 1. Viele Erinnerungsstücke ehren die Schriftsteller, die in Bloomsbury gelebt haben; Treffpunkt von Verlegern, Lektoren und Schreibern, kleines Restaurant im ersten Stock.
- **Princess Louise,** 208 High Holborn WC 1. Free House, großer viktorianischer Pub auf zwei Etagen, gediegene Einrichtung.
- **White Horse,** St. Clement's Lane WC 2. Viele Geschäftsleute sowie ab und an ein Tourist, der gerade im nahe gelegenen *Old Curiosity Shop* gestöbert hat.

Geschäfte

Da Bloomsbury ein ruhiges Wohnviertel ist, gibt es kaum Geschäfte, nahebei verläuft jedoch die Oxford Street, die Haupteinkaufsstraße Londons.

055lo Foto: hs

Hyde Park, Kensington und Knightsbridge – Parks, Museen und High Society

Wer möchte, der kann mehrere Stunden lang innerhalb des dicht besiedelten innerstädtischen Londoner Areals durch grüne **Parkanlagen** spazieren, ohne auch nur im Geringsten vom Lärm der Metropole gestört zu werden. Südlich vom Trafalgar Square, genauer gesagt hinter dem Admirality Arch, beginnt der St. James's Park; hat man ihn auf ganzer Länge durchquert, z. B. entlang des künstlichen Sees, wechselt man am Victoria Memorial über die Mall in den Green Park, der auf Hyde Park Corner zuführt; mittels mehrerer Fußgängertunnel unterquert der Besucher den viel befahrenen Verkehrsknotenpunkt und taucht an der nordöstlichen Ecke wieder ans Tageslicht, um nun den Hyde Park in westlicher Richtung zu durchschreiten; nahtlos schließt sich Kensington Garden an, und der geruhsame Spaziergang findet am Kensington Palace sein Ende.

Hyde Park

Ursprünglich gehörte das Gelände des heutigen Hyde Park zu den Liegenschaften der Westminster Abbey, nach der Reformation zog *Heinrich VIII.* das Areal ein und erklärte es zum königlichen Jagdgebiet. Rund 100 Jahre später machte man es für die Öffentlichkeit zugänglich, und gestaltete das Gartengelände in den folgenden Jahrzehnten nach und nach um. Hyde Park entwickelte sich zum beliebten Naherholungsgebiet Londons; an Sonntagen spazierte einfaches Volk zu

056lo Foto: hs

Fuß über die Rasenflächen, die männlichen Adligen dagegen kamen hoch zu Ross daher, während ihre Damen von der Kutsche aus das Treiben beobachteten.

Das Standbild des nackten Achill

Berüchtigt wurde der Park alsbald wegen der **Duelle,** die die Kontrahenten – wie es sich gehörte – in den frühen Morgenstunden ausfochten. Im Jahre 1772 z. B. ging der Autor und Verfechter der „Laughing Comedy" *Richard Brinsley Sheridan* (1751–1816) mit dem Degen auf einen gewissen *Captain Mathews* los; der hatte es gewagt, um *Sheridans* Geliebte zu buhlen. Beide Männer verletzten sich schwer. In ähnliche Händel verstrickt war der Schriftsteller und Politiker *John Wilkes* (1727–1797).

Quer durch den Park schuf man eine Verbindungsachse, damit der Monarch zügig und schnell auf dieser „Route de Roi" den Kensington Palace erreichen konnte. Den Namen „Route de Roi" verballhornten alsbald die Londoner zu „**Rotten Row**" – und so heißt der Weg heute noch. Um den vielen Straßenräubern im Gartengelände das Handwerk zu legen, bestückte man schon frühzeitig die Bäume entlang der Rotten Row mit Laternen.

Beginnen wir unseren Besichtigungsgang an Hyde Park Corner (U-Bahn: *Hyde Park Corner*). Hier, am südöstlichen Ende des Parks, grüßt mit martialischer Gebärde das **Standbild des Nackten Achill** den Besucher; die gewaltige Statue wurde aus dem Metall erbeuteter Kanonen nach Entwürfen von *Richard Westmacott* gegossen und symbolisiert den *Duke of Wellington;* dieser hatte bei Waterloo *Napoleon* eine militärische Schlappe sondergleichen beigebracht. Die Männlichkeit unseres Achill wird durch keinerlei Kleidungsstück kaschiert. Während der Viktorianischen Ära wandten die flanierenden Damen schamvoll ihre Köpfe zur Seite, wenn sie das Denkmal passierten.

Viele Wege erschließen Hyde Park dem **Erholung Suchenden;** vor allem an sommerlich warmen Wochenenden haben sich Familien auf den Rasenflächen niedergelassen und frönen dem Picknick, Tausende von Liegestühlen (für deren Benutzung man ein kleines Entgelt zahlen muss) sind nach den Sonnenstrahlen ausgerichtet, und blasshäutige Briten hoffen auf einen braunen Teint; man spielt Federball oder wirft die Frisbee-Scheibe über's Grün; Liebespaare halten sich umschlungen, hier liest jemand in einem Buch, dort macht ein anderer seine Tai-Chi-Übungen, und ein dritter schnarcht herzhaft im Tiefschlaf. Die Cafés im Park sind überfüllt, auf der *Serpentine,* dem künstlichen See, wird gerudert, und wer seine Freizeit mit kurzweiligem Kunstgenuss abrunden möchte, findet in der *Serpentine Gallery* wechselnde Ausstellungen.

Im Juli 2004 weihte *Königin Elisabeth* im Hyde Park einen Brunnen zu Ehren ihrer 1997 tödlich verunglückten Schwiegertochter *Diana,* der ehemaligen Princess of Wales, ein. Den kreisrunden, 3,6 Mio. £ teuren Brunnen schuf die amerikanische Landschaftsarchitektin *Karen Gustafson* aus cornischem Granit.

In der Nordost-Ecke, am Marble Arch, befindet sich **Speaker's Corner** (U-Bahn: *Marble Arch);* allsonntäglich trägt sich hier das gleiche Spektakel zu: Profilierungssüchtige Redner pflegen die Kunst der öffentlichen Meinungsäußerung; gesagt werden darf alles, nur eine Beleidigung des Königshauses hat zu unterbleiben. Den normalen Zuhörer treiben die kruden Theorien der Rhetoriker alsbald davon. Ganz anderer Ansicht war noch *Wladimir Iljitsch Lenin,* der zwischen 1902/3 in London lebte, regelmäßig Speaker's Corner aufsuchte und dort Argumentationsnachhilfe bekam: „Ein Atheist, umlagert von einer Gruppe neugieriger Zuhörer, bewies der Menge, dass es keinen Gott gibt. Wir waren besonders scharf darauf, seiner Beweisführung zu folgen! Er sprach mit irischem Akzent, der für uns leichter zu verstehen war. Nahebei brach ein Offizier der Heilsarmee in hyste-

0571o Foto: hs

risch gebrüllte Appelle an Gott den Allmächtigen aus, während wieder ein Stück weiter ein Verkäufer die Knechtschaft in den großen Kaufhäusern anprangerte." Seit dem Jahr 1872 darf jedermann an Speaker's Corner seine Meinung kundtun; das einstige Privileg erstritten sich die Arbeiter und Handwerker, als sie für die Reformgesetze im Hyde Park demonstrierten (bis dahin waren Protestveranstaltungen in dem Gartenareal verboten). 1890 hielt *Friedrich Engels* eine Rede über die Notwendigkeit politischer Organisationsformen. Noch heute finden Demonstrationen ihren Abschluss im Hyde Park. Einer eher volkstümlichen Überlieferung nach ging Speaker's Corner auf die Galgen von Tyburn zurück, die ja mehrere Jahrhunderte an dieser Stelle gestanden haben; die Verurteilten, die hier ihre letzten Worte sprachen, konnten sagen, was sie wollten, zu verlieren hatten sie nichts mehr, auf sie wartete ohnehin der Tod.

Nachdem *Saddam Hussein* im August 1990 Kuwait annektiert hatte, lieferten sich pro-irakische Araber und

Demo-Endpunkt Hyde Park Corner: Palästinenser demonstrieren gegen Israel

Redner am Speaker's Corner

lon275 Foto: hs

kuwaitische Exilanten Rededuelle an der berühmten Sprecherecke – und das in arabischer Sprache. Die Gemüter erhitzten sich derartig, dass es auch zu handgreiflichen Auseinandersetzungen kam. Schon einmal hatte es an Speaker's Corner heiße politische Diskussionen gegeben, die gar nicht die Briten selbst betrafen: Als der *Ayatollah Chomeini* sich anschickte, den iranischen Schah *Reza Pahlewi* „in die Wüste zu schicken", parlierten Schah-Anhänger und Getreue *Chomeinis* heftigst an dieser Ecke des Hyde Park. Ein Sonntagsredner, der *Reza Pahlewi* vehement verteidigte, wurde daraufhin in seiner Wohnung ermordet.

Die Zeiten sind vorbei, als Speaker's Corner noch – so die Sunday Times im Jahre 1960 – „Londons beste kostenlose Sonntagsunterhaltung" bot. Denn entweder hört der Besucher spinnerte Ansichten, oder er muss fanatischen Eiferern lauschen, deren Ideologien nicht minder krude sind.

Welche **rhetorische Qualität** und sprachliche Eloquenz noch vor wenigen Jahrzehnten an dieser Ecke dominierten, zeigte der Tod eines gewissen *Bonar Thompson* im Jahre 1963: Fast alle Londoner Zeitungen druckten Nachrufe auf diesen Hyde-Park-Redner, der Sonntag für Sonntag seine Zuhörer mit seinem Zitatenreichtum begeisterte und dabei regelmäßig Aberhunderte von Leuten anzog.

Noch als Kind wurde *Kenyon Jarvis* zur Legende, der 12-jährig mit Piepsstimme (weil im Stimmbruch) inhaltsschwer parlierte.

Es steht nicht zu hoffen, dass aufgrund der jüngsten Ereignisse der *Hyde Park Hecklers Club* wieder neuen Zulauf bekommt; dessen Mitglieder hatten einige Jahre lang farbige Redner im Visier und entluden ihren Rassenhass u. a. mit folgenden Sätzen: „Wir haben euch die Zivilisation gebracht, und alles, was ihr uns zurückgeben könnt, sind Bananen und Busschaffner."

Kensington Garden

In westlicher Richtung geht Hyde Park in Kensington Garden über, eine Straße trennt beide Anlagen voneinander ab. Hauptanziehungspunkt für Kinder ist die liebliche **Peter-Pan-Statue** sowie der **Round Pond,** ein Teich, auf dem Große wie Kleine ihre Modellschiffe durch die Wellen schippern lassen. Am westlichen Ende des Parks liegt der sehenswerte **Kensington Palace;** in dem u. a. von *Christopher Wren* umgestalteten Palais wurde am 24. Mai 1819 die spätere Königin *Victoria* geboren. Bis zu ihrem Unfalltod lebte hier *Prinzessin Diana* mit ihren Kindern. Zu besichtigen sind die Staatsgemächer, eine Ausstellung königlicher Keidungsstücke sowie Spielzeug und Möbelstücke von *Queen Victoria.*

Am südlichen Ende von Kensington Garden ragt das im neogotischen Stil errichtete **Albert Memorial** auf, das *Königin Victoria* 1876 von *Gilbert Scott* für ihren Ehemann erbauen ließ. Das Abbild des Prinzen *Albert von Sachsen-Coburg,* der 1861 an Typhus starb, ruht unter einem hohen, spitzen Baldachin; eine Vielzahl von allegorischen Figuren symbolisieren Künste, Wissenschaften, Kontinente ...

In der Hand hält *Albert* den Katalog der **Weltausstellung von 1851,** die eine der großartigsten Veranstaltungen der Viktorianischen Epoche war. Mitte des 19. Jahrhunderts begannen der Königinnengemahl, vor allem jedoch der Hofbeamte *Henry Cole,* der bereits in den Jahren 1847–1849 erfolgreich Industrieausstellungen organisiert hatte, eine monumentale, alle bisher in den Schatten stellende *Great Exhibition* zu planen. England war in jenen Tagen auf dem Gipfel seiner imperialen Größe, die stärkste Militärmacht der Welt, die reichste Nation auf Erden und Vorreiter der Industrialisierung – jedem sollte die Glorie des Empire deutlich gemacht werden! Im Hyde Park schuf *Joseph Paxton* (übrigens kein Architekt, sondern ein Gärtner) erstmals ein riesiges Stahlskelett, in das normierte Glasscheiben eingelassen wurden. Heraus kam eine gigantische, lichtdurchflutete Halle, ein „Kristallpalast" (wie die satirische Zeitschrift „Punch" dieses gewaltige „Gewächshaus" nannte). Der *Crystal Palace* war 610 m lang, 33 m hoch, besaß zwei Querschiffe, Galerien, Balkone, und das Ganze wurde von einem mächtigen Tonnengewölbe überragt. Die optisch fragile und für die damalige Zeit unter statischen Gesichtspunkten gewagte Konstruktion brachte sogleich die Zweifler auf den Plan. Um die Standfestigkeit seiner Schöpfung zu demonstrieren, ließ *Paxton* mit Kanonenkugeln beladene Fuhrwerke durch die Halle rumpeln sowie ein ganzes Regiment im Gleichschritt hin- und zurückmarschieren. Am 1. Mai 1851 (deshalb war der Kristallpalast 1851 Fuß lang = 610 m) eröffnete *Queen Victoria* die *Great Exhibition of the Industry of Nations.* Das Unternehmen hatte durchschlagenden Erfolg: 6 Mio. Besucher kamen von Mai bis Oktober und bestaunten die Ausstellungspavillons der 15.000 Firmen.

186.000 Pfund an Einnahmen konnte das Festkomitee verbuchen. Der Crystal Palace wurde abmontiert und im Süden Londons neu errichtet. 1936 fiel er einem Brand zum Opfer.

Kensington

Mit dem Gewinn aus der Weltausstellung erstand *Prinz Albert* ein großes Gelände südlich des Hyde Park und begann damit, das Bild des unberührten Dörfchens Kensington nachhaltig zu verändern; bedeutende wissenschaftliche, pädagogische und kulturelle Institutionen öffneten alsbald ihre Pforten.

Beginnen wir mit der **Albert Hall,** direkt gegenüber vom *Albert Memorial* gelegen; die „Suppenschüssel", wie das multifunktionale Gebäude respektlos genannt wird, hat einen Durchmesser von über 90 m und präsentiert sich dem Betrachter von außen als weitgehend schmuckloses Rondell. Lediglich unterhalb der Kuppel verläuft ein weißer Fries, in dem die Geschichte der Zivilisation dargestellt ist. 8000 Personen fasst die Halle; berühmt sind die Konzerte, die während der Sommermonate an jedem Abend stattfinden. Albert Hall entstand zwischen 1867 und 1871 unter der Bauleitung der Architekten *Francis Fowke* und *Henry Scott.* In unmittelbarer Nähe der Konzerthalle reihen sich nun aneinander das *Royal College of Art,* das *Royal College of Music,* das *Royal College of Organists,* das *Imperial College of Science and Technology,* die *Royal Geographic Society,* das *Institute of Geological Science,* weiterhin das Museum für Naturwissenschaft, das Museum für Naturgeschichte, das Geologische Museum und das *Victoria & Albert Museum.*

Im **Naturwissenschaftlichen Museum** *(Science Museum,* Mo–Sa 10–18 Uhr, So 11–18 Uhr), vergleichbar etwa dem Deutschen Museum in München, werden dem technischen und physikalischen Laien mittels ausgeklügelter Apparaturen naturwissenschaftliche Phänomene erklärt. Für zusätzliche Erläuterungen sorgen eine Vielzahl von Ausstellungsstücken und originalgetreu angefertigte Modelle; da gibt es Flugzeuge, Dampflokomotiven, Schiffe, Autos und vieles andere mehr. Alltäglich bevölkern Hunderte von Schulklassen die fünf Etagen des Museums, neben dem Puffen, Zischen, Knallen, Pfeifen und Dröhnen der erklärenden Apparaturen ertönt lautes Kindergeschrei, da jagt schon einmal eine Meute die nächste rund

0580 Foto: hs

um die Vitrinen, und zur Mittagszeit lassen sich Schüler wie Lehrer zwischen den Exponaten und in den Gängen zum Picknick nieder.

Das **Geologische Museum** *(Geological Museum,* Mo–So 10–18 Uhr, So 14–18 Uhr), dessen Wissenschaftler eng mit denen des *Institute of Geological Science* zusammenarbeiten, lässt vor dem Betrachter die Entstehung und Geschichte der Welt ablaufen; darüber hinaus gibt es Fossilien- und Mineraliensammlungen zu betrachten, und ein weiterer Aspekt zeigt die menschliche Vor- und Frühgeschichte.

Albert Hall, auch „Die Suppenschüssel" genannt

Im **Museum für Naturgeschichte** *(Natural History Museum,* Mo–Sa 10–18 Uhr, So 13–18 Uhr) sind botanische, entomologische, mineralogische, paläontologische und zoologische Objekte ausgestellt. Grundlage für diese Sammlung bildeten die Exponate von *Sir Hans Sloane,* der sie einst ins Britische Museum einbrachte. Im Naturgeschichtlichen Museum kann man auch die Funde betrachten, die der Weltumsegler *James Cook* und der Forschungsreisende *Charles Darwin* mit nach Hause brachten.

Zu guter Letzt bietet das **Victoria & Albert Museum,** kurz *V & A* genannt, einen Querschnitt durch das Kunstschaffen verschiedener Nationen (Mo–Sa 10–18 Uhr, So 14.30–18 Uhr).

Vom *V & A* in westlicher Richtung entlang der Brompton/Cromwell Road gehend, stoßen wir auf das marmorne **Ismail Cultural Centre,** ein von der Aga-Khan-Stiftung finanziertes Kulturzentrum.

Das Viertel Knightsbridge, östlich vom Museumskomplex gelegen, ist ein luxuriöses Wohnquartier, das eine Anzahl von exklusiven Geschäften aufweist. Vor allem am Beauchamp Place und entlang der Walton Road reihen sich neben Pubs, Restaurants und Cafés auch Antiquitätenläden und Boutiquen aneinander.

An der Brompton Road hat das berühmteste Kaufhaus der Welt seinen Sitz: **Harrod's** (U-Bahn: *Knightsbridge).* In diesem Konsumtempel kann der Kunde alles erstehen, was gut und teuer ist – mit einer Ausnahme: Vor einiger Zeit schloss *Harrod's* seine Pelzabteilung – ein Zugeständnis an die allerorten erstarkenden Ökologiebewegungen. Über 200.000 Kundenkonten kann *Harrod's* aufweisen; kein Geschäft der Welt führt mehr Käsesorten: es sind genau 500! Wer möchte, dem wird die gekaufte Ware stilvoll per Pferdefuhrwerk bis vor die Haustür gefahren.

Mitte 1990 kam **Harrod's ins Gerede** und damit in die Schlagzeilen der Presse. Im Jahre 1985 hatten drei Ägypter, die Brüder *Muhammad, Ali* und *Salah Fayed,* das Luxus-Warenhaus durch dunkle Machenschaften erstanden. Offensichtlich waren die schlitzohrigen Levantiner nicht recht liquide, als sie sich für 615 Mio. Pfund *Harrod's* einverleibten; der Sultan von Brunei, so hörte man, soll große Mengen an Geld vorgeschossen haben. Die Briten waren empört, dass neureiche Araber so leicht eine englische Institution erwerben konnten. Hinzu kommt das protzige Imponiergehabe von *Muhammad Fayed,* das die zurückhaltenden Londoner verschreckt; öffentlich erklärte er, dass er sich auf dem Dach seines Konsumtempels in einem Grabmal, würdig eines Pharao, zur letzten Ruhe betten lassen wolle. Er finanzierte außerdem eine Neuauflage des berühmten satrischen Magazins *Punch,* das aufgrund von Geldschwierigkeiten vor einigen Jahren sein Erscheinen eingestellt hatte. *Al Fayeds* Sohn *Dodi* war der letzte Freund von Prinzessin *Diana* und kam mir ihr beim Autounfall 1997 in Paris ums Leben.

Nördlich vom Museumskomplex und westlich vom Hyde Park ist **Kensington High Street** die zentrale Einkaufsstraße von Kensington (U-Bahn: *High Street Kensington).* Auch hier liegen zahlreiche Antiquitätenläden, Pubs, Restaurants. Berühmt ist der **Portobello Market** (U-Bahn: *Notting Hill Gate, Ladbroke Grove* oder *Westbourne Park),* Mo–Fr von 8–16 Uhr ein Obst- und Gemüsemarkt (Do bis 13 Uhr), am Sa von 8–18 Uhr ein exklusiver „Flohmarkt".

Am letzten Wochenende im August feiert die westindische Bevölkerung hier auch ihren Karneval, die Gegend um Notting Hill Gate gilt als das **karibische Viertel** von London. In den Straßen wird Samba getanzt, allerorten sieht man farbenprächtige Kostüme, Steel Bands spielen – man sollte dieses Spektakel auf keinen Fall versäumen.

Pubs

- **Admiral Codrington,** 17 Mossop Street SW 3. Freundliche Mischung aus Weinbar und Pub, die Damen trinken nach ihren Einkäufen hier gerne ein Glas Wein, die Pub-Atmosphäre ist ausreichend dicht, dass auch die Männer hier ihr Pint bestellen.
- **Cactus Blue,** 86 Fulham Road SW 3. Die Kneipe ist ein Ethno-Plunder-Mischmasch aus mexikanischen und indianischen Dekors; es gibt Quesilladas und Corona-Bier, während der *Happy Hour* sind nicht nur die Cocktails billiger, sondern auch das Bier.
- **The Collection,** 264 Brompton Road SW 3. Ein vielfarbiger Glasweg führt in die Kneipe, mit angeschlossenem Restaurant, beliebt bei den Shoppern entlang der Brompton Road.
- **Blenheim,** 27 Cale Street SW 3. In einem teueren Viertel wie Kensington mit vielen hochgestylten und *designed* Bars ist der Pub Blenheim ein klassische britische Kneipe, ein *No-Nonsense-Pub,* in dem gutes Bier gezapft wird; die Bar Meals sind durchschnittlich.
- **Britannia,** 1 Allen Street W 8. Local Pub der Anwohner.
- **Churchill Arms,** 119 Kensington Church Street W 8. Tapeziert mit Fotos und Bildern von *Churchill* sowie den Konterfeis vieler amerikanischer Präsidenten; in den hinteren Räumen kann die Schmetterlingssammlung des Wirtes besichtigt werden.
- **Grenadier,** 18 Wilton Row SW 1. Ein Free House, einst die Offiziersmesse für *Wellingtons* Soldaten. Die Kneipe liegt am Ende einer *Mew. Mews,* so hießen früher die Stallungen für die Kutschpferde, die hinter den hochherrschaftlichen Wohnhäusern in den besseren Vierteln Londons lagen. Schon vor vielen Jahrzehnten sind die Stallgebäude zu Wohnungen umgebaut worden, und wer es sich leisten kann, kauft in einer solchen *Mew* eine Wohnung. Es ist ruhig, vom umgebenden Verkehr der Metropole hört man nichts. Im *Grenadier* verkehren die Locals der Umgebung, der Pub ist absolut touristenfrei.
- **Greyhound,** 1 Kensington Square W 8. 1977 bei einer Gasexplosion zerstört, 1979 neu aufgebaut.
- **Bunch of Grapes,** 207 Brompton Road. Free House, alter viktorianischer Pub, der im letzten Jahrhundert sechs Bars mit eigenen Eingängen unter einem Dach vereinte. Davon sind heute immer noch vier Bars mit drei Eingängen geblieben, sehr gemütliche und atmosphärereiche Kneipe.

Restaurants

Adressen und Charakteristika s. u. „Restaurants".

- **Paper Tiger** (chinesisch); **St. Quentin** (französisch); **Shezan** (indisch); **Montpeliano** (italienisch); **The Dacquise** (osteuropäisch); **Monza** (italienisch); **San Lorenzo** (italienisch); **Mr. Chow** (chinesisch); **San Quentin** (französisch)

Clubs und Diskotheken

- **Henry Africa's,** 9 Young Street W 8

Märkte

- **Kensington Market,** Kensington High Street W 8, Mo–Sa 10–18 Uhr, Antiquitäten, Schallplatten, Kleidung
- **Portobello Road** W 11, Obst und Gemüse Mo–Mi 9–18 Uhr, Do bis 13 Uhr, Fr–So 8–17 Uhr, Flohmarkt und Antiquitäten

Shopping

- **Early Learning Children,** 225 Kensington High Street W 8. Ein erlesener und mit pädagogisch wertvollem Spielzeug wohlgefüllter Laden.

●**Hyper-Hyper,** 26 Kensington High Street W 8. Exklusive Mode, weit über 80 britische Modedesigner haben hier mit ihren Entwürfen bisher breite Zustimmung gefunden.
●**A la Mode,** 36 Hans Crescent SW 1. Mode und exklusive Accessoires aller Art, inklusive Katzenkörbchen ab 235 £ aufwärts.
●**The Beauchamp Place Shop,** 55 Beauchamp Place SW 1. Damenmode vom Feinsten, sowohl „normal“ als auch *sophisticated.*
●**Esprit,** 6 Sloane Street SW 1. Damen- und Herrenkollektionen.
●**Issey Miyake,** Brompton Road SW 3. Exklusive und ausgefallene Mode.
●**Joseph Tricot,** 16 Sloane Street SW 1. Wollsachen vom Besten, besser findet man es in ganz London nicht; die edelsten Stücke überschreiten die 300 £-Grenze.
●**Katherine Hamnet,** 20 Sloane Street SW 1. Modesachen aller Art für Damen und Herren, normal bis extravagant.
●**Laura Ashley,** 7 Harriet Street SW 1. Damen- und Herrenmode.
●**Past Times,** 146 Brompton Road SW 3. Sammlerstücke aller Art, das Angebot reicht von bronzezeitlichen Exponaten bis zu Weltkrieg-II-Andenken, Reproduktionen wie Originale.
●**Harrod's,** Knightsbridge SW 1. *Das* Kaufhaus der Kaufhäuser, über 60 Abteilungen für Damen- und Herrenmode, mit allem, was ein Konsumtempel dieser Güte bieten kann.
●**Harvey Nichols,** 109 Knightsbridge SW 1. So genannte *High Fashion, also* Mode vom Feinsten.
●**The Scots House,** 2 Brompton Road SW 1. Hier kann man einen schottischen *Kilt* erstehen, weiterhin gute Pullover aller Art.

Chelsea und Belgravia – Künstler und Literaten in Londons vornehmster Wohngegend

Geschichte

Chelsea und Belgravia gelten als die mit Abstand besten Adressen von London. Wer hier wohnt, ist reich oder von gediegenem Adel.

Im 16. Jh. war Chelsea ein vor den Toren Londons gelegenes Fischerdorf. Um 1520 bezog *Thomas Morus,* Philosoph und späterer Lordkanzler von *Heinrich VIII.,* ein Haus in dem verschlafenen Örtchen. Sein berühmtes Werk „Utopia" war bereits in einer lateinischen Version erschienen, eine englische Ausgabe wagte man erst 15 Jahre nach seiner Hinrichtung zu veröffentlichen. Wie die Chronisten berichten, nahm *Morus* regen Anteil am öffentlichen Leben im Dorf und sang gar während der Messen im Chor der Chelsea Old Church. Nachdem er 1529 sein politisches Amt bekam, gingen bedeutende Leute, so der Humanist *Erasmus von Rotterdam,* bei ihm aus und ein; auch *Heinrich VIII.* ließ einen kleinen Palast nahe dem Dörfchen errichten – der langsame Aufschwung von Chelsea begann.

Anfang des 18. Jh. zogen dann verdiente Veteranen in das von *Christopher Wren* erbaute Royal Chelsea Hospital und bestimmten das Straßenbild des Ortes. Zur gleichen Zeit entwickelte sich Chelsea durch den Ranelagh Park zu einem beliebten Naherholungsgebiet der städtischen Bevölkerung. Ein Jahrhundert später prägten dann Künstler, Wissenschaftler, Literaten und Dandys dieses Quartier, und in den **1960er Jahren** wurde King's Road – ähnlich wie Carnaby Street in

Soho – modisches Zentrum von *Swinging London;* noch heute ist King's Road die Einkaufsstraße von Chelsea.

Besichtigung

Unser Spaziergang beginnt an der U-Bahn-Station *Knightsbridge,* von der aus wir in südlicher Richtung auf die Themse zu die Sloane Street hinunterflanieren. Dieses Gebiet im Rücken des Kaufhauses *Harrod's* und der nördliche Ausläufer von Chelsea heißt offiziell **Brompton,** und vieles erinnert hier an *Dr. Hans Sloane,* der mit seiner Sammlung den Grundstock für das Britische Museum legte. Da gibt es einen Hans Place, einen Hans Crescent, eine Hans Road, und wir selbst wandern ja gerade Sloane Street entlang (auf halber Strecke rechts passieren wir übrigens das *Cadogan Hotel,* in dem *Oscar Wilde* verhaftet wurde, s. u.), die auf den Sloane Square mündet. Schöne Stadthäuser in den unterschiedlichsten Stilrichtungen schmücken diese Straßen.

Hier leben u. a. die **Sloane Rangers,** eine besondere Spezies von Chelsea-Bürgern. *Sloane Rangers* sind – so könnte man sagen – britische Adelsyuppies; die Bezeichnung geht zum einen auf den bevorzugten Autotyp der Marke *Range Rover* zurück, zum anderen bezeichnet der Begriff *Ranger* einen Forstwart oder Geländeaufseher; während jener jedoch Tag für Tag durch Feld, Wald und Wiesen marschiert, kämpft sich ein Sloane Ranger durch das Unterholz gesellschaftlicher Verpflichtungen und agiert unermüdlich auf dem Parkett der Hoch- und Finanzaristokratie. Sloane Ranger sind selbst in jungen Jahren britisch bis in die Haarspitzen, stehen loyal zum Königshaus, halten an der Gedankenwelt von nationaler Glorie und dem Empire fest, kleiden sich gediegen englisch; sie sind der Prototyp des feinen, höflichen, jungen Mannes und des sauberen Mädchens aus gesunden Familien. Sloane Rangers haben Geld und müssen nicht unbedingt einer Erwerbsarbeit nachgehen; vor allem die jungen Damen widmen ihre Zeit häufig karitativen Organisationen, wie es *Lady Di* vor ihrer Hochzeit getan hat, oder arbeiten ohne großes Gehalt in einer Kunstgalerie, vielleicht auch als Volontärin in einem guten Verlag, wie einst *Fergie* vor ihrer Ehe mit *Prinz Andrew;* die jungen Männer hingegen wachsen langsam in ihre späteren Aufgaben – hauptsächlich die ihrer Vermögensverwaltung – unter Anleitung hinein.

Am Sloane Square, Chelseas Zentrum, finden wir das **Royal Court Theatre** (U-Bahn: *Sloane Square),* berühmt geworden durch die Stücke von *George Bernhard Shaw,* die hier uraufgeführt wurden, sowie durch *John Osbornes* „Blick zurück im Zorn", das am 8. Mai 1956 Premiere hatte; das Drama gab das Startsignal für die Jugendbewegung der *Angry Young Men,* die im Nachkriegsengland den vorherrschenden Konservativismus attackierten.

Neben der U-Bahn-Station *Sloane Square* befindet sich auch das sehr gemütliche **Café Oriel Grande Brasserie de la Place,** in dem es sich lohnt, eine Verschnaufpause einzulegen und einen Milchkaffee mit einem Stück Kuchen zu sich zu nehmen.

In südwestlicher Richtung verläuft King's Road: Der Name deutet schon an, was es einst mit dieser Straße auf sich hatte: Dies war früher die königlich-private „Schnellstraße" von *Karl II.* auf der dieser von Whitehall zu seinem Palast Hampton Court sowie zum Domizil seiner Mätresse *Nell Gwynne* eilen konnte. Normale Bürger durften die Kutschtrasse nicht befahren, verdiente Adlige dagegen bekamen vom Monarchen einen Sonderausweis und konnten dann auch diese priviligierte Route benutzen. Erst um 1820 machte man King's Road der Öffentlichkeit zugänglich. Heutzutage prägen Edelboutiquen, Pubs, Restaurants, Schallplattengeschäfte und Delikatessläden das Bild von Chelseas Hauptstraße; zudem flanieren viele (Edel-)Punks zu allen Tageszeiten King's Road entlang oder bevölkern die Cafés. Auf den ersten 250 m findet der Ruhe suchende Flaneur auf der rechten Straßenseite gleich zwei kleine Lokale, in denen man sich bei Kaffee und Kuchen ausruhen kann; nämlich das Bistro *Blushes* und das Café *Chelsea Kitchen.*

Auf gar keinen Fall sollte man den folgenden Abstecher auslassen: An der Ecke Sloane Avenue/Fulham Road steht das schönste Jugendstil-Gebäude Londons, das **Michelin House,** welches 1911 für die französische Reifenfirma errichtet wurde. Im Innern findet man Cafés, Geschäfte mit exklusiven Design-Artikeln sowie das teure und edle Restaurant *Bibendum.*

Nun weiter die King's Road abwärts, vorbei an der links zur Themse herunter führenden Flood Street, in der sich das Privathaus von *Margaret Thatcher* befindet, und der *Chelsea Town Hall,* biegen wir links in die Old Church Street ein, einst das Zentrum des Fischerdörfchens Chelsea. Hier lebte direkt am Flussufer *Thomas Morus.*

Seine Statue steht vor der **Chelsea Old Church,** in deren Innern seine zwei Ehefrauen begraben wurden; auch der Schriftsteller *Henry James* (1843–1916) ist hier zur letzten Ruhe gebettet; obwohl amerikanischer Abstammung, verbrachte *James* den größten Teil seines Lebens in Chelsea (London, so schrieb er einmal, sei „das vollständigste Kompendium der Welt"). Im Kirchhof ruhen die sterblichen Reste von *Dr. Hans Sloane.*

Entlang des Themseufers flussaufwärts gehend, stoßen wir nun auf eine der schönsten Straßen der Metropole: **Cheyne Walk.** Nirgendwo sonst in London haben auf derart engem Raum so viele **berühmte Zeitgenossen** gewohnt wie in Cheyne Walk.

Beginnen wir mit der Hausnummer 3; in den 1970er Jahren hatte hier *Keith Richards* von den *Rolling Stones* sein Quartier. Daneben, in Nr. 4, erbaut 1718, lebte unter dem Pseudonym *George Eliot* die Schriftstellerin *Mary Ann Evans* (1819–1880), eine herausragende Frauenfigur der Viktorianischen Ära. Schon in jungen Jahren trat sie als Übersetzerin hervor und schrieb philosophische Artikel für die

Westminster Review, die ihr ersten Ruhm einbrachten. 1854 heiratete sie den Schriftsteller und Goethe-Übersetzer *George Henry Lewes* (1817–1871). Offiziell wurde die Hochzeit annulliert, da im Viktorianischen Zeitalter die erste Ehe von *Lewes* nicht geschieden wurde. Dennoch fühlte sich *Mary Ann* als Gemahlin von *Lewes,* und ihre mehr als 20 Jahre dauernde Beziehung zu ihm ruinierte den Ruf der Frau. Auf den Rat ihres Lebensgefährten gab sie sich das Pseudonym *George Eliot;* sie veröffentlichte eine Anzahl von Romanen, die sie rasch berühmt machten. Nach dem Tod von *Lewes* heiratete sie den um 21 Jahre jüngeren Bankier *John Walter Cross* – ein erneuter Fauxpas gegen die Regeln der Viktorianischen Ära – und zog mit ihm in das Haus am Cheyne Walk. Wenige Tage später holte sie sich während eines Konzertes in der St. James's Hall am Piccadilly eine Erkältung und starb kurz darauf.

Im Haus Nr. 10 wohnte während der 1970er Jahre *Jane Asher,* damals die Freundin von *Paul McCartney.* In Nr. 16 lebte der Maler und Poet *Gabriel Dante Rossetti* (1828–1882) ab dem Jahr 1862, und zwar zeitweise in Wohngemeinschaft mit dem Dichter *Algernon Charles Swinburne* (1837–

Das Michelin House

0590 Foto: hs

Thomas Morus – Stationen eines Lebens

062lo Foto: hs

Thomas More (lateinisch: *Morus)* wurde am 7. Februar 1477 (oder 1478) als Sohn eines Richters in London geboren. Von 1489 an diente der Knabe drei Jahre lang als Page beim Lordkanzler *John Morton* und kam erstmals in Kontakt mit der englischen Politik. 1492 besuchte er zwei Jahre die juristische Fakultät der Universität von Oxford und vervollständigte ab 1494 seine Kenntnisse an den *House of Court* in London. Daneben betrieb er theologische und humanistische **Studien** und gewann die Freundschaft des großen *Erasmus von Rotterdam.* Nachdem er sich als Rechtsanwalt niedergelassen hatte, wurde er im Jahre 1504 Unterhausmitglied, ab 1510 amtierte er acht Jahre lang als Untersheriff von London. *Heinrich VIII.* war mittlerweile auf den umfassend gebildeten jungen Mann aufmerksam geworden und schickte ihn 1515 auf diplomatische Mission nach Flandern. *Morus* erledigte seine Aufgaben mit großer Sorgfalt und Initiative, so dass Heinrich ihn 1517 in den **königlichen Dienst** übernahm. *Morus* führte wirtschaftliche Gespräche mit dem Habsburger Kaiser *Karl V.* und leitete Wirtschaftsdelegationen zur Hanse.

Neben seinen politischen Aufgaben fand er Zeit, eine umfassende **literarische Tätigkeit** auszuüben. 1514 schrieb er eine Biographie über *Richard III.* (die von *Shakespeare* als Vorlage für sein gleichnamiges Stück genommen wurde), 1515/16 dann sein berühmtestes Werk, „Utopia" (eigentlich: „Über den besten Zustand des Staates und die neue Insel Utopia"). Hierin kritisierte er die sozialen Verhältnisse in England und schuf die Vision einer Gesellschaft ohne Privateigentum an Produktionsmitteln. In der Zeit von 1521–1523 assistierte er *Heinrich VIII.* bei dessen theoretisch-polemischen Arbeiten gegen die Reformation *Luthers (Heinrich* holte sich mit der Studie den päpstlichen Ehrentitel „Verteidiger des Glaubens") und verfasste 1529 das kirchliche Werk „A Dialogue concerning Herecies and Matters of Religion". 1521 erhob ihn der König in den **Adelsstand** und ernannte ihn zum Unterschatzmeister, von 1523 bis 1529 war er der Sprecher des Unterhauses, 1523 wurde er zum Friedensrichter ernannt, 1524 erhielt er den Ehrentitel *High Steward* der Universität Oxford, 1525 den gleichen Titel auch von der Universität Cambridge, und im Oktober 1529 schließlich machte *Heinrich VIII. Thomas Morus* zum Nachfolger des **Lordkanzlers** *Kardinal Wolsey. Morus* wurde einer der engsten Berater des Monarchen, blieb jedoch auch Katholik, nachdem *Heinrich* den Bruch mit Rom vollzogen hatte.

1532 trat *Morus* von seinem Amt zurück und verweigerte den Suprematseid, mit dem er *Heinrich* als neues kirchliches Oberhaupt anerkennen sollte. Der König machte ihm den **Prozess,** und der Humanist wurde am 6. Juni 1535 als Hochverräter enthauptet. Im Jahre 1935 sprach die Kirche *Thomas Morus* heilig.

1909). 1848 gründete *Rossetti* mit den Künstlern *Holman Hunt* und *John Millais* die Malerbruderschaft der Präraffaeliten, die historisierende Bilder mit religiös-sentimentaler Thematik malten; ihre Werke sind in der *Tate Gallery* (s. u.) ausgestellt. Rossetti war ein ungeliebter Nachbar; zum einen pflegte er ein offenes Haus, hatte viele Freunde und Mätressen und feierte laute Feste, zum anderen hielt er in seinem Garten einen Zoo mit kuriosen Tieren, u. a. besaß er einen australischen Wombat, ein dem Känguru verwandtes Beuteltier. Es geht das Gerücht, dass die Häuser am Cheyne Walk seitdem nur an Mieter vergeben werden, die schriftlich versichern, keine Wombats zu halten. In Haus Nr. 16 lebte für einige Zeit *Paul Getty Jr.,* in Nr. 21 (Carlyle Mansion) starb *Henry James* (s. o.), außerdem wohnten hier noch der Historiker *Arnold Toynbee,* der Schriftsteller *T. S. Eliot* und der James-Bond-Autor *Ian Fleming.* Nr. 118 war das Domizil des Malers *William Turner,* auch seinen Werken begegnen wir in der Tate Gallery (s. u.).

In 24 Cheyne Row lebte der Historiker *Thomas Carlyle,* das Haus ist mit sämtlichem Mobiliar erhalten und heute ein kleines Museum. *Charles Dickens* besuchte *Carlyle* oft hier, ebenso tat es der Dichter *Tennyson.* Schon zu Lebzeiten war *Carlyle* ein großer und berühmter Mann. Seinen Ruhm begründete er mit dem 1837 erschienenen, dreibändigen Werk über die Französische Revolution und festigte dann seinen Namen mit Biographien charismatischer Figuren der Weltgeschichte.

In der Chelsea Manor Street befand sich einst ein kleiner Palast von *Heinrich VIII.; Dr. Hans Sloane* kaufte Anfang des 18. Jh. das Gebäude auf, als er nach Chelsea zog. Auch der **Chelsea Physic Garden,** in der die *Society of Apothecaries* Heilkräuter anpflanzte, gehörte zum Besitz von *Sloane;* heute ehrt ihn eine Statue in dem kleinen Park. Hier kultivierte man übrigens die ersten Baumwollpflanzen Englands, die dann von Händlern nach Georgia verschifft wurden, wodurch der Baumwollanbau in den amerikanischen Südstaaten Fuß fasste.

Wir gehen nun am Themseufer den Weg flussabwärts zurück und passieren dabei die vom Chelsea Embankment nach Norden führende **Tite Street,** in der ab 1880 *Oscar Wilde* zuerst in Nr. 3, dann in Nr. 34 gewohnt hat. Hier entstand sein berühmtester Roman, „Das Bildnis des Dorian Gray", und *Wilde* selbst organisierte sein Leben in diesen Gemächern so, wie er es für Dorian Gray literarisch beschrieben hat: das Leben als Kunstwerk! Ermöglicht wurde ihm der aufwendige Lebensstil durch das Geld seiner Frau *Constance Lloyd,* die er im Jahre 1884 geheiratet und mit der er zwei Kinder hatte. Bekannte Leute der damaligen Zeit gingen bei *Wilde* aus und ein; *Mark Twain* gehörte zu den Besuchern, *William Butler Yeats* war zu Gast, und auch *Sarah Bernhardt* sah man oft. *Wilde* gab viel Geld für eine Clique von jungen Männern aus, und hinter vorgehobener Hand tuschelte die feine Gesellschaft über seine Homosexualität. In Tite Street lernte *Os-*

car Wilde auch *Lord Douglas Queensberry* kennen und wurde von dessen Vater bald der homosexuellen Beziehung mit dem jungen Lord angeklagt. Im *Cadogan Hotel* (s. o.) verhaftete man den Dichter. Er saß eine Gefängnisstrafe im Reading Jail ab; nach seiner Entlassung war er sozial geächtet und vollständig ruiniert. Frau und Kinder hatte man schon zuvor aus dem Haus getrieben.

Weiter Chelsea Embankment flussabwärts stoßen wir auf das **Royal Hospital,** in dem seit 1682 verdiente Veteranen ihren Lebensabend verbringen (im Straßenbild von Chelsea sieht man die Veteranen allerorten – in Uniform und mit ordensgeschmückter Brust). Initiiert von *Karl II.,* erbaut von *Christopher Wren,* dabei beraten von *John Evelyn* (der für seine Tätigkeit ein fürstliches Salär von 300 Pfund pro Jahr bekam), entstanden um mehrere Innenhöfe große Gebäudekomplexe. Vor allem die zentrale Speise- und Versammlungshalle, die an ihrer Stirnseite mit einem riesigen Gemälde geschmückt ist *(Karl II.* vor dem *Royal Hospital),* lohnt einen Besuch. Ende Mai eines jeden Jahres findet im Park des Hospitals die *Chelsea Flower Show* statt, das Gartenareal erstrahlt dann in großer Blütenpracht. Jährlich Anfang Juni marschieren die Armee-Veteranen, angetan in Nobeluniformen und behängt mit sämtlichen Orden, in einer großen Parade am *Founder's Day* an den Mitgliedern der Königlichen Familie vorbei.

Östlich vom Hospital erstreckte sich einst der Ranelagh Garden, einer der schönsten Vergnügungsplätze Londons. 1742 eröffnet, besaß das Gelände einen See mit Pavillon auf einer künstlichen Insel, einen venezianischen Tempel, ein chinesisches Haus sowie eine riesige Rotunde. Für so viel Freuden musste man auch ein geharnischtes Entgelt von zwei Shilling Sixpence bezahlen, Tee war im Eintrittspreis inbegriffen. Das lustige Treiben im Park wurde in zahllosen Romanen beschrieben, vor allem aus der Sicht der Männerwelt, die hier ausgiebig „Fleischbeschau" abhielt und sich auf Englands größtem Heiratsmarkt wähnte. Nur wenig erinnert heute noch an dieses Gartengelände.

Gleich daneben kann im **National Army Museum** alles rund um das britische Heer besichtigt werden (Mo–Sa 10–17.30, So 14–17.30 Uhr).

Blickt man auf die andere Themseseite hinüber, so erkennt man die Silhouette der gewaltigen **Battersea Power Station.** 1932–1934 erbaute *Gilbert Scott* dieses Kraftwerk im schönsten Art-Deco-Stil. Die ausgediente *Power Station* steht unter Denkmalschutz, in den nächsten Jahren soll hier ein ausgedehntes Vergnügungs- und Kulturzentrum entstehen. Doch seit vielen Jahren ruhen die Arbeiten schon. Gerüchte behaupten, dass ein gezielt eingeleiteter Verfall geplant sei, um den Komplex dann vollständig niederzureißen.

Nördlich vom Royal Hospital erstreckt sich das **Viertel Belgravia,** ein noch teureres Wohnquartier als Chelsea. Wie auch das exklusive Mayfair, gehörte der Boden von Belgravia der

Adelsfamilie *Grosvenor,* die mit diesem zentral gelegenen Grundbesitz ein Vermögen machte. Ab 1820 begann der Architekt *Thomas Cubitt* die Sümpfe und feuchten Wiesen trockenzulegen; er ließ die gesamte Anlage des Viertels „in einem Rutsch" aus dem Boden stampfen. *Cubitt* baute entlang der Straßen langgestreckte *Terraces* mit ruhigen, gleichförmigen Vorderfronten. In diesen hochherrschaftlichen Stadtpalästen residieren heute nur noch wenige Privatleute; Botschaften (u. a. auch die diplomatische Vertretung der Bundesrepublik), Konsulate, staatliche wie gemeinnützige Institutionen haben ihren Sitz in diesem Nobelquartier. Gewohnt wird heute hauptsächlich in den so genannten *Mews,* kleinen Hinterhöfen, in denen sich früher Stallungen befanden und wo das Dienstpersonal seine Stuben und Unterkünfte hatte.

Empfehlenswert ist, einfach ein wenig rund um die vier **Plätze Lowndes, Chester, Belgrave** und **Eaton Square** zu schlendern und die gediegene Atmosphäre des Viertels auf sich wirken lassen. Dabei wird dem Besucher auffallen, dass die von einem hohen Gitter umgebenen kleinen Parkanlagen verschlossen sind. Nur die Anwohner haben einen Schlüssel, damit die *Nannies* dort Kleinkinder und Babies spazierenfahren können und der Chauffeur schnell mit dem Hund Gassi gehen kann; für normale Bürger sind diese Areale tabu! Übrigens: Chelsea und Belgravia sind nicht an das U-Bahn-Netz angeschlossen, denn wer hier wohnt, hat die *Tube* nicht nötig.

Spazieren wir die Themse weiter flussabwärts, so passieren wir nach wenigen Minuten die zwischen Chelsea und Westminster gelegene **Tate Britain.** Im Jahre 1897 wurde diese weltberühmte Gemäldegalerie von *Sir Henry Tate* gegründet; *Sir Henry* brachte seine eigene Sammlung von Bildern ein. Britische Malerei vom 16. bis zum 19. Jh. von allen bedeutenden Meistern sind zu besichtigen (Mo–Sa 10–17.50 Uhr, So 14–17.50 Uhr). Besondere Bedeutung kommt der angeschlossenen, 1987 eingeweihten **Clore Gallery** zu, in der fast das gesamte Oeuvre von *William Turner* auf den Besucher wartet.

Pubs

- **Australian,** 29 Milner Street SW 3. Mit Lunch- und Dinnermöglichkeit.
- **Bunch Of Grapes,** 207 Brompton Road SW 3. Free House, beliebte Kneipe der Anwohner, ein so genannter *Local Pub.*
- **Chelsea Potter,** 119 King's Road SW 3. Ein *Trendy Place* für die King's Road-Einkaufswilligen, da den ganzen Tag über geöffnet.
- **Duke of Cumberland,** 235 New King's Road SW 6. Eleganter edwardianischer Pub, gerne besucht von Sloane Rangers; bei schönem Wetter trinkt man gegenüber auf Parson's Green.
- **Henry J. Bean,** 195 King's Road, Bar and Grill, Pub mit angeschlossenem Restaurant.
- **Oriel Grande Brasserie de la Place,** Sloane Square SW 3. Gemütliche, klassische eingerichtete Brasserie neben der U-Bahn-Station *Sloane Square,* zur Lunchzeit auch kleine Gerichte, sommertags sitzt man auf dem Bürgersteig.
- **Bistro Blushes,** King's Road SW 3. Kleines Bistro, sommertags nach vorne hin offen, um die Flaneure auf King's Road zu beobachten.
- **Café Chelsea Kitchen,** King's Road SW 3. Sympathisches Café mit Snacks und kleinen Gerichten zur Mittagszeit.

108gu Foto: bh

• **Cadogan Arms,** 298 King's Road SW 3. Dunkler Pub mit niedriger Decke, einer Tudor-Bar und ausgesessenen Sitzgarnituren; viel junges Publikum, das sich hier offensichtlich wohl fühlt.

• **Cross Keys,** Lawrence Street, um die Ecke vom Cheyne Walk. Seit jeher ein äußerst beliebter Pub bei den Bewohenrn dieser berühmten Straße.

• **Cheyne Walk Brasserie,** 50 Cheyne Walk. Kleine Gerichte und ein gutes Glas Wein kann man sich hier beim Chelsea-Spaziergang gönnen.

Restaurants

(Adressen und Charakteristika siehe unter Restaurants.)

• **Foxtrott Oscar** (britisch)

• **Bibendum** (französisch)

• **Gordon Ramsay** (französisch)

Markt

• **Chelsea Antiques Market,** 245 King's Road SW 3. Mo–Sa 10–18 Uhr

Geschäfte

• **Peter Jones,** Sloane Square SW 1. Kaufhaus, moderne und alte Möbel, Modeabteilung für Damen und Herren sowie eine große Stoffabteilung.

• **Piero de Monzi,** 68 Fulham Road SW 3. Italienische Designerkleidung.

• **Classic Nouveau,** 65 King's Road SW 3. Geschäft der *Fiorucci*-Gesellschaft; modische Kleidung für alle Gelegenheiten.

• **Hacket,** 65 b New King's Road SW 6. Weltbekannt für klassische britische Bekleidung.

• **Steinberg & Tolkien,** 193 King's Road, SW 3, Kleidung aus den Jahren 1880–1980, von *Dior* bis *Chanel*. Der Besitzer lässt seine Sachen auf Auktionen in ganz Europa und den USA ersteigern.

• **Jones,** 29 King's Road SW 3. Designermode vor allem für jüngere Leute.

• **Review,** 69 King's Road SW 3. Kleidung und Accessoires für den standesbewussten Briten.

• **The Scotch House,** 2 Brompton Road SW 3. Erlesene Strick- und Wollwaren, Pullover bester Güte.

• **Coles Ltd.,** 131 Sloane Street SW 1. Hemden, auf Wunsch auch maßgeschneidert.

• **High and Mighty,** 177 Brompton Road. Spezialgeschäft für Übergrößen.

• **Arte**, 55 King's Road SW 3. Vor allem ausgefallene Mode für die Dame.

• **Feathers,** 40 Hans Crescent SW 1. Damenbekleidung mit allem Zubehör.

• **Issey Miyake,** 21 Sloane Street SW 1. Un- und außergewöhnliche Designermode für Damen; auch ein Herrengeschäft in 311 Brompton Road.

• **Kenzo,** 17 Sloane Street SW 1, Mode in den jeweiligen Farben der Saison.

• **Carolyn Brunn,** 211 Brompton Road SW 3. Wollsachen für die Dame.

• **Flint,** 614 Fulham Road SW 6. Lederbekleidung.

• **Skinhades,** 13 King's Road. Lederbekleidung.

• **Charles Jourdan,** 39 Brompton Road SW 3. Schuhe für Damen und Herren.

• **Buy and Large,** 4 Holbein Place, Sloane Square SW 3. Übergrößen.

• **Jeremy,** 255 King's Road SW 3. Antiquitäten, englische und französische Möbel, alte Kunstobjekte.

• **Pelham Galleries,** 163 Fulham Road SW 3. Antiquitäten.

Theater und Kinos

• **Royal Court Theatre,** Sloane Square

• **Cannon Chelsea, 1, 2, 3 & 4,** 279 King's Road SW 3

• **Cannon Fulham Road, 1, 2, 3, 4 & 5**, 142 Fulham Road SW 10

• **Chelsea Cinema,** 206 King's Road SW 3

Tate Britain

Auf den Spuren von Dan Browns Roman „Sakrileg“

Dan Browns „Sakrileg“ ist ein unerhört spannender Roman, der Freunden von Verschwörungstheorien ein kolossales Vergnügen bereiten wird. Die eine Hälfte des Buches spielt in Paris, die andere in London. Wir besuchen in Großbritanniens Metropole einige der im Roman geschilderten Örtlichkeiten. Die Seitenzahlen beziehen sich auf die im Gustav Lübbe Verlag erschienene erste Auflage von 2004.

Die Temple Church

Unsere Tour beginnt in der Temple Church (Mi–So 10–16 Uhr), in der unsere Protagonisten die Grabdenkmäler besuchen, um ein Rätsel zu lösen („Sakrileg“ S. 464–488). Die *District* oder *Circle Line* der Londoner U-Bahn bringen uns bis zur Station *Temple,* die an Victoria Embankment, also an der Themse liegt. Von dort gelangen wir entweder über die Surrey Street oder die Arundel Street ein Stückchen nach Norden, und dort stoßen wir auf die Straße Strand. Hier biegen wir rechts ab, linkerhand passieren wir den schneeweißen *Royal Court of Justice,* das Londoner Zivilgericht, und Strand geht nun in Fleet Street über. Von der rechten Straßenseite der Fleet führt nach rechts die Inner Temple Lane ab, über die wir zur Temple Church gelangen. Das Areal zwischen der Fleet Street und der Themse trägt bis heute den Namen **Temple,** der eben auf die Templer-Ritter zurückgeht.

Ergänzend zu den in *Dan Browns* Buch genannten Fakten über die Templer sei hier angemerkt, dass der

Temple Church

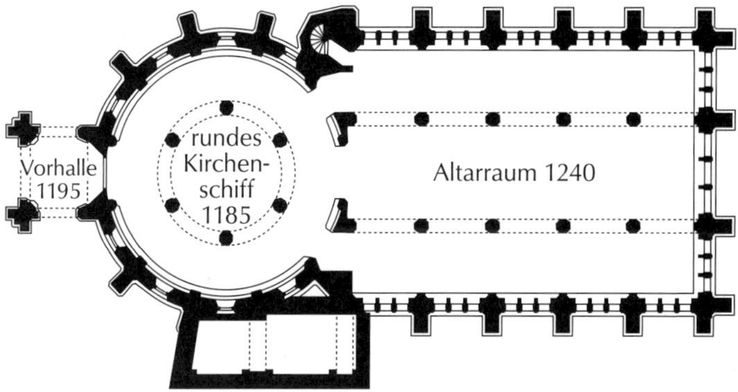

Templer-Orden 1118 von **Hugue de Payense** (*1080) und weiteren acht Rittern gegründet wurde. *Payense* war auch der erste Großmeister des Ordens (von 1118–1136). Wenige Jahre später ließ sich ein Zweig der Templer in London nieder, und zwar zuerst im nördlich vom Quartier Temple gelegenen heutigen Stadtteil Holborn. Wie es heißt, initiierte *Hugue de Payense* eigenhändig vor Ort in diesem Teil Londons den Bau des ersten Templer-Hauses, des Old Temple. Doch schon wenige Jahre später war die Zahl der Templer-Ritter stark angestiegen, und der Orden hatte an Macht und Finanzkraft enorm zugenommen (er war auch unter dem Namen „Bankiers der Christenheit" bekannt). Ein neues, größeres Gebiet musste her, und 1160 wurde dem Orden das heutige Gebiet des *Temple* zugesprochen. Im gleichen Jahr begannen die Ritter mit dem **Bau der runden Temple Church,** die der Grabeskirche von Jerusalem nachempfunden war und demzufolge am 10. Februar 1185 auch von *Heraklius,* dem Patriarchen von Jerusalem, geweiht wurde (einige Architekturhistoriker gehen allerdings davon aus, dass der muslimische Felsendom von Jerusalem als Vorbild für die Templer-Kirche diente). Der damalige englische König *Heinrich II. Kurzmantel* (reg. 1154–1189) war bei der Weihe vor Ort. Parallel zum Bau des Gotteshauses entstanden Wohngebäude für die Ordensritter, die Residenz des Großmeisters, die Zellen für die dienenden Brüder und die Novizen, eine Versammlungshalle für die Zusammenkünfte und ein Refektorium, ein Speisesaal. Dies alles war durch eine Vielzahl von Kreuzgängen mit der Temple Church verbunden. Am Ufer der Themse wurde ein großes begrüntes Areal angelegt, wahrscheinlich dort, wo heute der Inner Temple Garden zur Einkehr einlädt. Dieses Gebiet diente denjenigen Brüdern als Erholungsort, die nicht in die Stadt durften (dazu benötigten sie die Erlaubnis des Großmeisters). Außerdem fanden hier militärische Übungen statt.

Der ganze Komplex diente auch als eine Art **Bank,** als ein sicheres Depot, in dem viele englische Adlige einen Großteil ihres Geldes bunkerten. Wie groß die Macht und das Selbstbewusstsein der Templer in wenigen Jahren geworden war, zeigt das folgende Beispiel: *Hubert de Burgh,* Earl of Kent (um 1175–1243) und Chefjustitiar von *König Johann Ohneland* und *Heinrich III.* (reg. 1215–1272), deponierte einen Großteil seines Vermögens bei den Templern. Als er 1232 bei *Heinrich* in Ungnade fiel und in den Tower geworfen wurde, verlangte der König bei den Templern die Herausgabe der Gelder. Der Orden beschied dem Herrscher lapidar, dass Gelder, die ihm anvertraut worden waren, keinem Menschen herausgegeben würden ohne die Erlaubnis des Eigners. Die Macht des Templer-Großmeisters gegenüber dem König war eindrucksvoll dokumentiert worden.

Nachdem *König Johann Ohneland* 1215 gezwungenermaßen die *Magna Charta* unterzeichnen musste und nun ein erstes Parlament den Herrscher kontrollierte, saß der Templer-Großmeister als erster Baron des Reiches *(Primus Baro Angiae)* mit in der Versammlung.

Heinrich III. war es einst, der den Wunsch äußerte, die Temple Church möge ihm als **Grabstätte** dienen. Also ließ der Orden an die Rundkirche einen rechteckigen Chor oder Altarraum *(Chancel)* mit zwei Seitenschiffen anbauen, der am Himmelfahrtstag 1240 in Anwesenheit des Herrschers geweiht wurde. Doch als *Heinrich* 32 Jahre später das Zeitliche segnete, hatte er seinen letzten Willen geändert; er wurde in der Westminster Abbey beigesetzt. Möglicherweise hatte ihn die ihm oben geschilderte zugefügte Schmach zu einer Änderung seines Testaments bewogen. Allerdings hatte *Heinrich* 1245 den Auftrag zum Ausbau von Westminster Abbey als gebührenden Ort für die Grablegung der englischen Könige erteilt. Da lag es

Die Kenotaphe in der Temple Church
(Copyright: Simon Brighton)

103lo Foto: sb

denn auch nahe, dass er in „seiner“ Kirche auch die letzte Ruhe fand.

In der Rundkirche der Temple Church finden wir das im „Sakrileg“ beschriebene bunte **Glasfenster,** das *Alanus Marcel* in vollem Ornat auf seinem Pferd zeigt (S. 469). Ergänzend zu *Dan Browns* Buch kann hier hinzugefügt werden, dass *Alanus* von 1218 bis 1228 als Großmeister des Ordens fungierte und dass er auf der Darstellung das Banner „Beauseant“ trägt; dies war der Kriegsschrei der Templer-Ritter.

Des Weiteren befinden sich in der Rundkirche zehn **Kenotaphe,** von denen neun mit je einer lebensgroßen, individuell gestalteten liegenden Ritterfigur aus Marmor bedeckt sind. Der zehnte Kenotaph ist schmucklos. Kenotaphe (von lat. *cenotaphium,* „leeres Grab“) werden sie deshalb genannt, weil die auf ihnen dargestellten Ritter nicht im Inneren begraben sind (wie es uns *Dan Brown* in seinem Buch mitteilt). Ich konnte keine Quelle finden, die das Gegenteil behauptet. Die beiden ältesten Effigien (Grabfiguren) zeigen *Sir Roger de Ros* (*1227) und *Sir William Marshall,* den Earl of Pembroke (um 1145–219), der einer der bekanntesten Adligen jener Zeit und Berater von *Heinrich II., Richard Löwenherz, König Johann Ohneland* und Regent zur Zeit des jungen *Heinrich III.* war. Eine originalgetreue Kopie seines Einhandschwertes übrigens kann im Britischen Museum besichtigt werden.

Einen Blick sollte man in der Temple Church auch auf die vielen mittelalterlichen **Gargoyles** werfen, bizarr gestaltete Steinköpfe.

Nachdem, wie *Dan Brown* auf Seite 231 berichtet, der Orden am Freitag, den 13. Oktober 1307, in einer konzertierten Aktion aufgeflogen war und in ganz Europa fast alle **Templer verhaftet und gefoltert** wurden, kamen diese Ordensritter zweieinhalb Jahre später, am 12. Mai 1310, auf die Scheiterhaufen und wurden **als Ketzer verbrannt.** Nach *Dan Brown* ging die Aktion von *Papst Clemens* aus, der dem französischen *König Philipp IV.* entsprechende Order gegeben haben soll. Das liest sich auf der Website der Templer (www.die-templer.de) ein wenig anders. Danach hatte *Philipp* die Initiative übernommen, und *Papst Clemens* soll für die Templer bei ihm interveniert haben. Erst 1308, nach Anhörung von 72 unter der Folter „geständigen" Ordensrittern, eröffnete *Clemens* mit der Bulle *Faciens Misericordiam* den Prozess gegen die Templer. Am 18. März 1314 wurde dann auch der Großmeister der Templer, *Jacques de Molay,* in Paris verbrannt. Schon knapp zwei Jahre zuvor, am 2. Mai 1312, hatte *Clemens* mit der Bulle *Ad Providam* die Güter und Ländereien der Templer dem Ritterorden vom Hospital St. Johannis (bekannter unter dem Namen Johanniter) übereignet, darunter natürlich auch die Londoner Temple Church.

1666 wurde die Templerkirche beim großen **Brand von London** schwer beschädigt; *Christopher Wren* leitete, wie bei fast allen Kirchen der Stadt, die Restaurierungs- und Aufbauarbeiten. Er ließ auch eine Orgel einbauen. 1841, in viktorianischer Zeit, wurde das Gotteshaus eine weiteres Mal renoviert. Einhundert Jahre später legten **deutsche Bomber** die Kirche in Schutt und Asche; der Wiederaufbau orientierte sich an den Arbeiten *Wrens.* Im März 1954 konnte die Temple Church wieder geweiht werden.

Westminster Abbey

Kommen wir nun zum zweiten großen Schauplatz des Romans in London, zur Westminster Abbey (U-Bahn-Station *Westminster,* geöffnet Mo/Di/Do/Fr 9.30–15.45, Mi bis 19, Sa bis 13.45 Uhr). Hier müssen die Protagonisten anhand des Grabdenkmals von *Isaac Newton* ein weiteres Rätsel lösen. *Dan Brown* erwähnt, dass es rund **3000 Grabdenkmäler** von Königen, Politikern, Wissenschaftlern und Künstlern in der Abteikirche gibt. Zwei andere Quellen sprechen gar von 4000 bzw. fast 5000 Gedenkstätten für berühmte Briten.

Der offizielle Name des Gotteshauses lautet *Collegiate Church of St. Peter in Westminster,* und seit der Krönung von *Wilhelm dem Eroberer* 1066 wurde hier fast allen englischen Herrschern – mit Ausnahme *Eduards V.* und *Eduards VII.* – die **Krone** aufs Haupt gesetzt. Bis zur Mitte des 18. Jahrhunderts wurden hier auch die Monarchen zur letzten Ruhe gebettet, von *Harold I.* (1040) bis zu *Georg II.* (1760).

Bereits im 7. Jahrhundert befand sich an dieser Stelle eine Kirche, um 1050 gab dann der tief gläubige angelsächsische König *Edward the Confessor (Eduard der Bekenner,* um 1003–1066) den Auftrag für einen Neubau von Kloster und Kirche. Nachdem am 14.10.1066 der Normanne **William the Conqueror** *(Wilhelm der Eroberer) Eduards* Nachfolger *Harold Godwinson* bei Hastings geschlagen hatte, ließ er sich am Weihnachtstag 1066 in der erst halbfertigen Kirche krönen. *William* hatte seinen Anspruch auf die englische Krone aus verwandtschaftlichen Beziehungen zu *Eduard* sowie aus einem Versprechen von ihm abgeleitet.

1245 dann beschloss *König Heinrich III.* (reg. 1215–1272), eine würdige **Grabstätte** für den mittlerweile 1161 heiliggesprochenen *Eduard* und alle seine Nachfolger zu erbauen. Sein Baumeister *Henry of Reyms* orientierte sich bei der Westminster Abbey an den gotischen Kathedralen von Amiens und Reims, und bis zum Ende des Jahrhunderts waren der Chor, die Querschiffe und große Teile des Hauptschiffes fertiggestellt. *Reyms'* Nachfolger, *Henry of Yvele,* hielt sich strikt an die Bauvorgaben seines Vorgängers und vollendete das Hauptschiff. Mit der Auflösung der Klöster durch *Heinrich VIII.* und dem Bruch mit Rom wurde 1540 auch die Westminster-Abtei geschlossen, doch die Arbeiten gingen trotzdem weiter. So gestaltete beispielsweise der große *Christopher Wren* Teile der Außenfassade, und auf *Nicholas Hawksmoor* gingen in der Mitte des 18. Jahrhunderts die beiden Türme zurück.

Westminster Abbey kann mit eindrucksvollen **Maßen** aufwarten: Das Gotteshaus ist über 150 m lang, 60 m breit, über 30 m hoch, und es besitzt das größte gotische Kirchenschiff ganz Großbritanniens.

Auf ihrem Gang durch die Kirche kommen *Dan Browns* Protagonisten auch am **Poets' Corner,** dem „Poetenwinkel" („Sakrileg" S. 532, 534) im südlichen Querschiff vorbei. Dies ist einer der meistbesuchten Orte im Kircheninneren, liegen hier doch alle Großen der englischen Literatur entweder begraben oder werden durch ein Denkmal geehrt. *Geoffrey Chaucer,* der Autor der „Canterbury Tales", fand als Erster hier seine letzte Ruhestätte, und 1599 wurde *Edmund Spenser* hier begraben. Ab nun fanden alle herausragenden Dichter und Schriftsteller ihrer Zeit einen Platz in dem Poetenwinkel. So sind hier die Hofdichter *John Dryden, Alfred Lord Tennyson, Robert Browning* und *John Masefield* zur letzten Ruhe gebettet, weiterhin *Charles Dickens, Richard Brinsley Sheridan, Rudyard Kipling, Thomas Hardy* und *Ben Jonson.* Grabdenkmäler ehren *John Milton,* die romantischen Dichter *William Wordsworth, John Keats* und *Percy Bysshe Shelley,* den schottischen Nationalpoeten *Robert Burns,* weiterhin *Jane Austen, Oliver Goldsmith,* den walisischen Dichter *Dylan Thomas, Sir Walter Scott,* die *Brontë*-Schwestern *Emily, Charlotte* und *Anne,* die amerikanischstämmigen Autoren *Henry James* und *T. S.*

105lo Foto: DC

Eliot sowie Hofdichter *John Betjeman* und natürlich *William Shakespeare*. In einem Glasfenster finden wir den Namen von *Oscar Wilde,* der im November 1900 gestorben ist; aufgrund seiner Homosexualität wurde er erst 95 Jahre später geehrt. Bis heute fehlt *Virginia Woolf,* die durch Selbstmord aus dem Leben schied. Begraben liegen hier auch der Komponist *Georg Friedrich Händel,* der berühmte Shakespeare-Darsteller *David Garrick* und der Schauspieler *Lawrence Olivier.*

Das **Grabdenkmal Isaac Newtons** („Sakrileg“ S. 533 ff.) befindet sich an der entgegengesetzten Seite der Kirche im nördlichen Seitenschiff des Chores, nahebei liegt *Newton* (1642–1727) auch begraben (s. Grundriss Westminster Abbey, Eintrag 41). Seine letzte Ruhestätte trägt die lateinischen Zeilen *Hic depositum est, quod mortale fuit Isaaci Newtoni,* was sich übersetzen lässt mit „Hier liegt, was sterblich ist von Isaac Newton“. Sein Denkmal ist ausführlich im Roman beschrieben; gestaltet wurde es von dem Architekten *William Kent,* die Ausführung übernahm der Bildhauer *Michael Rysbrack;* vier Jahre nach dem Tode *Newtons,* 1731, konnte es in Westminster Abbey aufgestellt werden. Mehr Informationen zu Newtons Grab finden sich im Internet unter der Adresse http://www.westminster-abbey.org/library/burial/newton.htm.

Der Showdown des Romans spielt im oktogonalen **Kapitelhaus** von Westminster Abbey („Sakrileg“ S. 541 ff.) Seinen Namen verdankt der Saal dem Umstand, dass hier die Chorherren jeweils ein Kapitel aus der Heiligen Schrift lasen. Fertiggestellt wurde es 1253; das Rippengewölbe wird von nur einem einzigen Pfeiler gestützt. Die Fenster zeigen Wappenscheiben und Heiligenbilder, Wandmalereien schmücken die Wände. In früheren Tagen tagten hier die Abgeordeneten des Parlamentes.

Das Grabdenkmal Isaac Newtons (Copyright: Dean and Chapter of Westminster)

Weitere Romanschauplätze

Dan Brown erwähnt in seinem Roman auch den Londoner **Hauptsitz der religiösen Vereinigung Opus Dei** im Orme Court Nr. 5. Auch das Nachbarhaus Nr. 6 beherbergt das Opus Dei; hier ist ein Informationszentrum und der Charity Trust der Organisation untergebracht. Wer sich die Häuser ansehen möchte, der sollte mit der Central Line der Londoner U-Bahn bis zur Station *Queensway* fahren, sich nach Verlassen der U-Bahn-Station nach rechts wenden und ein kurzes Stück die Bayswater Road in Fahrtrichtung entlanglaufen. Die erste Querstraße rechts ab ist Orme Court. Gegenüber lässt Orme Square Gate den Besucher in Kensington Gardens ein.

Die exakte Adresse lautet: Opus Dei, 5 Orme Court, London W 2 4RL, E-Mail: info@opusdei.org.uk, Website www.opusdei.org.uk.

Im **King's College** holen sich die Hauptfiguren aus dem „Sakrileg" wichtige Informationen. Der Campus von King's College befindet sich an der Straße Strand neben Somerset House, darüber hinaus gibt es an mehreren anderen Stellen im Londoner Stadtgebiet Dependancen. King's College wurde 1829 gegründet und ist eines der ältesten, größten, bekanntesten und renommiertesten Colleges der University of London. 2004 feierte die Einrichtung ihr 175-jähriges Bestehen. Derzeit studieren knapp 20.000 in- und ausländische Studenten an den zahlreichen Fakultäten. Die Postadresse lautet: King's College, Strand, London WC 2R 2LS, England (U-Bahn *Temple Station)*. Informationen gibt es unter Tel. 020-78365454 oder unter der E-Mail-Adresse ceu@kcl.ac.uk. Wer sich als ausländischer Student an King's College einschreiben möchte, erhält Informationen beim *International Liaison Service,* Tel. 0044-20-78483009 oder unter der E-Mail-Adresse international@kcl.ac.uk.

Eine kurze Erwähnung findet im Roman das mit 137 Metern Höhe weltgrößte **Riesenrad British Airways London Eye** (U-Bahn *Westminster)*. Eine Fahrt dauert 30 Minuten, und man hat einen unvergleichlichen Blick über die britische Metropole. An klaren Tagen kann man bis zu 40 Kilometer weit schauen. Auch eine Fahrt nach Einbruch der Dunkelheit ist ein Erlebnis, dann reicht das Lichtermeer von Horizont zu Horizont. Die 32 vollverglasten Gondeln fassen jeweils 25 Passagiere. Es ist ratsam, unter der Telefonnummer 0870-5000600 die Karten vorzubuchen, denn die Schlangen vor den Ticketschaltern sind lang. Die 1600 Tonnen schwere Stahlkonstruktion wurde in siebenjähriger Bauzeit errichtet, wobei die Einzelteile in verschiedenen Ländern Europas gefertigt und per Lastkahn die Themse aufwärts geschifft wurden. Das Riesenrad wurde liegend montiert und dann Ende 1999 unter erheblichen Schwierigkeiten in die Vertikale gezogen (vgl. auch Kapitel „Southwark und Bankside").

Ausflüge innerhalb des Londoner Stadtgebietes

Little Venice

(U-Bahn: *Warwick Avenue*) ist ein stadtnah gelegenes Viertel mit eleganten, von *John Nash* entworfenen Häuserzeilen, das sich rund um den Regent's Canal bzw. den Grand Union Canal erstreckt. Diese beiden künstlichen Wasserstraßen dienten früher der Versorgung der Metropole und waren von Lastkähnen stark befahren. Von Little Venice aus kann man Bootstouren durch eine abwechslungsreiche Landschaft zum **Londoner Zoo** und bis nach Camden Lock (U-Bahn: *Camden Town*) unternehmen (im Fahrpreis ist ein ermäßigtes Ticket für den Eintritt in den Zoo enthalten; schippert man bis Camden Lock, führt die Route quer durch das Menageriegelände, und man kann zumindest einen Blick auf das eine oder andere Tiergehege werfen). In Camden Lock entwickelte sich gegen Ende der 1970er/Anfang der 1980er Jahre ein **alternatives Zentrum** mit kleinen Werkstätten und Geschäften; mittlerweile regiert hier allerdings auch schon der Kommerz. Jeden Samstag und Sonntag gibt es in Camden Lock direkt am Regent's Canal einen Wochenendmarkt mit Kunstgewerbeartikeln, gleichzeitig bieten dann viele Garküchen ihre Menüs feil.

Nicht versäumen sollte man einen Besuch in dem aus der Viktorianischen Ära stammenden **Pub The Warwick Castle** (6 Warwick Place W 9, Little Venice), Fotos und alte Stiche dokumentieren den einst regen Schiffsverkehr, der auf den Kanälen herrsch-

063lo Foto: hs

te; der Pub gilt als Treffpunkt junger Künstler, Literaten und Intellektueller.

Hampstead Heath

Dieses Areal (U-Bahn: *Hampstead,* dann die Heath Street Richtung Norden) nördlich des Stadtzentrums ist ein erstrangiges Naherholungsgebiet der Londoner Bevölkerung und wird an warmen Wochenenden von picknickbegeisterten Familien gern besucht (auch schon *Karl Marx* entkam an Sonntagen der drangvollen Enge von Soho und flanierte mit Familie und Freunden auf dem Heath). Einen geruhsamen Spaziergang durch die ausgedehnte Heide-, Wald- und Seenlandschaft sollte der London-Besucher nicht auslassen; im Übrigen hat man von dieser höchsten Erhebung der Metropole (145 m ü. NN) an klaren Tagen einen weiten Blick über die Hauptstadt.

Auf den diversen Seen und Teichen lassen Väter und Söhne ihre Modellschiffe durch die seichten Fluten kreisen, am Himmel hängen manchmal Hunderte von fantasievoll gestalteten Flugdrachen im Wind und schlagen – professionell von Jung und Alt gelenkt – Kapriolen in der Luft.

Im **Dörfchen Hampstead** südlich des Landschaftsareals ließen sich in den letzten Jahrhunderten bedeutende Künstler nieder; u. a. die Maler *John Constable* (1776–1837), *Thomas Gainsborough* (1727–1788), *William Hogarth* (1697–1764) und *George Romney* (1734–1802). Viele ehemalige Bauhaus-Mitarbeiter lebten nach ihrer Flucht aus dem Nazi-Deutschland in Hampstead, so z. B. *Walter Gropius, Marcel Breuer* und *Piet Mondrian,* weitere bekannte Exilanten wie *John Heartfield* und *Oskar Kokoschka* fanden hier ebenfalls Asyl.

Nicht auslassen sollte man einen Besuch im **Keats' Memorial House** (Keats Grove), in dem der Dichter *John Keats* von 1818 bis 1820 wohnte. 1821 starb der Vertreter der englischen Hochromantik in Rom (Mo–Sa 10–13, 14–18 Uhr, So 14–17 Uhr). Auch der im 17. Jh. erbaute **Herrensitz Fenton House** in Hampstead Grove lohnt einen längeren Blick; Gemälde, Mobiliar, Musikinstrumente und eine Porzellansammlung sind hier zu besichtigen (April–Oktober Sa–Mi 11–17 Uhr). Im Süden von Hampstead (20 Maresfield Gardens, U-Bahn: *Swiss Cottage)* steht das Haus, in dem der Vater der Psychoanalyse, *Sigmund Freud,* seine letzten Lebensmonate verbracht hat. Die Einrichtung ist originalgetreu erhalten; seit 1986 ist in dem Gebäude eine der Öffentlichkeit zugängliche Gedenkstätte eingerichtet (Mi–Sa 12–17 Uhr, So 13–17 Uhr).

Berühmt sind die **Pubs,** in denen man unbedingt das ein oder andere Bitter oder Lager trinken sollte.

● Weit über die Grenzen von Hampstead hinaus bekannt ist **Jack Straw's Castle** (Northend Way), benannt nach einem Gefolgsmann des Bauernführers *Wat Tyler,* der 1381 seine Mannen an diesem Ort versammelte. Nachdem der Aufstand blutig niedergeschlagen war, henkte man *Jack Straw* an diesem Ort. Im Sommer kann man auch draußen neben dem Pub sitzen und hat einen guten Blick auf Hampstead Heath.

- Im **Spaniard's Inn,** Spaniard's Road, der aus dem 16. Jh. datiert, becherten schon die Poeten *John Keats, Lord Byron, Charles Dickens* und *Percy Bysshe Shelley.* Ursprünglich hatte der am Hof von *Jakob I.* akkreditierte spanische Botschafter seine Residenz in diesem Haus. Im Pub ausgestellt sind auch die Pistolen, die der Straßenräuber *Dick Turpin* bei seinen Überfällen dringend benötigte; zwischen seinen Streifzügen nahm er immer wieder Quartier in dieser Kneipe.
- **Flask,** 77 Highgate West Hill, eine betagte Landgaststätte, die ebenfalls bei *Hogarth* sehr beliebt war.

Wimbledon

Wimbledon (U-Bahn: *Wimbledon,* dann die Wimbledon Hill Road entlang, ungefähr dort, wo sie in die High Street übergeht, rechts ab in die Church Road und immer geradeaus) liegt ca. 20 km südwestlich vom Stadtzentrum und ist berühmt für sein jährliches Tennisspektakel; zu besichtigen ist der von weiteren Tennisplätzen umgebene Centre Court allerdings nicht. Einblicke in den weißen Sport vermittelt ein kleines **Tennismuseum** in der Church Road (Di–Sa 11–17 Uhr, So 14–17 Uhr). Alljährlich im Sommer richtet der *All England Lawn Tennis and Croquet Club* die *Wimbledon Championship,* die weltweit exklusivste Tennismeisterschaft, aus. 1877 fand der erste Kampf um den begehrten Titel statt, seit 1922 schlägt man den Ball auf den jetzigen Anlagen entlang der Church Road über das Netz.

In den 70er Jahren des 19. Jahrhunderts eröffnete man das **Windmill Museum** (Windmill Road, am Rande des Common gelegen, s. u.), in dem die Geschichte der Windmühlen anschaulich dargestellt ist (April–Oktober Mo–So 14–17 Uhr). Das **Spielzeug- und Puppenmuseum Polka** (240 The Broadway) dürfte vor allem Kinder begeistern (Di–Fr 10–16.30 Uhr, Sa 11.30–18.30 Uhr), hier gibt es auch Theatervorführungen für die Kleinen.

An das Örtchen schließt sich der **Common** an, ein mehrere Quadratkilometer großes, aufgrund eines Parlamentsbeschlusses aus dem 19. Jahrhundert naturbelassenes Landschaftsareal, das eine Vielzahl von Wäldern, Wiesen, Heideflächen, Seen sowie Reit- und Spazierwege besitzt. Zu dem Naturschutzgebiet gehört auch der nördlich gelegene Putney Heath, in früheren Zeiten ein berüchtigtes Duelliergelände.

s297

064lo Foto: hs

Einer der vielen „Kristallpaläste“ in Kew Garden

Pubs

- **Hand in Hand,** 6 Crooket Billet, Wimbledon Common. Der Gaststätte ist ein Familienraum angeschlossen (da Kinder ja nicht in Pubs dürfen).
- **Rose and Crown,** 55 High Street, Wimbledon. Gut restaurierter Pub aus dem 17. Jh., der Dichter *Algernon Charles Swinburne* becherte hier oft; kleiner Garten.

Kew Garden

Kew Gardens (eigentlich *The Royal Botanic Garden,* U-Bahn: *Kew Gardens)* ist ein 121 ha großer **Botanischer Garten,** der sich im Südwesten Londons entlang der Themse erstreckt. 1759 richtete die Mutter von *Georg III.* den ersten Teil dieses Parks ein, und ab 1772 begann *Sir John Banks* mit einer gezielten Gestaltung des Areals. Auf seine Anweisung hin sammelten viele Reisende jener Tage Samen und Pflanzen aus fremden Ländern, die in Kew Gardens gesetzt und gepflegt wurden. Eine Vielzahl von Forschungseinrichtungen, die botanische Studien betreiben, sind auf dem Gelände untergebracht; eine Anzahl von historischen Gebäuden kann man besichtigen. Eine besondere Attraktion sind die zugänglichen neun riesigen, dennoch sehr grazil wirkenden Gewächshäuser, besonders schön sind das Princess of Wales Conservatory, The Palm House und das Temperate House (Mo–So 10–16 Uhr). Wahrzeichen von Kew Gardens ist die 50 m hohe, achteckige chinesische Pagode, die von *William Chambers* (dem Architekten von Somerset House) 1762 errichtet wurde. Kinder dürften vor allem von den zahmen Eichhörnchen begeistert sein, die neugierig und immer hungrig herankommen, wenn man sich auf dem Gras ausgestreckt hat. Zwei kleine Cafés bieten Tee, Kaffee und Snacks an und sorgen für das leibliche Wohl.

Südlich an Kew Gardens verläuft das Städtchen Richmond (U-Bahn: *Richmond*), das von Richmond Park und Deer Park umgeben ist.

Pubs

- **Coach and Horses,** 8 Kew Green. Eine alte Kutschstation, von der aus man einen guten Blick auf Kew Gardens hat.
- **Cricketers,** The Green, Richmond. Pub in einem viktorianischen Gebäude; Fotos und alte Stiche zeigen Akteure bei allen Spielarten des Cricket.
- **Greyhound,** 82 Kew Green, Kew. Familienpub mit Tudor-Dekor; viele Bilder dokumentieren das alltägliche Leben vergangener Tage rund um Kew.
- **White Swan,** Old Palace Lane, Richmond. Vor 400 Jahren bekam der Pub seine königliche Alkoholausschanklizenz, deshalb trägt der Schwan auf dem Schild eine Krone; kleiner Garten.

Hampton Court Palace

Hampton Court Palace, Großbritanniens schönstes und größtes Tudor-Anwesen, liegt bei Richmond upon-Thames, ca. 22 km südwestlich vom Londoner Stadtzentrum an der Themse (Anfahrt auch mit Flussbooten, s. u. Bootsfahrten).

Im Jahre **1514** hatte *Thomas Wolsey,* Erzbischof von York, die umgebenden Ländereien gepachtet und **begann** mit dem **Ausbau** des darauf befindlichen kleinen Landsitzes. Ein Jahr später machte *Heinrich VIII.* den Erzbischof zu seinem Lordkanzler, und *Wolsey* stieg nach dem König rasch zur beherrschenden Figur des Inselreiches auf. Derart viel Einflussnahme auf die Geschicke des Landes wollte der Lordkanzler in seinem Palast manifestiert sehen, und mit fast größenwahnsinniger Energie trieb er die Arbeiten voran. Als sich so langsam herausschälte, was *Wolsey* vorhatte, muss *Heinrich* grün vor Neid geworden sein. 280 teilweise riesige Räume, alle ausnahmslos großzügig ausgestattet, sowie Wirtschaftsflügel für ein Heer von 500 Domestiken entstanden. 1520 konnte *Wolsey* seine neue Residenz beziehen.

Lange hatte er allerdings keine Freude an seinem Besitz: *Heinrich* war derartig hinter Hampton Court Palace her, dass *Wolsey* das Anwesen **1525 dem Monarchen zum Geschenk** machte, um sich die Gunst des Königs zu erhalten. Die hielt allerdings auch

so nur noch vier Jahre an, dann enthob *Heinrich* den Lordkanzler seines Amtes und begann mit einem erneuten Ausbau des herrschaftlichen Palastes. So wurde der Torturm mit einem neuen Fassadenschmuck versehen, eine astronomische Uhr dort eingebaut, und auch auf die Gestaltung der wahrhaft gigantischen Parkanlagen nahm der Herrscher nachhaltig Einfluss. *Heinrich* war gerne und oft in Hampton Court; zwei seiner Frauen, *Jane Seymour* und *Katharina Howard,* sollen als Geister noch heute ihr Unwesen in den weitläufigen Gebäudefluchten treiben. Alle Kinder von *Heinrich* sind in Hampton Court aufgewachsen, und nachdem *Elisabeth* zur Königin gekrönt worden war, residierte sie ebenfalls häufig in dem Palast; hier brachte man ihr die Nachricht vom Sieg der britischen Flotte über die spanische Armada.

Wilhelm III. war der Nächste, der **erneut umbauen** ließ; dabei blieb die Westfassade im Tudor-Stil erhalten, während *Sir Christopher Wren* den Ostflügel im Stil der Renaissance neu gestaltete. *Königin Victoria* machte Hampton Court dann für die Öffentlichkeit zugänglich, damit ging der Palast an die britische Regierung über, die seitdem auch für dessen Instandhaltung verantwortlich ist.

Besichtigen kann man den Uhrenhof mit Torturm und astronomischer Uhr, die Große Halle, die von einer gewaltigen, reich verzierten Balkendecke geschmückt ist, sowie die Staatsgemächer mit einer Fülle an erlesenem Mobiliar und bestückt mit Gemälden aller großen europäischen Meister (Mo 10.15–16.30 Uhr, Di–So 9.30–16.30 Uhr).

Ausflüge außerhalb des Londoner Stadtgebietes

Für die folgenden Halbtages- oder Tagestouren sollte man am besten auf die Hilfe von Londoner Busunternehmen zurückgreifen, die alle hier beschriebenen Ausflugsziele anfahren. Tickets für die Sehenswürdigkeiten sind im Fahrpreis eingeschlossen und ein kompetenter Führer beantwortet Fragen, erzählt unterwegs viele Anekdoten und erklärt Schlösser, Burgen und Monumente. Alles in allem sind diese Fahrten billiger als selbst unternommene Touren; zudem ist der Service gut, man wird vor Beginn der Reise an vielen Stellen des Stadtgebietes aufgepickt. Ein gutgeführtes Unternehmen ist z. B. *Visitor's Sightseeing,* das an bestimmten Tagen auch deutschsprachige Begleiter im Bus hat. Adresse: *Visitor's Sightseeing,* Royal National Hotel, Bedford Way, London WC 1, Tel. 020/76367175, www.visitorsightseeing.co.uk.

Wer seinen Ausflug dennoch ganz individuell halten und flexibel bleiben möchte, nehme die ganz normalen Überlandbusse der Linien *National Express* und *Green Line.* Vorausbuchungen sind nicht notwendig, zu allen touristisch wichtigen Orten gehen die Busse fast im Stundentakt, so lassen sich Oxford, Cambridge, Bath, Brighton etc. schnell und preisgünstig erreichen, und selbstverständlich kommt man immer am gleichen Abend wieder zurück. *National Express* verkehrt von der *Victoria Coach Station,* Buckingham Palace Road, *Green Line* von der Coach Station *Bulleid Way,* beide Busbahnhöfe befinden sich im Rücken des Victoria-Bahnhofs.

Bath

Wer Tagestouren in die Umgebung von London unternimmt, dessen allererstes Ziel sollte Bath (188 km westlich von London) sein. Das Städtchen gehört zu den schönsten von ganz Großbritannien und blickt zudem auf eine über 2000 Jahre lange Historie zurück. Der Ruhm von Bath und die lange Besiedlungsgeschichte gehen auf die noch heute sprudelnden **heißen Quellen** zurück, und bereits die Römer bauten hier ihre ersten Thermen. Die beeindruckenden Anlagen aus jener Zeit sind heute im *Roman Bath and Museum* (Stall Street) zu besichtigen (tgl. 9–18 Uhr); durch die ganze Anlage fließt unvermindert das heiße Wasser. Darüber erhebt sich der *Pump Room,* das sicher exklusivste **Teehaus** der ganzen Insel. Neben den römischen Thermen liegt die Bath Cathedral aus dem 16. Jh.; nahebei in der North Parade Passage findet der Besucher das *Sally Lunn's,* das älteste Gebäude von Bath, heute ein Teehaus mit einem kleinen Museum in den Kellergewölben (u. a. kann man Stalaktiten bewundern).

In der High Street befindet sich der *Guildford Banqueting Room* mit einer großen Anzahl erlesenen Mobiliars aus dem 18. Jh. In der Countess of Huntingdon Chapel, The Vineyard, Paragon, hat das ausgezeichnete **Museum of Naive English Art** sein Domizil (Mo–Sa 10.30–17.30 Uhr, So 14–18 Uhr).

Berühmt sind auch die halbkreisförmig angelegten Häuserzeilen, **Crescents** genannt. Wenigstens einen Blick sollte man auf den Royal Crescent werfen, der in Nr. 1 ein Museum mit Möbeln und Gemälden aus georgianischer Zeit beherbergt (Di–Sa 11–17 Uhr, So 14–17 Uhr); von den höher gelegenen Camden und Lansdown Crescent hat man einen weiten Blick über die Stadt.

Eine architektonische Attraktion ist auch die pittoreske **Pulteney Bridge,** auf der rechts und links der Fahrbahn Läden und Geschäfte keinen Blick auf den Fluss zulassen.

Bath ist bekannt wegen seiner besonders exklusiven Geschäfte und Shopping-Areale. Wer einen **Einkaufsbummel** unternehmen möchte, findet zwischen der Cheap Street und der George Street alle möglichen Läden, fündig wird man sicherlich weiter am Northumberland Place und der davon abgehenden Old Bond Street. Gute Antiquitätengeschäfte – für die Bath ebenfalls bekannt ist – befinden sich entlang der Quiet Street, hier vor allem im Margaret's Building, in der Queen's Street und an der Lansdown Road. Jeden Mittwoch gibt es einen **Antiquitätenmarkt** in der Guinea Lane und in der Bartlett Street hat ein *Antique Centre* seinen Standort.

Touristeninformation

- **Tourist Information,** Abbey Chamber, Church Yard, nahe am Pump Room

066lo Foto: hs

Pubs und Restaurants

- **Loch Fyne Restaurant,** Milsom Street. Hervorragendes Seafood-Lokal mit guten Weinen; Krabbe (Taschenkrebs) 14 £.
- **Bella Pasta,** Milsom Street, für englische Verhältnisse gute Pizzen und Pasta, 6–8 £.
- **Flann O'Brien,** Westgate Street/Ecke Sawclose. Schöner großer irischer Pub mit *Guinness*-Ausschank sowie den Konkurrenzprodukten *Beamish Stout* und *Murphy's, Harp Lager* und *Bushmill Whiskey;* angenehmster Pub von Bath.
- **Popjoy's,** Sawclose. Gutes Restaurant neben dem *Theatre Royal;* in dem Haus wohnte *Beau Nash* mit seiner Lebensgefährtin *Juliane Popjoy.*

Unterkunft

- **Haringtons,** 8 Queen Street, Tel. 01225-461728, Fax 444804, E-Mail: post@haringtonshotel.co.uk, DZ 88 £.
- **Wentworth House Hotel,** 106 Bloomfield Road, Tel. 01225-339193, Fax 310460, E-Mail: stay@wentworthhouse.co.uk, DZ 60 £.
- **Old Malt House,** Radford, Timsbury, Tel. 01761-470106, Fax 472726, E-Mail: hotel@oldmalthouse.co.uk, DZ 80 £.
- **Bed and Breakfast:** *Armstrong House,* 41 Crescent Garden, Upper Bristol Road, Tel. 01225-442211, Fax 460665, E-Mail: tony@armstronghouse.junglelink.co.uk, DZ 45 £; *Blairgowrie House,* 55 Wellsway, Tel. 01225-332266, Fax 484535, E-Mail: blairgowrie.bath@ukgateway.net, DZ 48 £; *Cranleigh,* 159 Newbridge Hill, Tel. 01225-319197, Fax 423143, E-Mail: cranleigh@btinternet.com, DZ 45 £; *Arney,* 99 Wells Road, Tel. 01225-310020, DZ 44 £.
- **Jugendherbergen:** *Bath Youth Hostel,* Bathwick Hill, Tel. 01225-465674; *Bath Backpackers Hostel,* 13 Pierrepont Street, Tel. 01225-446787.
- **Camping:** Newbridge Caravan Park, Brassmill Lane, Tel. 01225-428778, an der A 46 ca. 3 km nördlich von Bath gegenüber von Newbridge Park.

Das römische Bad von Bath, überragt von der Kathedrale

Windsor Castle

Windsor liegt ca. 35 km westlich von London inmitten des 30.000 Einwohner zählenden Ortes Windsor. Neben dem Buckingham Palace ist Windsor Castle der zweite bevorzugte Aufenthaltsort von *Königin Elisabeth;* wenn die Monarchin sich nicht im Schloss befindet, weht über den Dächern der *Union Jack.* Doch wenn sie vor Ort ist, dann fächelt der Wind eine Flagge mit dem königlichen Wappen.

Geschichte

Ab dem Jahr **1086** befahl *Wilhelm der Eroberer,* der zuvor schon den Tower in London errichten ließ, an Windsor Castle zu bauen. Die Burg gehörte zu einer ganzen Kette von Verteidigungsanlagen, die rund um London angelegt wurden und die Stadt schützen sollten. Windsor Castle – auf einer Anhöhe über der Themse gelegen – kam dabei besondere Bedeutung zu, da die Festung den Fluss, eine mögliche Einfallstraße, kontrollieren konnte.

Die Normannen bauten in der damaligen Zeit die am besten geschützten und raffiniertesten Trutzburgen in ganz Europa. Eine bauliche Innovation in jenen Tagen stellten beispielsweise eine Anzahl hintereinandergestaffelter Verteidigungswälle dar, deren Überwindung einem potenziellen Angreifer bedeutende Verluste beibringen musste. Schon kurz nach Baubeginn nutzte der Herrscher den Stützpunkt als königliche Residenz und betrieb von hier

067lo Foto: hs

aus sein Jagdvergnügen. In dem angrenzenden großen Waldgebiet waren auch bereits die angelsächsischen Könige hinter Wildschwein und Hirsch hergewesen und hatten sich etwas flussabwärts in dem Weiler Windlesora ein kleines Jagdschloss erbauen lassen. Das Dörfchen gab nun der neuen Burg ihren Namen.

Das normannische Tor von Windsor Castle

Von den ersten Gebäuden ist nichts erhalten geblieben; **ab 1110** ließ dann *Heinrich I.* steinerne Unterkünfte errichten, auch die folgenden Herrscher verstärkten die Verteidigungsfähigkeit des Schlosses. Zweimal nur wurde die Burg angegriffen und belagert, beide Auseinandersetzungen fielen in die Zeit von *Johann Ohneland;* eingenommen wurde die Festung jedoch nicht.

Besichtigung

Man betritt Windsor Castle (Mo–So 10–17.15 Uhr) durch ein gewaltiges Tor, das *Heinrich VIII.* anlegen ließ, und befindet sich nun im **Lower Ward,** im unteren Hof. Gegenüber vom Tor liegen die halbkreisförmig angeordneten

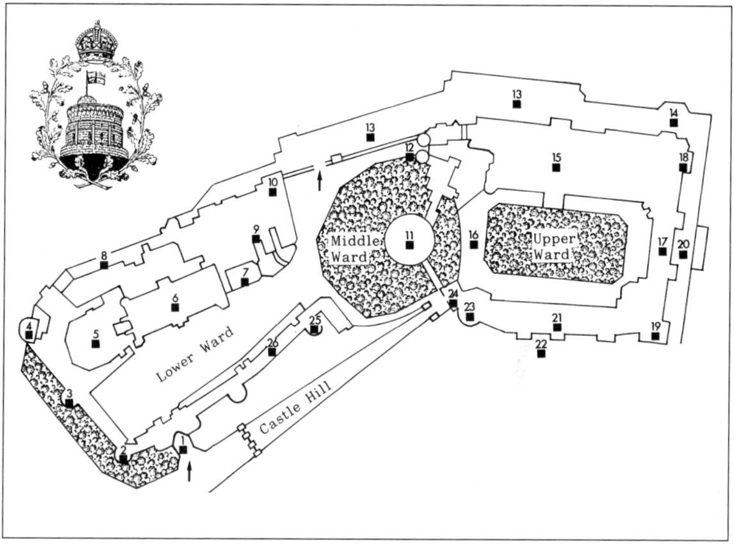

Gebäude des Horseshoe Cloister, rechts daneben ragt die St. George's Chapel auf, 1477 von *Edward IV* begonnen, fertiggestellt während der Regierungszeit von *Heinrich VIII.;* die Kirche ist im *Perpendicular,* einer Stilrichtung der englischen Gotik, erbaut.

Den **Lower Ward** nach rechts, gen Osten aufwärtsschreitend, erreichen wir **Middle Ward,** den mittleren Hof, mit dem gewaltigen, auf einem Hügel stehenden *Round Tower* (auf dieser Erdaufschüttung konzipierte man die ersten Verteidigungsanlagen). Links, nördlich vom Middle Ward, gelangt man auf die Nordterrasse, von der aus man einen weiten Blick über sattgrüne Wiesen bis hin zur Themse hat; auch erkennt man in der Ferne die Gebäude von Eton, der Elite-Schule Großbritanniens.

1	Henry VIII. Gate
2	Salisbury Tower
3	Garter Tower
4	Curfew Tower
5	Horseshoe Cloister
6	St. George's Chapel
7	Albert Memorial Chapel
8	Canon's Residence
9	Deanery
10	Winchester Tower
11	Round Tower
12	Norman Gate
13	North Terrace
14	Brunswick Tower
15	State Apartments
16	Charles II. Statue
17	Private Apartments
18	Prince of Wales Tower
19	Queen's (Victoria) Tower
20	East Terrace
21	Visitor's Apartments
22	George IV. Gate
23	Edward III. Tower
24	St. George's Gateway
25	Henry III. Tower
26	Garter House

Umrundet man nach links, in nordwestlicher Richtung, den Middle Ward, so gelangt man durch das normannische Tor in den Bereich des **Upper Ward,** des oberen Hofes. Dessen weitaus größter Teil ist leider für den Besucher gesperrt, da hier die Privatgemächer Ihrer Königlichen Hoheit liegen.

Zu besichtigen sind allerdings – soweit keine offiziellen Anlässe dagegen sprechen – die nördlich vom Upper Ward gelegenen State Apartments (Mo–Sa 10.30–17 Uhr, So 13.30–17 Uhr); hier befinden sich eine große Waffensammlung, selbstverständlich erlesenes Mobiliar aus allen Epochen, eindrucksvolle Deckengemälde und Bilder großer Meister: *Rubens, van Dyck, Holbein, Dürer, Kneller, Rembrandt,* in der königlichen Bibliothek finden sich weiterhin Zeichnungen von *da Vinci, Raffael, Michelangelo* und *Holbein.*

Nach der Besichtigung von Windsor Castle sollte man unbedingt noch durch die schmalen Gassen des **Ortes** flanieren; Kopfsteinpflaster, Fachwerkhäuser aus dem 17. und 18. Jahrhundert, Gasthöfe und Pubs in alten Gemäuern könnten die Fantasie des Besuchers in vergangene Jahrhunderte zurückversetzen – wären da nicht die allgegenwärtigen amerikanischen Fast-Food-Stationen von *McDonald's, Pizza Hut, Wimpy* und *Kentucky Fried Chicken.*

Informationsbüro

- **Royal Windsor Information Centre,** 24 High Street, Tel. 01344-424938

Pubs und Restaurants

- **Adam & Eve Pub,** Thames Street, nahe dem Theater.
- Im stillgelegten Bahnhof von Windsor – in *Windsor's Royal Station* – mitten im Ortszentrum gegenüber der Burg finden sich Kunsthandwerksgeschäfte sowie einige gemütliche kleine Cafés und Restaurants, so etwa **Café Rouge** und **Costa.** Weitere gemütliche Pubs und Restaurants reihen sich entlang der Eton High Street, auf die man gelangt, wenn man die Fußgängerbrücke über die Themse passiert.
- **The Cockpit** in Eton High Street ist bekannt für seine gute italienische Küche; das Gebäude stammt aus dem 15. Jh.

Unterkunft

- **The Oakley Court Hotel,** Windsor Road, Tel. 01753-609988

Legoland

Ein wenig außerhalb von Windsor befindet sich der **Familienfreizeitpark Legoland Windsor** (ca. 3 km in Richtung Bracknell/Ascot fahren). Auf einer Gesamtfläche von 60 ha verbauten die Legoland-Macher hier über 27 Mio. Legosteinchen und erschufen dabei ein Kinderparadies, das seinem Vorbild in Dänemark in nichts nachsteht – 1,5 Mio. Besucher im Jahr sprechen für sich.

Das Parkgelände ist in sechs Themengebiete unterteilt: Im **Imagination Centre and Miniland** besucht man Europa im Kleinformat. Die **DUPLO Gardens** halten Abenteuer für die ganz Kleinen bereit. Die etwas Älteren können in **LEGO Traffic** den Legoland-Führerschein bestehen oder

Legomotorbootfahren erlernen. In **My Town** gibt es eisige Höhlen und tropische Dschungel zu erkunden, während die **Wild Woods** zur Schatzsuche in ein Labyrinth einladen. Und schließlich begegnet man im **Castle Land** neben Magiern, Jongleuren und Hofnarren auch dem roten Drachen, der im Verlies seinen Schatz bewacht.

Die über 40 Fahrattraktionen, Live Shows, Spiellandschaften, Spiel- und Bau-Workshops bieten also insbesondere Familien die Möglichkeit, ihre Sightseeing-Tour zu unterbrechen und einen Tag nicht nur zum Bestaunen, sondern auch zum **Mitmachen** einzulegen.

Natürlich wird in Legoland auch für das leibliche Wohl gesorgt. Restaurants, Cafés, Shops und Übernachtungsmöglichkeiten stehen zur Verfügung.

Geöffnet ist der Park von März bis Oktober, täglich 10–18 Uhr (bis zur Dämmerung, falls es früher dunkel wird), in den Sommerferien bis 20 Uhr. Eintrittskarten können unter Tel. 0990-040404 vorbestellt werden. Preise: Erwachsene 16,50 £, Kinder 13,50 £, Senioren 10,50 £.

Eton

Nur einen Steinwurf nördlich von Windsor lohnt das Dörfchen Eton mit dem berühmten **Elite-College** einen Besuch. Die richtige Schule besucht zu haben, ist in Großbritannien für die berufliche Karriere von ausschlaggebender Bedeutung, und das Beste, was das Inselreich in dieser Beziehung bietet, ist Eton.

1440 gründete *Heinrich VI.* die Bildungsinstitution; damals wie heute gab und gibt es *Collegers,* die als beste Schüler ihrer Klasse kostenlos in dem Internat leben und ihre Erziehung erhalten, und *Oppidans,* die außerhalb wohnen und täglich zum Schulbesuch erscheinen. Alle Schüler tragen eine Uniform.

Vorrangiges Ziel dieses Colleges ist nicht in erster Linie die Anhäufung von Wissen, sondern die Ausbildung der richtigen Persönlichkeit. Durch strenge Disziplin, enges Zusammenleben mit den Mitschülern und sportliche Ertüchtigung soll eine Kontrolle der eigenen Emotionen gefördert werden, die es dem späteren Gentleman ermöglicht, allein rationalen Forderungen und Beweggründen zu genügen, ohne je die persönliche und gefühlsmäßige Ebene ins Tagesgeschäft einzubringen; in allen Lebenslagen gilt weiterhin das *Fair Play,* welches – sehr wichtig für einen Briten von Rang – die äußerlich emotionslose Akzeptanz einer Niederlage betrifft.

Die Oberschule *(Upper School)* datiert aus dem Jahr 1692, die Grundschule *(Lower School)* errichtete man 1639. Bereits 1441 hatte man die im spätgotischen Perpendicular-Stil erbaute Kapelle eingeweiht.

Rennbahn Ascot

28 km westlich von London und nur wenige Kilometer südwestlich von Windsor liegt die Rennbahn von Ascot. Alljährlich im Juni trifft sich der gediegene Adel, die *High Society* Britanniens, zum **Pferderennen.** Absoluter Höhepunkt dieses gesellschaftlich wichtigen Spektakels der *Ascot Week* ist jeweils der Donnerstag, der *Gold Cup Day.* Dann nämlich kommt *Königin Elisabeth* mit dem gesamten Familienanhang vom nahe gelegenen Windsor Castle, um den Rennverlauf zu verfolgen. Die Hüte der Damen sind jedoch nun für das versammelte Publikum von größerem Interesse, das Pferderennen selbst ist Staffage und gibt den angemessenen Rahmen ab, in dem die teilweise gewagten Kreationen der königlichen Kopfbedeckungen öffentlich feilgeboten werden.

Stonehenge

Ca. 150 km südwestlich von London befindet sich der größte und bedeutendste prähistorische Tempel Großbritanniens: Stonehenge (Anfahrt von Salisbury s. u.). **Ausgrabungen** rund um die monolithischen Steinblöcke und die Altersbestimmung der Funde mittels der C-14-Methode haben ergeben, dass Stonehenge während verschiedener Perioden errichtet und erweitert wurde, man spricht daher von den Phasen I, II, III a, III b, III c und IV.

Stonehenge I entstand während des Neolithikums (Jungsteinzeit) um **etwa 2800 v. Chr.** und war von einer kreisrunden Erdaufschüttung umgeben. Den Zugang zu diesem Rondell flankierten zwei senkrecht aufragende Steinblöcke, vor diesen erhob sich der Fersenstein *(Heel Stone),* der – befand man sich im Zentrum der Anlage – den exakten Punkt des Sonnenaufgangs zur Tag- und Nachtgleiche im März und September bezeichnete. An der Innenseite des Erdwalls reihten sich 56 ca. 1 m tiefe Gruben aneinander, die so genannten Aubrey-Löcher (nach ihrem Entdecker *John Aubrey),* deren Zweck unbekannt ist. Sicher weiß man nur, dass sie nicht der Aufnahme von Pfosten oder Blöcken dienten; bei ihren Untersuchungen fanden die Archäologen menschliche Skelettteile, wahrscheinlich wurden also Bestattungen in den Gruben vorgenommen. Die vier so genannten Stationssteine *(Station Stones,* einer liegt, einer steht noch, zwei fehlen) an der Innenseite des Walls bezeichneten wohl die Himmelsrichtungen.

700 Jahre später begannen die Stämme der Glockenbecherkultur (so benannt, weil man als Grabbeigaben Tonbecher gefunden hat) mit einer Erweiterung der Anlage (Stonehenge II). Neben dem Erdwall entstand ein zusätzlicher Graben, die so genannte *Avenue* wurde in Richtung auf den Sonnenaufgang angelegt, und im Zentrum des Rondells stellten die Erbauer zwei kreisförmig angeordnete Reihen von senkrecht stehenden Blausteinen auf. Dieser zentrale Doppelkreis wur-

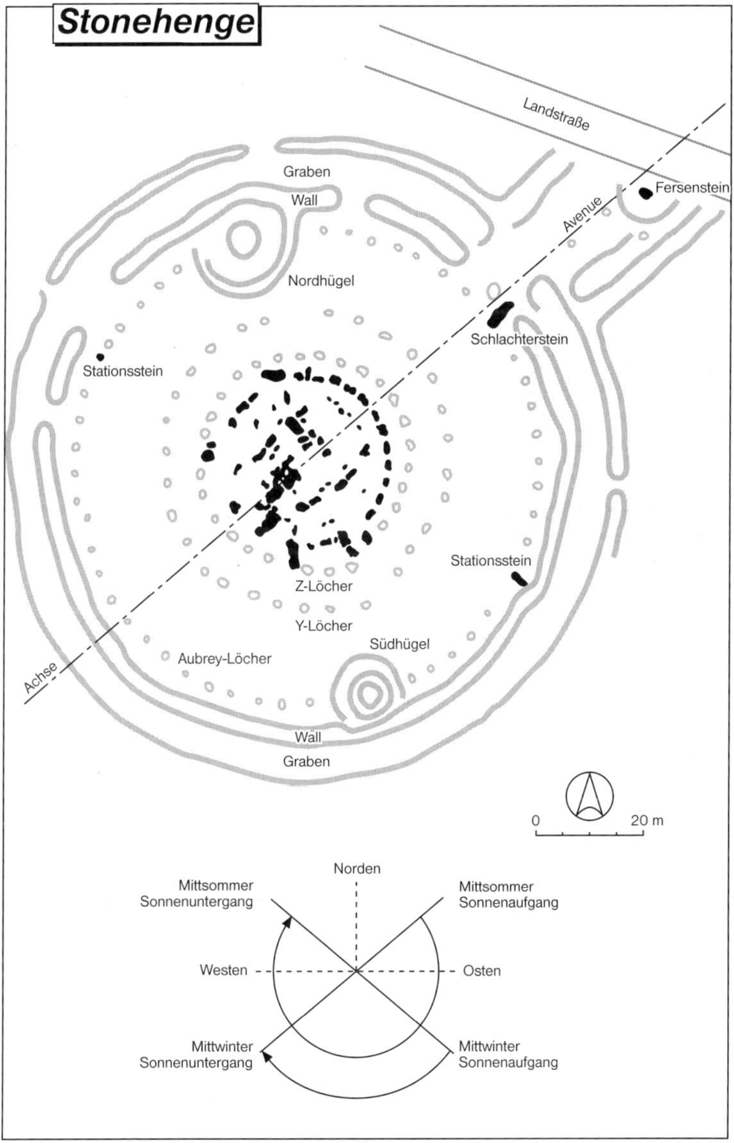
Stonehenge
Landstraße
Graben
Wall
Fersenstein
Avenue
Nordhügel
Schlachterstein
Stationsstein
Stationsstein
Z-Löcher
Y-Löcher
Südhügel
Aubrey-Löcher
Achse
Wall
Graben
0
20 m
Norden
Mittsommer
Sonnenuntergang
Mittsommer
Sonnenaufgang
Westen
Osten
Mittwinter
Sonnenuntergang
Mittwinter
Sonnenaufgang

068lo Foto: hs

de aus unbekannten Gründen nicht fertiggestellt.

Beginn und Ende der Frühbronzezeit, um **2000 v. Chr. bis 1550 v. Chr.,** datieren die Phasen Stonehenge III a – III c. In hufeisenförmiger Anordnung entstanden nun in der Mitte der kreisrunden Umwallung eine Anzahl von *Trilithen* (griech.: drei Steine, zwei senkrecht stehende Monolithe, denen ein dritter Block aufliegt). Dieses sind die größten und schwersten Blöcke, die in Stonehenge verbaut wurden. Rund um diese hufeisenförmige Trilith-Anordnung errichtete man einen geschlossenen Kreis, der ebenfalls aus Trilithen bestand.

Um **1100 v. Chr.** verlängerte man die *Avenue* bis zum Ufer des Avon (Stonehenge IV). Eine weitere Bautätigkeit fand danach nicht mehr statt. Stonehenge war also mindestens für 1700 Jahre, von 2800 v. Chr. bis 1100 v. Chr., in Gebrauch.

Obwohl die Archäologen relativ genau über die Entstehungsgeschichte von Stonehenge Bescheid wissen, kennt man den genauen **Zweck der Anlage** nicht und ist auf Spekulationen angewiesen. Stonehenge war wahrscheinlich ein Tempel, obwohl man nicht weiß, welche Gottheit verehrt wurde und welche kultischen Rituale stattfanden. Möglicherweise diente das sakrale Areal der Sonnenanbetung, da man exakt den Sonnenaufgang und den Sonnenuntergang zum Mittsommer sowie Sonnenauf- und Sonnenuntergang zum Mittwinter bestimmen konnte; auch Mondauf- und Monduntergang sowie eine Mondfinsternis konnten mit Hilfe der Anlage berechnet werden.

Weit verbreitet ist die Ansicht, dass in Stonehenge *Druiden* (Priester) ihre rituellen Handlungen ausübten. Wie uns jedoch schon *Julius Caesar* überliefert hat, zelebrierten Druiden ihre Kulte auf Waldlichtungen und nicht in Tempeln. Zur Zeit des Chronisten *Caesar* war Stonehenge schon seit über 1000 Jahren nicht mehr in Gebrauch und dürfte längst eine Ruine gewesen sein.

Salisbury

Salisbury (137 km westlich von London, 16 km von Stonehenge) wird in der Regel nur als Durchgangsstation nach Stonehenge benutzt, doch hat das alte Städtchen eine angenehme Atmosphäre und einiges an alten Gemäuern zu bieten, so dass man durchaus einen mehrstündigen Besuch einplanen sollte. Hauptanziehungspunkt ist die **Kathedrale** inmitten des Örtchens, die den höchsten Kirchturm Englands besitzt. Dieser Turm wurde Ende der 1980er Jahre, mittlerweile arg ramponiert, unter der Schirmherrschaft von *Prinz Charles* und auf seine Initiative zurückgehend, umfassend renoviert. Das Gotteshaus bewahrt auch die älteste Uhr von ganz Großbritannien auf.

In der Cathedral Close findet man die am besten erhaltenen historischen Gebäude der Stadt, so den Bishop's Palace, das Old Deanery und das mittelalterliche King's House, in dem *Richard III.* und *Johann I.* logierten (heute ein kleines Museum mit prähistorischen Funden). Nicht versäumen sollte man auch, einen Blick auf das Mompesson House zu werfen (Cathedral Close), das einst in georgianischer Zeit einem reichen Kaufmann gehörte. Über den River Avon führt die aus dem Mittelalter datierende Harnham Bridge.

Touristeninformation

- **Tourist Information,** Fish Row, Tel. 01722-334956; hier gibt es auch aktuelle Informationen zu den Bussen nach Stonehenge.

Pubs und Restaurants

- **Haunch of Venison,** Minster Street, Salisbury. Atmosphärereicher Pub gegenüber vom Market Cross in einem wunderschönen alten Gemäuer aus dem Jahr 1320; neben verschiedenen Biersorten sind 100 Malt Whiskys im Angebot.
- **Harper's,** 7 Ox Row, Market Square. Eines der besten Restaurants von Salisbury, „great traditional eating and good value for money", lautet die Kritikermeinung.
- **Bay Tree,** High Street, Restaurant in einem alten Tudor-Haus.
- **King's Arms,** gegenüber vom St. Anne's Gate des Cathedral Close in St. John's Street. Pub und Restaurant in einem alten Fachwerkhaus mit einen schönen Innenhof.

● **The Cloister,** Catherine Street. Ein weiterer gemütlicher, uralter Pub.

● **Coach and Horses,** Winchester Street. Eine alte Postkutschenstation, ältestes Gasthaus im Orte, sommertags sitzt man schön im Innenhof.

● **Anchor and Hope,** Winchester Street. Ein alter Pub in einem wunderschönen Fachwerkhaus, in dessen efeugeschmücktem Innenhof das Bier sommertags besonders gut schmeckt.

Unterkunft

● **The White Hart,** St. John Street, Tel. 0870-4008125, Fax 01722-412761, E-Mail: heritagehotels_Salisbury.white_hart@forte-hotels.com, DZ 80 £

● **Red Lion,** Milford Street, Tel. 01722-323334, Fax 325756, E-Mail: reception@theredlion.co.uk, DZ 80 £

● **Kings Arms Hotel,** 7 St. John Street, Tel. 01722-327629, Fax 414246, www.kingsarmshotelsalisbury.activehotels.com, DZ 80 £

● **Bed and Breakfast:** *Clovelly,* 17 Mill Road, Tel. 01722-322055, Fax 327677, E-Mail: clovelly.hotel@virgin.net, DZ 50 £; *The Edwardian Lodge,* 59 Castle Road, Tel. 01722-413329, Fax 503105, E-Mail: richardwhite@edlodge.freeserve.co.uk, DZ 45 £; *Glen Lyn,* 6 Bellamy Lane, Milford, Tel./Fax 01722-327880, E-Mail: glen.lyn@btinternet.com, DZ 44 £; *Malvern,* 31 Hulse Road, Tel./Fax 01722-327995, DZ 40 £; *Websters,* 11 Hartingdon Road, Tel. und Fax 01722-339779, E-Mail: websters.salis@eclipse.co.uk, DZ 38 £

Jugendherberge

● **Milford Hill House,** Milford Hill, Tel. 01722-327572

Anreise nach Stonehenge

Von der Busstation in der Endless Street geht von Mo bis Sa in der Zeit von 10 bis 16.15 Uhr im Stundenrhythmus Bus Nr. 3 nach Stonehenge, So zwischen 10.35 und 16.35 Uhr verkehren vier Busse.

Anhang

Christ
died for our
sins
according to
the Scriptures
1 Cor. 15. 3.

Literaturhinweise

- *Brigg, A.,* **Marx in London,** London 1982 (Karten und genaue Wegbeschreibungen folgen den Spuren von *Karl Marx* in London; Anekdoten aus dem Leben der Familie *Marx* während ihrer Zeit in der Metropole)
- *Bushell, P.,* **London's Secret History,** London 1988 (Histörchen und Anekdoten jenseits der offiziellen Geschichtsschreibung)
- *Dalzell, W. R.,* **The History of London,** London 1987 (die Geschichte der Stadt)
- *Defoe, D.,* **Die Pest zu London,** München 1987 (Beschreibung der Pestepidemie von 1655; galt im 17. und 18. Jh. als medizinisches Standardwerk über den „Schwarzen Tod", und das, obwohl *Daniel Defoe* zur Zeit der Seuche erst vier Jahre alt war und wohl in seinen späteren Jahren intensives Archivstudium mit seiner schriftstellerischen Begabung zu dieser Schilderung verbunden hat)
- *Fischer, P., Burwell, G. P.,* **Kleines England Lexikon,** München 1988 (alles, was man schon immer über die Briten wissen wollte)
- *Jones, S.,* **London – The Sinister Side,** London 1989 (das Schauderhafteste und Skurrilste, was die Metropole im Laufe der Jahrhunderte erlebte)
- **The Robert Nicholson London Guide,** London 1990 (Adressverzeichnis zu allen Themenkomplexen)
- *London, J.,* **Die Stadt der Verdammten,** Frankfurt a. M. 1981 (*Jack Londons* „Feldforschung" im Eastend, in den Slums von London)
- *Nowel, I.,* **London; Kunst-Reiseführer,** Köln 1990 (der mit Abstand beste Kunst-Reiseführer zu London)
- *Pepys, S.,* **Tagebuch,** Stuttgart 1980 (das Tagebuch von *Samuel Pepys;* eine Fundgrube für das Alltagsleben im 17. Jh., dazu noch – für den heutigen Leser – voll unfreiwilliger Komik)
- *Suerbaum, E.,* **Das elisabethanische Zeitalter,** Stuttgart 1989 (alles über *Heinrich VIII.* und *Elisabeth I.,* über Werk und Leben *William Shakespeares* und aus dem Alltagsleben jener Tage)
- *Mayhew, Henry,* **Die Armen Londons,** Frankfurt 1996
- *Sobel, Dava,* **Längengrad,** Berlin 1996

Sprachliteratur von Reise Know-How

- **Englisch – Wort für Wort** (Sprechführer aus der Kauderwelsch-Reihe. Der einfache Einstieg ins Englische speziell abgestimmt auf die Bedürfnisse von Reisenden)
- **AusspracheTrainer Englisch** (die ideale Ergänzung zum Kauderwelsch-Band. Die wichtigsten Sätze und Redewendungen auf Audio-CD)
- **Kauderwelsch digital Englisch** (Buch und Audiomaterial sind hier kombiniert; ideal für den heimischen PC)
- **British Slang** (Kauderwelsch-Band 47. Umgangsenglisch, wie es selten in der Schule gelehrt wird)
- **ReiseWortSchatz Englisch** (das Wörterbuch aus der Kauderwelsch-Redaktion mit dem neuartigen Konzept speziell für die Reise)

Fährverbindungen

Die wichtigsten Strecken und Reedereien (soweit möglich mit Telefonnummern in Deutschland) zwischen Großbritannien und dem Kontinent.

1/2	DFDS Seaways 040-38903-71
3	Superfast 04151-88006200
4/5/7/9/11	P&O 069-509855555
6	Stena Line 0431-9099
7/8	Hoverspeed 00800-12111211
8	Transmanche 0044-800-9171201
7	Seafrance 06196-940911
10/12/13/14	Brittany 06196-940912

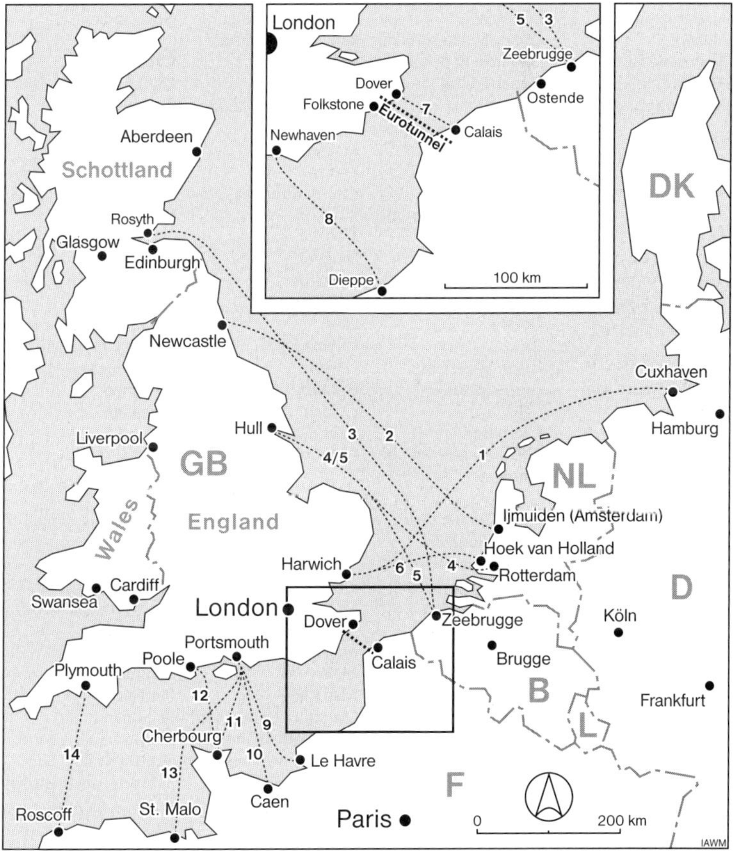

Alle Reiseführer von Reise

Reisehandbücher
Urlaubshandbücher
Reisesachbücher
Rad & Bike

Afrika, Bike-Abenteuer
Afrika, Durch, 2 Bde.
Agadir, Marrak./Südmarok.
Ägypten individuell
Ägypten Niltal
Alaska ⇗ Kanada
Algarve
Algerische Sahara
Amrum
Amsterdam
Andalusien
Apulien
Äqua-Tour
Argentinien, Uru., Para.
Athen
Äthiopien
Auf nach Asien!
Australien, Osten/Zentr.
Auvergne, Cevennen

Bahrain
Bali und Lombok
Bali, die Trauminsel
Bangkok
Barcelona
Berlin
Borkum
Botswana
Brasilien
Brasilien kompakt
Bretagne
Budapest
Bulgarien
Burgund

Cabo Verde
Canada ⇗ Kanada
Chile, Osterinseln
China Manual
Chinas Norden
Chinas Osten
Cornwall
Costa Blanca
Costa Brava
Costa de la Luz
Costa del Sol
Costa Dorada
Costa Rica
Cuba

Dalmatien
Dänemarks Nordseek.
Disneyland Resort Paris
Dominik. Republik
Dubai, Emirat

Ecuador, Galapagos
El Hierro
Elsass, Vogesen
England – Süden
Erste Hilfe unterwegs
Europa BikeBuch

Fahrrad-Weltführer
Fehmarn
Florida
Föhr
Friaul, Venetien
Fuerteventura

Gardasee
Golf v. Neapel, Kampan.
Gomera
Gotland
Gran Canaria
Großbritannien
Guatemala

Hamburg
Hawaii
Hollands Nordseeins.
Holsteinische Schweiz
Honduras
Hongkong, Macau, Kant.

Ibiza, Formentera
Indien Norden, Süden
Iran
Irland
Island
Israel, palästinens.
Gebiete, Ostsinai
Istrien, Velebit

Jemen
Jordanien
Juist

Kairo, Luxor, Assuan
Kalabrien, Basilikata
Kalifornien, USA SW
Kambodscha
Kamerun
Kanada Alaska, USA
Ost, NO, West
Kap-Provinz (Südafr.)
Kapverdische Inseln
Kenia
Kerala
Korfu, Ionische Inseln
Korsika
Krakau
Kreta
Kreuzfahrtführer

Ladakh, Zanskar
Langeoog
Lanzarote
La Palma
Laos
Lateinamerika BikeB.
Libyen
Ligurien
Litauen
Loire, Das Tal der
London

Madagaskar
Madeira
Madrid
Malaysia, Singapur,
Brunei
Mallorca
Mallorca, Leben/Arbeiten
Mallorca, Wandern auf
Malta
Marokko
Mauritius/La Réunion
Mecklenb./Brandenb.:
Wasserwandern
Mecklenburg-
Vorp. Binnenland
Mexiko
Mexiko kompakt
Mongolei
Motorradreisen
München
Myanmar

Namibia
Nepal
Neuseeland BikeBuch
New York City
Norderney
Nordfriesische Inseln
Nordseeküste NDS
Nordseeküste SLH
Nordseeinseln, Dt.
Nordspanien
Normandie

Oman
Ostfriesische Inseln
Ostseeküste MVP
Ostseeküste SLH
Outdoor-Praxis

Panama
Panamericana,
Rad-Abenteuer
Paris
Peru, Bolivien
Peru kompakt
Phuket
Polens Norden
Prag
Provence
Pyrenäen

Qatar

Rajasthan
Rhodos
Rom
Rügen, Hiddensee

Sächsische Schweiz
Salzburg
San Francisco
Sansibar
Sardinien
Schottland
Schwarzwald – Nord
Schwarzwald – Süd
Schweiz, Liechtenstein
Senegal, Gambia
Singapur
Sizilien
Skandinavien – Norden
Slowenien, Triest

Jeder Titel:
144-160 Seiten,
handliches Taschenformat
10,5 x 17 cm,
reich illustriert,
robuste Fadenheftung,
Glossar,
Register und
Griffmarken
zur schnellen
Orientierung

weitere
Titel siehe
Programmübersicht

Reise Know-How Verlag, Bielefeld

Kauderwelsch?
Kauderwelsch!

Die **Sprechführer der Reihe Kauderwelsch** helfen dem Reisenden, wirklich zu sprechen und die Leute zu verstehen. Wie wird das gemacht?

- Die **Grammatik** wird in einfacher Sprache so weit erklärt, dass es möglich wird, ohne viel Paukerei mit dem Sprechen zu beginnen, wenn auch nicht gerade druckreif.
- Alle Beispielsätze werden doppelt ins Deutsche übertragen: zum einen **Wort-für-Wort,** zum anderen in „ordentliches" Hochdeutsch. So wird das fremde Sprachsystem sehr gut durchschaubar. Ohne eine Wort-für-Wort-Übersetzung ist es so gut wie unmöglich, einzelne Wörter in einem Satz auszutauschen.
- Die **Autorinnen und Autoren** der Reihe sind Globetrotter, die die Sprache im Lande gelernt haben. Sie wissen daher genau, wie und was die Leute auf der Straße sprechen. Deren Ausdrucksweise ist häufig viel einfacher und direkter als z.B. die Sprache der Literatur. Außer der Sprache vermitteln die Autoren Verhaltenstipps und erklären Besonderheiten des Landes.
- **Jeder Band** hat 96 bis 160 Seiten. Zu jedem Titel ist ein **Tonträger** (ca. 60 Min) erhältlich.
- **Kauderwelsch-Sprechführer** gibt es für über 70 Sprachen in **mehr als 160 Bänden**, z. B.:

Englisch – Wort für Wort
Band 64, 160 Seiten, ISBN 3-89416-484-0

Schottisch-Gälisch – Wort für Wort
Band 172, 160 Seiten, ISBN 3-89416-352-6

Walisisch – Wort für Wort
Band 153, 160 Seiten, ISBN 3-89416-571-5

Reise Know-How Verlag, Bielefeld

HILFE!

Dieses Reisehandbuch ist gespickt mit unzähligen Adressen, Preisen, Tipps und Infos. Nur vor Ort kann überprüft werden, was noch stimmt, was sich verändert hat, ob Preise gestiegen oder gefallen sind, ob ein Hotel, ein Restaurant immer noch empfehlenswert ist oder nicht mehr, ob ein Ziel noch oder jetzt erreichbar ist, ob es eine lohnende Alternative gibt usw.

Unsere Autoren sind zwar stetig unterwegs und versuchen, alle zwei Jahre eine komplette Aktualisierung zu erstellen, aber auf die Mithilfe von Reisenden können sie nicht verzichten.

Darum: Schreiben Sie uns, was sich geändert hat, was besser sein könnte, was gestrichen bzw. ergänzt werden soll. Nur so bleibt dieses Buch immer aktuell und zuverlässig. Wenn sich die Infos direkt auf das Buch beziehen, würde die Seitenangabe uns die Arbeit sehr erleichtern. Gut verwertbare Informationen belohnt der Verlag mit einem Sprechführer Ihrer Wahl aus der über 170 Bände umfassenden Reihe „Kauderwelsch" (siehe unten).

Bitte schreiben Sie an:

REISE KNOW-HOW Verlag Peter Rump GmbH, Postfach 140666, D-33626 Bielefeld,

oder per E-Mail an: info@reise-know-how.de

Danke!

Kauderwelsch-Sprechführer – sprechen und verstehen rund um den Globus

Afrikaans • Albanisch • Amerikanisch - *American Slang, More American Slang,* Amerikanisch oder Britisch? • Amharisch • Arabisch - Hocharabisch, für Ägypten, Algerien, Golfstaaten, Irak, Jemen, Marokko, • Palästina & Syrien, Sudan, Tunesien • Armenisch • *Bairisch* • Balinesisch • Baskisch • Bengali • *Berlinerisch* • Brasilianisch • Bulgarisch • Burmesisch • Cebuano • Chinesisch - Hochchinesisch, kulinarisch • Dänisch • Deutsch - *Allemand, Almanca, Duits, German, Nemjetzkii, Tedesco* • *Elsässisch* • Englisch - *British Slang, Australian Slang, Canadian Slang, Neuseeland Slang,* für Australien, für Indien • Färöisch • Esperanto • Estnisch • Finnisch • Französisch - kulinarisch, für den Senegal, für Tunesien, *Französisch Slang, Franko-Kanadisch* • Galicisch • Georgisch • Griechisch • Guarani • Gujarati • Hausa • Hebräisch • Hieroglyphisch • Hindi • Indonesisch • Irisch-Gälisch • Isländisch • Italienisch - *Italienisch Slang,* für Opernfans, kulinarisch • Japanisch • Javanisch • Jiddisch • Kantonesisch • Kasachisch • Katalanisch • Khmer • Kirgisisch • Kisuaheli • Kinyarwanda • *Kölsch* • Koreanisch • Kreol für Trinidad & Tobago • Kroatisch • Kurdisch • Laotisch • Lettisch • Lëtzebuergesch • Lingala • Litauisch • Madagassisch • Mazedonisch • Malaiisch • Mallorquinisch • Maltesisch • Mandinka • Marathi • Modernes Latein • Mongolisch • Nepali • Niederländisch - *Niederländisch Slang,* Flämisch • Norwegisch • Paschto • Patois • Persisch • Pidgin-English • *Plattdüütsch* • Polnisch • Portugiesisch • Punjabi • Quechua • *Ruhrdeutsch* • Rumänisch • Russisch • *Sächsisch* • *Schwäbisch* • Schwedisch • *Schwiizertüütsch* • *Scots* • Serbisch • Singhalesisch • Sizilianisch • Slowakisch • Slowenisch • Spanisch - *Spanisch Slang,* für Lateinamerika, für Argentinien, Chile, Costa Rica, Cuba, Dominikanische Republik, Ecuador, Guatemala, Honduras, Mexiko, Nicaragua, Panama, Peru, Venezuela, kulinarisch • Tadschikisch • Tagalog • Tamil • Tatarisch • Thai • Tibetisch • Tschechisch • Türkisch • Twi • Ukrainisch • Ungarisch • Urdu • Usbekisch • Vietnamesisch • Walisisch • Weißrussisch • *Wienerisch* • Wolof • Xhosa

Register

Kartenverzeichnis

Der Autor

500es_hs

Hans-Günter Semsek (1952) studierte Soziologie, einige Zeit auch in London. Seit 26 Jahren bereist er die Metropole in regelmäßigen Abständen und sammelt auf seinen Streifzügen skurrile Geschichtchen und absonderliche historische Begebenheiten (aus Platzmangel konnten nur einige davon in diesem Band untergebracht werden, leider ...). Auch ist er ein Fan der Londoner Pubs und ihrer Bitter-Biere sowie begeisterter Leser englischer Literatur; in den Romanen und Kurzgeschichten „fahndet" er nach Londoner Örtlichkeiten und ihren Beschreibungen.

Stadtatlas London

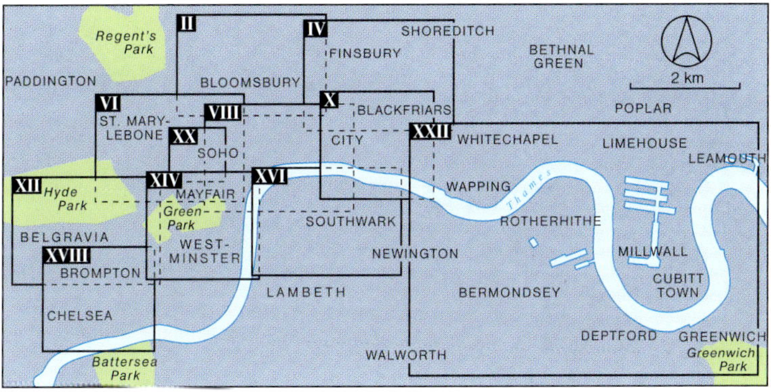

Zeichenerklärung

- Information
- Post
- Denkmal
- Bibliothek
- Kirche
- Synagoge
- Polizeistation
- U-Bahn
- Sehenswürdigkeit
- Museum
- Theater
- Bar, Kneipe
- Hotel
- Restaurant
- Café
- Shopping
- Krankenhaus
- Sch. School
- Coll. College

● 1 University of London
★ 2 Dickens' House
Ⓜ 3 Jewish Museum
Ⓜ 4 Foundling Hospital Art Gallery & Museum
● 5 University of London
● 6 Senate House (University of London)
Ⓜ 7 British Museum & British Library
8 Plough Pub
● 9 Sicilian Avenue (mit Pubs, Cafés, Geschäften)
0
100
200
300 m
King's Cross Station
St. Pancras Station
British Library
Euston Station
EUSTON
EUSTON SQUARE
KING'S CROSS ST PANCRAS
RUSSELL SQUARE
GOODGE STREET
BLOOMSBURY
Pancras Road
Euston Road
Midland Road
Battle Bridge Rd.
Goods Way
Camley St.
Platt St.
Purchess St.
Polygon Road
Phoenix Road
Chalton St.
Ossulston St.
Drummond Cr.
Churchway
Eversholt St.
Hamstead Road
Robert St.
William Rd.
Drummond St.
Cardington St.
Melton St.
Euston Sq.
North Gower Street
Stephenson Way
Upper Woburn Pl.
Tavistock Sq.
Woburn Pl.
Endsleigh Gardens
Endsleigh St.
Taviton St.
Gordon Street
Gordon Square
Tavistock Place
Cartwright Gdns.
Burton St.
Sandwich St.
Thanet St.
Judd Street
Hunter St.
Marchmont Street
Herbrand Street
Coram St.
Bernard Street
Colonnade
Guilford Street
Brunswick Sq.
Argyle St.
Argyle Sq.
St. Chad's St.
Caledonian St.
Sch.
Coll.
Warren St.
Tottenham Court Road
Gower St.
University St.
Huntley St.
Torrington Pl.
Malet St.
Ridgmount Gdns.
Ridgmount Street
Chenies St.
Alfred Pl.
Bedford Square
Bloomsbury St.
Montague Pl.
Russell Square
Bedford Way
Southampton Row
Bedford Pl.
Montague St.
Russell St.
Bury St.
Little Russell St.
Great Russell St.
Museum St.
Bloomsbury Way
Conway St.
Fitzroy St.
Whitfield St.
Grafton Way
Cleveland St.
Howland St.
Charlotte St.
Cavendish St.
Great Titchfield St.
Riding House St.
Goodge Street
Tottenham St.
Windmill St.
Berners St.
Newman St.
Mortimer Street
Stephen St.
Adeline Pl.
Bedford Avenue

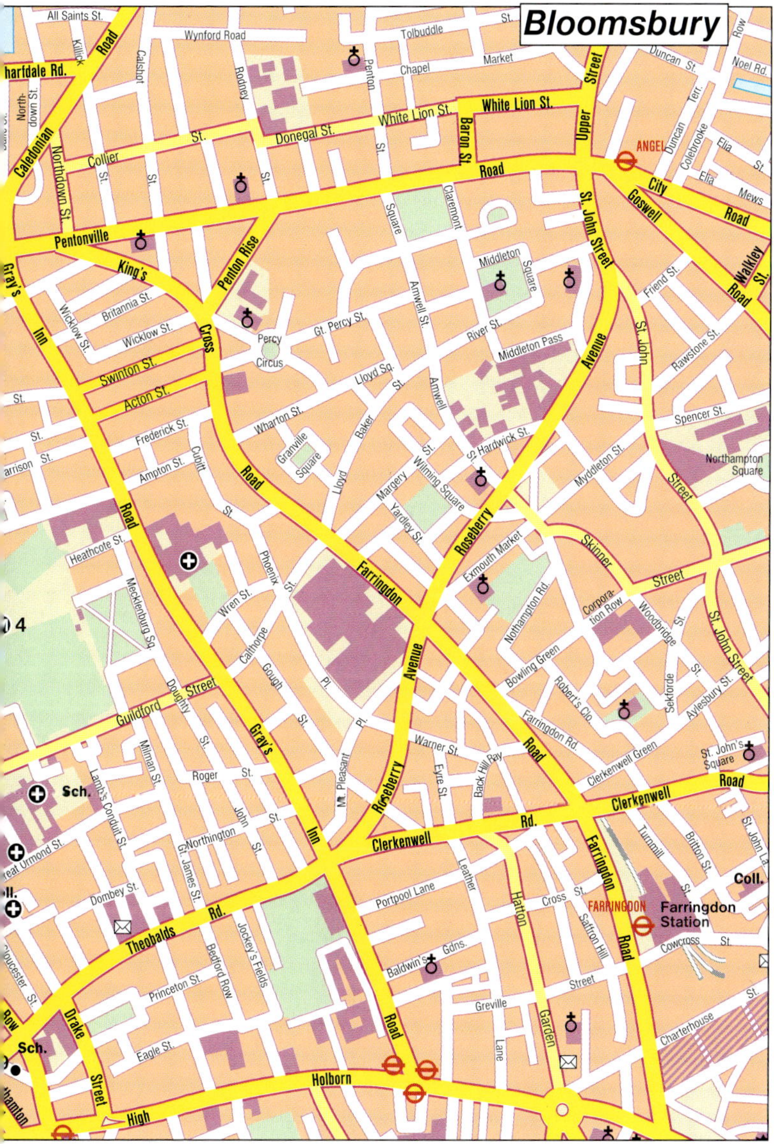
Bloomsbury
Pentonville
Road
King's Cross
Road
Gray's Inn Road
Farringdon Road
Rosebery Avenue
St. John Street
Goswell Road
City Road
Clerkenwell Road
Theobalds Rd.
Holborn
High
Guildford Street
ANGEL
FARRINGDON
Farringdon Station
Percy Circus
Northampton Square
Middleton Square
Sch.
Coll.

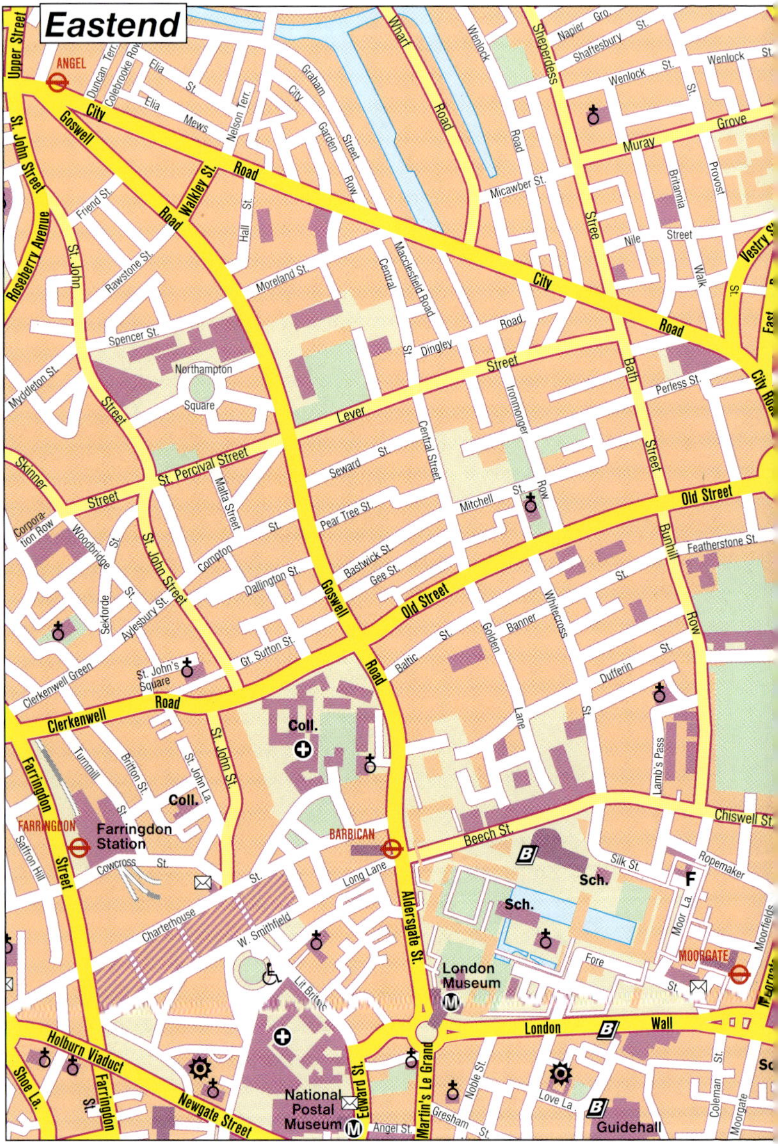
Eastend
ANGEL
Upper Street
St. John Street
Rosebery Avenue
Goswell Road
City Road
Walkley St.
Elia St.
Elia Mews
Nelson Terr.
Graham St.
City Garden Row
Wharf Road
Wenlock Road
Shepherdess Walk
Napier Gro.
Shaftesbury St.
Wenlock St.
Murray Grove
Micawber St.
Britannia Street
Provost St.
Nile Street
Vestry St.
Hall St.
Friend St.
Rawstone St.
Moreland St.
Central Street
Macclesfield Road
Dingley Road
Spencer St.
Northampton Square
Myddleton St.
Lever Street
Ironmonger Row
Bath Street
Perless St.
City Road
St. Percival Street
Skinner Street
Malta Street
Seward St.
Pear Tree St.
Mitchell St.
Old Street
Bunhill Row
Featherstone St.
Corporation Row
Woodbridge St.
Compton St.
Dallington St.
Bastwick St.
Gee St.
Whitecross St.
Banner St.
Golden Lane
Sekforde St.
Aylesbury St.
Gt. Sutton St.
Baltic St.
Dufferin St.
St. John's Square
Clerkenwell Green
Clerkenwell Road
Coll.
Turnmill St.
Britton St.
St. John La.
Lamb's Pass
Chiswell St.
Farringdon Street
FARRINGDON
Farringdon Station
Saffron Hill
Cowcross St.
BARBICAN
Beech St.
Silk St.
Ropemaker
Long Lane
Aldersgate St.
Sch.
F
Moor La.
Moorfields
Charterhouse St.
W. Smithfield
Lit. Britain
London Museum
Fore St.
MOORGATE
London Wall
Holburn Viaduct
Farringdon St.
Shoe La.
Newgate Street
King Edward St.
St. Martin's Le Grand
Noble St.
Love La.
Coleman St.
Moorgate
Gresham St.
National Postal Museum
Angel St.
Guidehall

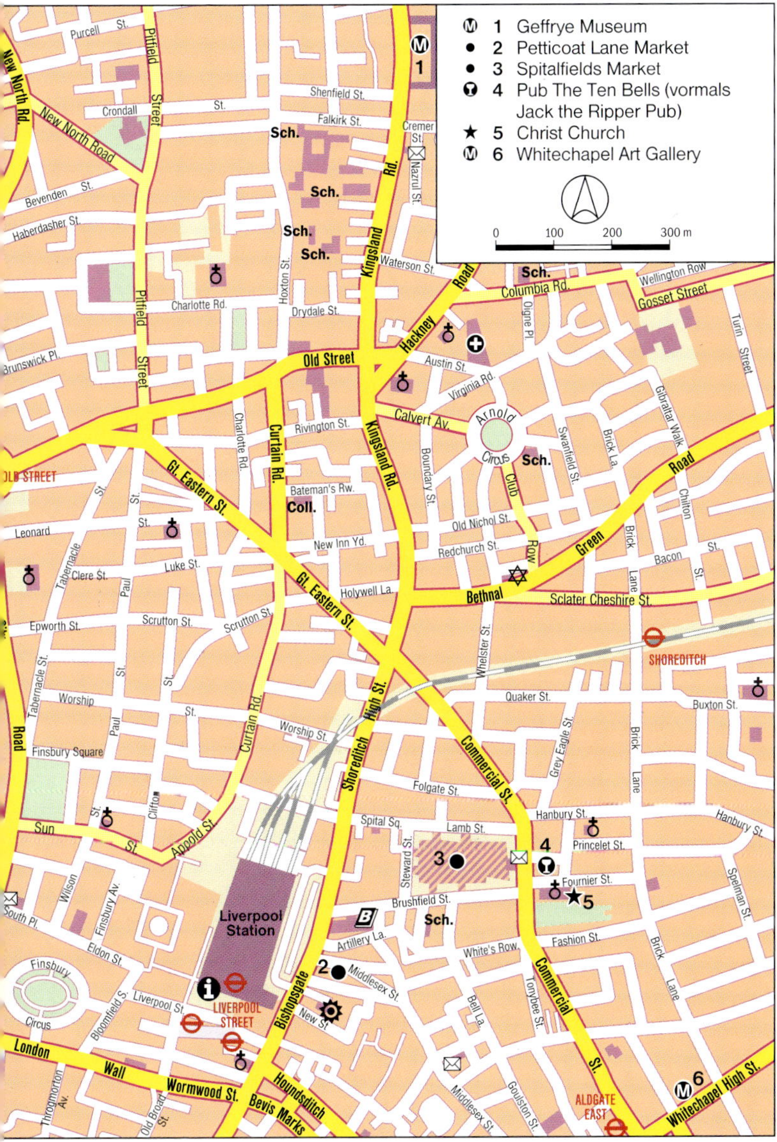
1 Geffrye Museum
2 Petticoat Lane Market
3 Spitalfields Market
4 Pub The Ten Bells (vormals Jack the Ripper Pub)
5 Christ Church
6 Whitechapel Art Gallery
0
100
200
300 m
Purcell St.
Pitfield Street
New North Rd.
New North Road
Crondall St.
Shenfield St.
Falkirk St.
Cremer St.
Nazrul St.
Sch.
Bevenden St.
Haberdasher St.
Waterson St.
Kingsland Rd.
Hackney Road
Columbia Rd.
Wellington Row
Gosset Street
Charlotte Rd.
Hoxton St.
Drydale St.
Oigne Pl.
Turin Street
Brunswick Pl.
Old Street
Austin St.
Virginia Rd.
Calvert Av.
Rivington St.
Curtain Rd.
Arnold Circus
Boundary St.
Swanfield St.
Brick La.
Gibraltar Walk
Chilton St.
OLD STREET
Gt. Eastern St.
Bateman's Rw.
Coll.
Club Row
Old Nichol St.
Redchurch St.
Green
Leonard St.
Tabernacle St.
Clere St.
Paul St.
Luke St.
New Inn Yd.
Holywell La.
Bethnal
Sclater Cheshire St.
Bacon St.
Brick Lane
Epworth St.
Scrutton St.
Whelster St.
SHOREDITCH
Worship St.
Quaker St.
Buxton St.
Road
Shoreditch High St.
Commercial St.
Grey Eagle St.
Finsbury Square
Folgate St.
Clifton St.
Spital Sq.
Lamb St.
Hanbury St.
Princelet St.
Sun St.
Appold St.
Steward St.
Fournier St.
Spelman St.
Wilson St.
Finsbury Av.
Brushfield St.
Liverpool Station
South Pl.
Artillery La.
White's Row
Fashion St.
Eldon St.
Middlesex St.
Finsbury Circus
Bloomfield S.
Liverpool St.
LIVERPOOL STREET
Bishopsgate
New St.
Bell La.
Tonybee St.
Commercial St.
London Wall
Wormwood St.
Houndsditch
Bevis Marks
Throgmorton Av.
Old Broad St.
Middlesex St.
Goulston St.
ALDGATE EAST
Whitechapel High St.

Mayfair, Soho
0
100
200
300 m
Luxborough St.
Nottingham Pl.
Marylebone High Street
Beaumont
Devonshire
Wimpole
Harley
Portland
Great Portland St.
Hallam
Paddington Street
Weymouth
Street
Westmoreland St.
Place
Broadcasting House
Chiltern St.
Manchester
Aybrock St.
New
Cavendish
Coll.
Chandos St.
Langham Pl.
Anne
Queen
Welbeck
Marylebone
Thayer St.
Mandeville
Baker Street
Gloucester Place
Bryanston Square
Montagu Square
Montagu
George
Rob. Adams St.
Wigmore Hall
Cavendish
Univ. of Westminster
Wigmore
Street Cavendish
Square
Henrietta Pl.
Holles St.
Old Cavendish St.
John Princes St.
Upper Berkley Street
Cumberland
Quebec
Duke
Christopher's Pl.
James Street
Marylebone Lane
Vere St.
Edward Ms.
Portman Ms.
BOND STREET
Oxford Street
Woodstock
New
Dering St.
Hanover Square
MARBLE ARCH
Oxford Street
Row
Edward Ms.
Binney
Gilbert
Davies
South Molton Lane
Weighhouse St.
North
Park St.
George Yd.
Brook
Avery Row
Brook's Mews
Bond Street
Maddox
St. George
Cumberland Gate
Speaker's Corner
Green
Grosvenor
Wood's Mews
Upper Brook St.
Park
Grosvenor Square
Grosvenor
Hill
MAYFAIR
Mount Row
Bourdon
Bruton
Berkley Square
Adam's Row
South
Mount
Farada Museum
Mount Street
Farm Street
Sch.
Hay's Mews
Audley St.
South
Hill
Charles
Queen St.
Curzon
Lane
HYDE PARK
Curzon Street
Pitt's Hd. Mews
Shepherd St.
Hertford
White Horse St.
Half Moon St.
Piccadilly

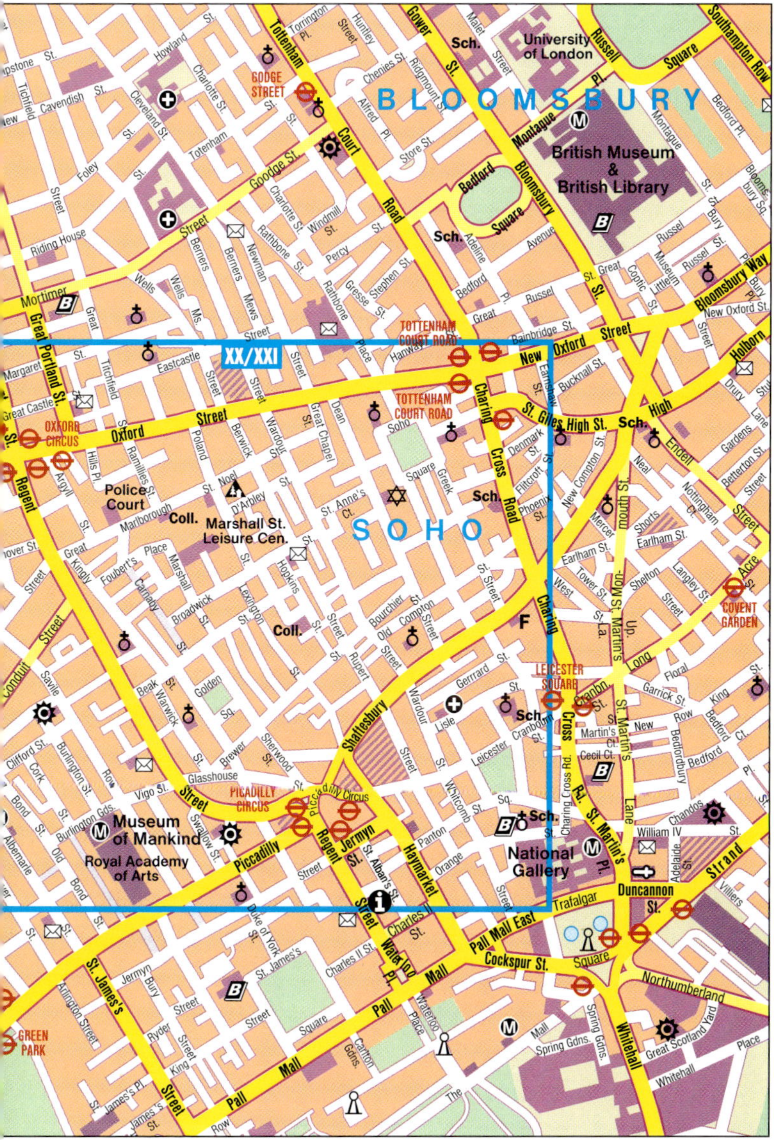
BLOOMSBURY
SOHO
University of London
British Museum & British Library
National Gallery
Museum of Mankind
Royal Academy of Arts
Police Court
Marshall St. Leisure Cen.
Coll.
Sch.
XX/XXI
GOODGE STREET
TOTTENHAM COURT ROAD
OXFORD CIRCUS
PICCADILLY CIRCUS
LEICESTER SQUARE
COVENT GARDEN
GREEN PARK
Tottenham Court Road
Gower St.
Oxford Street
New Oxford St.
Charing Cross Road
Regent Street
Great Portland St.
Shaftesbury
Piccadilly
Haymarket
Pall Mall
Pall Mall East
Trafalgar Square
Whitehall
Strand
Cockspur St.
Duncannon St.
St. Martin's Lane
Long Acre
High Holborn
Bloomsbury Way
Russell Square
Southampton Row
Bedford Square
Goodge St.
Mortimer
Soho Square
Leicester Sq.
Jermyn St.
St. James's Street
St. James's Square
Northumberland
Great Scotland Yard
Spring Gdns.
Carlton Gdns.
Waterloo Pl.
Charles II St.
Duke of York St.
Wardour Street
Dean St.
Greek St.
Frith St.
Old Compton St.
Berwick St.
Poland St.
Carnaby St.
Great Marlborough St.
Golden Sq.
Brewer St.
Glasshouse St.
Vigo St.
Savile Row
Old Bond St.
Albemarle St.
Cork St.
Burlington Gds.
Conduit Street
Argyll St.
Great Castle St.
Margaret St.
Eastcastle St.
Wells St.
Berners St.
Newman St.
Rathbone Pl.
Charlotte St.
Cleveland St.
Howland St.
Riding House Street
Cavendish St.
Torrington Pl.
Chenies St.
Store St.
Montague Pl.
Great Russell St.
Museum St.
Bainbridge St.
Earlham St.
Neal St.
Endell Street
Monmouth St.
Shelton Street
Floral St.
Garrick St.
King St.
Bedford St.
William IV St.
Adelaide St.
Villiers St.
Chandos Pl.
Orange St.
Panton St.
Whitcomb St.
Gerrard St.
Lisle St.
Cranbourn St.
Denmark St.
Phoenix St.
Flitcroft St.
St. Giles High St.
Drury Lane
Stadtatlas

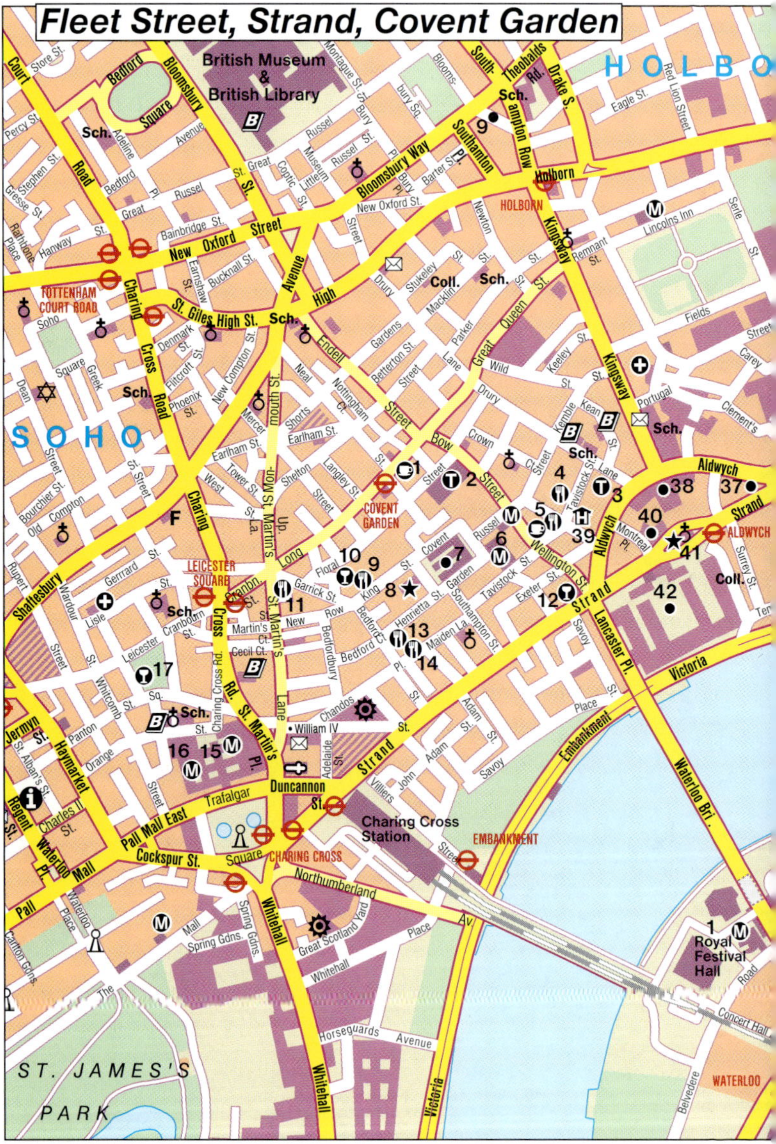
Fleet Street, Strand, Covent Garden
British Museum & British Library
HOLBORN
SOHO
ST. JAMES'S PARK
TOTTENHAM COURT ROAD
HOLBORN
COVENT GARDEN
LEICESTER SQUARE
ALDWYCH
CHARING CROSS
EMBANKMENT
WATERLOO
Charing Cross Station
Royal Festival Hall
Bedford Square
Bloomsbury Way
New Oxford Street
High Holborn
Kingsway
Lincolns Inn Fields
Charing Cross Road
Shaftesbury
Long Acre
Strand
Aldwych
Victoria Embankment
Waterloo Bri.
Trafalgar Square
Whitehall
Northumberland Av.
Pall Mall East
Cockspur St.
Haymarket
Regent St.
Pall Mall
Horseguards Avenue
Duncannon St.
William IV
Drury Lane
Endell Street
Bow Street
Wellington St.
Southampton St.
Great Queen St.
Theobalds Rd.
Southampton Row
Concert Hall

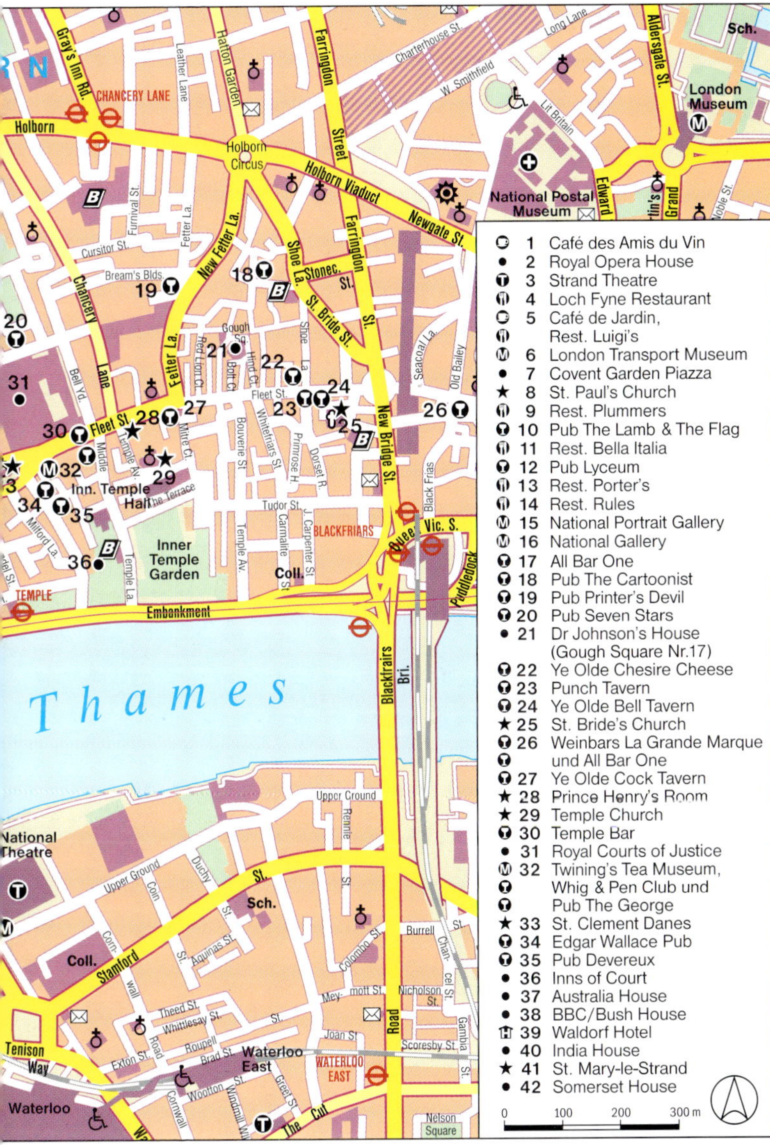

- 1 Café des Amis du Vin
- 2 Royal Opera House
- 3 Strand Theatre
- 4 Loch Fyne Restaurant
- 5 Café de Jardin, Rest. Luigi's
- 6 London Transport Museum
- 7 Covent Garden Piazza
- 8 St. Paul's Church
- 9 Rest. Plummers
- 10 Pub The Lamb & The Flag
- 11 Rest. Bella Italia
- 12 Pub Lyceum
- 13 Rest. Porter's
- 14 Rest. Rules
- 15 National Portrait Gallery
- 16 National Gallery
- 17 All Bar One
- 18 Pub The Cartoonist
- 19 Pub Printer's Devil
- 20 Pub Seven Stars
- 21 Dr Johnson's House (Gough Square Nr.17)
- 22 Ye Olde Chesire Cheese
- 23 Punch Tavern
- 24 Ye Olde Bell Tavern
- 25 St. Bride's Church
- 26 Weinbars La Grande Marque und All Bar One
- 27 Ye Olde Cock Tavern
- 28 Prince Henry's Room
- 29 Temple Church
- 30 Temple Bar
- 31 Royal Courts of Justice
- 32 Twining's Tea Museum, Whig & Pen Club und Pub The George
- 33 St. Clement Danes
- 34 Edgar Wallace Pub
- 35 Pub Devereux
- 36 Inns of Court
- 37 Australia House
- 38 BBC/Bush House
- 39 Waldorf Hotel
- 40 India House
- 41 St. Mary-le-Strand
- 42 Somerset House

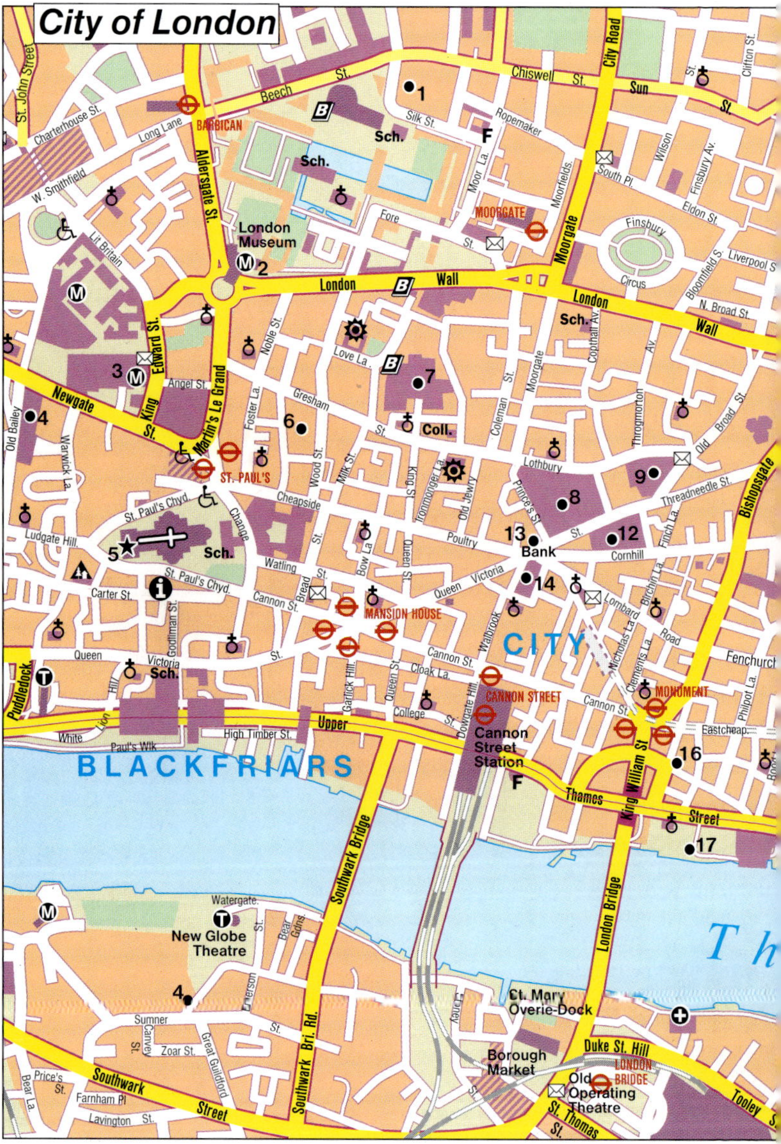

City of London
Barbican
Moorgate
St. Paul's
Mansion House
Cannon Street
Monument
London Bridge
London Museum
Beech St.
Chiswell St.
Sun St.
City Road
Silk St.
Ropemaker
Moor La.
Moorfields
Moorgate
South Pl.
Wilson
Finsbury Av.
Eldon St.
Finsbury Circus
Bloomfield S.
Liverpool S
N. Broad St.
London Wall
Fore St.
Long Lane
Charterhouse St.
St. John Street
W. Smithfield
Lit Britain
Aldersgate St.
Edward St.
King Edward St.
Angel St.
St. Martin's Le Grand
Newgate St.
Old Bailey
Warwick La.
Noble St.
Foster La.
Love La.
Gresham St.
Coll.
Sch.
Wood St.
Milk St.
King St.
Ironmonger La.
Old Jewry
Coleman St.
Moorgate
Lothbury
Copthall Av.
Throgmorton Av.
Old Broad St.
Threadneedle St.
Bishopsgate
Princes St.
Poultry
Bank
Cornhill
Finch La.
Cheapside
St. Paul's Chyd.
Ludgate Hill
Change
Watling St.
Bread St.
Bow La.
Queen St.
Queen Victoria St.
Walbrook
Lombard St.
Birchin La.
Nicholas La.
Clements La.
Road
Fenchurch
Philpot La.
CITY
Carter St.
Godliman St.
Cannon St.
Cloak La.
College St.
Garlick Hill
Queen St.
Dowgate Hill
Cannon St.
Eastcheap
Puddledock
Queen Victoria St.
Lion Hill
White Lion
Paul's Wlk
High Timber St.
Upper Thames Street
Cannon Street Station
King William St
BLACKFRIARS
Southwark Bridge
London Bridge
Watergate
New Globe Theatre
Bear Gdns.
Emerson St.
Clink St.
St. Mary Overie-Dock
Sumner St.
Canvey St.
Zoar St.
Great Guildford St.
Southwark Bri. Rd.
Southwark Street
Price's St.
Bear La.
Farnham Pl
Lavington St.
Borough Market
Duke St. Hill
Old Operating Theatre
St. Thomas St.
Tooley St.
Th
1 2 3 4 5 6 7 8 9 12 13 14 16 17 4

- ● 1 Barbican Centre
- Ⓜ 2 London Museum
- Ⓜ 3 National Postal Museum
- ● 4 Criminal Court „Old Bailey“
- ★ 5 St. Paul's Cathedral
- ● 6 Goldsmiths' Hall
- ● 7 Guildhall
- ● 8 Bank of England
- ● 9 Stock Exchange
- ● 10 Baltic Exchange
- ● 11 Lloyd's of London
- ● 12 Royal Exchange
- ● 13 City Knotenpunkt Bank
- ● 14 Mansion House
- ● 15 Plantation House
- ● 16 Monument
- ● 17 Billingsgate Fish Market
- ● 18 Custom House

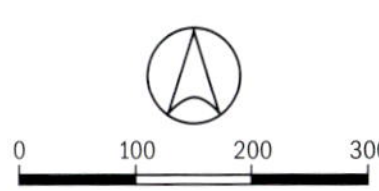

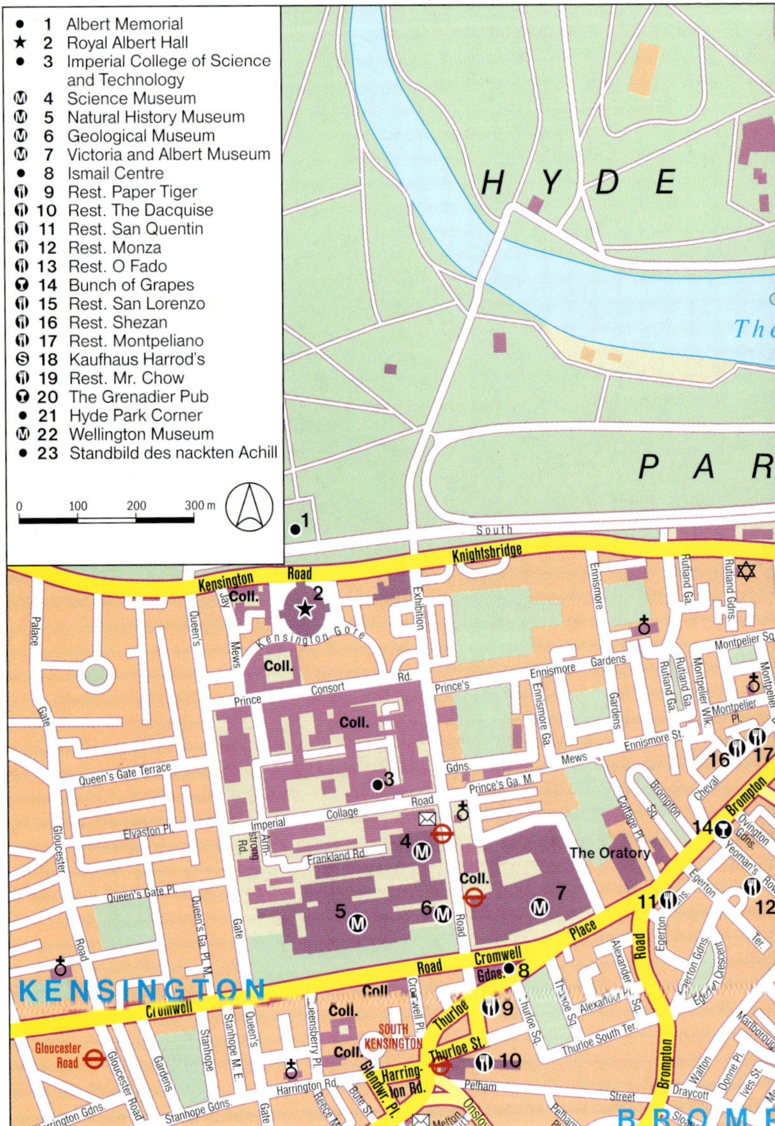
1 Albert Memorial
2 Royal Albert Hall
3 Imperial College of Science and Technology
4 Science Museum
5 Natural History Museum
6 Geological Museum
7 Victoria and Albert Museum
8 Ismail Centre
9 Rest. Paper Tiger
10 Rest. The Dacquise
11 Rest. San Quentin
12 Rest. Monza
13 Rest. O Fado
14 Bunch of Grapes
15 Rest. San Lorenzo
16 Rest. Shezan
17 Rest. Montpeliano
18 Kaufhaus Harrod's
19 Rest. Mr. Chow
20 The Grenadier Pub
21 Hyde Park Corner
22 Wellington Museum
23 Standbild des nackten Achill
0 100 200 300 m
H Y D E
P A R
The
South
Knightsbridge
Kensington Road
Coll.
Kensington Gore
Exhibition Rd.
Prince Consort Rd.
Imperial College Rd.
Cromwell Road
Cromwell Gdns.
Thurloe Pl.
Thurloe St.
Harrington Rd.
The Oratory
Brompton Road
Ennismore Gardens
Montpelier Sq.
KENSINGTON
Gloucester Road
SOUTH KENSINGTON
Queen's Gate
Queen's Gate Terrace
Elvaston Pl.
Queen's Gate Pl.
Stanhope Gdns.
Harrington Gdns.
Frankland Rd.
Pelham Street
Onslow Sq.
B R O M P

Hyde Park und Kensington
Park Lane
Park Lane
South Street
Sch.
South Audley Street
Charles Street
Queen St.
Clarges St.
Curzon St.
Pitt's Hd. Mews
Shepherd St.
Hertford St.
Down St.
Brick St.
Old Park Lane
Hamilton Pl.
Piccadilly
Serpentine
23
22
21
Drive
Hyde Park Corner
K
Carriage
Knightsbridge
KNIGHTSBRIDGE
HYDE PARK CORNER
Grosvenor Cres.
Cres.
20
Wilton Row
Wilton Crescent
Kinnerton St.
William St.
Wilton Pl.
PALACE GARDENS
Park Clo.
Edinburgh Ga.
Knightsbridge Grn.
Trevor St.
Raphael St.
Lancelot Pl.
Trevor Sq.
19
F
Sloane Street
Brompton Road
Hans Rd.
Basil St.
Pavilion Rd.
Harriet Wlk.
Lowndes Sq.
Belgrave M. N.
Wilton Ter.
Motcomb St.
Lowndes St.
W. Halkin St.
Belgrave Square
Grosvenor Cres.
Halkin St.
Headfort Pl.
Montrose Pl.
Chapel St.
Chester St.
Grosvenor Place
Up. Belgrave St.
Hans Crescent
Hans Place
Cadogan Pl.
Belgrave Ms.
BELGRAVIA
Chesham Street
Pont Street
Chesham Place
Lowndes Place
Belgrave Place
Eccleston M.
Grosvenor Gdns.
Lower Belgrave Street
18
15
13
Beauchamp Pl.
Walton St.
Pont St. M.
Ovington Sq.
Cadogan Square
Shafto M.
Clabon M.
Lennox Gdns.
Lennox Gdns M.
Ovington St.
Chesham St.
Lyall St.
Eaton Mews North
Eaton Square
Eccleston Street
Ebury Street
Buckingham Palace Road
Eaton Pl.
W. Eaton Pl.
Eaton Ter.
Eaton Gate
Cadogan Place
Ellis St.
D'Oyley St.
Cadogan Ga.
Cadogan Gdns.
Sloane Ter.
Sch.
Clivedon Pl.
Caroline Ter.
Eaton Row
Chester Row
Elizabeth St.
Gerald Rd.
Eaton M. W.
Eaton Sq. Sth.
Hasker St.
Milner St.
Moore St.
Halsey St.
Denyer St.
Rawlings St.
Mews
TON

GREEN PARK
ST. JAMES'S PARK
Buckingham Palace
PALACE GARDENS
Queen Victoria Memorial
WESTMINSTER
PICCADILLY CIRCUS
GREEN PARK
ST. JAMES'S PARK
VICTORIA
Victoria Station
New Scotland Yard
Government Offices
Piccadilly
Pall Mall
The Mall
Birdcage Walk
Buckingham Gate
Victoria Street
Vauxhall Bridge Road
Buckingham Palace Road
Haymarket
Regent Street
Jermyn St.
St. James's Street
Cockspur St.
Trafalgar Square
Broad Sanctuary
Great Smith St.
Marsham Street
Horseferry Road
Vincent Square
Eccleston Bridge
Wilton Road
Grosvenor Gdns.
Lwr. Grosvenor Pl.
Palace Street
Great Peter Street
Old Pye Street
Old Queen St.
Tothill St.
Caxton St.
Petty France
Sch.

St. James's, Westminster

1 Museum of Mankind
2 Royal Academy of Arts
3 Rest. Rowley's
4 Three Crowns Pub
5 National Gallery
6 National Portrait Gallery
7 White's Club
8 Rest. Wilton's
9 Red Lion Pub
10 Rest. Columbina
11 Rest. Wheeler's in Appletree Yard
12 London Library
13 Boodle's Club
14 Rest. Suntory
15 Pub Red Lion / Ideal Sandwich Bar, Rest. Il Vicolo
16 Royal Automobile Club (RAC)
17 Reform Club
18 Traveller's Club
19 Athenaeum Club
20 Admirality Arch
21 Institute of Contemporary Art (ICA)
22 St. James's Palace
23 Silver Cross Pub
24 Clarence Pub
25 Horse Guards Parade
26 Horse Guards
27 Banqueting House
28 Dover House
29 Verteidigungsministerium
30 Downing Street Nr. 10
31 Commonwealthministerium
32 Außenministerium
33 Innenministerium
34 Kenotaph
35 Red Lion Pub
36 Cabinet War Rooms
37 Finanzministerium
38 Westminster Pier
39 Big Ben
40 Pub Wesminster Arms
41 St. Margaret's Church
42 Houses of Parliament
43 Westminster Abbey
44 Pub Old Star
45 Pub Adam and Eve
46 Riesenrad London Eye
47 London Aquarium

0 100 200 300 m

Stadtatlas

Southwark und Bankside
Embankment
Waterloo Bri.
Upper Ground
Rennie St.
Coin St.
Duchy St.
Stamford St.
Sch.
Coll.
Cornwall
Aquinas St.
Colombo St.
Burrell St.
Chancel St.
Bear La.
Mey-mott St.
Nicholson St.
Dolben St.
Gambia St.
Theed St.
Whittlesay St.
Roupell St.
Brad St.
Joan St.
Scoresby St.
Concert Hall App.
Tenison Way
Exton St.
Road
WATERLOO
Waterloo East
WATERLOO EAST
Wootton St.
Windmill Wlk.
Greet St.
Belvedere
Waterloo
Cornwall Rd.
The Cut
Coll.
Burrows St.
Nelson Square
Chicheley St.
Short St.
Mitre Rd.
Ufford
Surrey Row
Pocock St.
Country Hall
Leake St.
Webber St.
Valentine Pl.
Sch.
Addington St.
Coral St.
Gray St.
Baron's Pl.
Blackfriars Road
Webber
Westminster Bri. Rd
Sch.
Frazier St.
Baylis Road
Webber Row
Lancaster St.
Lower Marsh
Murphy St.
Library St.
Finck St.
Upper Marsh
Westminster
LAMBETH NORTH
Burdett St.
Pearman St.
Morley St.
Dodson St.
Kell St.
Keyworth
13
Royal St.
Sch.
Newnham Ter.
Bridge Road
Sch.
St George's Circus
Rotary St.
T. Doyle St.
Road
Lane
Centaur St.
Kennington
Coll.
Oakey La.
Coll.
Sch.
Gladstone St.
London
Palace
Virgil St.
McAuley Clo.
King Edward Wlk.
Colnbrook St.
Garden Row
Cosser St.
Carlisle
Hercules
LAMBETH
Sch.
Sch.
Coll.
15
Gaywood St.
Road
Lambeth
14
Sch.
Lambeth
Pratt Wlk.
Sail St.
Lambeth Wlk.
Road
Walcot Sq.
Brook Drive
West Square
Austral St.
Orient St.
Hayles St.
Elliott's Row
Juxon St.
Walnut Tree Wlk.
Sch.
Walcot Gdns.
Churchyard
Old Paradise St.
Lambeth High St.
Fitzalan St.
Bishop's Ter.
St. Mary's Gdns.
Oakden St.
Monkton St.
Dante Rd.
Lolla Rd St.
Sch.
Whitgift St.
F
1
2
3

★ 1 Royal Festival Hall, Hayward Gallery, Purcell Room, Museum of the Moving Image (MOMI), Queen Elizabeth Hall
2 National Theatre
3 Pub Founders Arms
● 4 Tate Modern in Bankside Power Station
Ⓜ 5 Globe Theatre
6 Anchor Pub
● 7 Gedenktafel für das Globe Theatre
★ 8 St. Mary Overie-Dock mit Schoner Golden Hind, Pub Thameside Inn, Southwark Heritage Centre, Winchester-Bischofspalast, Clink Street und Clink Exhibition
★ 9 Southwark Cathedral und Borough Market,
Restaurant Fish!
10 Old Operating Theatre
● 11 George Inn Yard mit gleichnamiger Fachwerkkneipe
12 Guy's Hospital
13 St. Thomas Hospital
★ 14 Lambeth Palace, Kirche St. Mary's
Ⓜ 15 Imperial War Museum

Chelsea
Science Museum
Victoria & Albert Museum
Natural History Museum
The Oratory
South Kensington
BROMPTON
CHELSEA
National Army Museum
Peace Pagoda
Cromwell Road
Brompton Road
Fulham Road
King's Road
Sloane Avenue
Sydney Street
Oakley Street
Chelsea Embankment
Albert Bridge
Cheyne Walk
Royal Hospital Road
Beaufort Street
Old Church Street
Onslow Square
Pelham Street
Draycott Avenue
Elystan Place
Flood Street
Manresa Road
Glebe Place
Tite Street
Swan Walk
Paradise Walk
Christchurch St.
Redesdale St.
Smith Street
Cale Street
Milman's Street
Danvers Street
Lawrence St.
Elm Park Road
Mulberry Walk
Mallord Street
Carlyle Square
Paultons Square
Chelsea Square
Walton Street
Pont Street
Beauchamp Pl.
1
4
5
6
7
8
9
10
11
12
13
14
15
16

	1	Michelin House mit Restaurant Bibendum
	2	Oriel Grande Brasserie de la Place
	3	Royal Court Theatre
	4	Bistro Blushes
	5	Café Chelsea Kitchen
	6	Pub Chelsea Potter
	7	Pub Henry J. Bean
	8	Royal Chelsea Hospital
	9	Rest. Foxtrott Oscar
	10	Rest. Gordon Ramsay
★	11	Haus von Oscar Wilde
•	12	Chelsea Physic Garden
•	13	Carlyle's House
	14	Rest. Cheyne Walk Brasserie
	15	Pub Cross Keys
★	16	Chelsea Old Church mit Statue von Thomas Morus

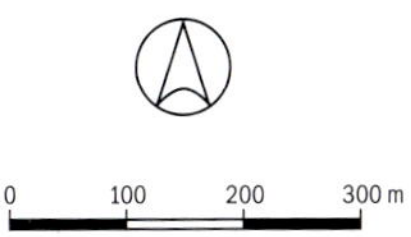

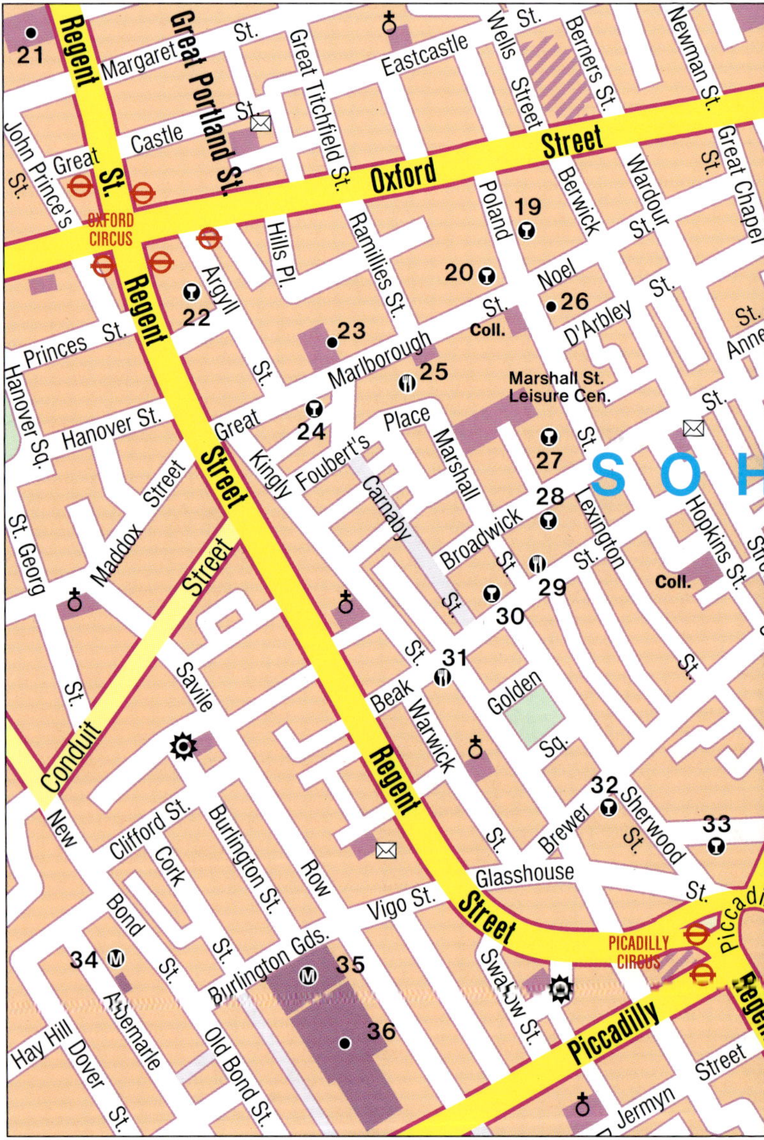
Regent St.
Great Portland St.
Margaret St.
Great Castle St.
John Prince's St.
Oxford Street
Oxford Circus
Great Titchfield St.
Eastcastle St.
Wells Street
Berners St.
Newman St.
Great Chapel St.
Poland St.
Berwick St.
Wardour St.
Hills Pl.
Ramillies St.
Argyll St.
Princes St.
Hanover Sq.
Hanover St.
Noel St.
D'Arbley St.
St. Anne's St.
Marlborough St.
Coll.
Marshall St. Leisure Cen.
Great Kingly St.
Foubert's Place
Carnaby St.
Marshall St.
Maddox Street
St. George St.
Conduit Street
Broadwick St.
Lexington St.
Hopkins St.
SOHO
Savile Row
Beak St.
Warwick St.
Golden Sq.
Regent Street
Brewer St.
Sherwood St.
Glasshouse St.
Clifford St.
Cork St.
Burlington St.
New Bond St.
Vigo St.
Burlington Gds.
Swallow St.
Picadilly Circus
Piccadilly
Albemarle St.
Hay Hill
Dover St.
Old Bond St.
Jermyn Street
19
20
21
22
23
24
25
26
27
28
29
30
31
32
33
34
35
36

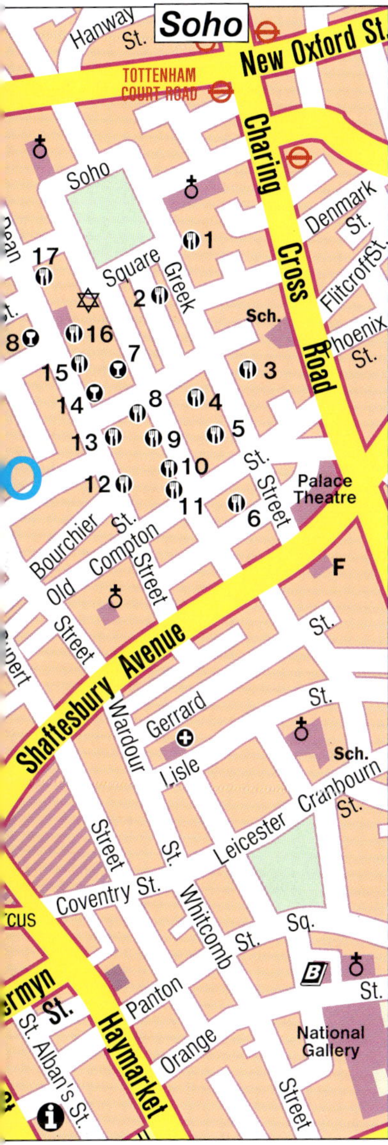

- 1 Gay Hussar
- 2 L'Escargot
- 3 La Cucaracha
- 4 Soho Soho
- 5 Bahn Thai
- 6 Wheeler's
- 7 Dog and Duck
- 8 Alistair Little
- 9 Chiang Mai
- 10 Saigon
- 11 Delhi Brasserie
- 12 Signor Zilli
- 13 Il Siciliano
- 14 Crown & Two Chairmen
- 15 Leoni's Quo Vadis
- 16 Webshack
- 17 Nusa Dua
- 18 Nellie Dean
- 19 The Olde King's Arms
- 20 Coach & Horses
- 21 University of Westminster
- 22 Argyll Arms
- 23 Police Court
- 24 Shakespeare's Head
- 25 Pierre Victoire
- 26 Youth Hostel, Oxford Street
- 27 Star & Garter
- 28 John Snow
- 29 Gallery Rendevous
- 30 Old Coffee House
- 31 Soho Pizzeria
- 32 The Crown
- 33 Devonshire Arms
- 34 Faraday Museum
- 35 Museum of Mankind
- 36 Royal Academy of Arts

0 50 100 150 m

XXII Cutty Sark, Greenwich Pier, Mudchute Park,

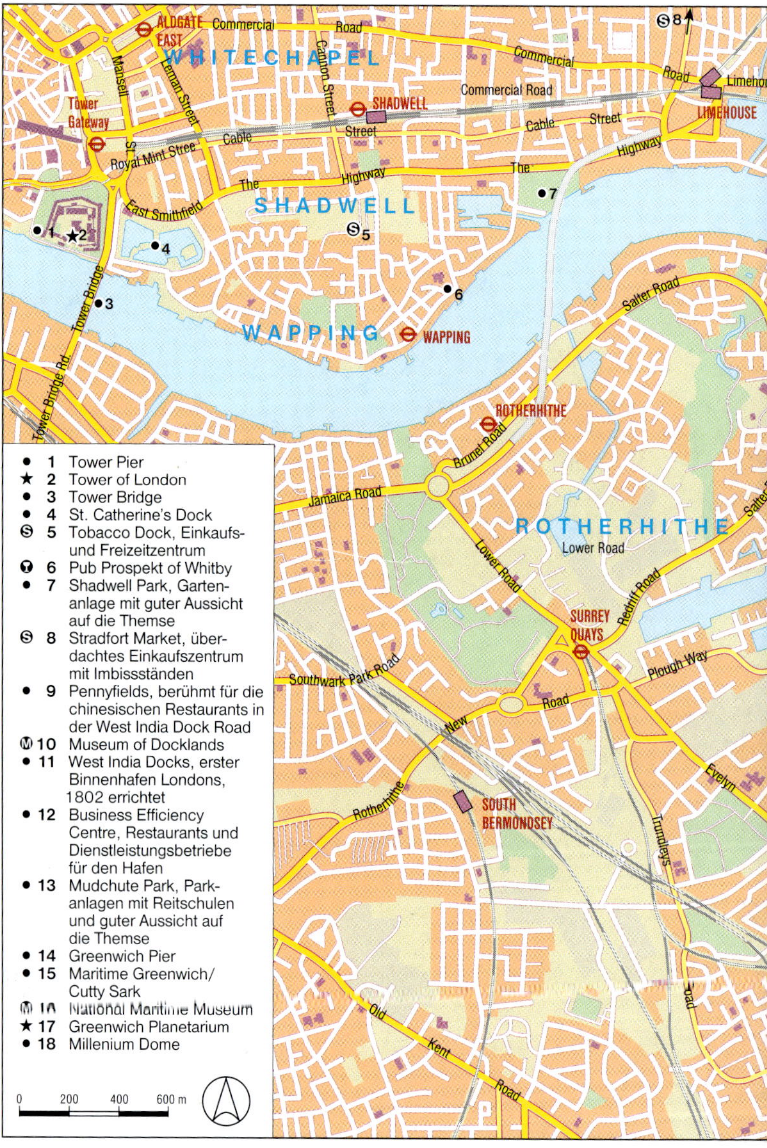